Mildred Bangs Wynkoop

# Een theologie van de liefde

*De dynamiek van het wesleyanisme*

Vertaald uit het Engels
*A Theology of Love*
By Mildred Bangs Wynkoop
Copyright © 1972
Published by Beacon Hill Press of Kansas City
A division of Nazarene Publishing House
Kansas City, Missouri 64109

Oorspronkelijke Nederlandse uitgave 1990
Vertaling: H. Deventer
Vernieuwde uitgave 2009
Uitgegeven door de Publicatieraad van het Nederlandse district
van de Kerk van de Nazarener

Wereldwijde distributie door
Prairie Star Publications
Lenexa, KS 66220
ISBN 978-1-56344-745-7

# Inhoudsopgave

# Van de vertaler

Het boek dat u nu voor u heeft, heeft een inhoud die tamelijk vreemd is aan de theologische stromingen die in Nederland in opgang zijn. Het arminianisme, hoewel hier in Nederland ontstaan, heeft hier nimmer grote invloed gehad, maar heeft zich vooral in de Angelsaksische wereld via de Anglicaanse Kerk en het methodisme verspreid.

Grondlegger van het methodisme was John Wesley (1703-1791), die, geworteld in de anglicaans/arminiaanse traditie, deze theologie middels vurige opwekkingsprediking tot werkelijk leven bracht in het leven van de "gewone" mensen. Hij geloofde dat Gods genade toereikend was om mensenlevens radicaal te veranderen, niet alleen positioneel, maar in het leven van alle dag, en dit resulteerde in een beweging binnen de Anglicaanse Kerk die zich ernstig bezig hield met de bekering der zondaren en de heiligmaking der gelovigen. Na zijn dood heeft het methodisme zich afgescheiden van de Anglicaanse Kerk, wat in de V.S. al bij de Amerikaanse opstand gebeurd was, en is het een zelfstandig kerkgenootschap geworden.

In de tweede helft van de negentiende eeuw ontstond er in de V.S. een heiligingsbeweging die met tentbijeenkomsten en opnieuw vurige prediking opriep tot zowel bekering als volkomen heiligmaking. In eerste instantie voornamelijk binnen de Methodistische Kerk, maar naarmate er meer verzet ontstond steeds vaker daarbuiten. Veel van de aldus ontstane gemeenschappen verenigden zich aan het begin van deze eeuw in de Kerk van de Nazarener, een naam die volgens de oprichters moest verwijzen naar het nederige werk van Christus op deze aarde.

De schrijfster van dit boek is een actief lid van deze kerk, (zie "over de schrijfster") en heeft vanuit haar traditie gezocht naar de kern van wat haar overgeleverd is, maar bovenal van de bijbelse boodschap zelf.

Het aldus ontstane boek klinkt daarom wellicht qua traditie ons wat vreemd in de oren, maar wie daar doorheen wil prikken vindt er een zeer bijbelse theologie, die veeleer zoekt naar de Joodse denkwijze dan naar de Griekse, die uiteraard niet het laatste woord kan hebben, maar ons veel te zeggen heeft.

—Hans Deventer

# Over het boek

Wat is het wesleyanisme? Wat was nu precies Wesleys interpretatie van heiligheid? Hier volgt een begrijpelijke studie van de fundamentele inzichten van deze grote prediker betreffende de leer en ervaring van volkomen heiligmaking. Het sleutelbegrip zal blijken te zijn dat heiligheid ten diepste een juiste persoonlijke relatie met God en mensen is, en dat de basis van die relatie liefde is.

Deze verhandeling is geen theologie in de zuivere betekenis van het woord, maar dat kan ook van het wesleyanisme niet gezegd worden. Het is meer een geest, een inzicht, een benadering. Het is dynamisch, en dit boek probeert de alles doordringende statische begrippen, die de invloed van de heiligingsboodschap in onze wereld zo beperkt hebben, open te breken.

De auteur citeert veelvuldig Wesleys eigen geschriften in een poging de volledige betekenis van zijn boodschap te achterhalen. Ze onderzoekt met grote zorgvuldigheid de bijbelgedeelten die hij gebruikte om zijn conclusies te ondersteunen. Toch is het meer dan een simpele verzameling van Wesleys theologische begrippen, een systematisering van zijn standpunten, of een "bewijsteksten leveren" van zijn ideeën door bepaalde passages uit zijn werk te ordenen.

Het is veeleer een poging de geest van Wesley en van wesleyaans onderricht te vatten - dat liefde de essentie van heiligheid is en volkomen toewijding het bewijs van liefde.

# Over de schrijfster

Mildred Bangs Wynkoop komt uit het westen van de V.S., is geboren in Seattle, Washington, en heeft het grootste gedeelte van haar leven aan die westkust gewoond. Ze volgde een opleiding aan het Pasadena College, waar ze zowel een A.B.- als een Th.B.- graad haalde. Ze verkreeg een B.D.-graad van het Western Evangelical Seminary in Portland, Oregon, M.Sc. van de Universiteit van Oregon in Eugene, en een Th.D. van het Northern Baptist Theological Seminary in Chicago.

Ze is vijf jaar voorzitter geweest van de theologische faculteit van het Western Theological Seminary, terwijl haar man op evangelisatiegebied werkte. In 1960 gingen de Wynkoops naar Japan onder verantwoording van de afdeling wereldzending van de Kerk van de Nazarener, waar zij in eerste instantie decaan werd en later hoofd van de afdeling godsdienst van het Japan Nazarene College. In 1963 werd zij voorzitter van het Japan Theological Seminary. Terwijl ze in de Oriënt was ontving ze talloze verzoeken om lezingen te houden bij predikantenretraites en conferenties, zowel in Korea, Hong Kong en Taiwan, als in Japan.

Bij haar terugkomst in 1966 werd ze lid van de faculteit van Trevecca Nazarene College in Nashville, Tennessee, als professor in de theologie en de filosofie, en in het begin van de jaren zeventig verbonden aan het Nazarene Theological Seminary in Kansas City. Vanaf 1976 tot haar dood in 1997 was ze 'emeritus theologe'.

Ze heeft veel gereisd, lezingen gehouden en gestudeerd in Groot-Brittannië en Europa, heeft bijgedragen aan talloze tijdschriften en studiebladen, en is de schrijfster van *Foundations of Wesleyan - Arminian Theology*, *John Wesley: Christian Revolutionary*, en *The Occult and the Supernatural*.

Mildred Bangs Wynkoop

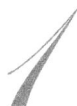

# Voorwoord

Een "zesletterwoord", LIEFDE, is het woord dat tegenwoordig "in" is. Het is een trefwoord, beschermd voor de heiligschennis van de kritiek door een mystieke en emotionele dubbelzinnigheid, die een indringend verstandig onderzoek bij voorbaat neutraliseert.

Het is een magisch cliché dat de aandacht trekt van ons allen die gevangen zijn in een technologische wereld die alles heeft maar zich heeft afgesloten van medeleven. In een geprogrammeerde maatschappij bemand door geprogrammeerde automaten is het begrip liefde bijzonder aansprekelijk, omdat mensen, in elk geval totdat genetische manipulatie haar werk zal hebben gedaan, niet volledig geprogrammeerd kunnen worden. Maar liefde is verbonden met begrippen die terugwijzen naar haar traditionele betekenis, begrippen die niet de kern van de zaak zijn maar ermee verward worden. Haar onaantastbare dubbelzinnigheid maakt van ieder kritisch onderzoek naar haar "complexe" verwevenheden een verwerping van de liefde zelf en ontmaskert de criticus als een "vijand van de mensen".

Er is een soortgelijk woord dat met liefde vecht om aandacht, namelijk *meaning*[1] en vreemd genoeg, de "betekenis van zin". Zin is ons ontvlucht en is weggeslopen, en laat een trieste leegte achter. Misschien, denken we, kan liefde zin terugbrengen. Zonder hen is het leven saai geworden, en zijn frustraties tot cynisme uitgegroeid. Dus grijpen we naar wat voor liefde doorgaat, en hopen we dat de zin van het leven daarin gevonden wordt.

---

1 Kan met zowel `zin' als `betekenis' vertaald worden (vert).

Maar *liefde* is een misleidend woord, en *zin* is een dwaallicht. Liefde kan alles betekenen - of niets. Het heeft haar ankers verloren en staat voor "wat ik wil" - een uiterst misleidend begrip en een despotische tiran. De Griekse taal kent een aantal woorden voor sociale relaties die het Engels[2] in zijn armoede vertaalt met (over het algemeen) één woord: *liefde*. En de soort zin die het menselijk hart zoekt wordt niet gevonden aan het eind van elk van de "wenkende regenbogen der liefde".

Dit boek gaat over liefde, en aangezien het een godsdienstig boek over liefde is zal het liefdesbegrip de religieuze betekenis omvatten, maar zich er niet toe beperken. Het wil de vele betekenissen onderzoeken die in het Engels onder dit ene woord gerangschikt worden, steeds bewust van het huidige cynisme ten opzichte van de religieuze dimensie van liefde. Liefde is een "holle klank", beroofd van haar belofte van vervulling door hen die haar verraden hebben door onvervulde beloften. De Kerk heeft de soort liefde die ze belijdt niet getoond, zegt de wereld. Misschien is dat waar. Maar dat is helaas geen nieuw probleem.

Het achttiende-eeuwse Engeland was een pocketuitgave van onze hedendaagse cynische wereld. Het hielp liefde gevangen te zetten in "lage" vormen, niet verlost door de "hogere" verwantschappen van liefde. Het verheerlijkte een wrede, vulgaire, doordrenkende levensstijl, die vanuit het paleis tot in de laagste niveaus van de maatschappij reikte. Hierin had menselijk leven weinig waarde en helemaal geen betekenis. Het is opmerkelijk dat in dit tijdperk van ongeremde tolerantie - liefde genoemd - John Wesley, de moderne "apostel der liefde", moest optreden. Hij verkondigde heiligheid, de hoogst mogelijke geestelijke waarde midden in het slechtst mogelijke referentiekader dat liefde kon hebben.

Wesley stelde heiligheid gelijk met liefde. Maar dit tegengif van heilige liefde, haar zieke naamgenoot tegenstrevend, liet een moreel genezende kracht zien die ons leidt naar de bron van Wesleys ideeën, de Bijbel. Is er een manier om liefde te verstaan die haar redt uit haar morele ballingschap en haar een bruikbare gids maakt bij het bevrijden van "heiligheid" uit haar ivoren-toren irrelevantie? Vreemd genoeg is dat hetgeen de nieuwtestamentische schrijvers deden met dat ene woord dat de volle betekenis van heiligheid is gaan dragen. En dat woord is *agapè*, wat helemaal niet de normale categorie van sociale liefde is maar waarvan de betekenis gevormd is om een begrip uit te drukken dat de allerdiepste betekenis inhoudt en dat alle liefde "heiligt" zonder ze onder te waarderen of te verwerpen. *Agapè* is welhaast onherstelbaar beschadigd door het met "liefde" te vertalen, zonder de zuivering vanuit zorgvuldig wetenschappelijk vakmanschap.

---

2    Hetzelfde geldt in grote lijnen voor het Nederlands (vert).

Mildred Bangs Wynkoop

We zijn dank verschuldigd aan twee hedendaagse uitleggingen van het woord liefde. Beide zijn bepalend in het theologisch veld hoewel ze qua "vooronderstelling" lijnrecht tegenover elkaar staan. Anders Nygren maakt in *Agapè and Eros* een duidelijke en strikte scheiding tussen *agapè* en menselijke sociale liefde, die hij gelijkstelt aan *eros* (overigens geen bijbelse en dus ook niet een echt strikt bijbelse tegenstelling). Nygrens diepgaand inzicht maakt het echter onmogelijk wetenschappelijk te mislukken wanneer hij de tegenstelling tussen *agapè* en *eros* overdenkt. Of al dan niet "liefde" wordt gebruikt om naar *agapè* te verwijzen, het kwalitatieve verschil moet altijd duidelijk naar voren komen.

Het recentere werk, *The Spirit and Forms of Love* (De geest en vormen van liefde) van Daniel Day Williams draagt bij tot een wat ik geloof bijbelser benadering van agapè. Volgens Williams heeft Nygren agapè en eros in een onverzoenlijke positie geplaatst. Nooit zullen ze samenkomen. Vanuit een zeer verschillende metafysische vooronderstelling acht Williams het mogelijk en meer bijbels om *agapè* en eros te verbinden, of te verenigen, zonder het specifieke karakter van elk van hen te verliezen. De "procestheologie" vormt een correctie op het dualisme van vroeger dagen die hard nodig was. Het is mijn weloverwogen mening dat, hoewel het metafysisch fundament van de "procesleer" niet de enige oplossing voor theologische problemen is, haar inzichten in een bijbelse theologie onontkoombaar zijn. Het *dynamisch* accent in relatie tot God, mens, liefde, genade, natuur en verlossing en in intermenselijke relaties is essentieel in het christelijk geloof.

John Wesleys begrip van liefde kan alleen maar ondersteund worden door een onderliggende "metafysica" die dynamisch van aard is. Toch was zijn theologische positie niet afgeleid van een filosofisch standpunt. Het is veeleer zo dat zijn religieuze en bijbelse inzichten hem leidden naar een metafysica die, naar men gelooft, instemming vindt bij de nieuwe wijze waarop de moderne mens de natuur verstaat, en een grond verschaft voor de christelijke zin van het leven die alle mensen zoeken, of ze al dan niet weten wat het is dat ze zoeken.

Deze studie is ondernomen met bovenstaande overwegingen in gedachte. De "creatieve" manier waarop dit geprobeerd is, is diep geworteld in meer contacten met geschoolde geesten dan hier gespecificeerd kan worden. De directe "inspiratie" is John Wesley, en de grote interesse ligt in een bijbelse theologie. Wesley leidt altijd naar de bijbel. Wesleys veertiendelige *Works* verschafte de bron voor zijn ideeën. Er is gebruik gemaakt van de eenvoudigst mogelijke documentatie. De bijbelstudies zijn eerder *voorafgaand* aan werkelijke wetenschap dan dat ze zelf wetenschappelijk zijn. De bekrompenheden van oudere biblicismen hebben de meest voor de hand liggende betekenissen van bijbelse passages verduisterd. Het is die verduistering die we hebben geprobeerd te corrigeren.

Van de velen aan wie ik dank verschuldigd ben erken ik graag de hulp en bemoediging van mijn echtgenoot, die vaak en vasthoudend mijn werk voortgedreven heeft in de jaren van studie en van intellectuele en geestelijke pijn die nodig waren om dit werk geboren te laten worden. Zonder die ondersteuning had er geen werkstuk kunnen komen.

Betreffende verwijzingen naar Wesleys geschriften:

Vanwege het grote aantal citaten uit Wesleys eigen geschriften door het hele boek heen is er een codering bedacht om elk citaat te identificeren zonder omvangrijke voetnoten. De vier voornaamste bronnen staan hieronder vermeld met hun code.

*The Works of the Rev. John Wesley*, (Kansas City, Mo.: Nazarene Publishing House, ongedateerd; en Grand Rapids, Mich.: Zondervan Publishing House, 1958, overeenstemmende uitgaven), 14 delen. Code: *Works*.

*Wesley's Standard Sermons*, edited by Edward H. Sugden (London: The Epworth Press, 1921), 2 delen. Code: *Sermons*.

*The Letters of the Rev. John Wesley*, edited by John Telford (London: The Epworth Press, 1931), 8 delen. Code: *Letters*.

*Explanatory Notes upon the New Testament*, (New York, Eaton and Mains, ongedateerd). Code: *Notes*.

\*   \*   \*   \*   \*   \*

LIEFDE haalt het harde uit heiligheid

Liefde haalt het ongelooflijke uit volmaaktheid

Liefde haalt het wetteloze uit geloof

Liefde haalt het moralisme uit gehoorzaamheid

Liefde haalt het gnosticisme uit reiniging

Liefde haalt het abstracte uit waarheid

Liefde brengt het persoonlijke tot waarheid

Liefde brengt het ethische tot heiligheid

Liefde brengt het proces tot leven

Liefde brengt drang tot crisis

Liefde brengt het bedenkelijke tot zonde

Liefde brengt broederschap tot volmaaktheid

Mildred Bangs Wynkoop

Liefde is het doel van alle geboden van God. Het is het *Punt* waar het geheel en ieder deel van het christendom op gericht is. Het fundament is geloof, het hart zuiverend, het doel liefde, het geweten bewarend *(Works,* XI, 416).

Op 1 januari 1733 preekte ik (...) over de "besnijdenis van het hart", waarvan ik een omschrijving gaf met de volgende woorden: "Het is die gezindheid van de ziel, die, in de heilige schriften, heiligheid genoemd wordt, wat direct impliceert dat men van zonde gereinigd is, (...) zodanig "hervormd door de vernieuwing van uw denken" als zijnde "volmaakt gelijk onze hemelse Vader volmaakt is" (Zie *Works,* V, 203).

In dezelfde preek merkte ik op dat "Liefde de vervulling der wet is", het doel van het gebod. Het is niet alleen het "eerste en grote gebod", maar alle geboden ineen. (...) De koninklijke wet van hemel en aarde is deze: "Gij zult de Here uw God liefhebben met geheel uw hart, en met geheel uw ziel, en verstand en kracht". (...)

Ik eindigde met deze woorden: "Dit is het totaal van de volmaakte wet, de besnijdenis van het hart". (...)

Er mag opgemerkt worden dat deze preek opgenomen was onder de eersten van al mijn geschriften die gepubliceerd zijn. Dit was de kijk op godsdienst die ik toen had, die ik zelfs toen niet schroomde *volmaaktheid* te noemen. Dit is de kijk die ik er nu op Heb, zonder enige wezenlijke toevoeging of weglating *(Works,* XI, 367-68).

We verlangen ernaar dat deze godsdienst in de wereld gevestigd wordt, een godsdienst van liefde, en vreugde, en vrede, gezeteld in het binnenste van de ziel, maar zich altijd tonende door haar vruchten, altijd naar buiten stromende, niet alleen in alle onschuld (want de liefde doet de naaste geen kwaad), maar ook in alle liefdadigheid, deugd en vreugde om zich heen verspreidend (John Wesley, *An Earnest Appeal to Men of Reason and Religion,* London: Wesleyan Conference Office, veertiende druk, pagina 4).

*2*

# De sleutel

De vraag die de aanleiding vormt voor het schrijven van dit boek, is eenvoudig. Is er een interpretatieprincipe - een hermeneutiek - die zowel de christelijke leer als het christelijk leven vanuit hetzelfde systeem kan uitleggen zonder dat de integriteit van de één die van de ander ondermijnt? Met andere woorden, kunnen theologie en het werkelijke menselijke bestaan elkaar op zinvolle wijze ontmoeten? Dit is uiteraard geen eenvoudige vraag. Hij barst uit in een explosie van vragen als je er al naar kijkt. En dat is goed.

De bestudering van deze zaak begon met de overmaat aan intellectuele vragen en problemen die opgeworpen werden door het klaarblijkelijke dualisme tussen theorie en leven in mijn eigen denken en in het denken van anderen. Het pijnlijk langzame proces van het eerlijk opsporen van ieder probleem tot de bron was boeiend en de moeite waard.

Veel problemen ontstaan vanuit zichzelf, met andere woorden; vragen worden gesteld die ofwel voortkomen uit een verkeerd beeld van de aard van de werkelijkheid ofwel ontstaan doordat men probeert een star realiteitsconcept op te leggen aan het buitengewoon dynamische wat de menselijke persoonlijkheid in feite is. Het ordenen van zulke vragen is niet zo moeilijk als het corrigeren van hun gedachtekaders, omdat de onverdachte wortels van de vragen vaak zorgvuldig bewaakt worden door emotionele en irrationele angsten.

Een onvergetelijke filosofieleergang op de universiteit bracht me in contact met het "sprookjesland" van verborgen en nooit gedroomde maar te ontdekken basis vooronderstellingen, die verantwoordelijk zijn voor de manier waarop we denken en voor de conclusies die we bereid zijn als waarheid te aanvaarden. Een nog grotere verrassing voor mij was de bewering dat niet iedereen zijn denken bouwde op dezelfde "vanzelfsprekende" waarheden. Ik was de laatste om de aanwezigheid van zulke belangrijke vooronderstellingen te vermoeden, en zeker toen ik er eenmaal naar begon te zoeken erg naïef omtrent wat ze zouden kunnen zijn. Het was een nuttige, zelfs schokkende, onderneming. Een onderzoek naar en het ontdekken van de beheersende theorie van het criticisme op enig gebied van menselijk denken en verschil van mening en posities opent de weg naar een dieper verstaan dan ik ooit gedroomd had dat mogelijk was. Het werd voor mij één van de sleutels om problemen te ontsluiten die tot dan toe iedere poging tot oplossen hadden weerstaan.

Dit boek is het resultaat van het trachten te bepalen waarom onze theologische en godsdienstige problemen, problemen zijn. Er zijn onderliggende gedachtegangen bij vele vragen die zoals ze worden gesteld onmogelijk zijn te beantwoorden omdat ze voortkomen uit categorische fouten en/of onbekritiseerde vooronderstellingen die tegenstrijdig zijn met rationaliteit en het christelijk geloof. Ze moeten naar boven komen, wellicht gecorrigeerd worden.

Het is de weloverwogen mening van deze auteur dat John Wesley een betrouwbare en bruikbare theologische benadering heeft aangedragen, die het waard is om overwogen te worden bij het oplossen van problemen die verbonden zijn met het leer/leven-syndroom. Zijn hermeneutiek was "liefde tot God en mensen". Dit is de rode draad in zijn geschriften. Uiteindelijk komt de diepste betekenis van elk leerstuk van het christelijk geloof, eenmaal door hem geïdentificeerd en gedefinieerd, altijd weer uit op "liefde". Wesleys gedachtegang is als een grote rotonde met toegangspoorten aan alle kanten. Door welke men ook naar binnen gaat, iedere poort leidt naar de centrale zaal der liefde waar men omhoog kijkend naar de koepel staart naar de eindeloze, nodigende hemel. Er is geen plafond aan de liefde. De liefde, door ieder leerstuk van verkondiging en leven heen terugstromend, dient om elk leerstuk samen te binden in een dynamische architectuur en om de theologische gestalte en integriteit van John Wesley te tonen.

Deze "rotondetheologie", veeleer cirkelvormig dan een "traptrede" benadering, schept een probleem voor de theologische analyse van Wesley. Theologie moet systematisch van opzet zijn. Elk element moet duidelijk onderscheiden zijn van elk ander element of leerstuk, en moet logisch volgen uit de voorafgaande en gemakkelijk leiden naar de volgende. Maar bij Wesley is zulke overzichtelijkheid niet te vinden omdat die er niet is. Wesleys leerstukken kunnen niet zo scherp van elkaar worden gescheiden en van het geheel wat liefde is. Ze zijn niet "abstract". Dit "probleem" wordt duidelijk in deze studie daar waar vaak een onvermijdelijke

Mildred Bangs Wynkoop

verdubbeling van thema en citaat aanwijsbaar zal worden. In welhaast elke citaat van Wesley dat lang genoeg is om het gestelde argument te voltooien (en het is oneerlijk om hem die tijd niet te gunnen) wordt bijna elk belangrijk leerstuk geïmpliceerd. De theologische termen zijn onderling zo nauw verbonden dat wanneer men er één aanraakt ze allemaal aangeraakt worden. Bijna iedere belangrijk citaat kan bijna ieder centraal leerstuk illustreren.

Laat echter niet gedacht worden dat Wesleys accent op liefde definities teniet doet. Geen enkel christelijk leerstuk wordt door liefde geneutraliseerd noch zijn scherp omlijnde identiteit erdoor vervaagd. Met elk concept van de liefde dat de neiging had de rationele integriteit uit te hollen maakte Wesley korte metten. Christelijke leerstukken *kwamen werkelijk tot leven* in de menselijke ervaring, maar dat is mijlen ver verwijderd van het laten opgaan van leerstukken in een mystieke mist.

Ook liet liefde, wat Wesley betreft, geen tegenstellingen tegen elkaar wegvallen of liet het creatieve spanningen in sociaal menselijke relaties wegvloeien, of het nu godsdienstige, huiselijke, of kerkelijke waren, of welke andere ook. Liefde was geen zachte, tolerante omkleding van de menselijke persoonlijkheid, zo explosief als die mag zijn. Liefde, of heiligheid zoals hij liefde interpreteerde, was niet het einde van gezonde, zelfs intense, menselijke reacties maar veeleer het disciplineren ervan. Christelijke liefde schept een atmosfeer waarin alle creatieve conflicten niet alleen mogen bestaan maar ook mogen rijpen en volledig worden gebruikt zonder het samenstel van de christelijke eenheid uiteen te scheuren.

Wesleys "liefde" moest behoren tot hetzelfde soort liefde als Gods liefde, omdat Wesley daardoor geïnspireerd werd. Ze schept vrijheid en prestatie. Ze neemt het op tegen alles wat haar zou willen vernietigen. Zij houdt het gezonde geven en nemen in de menselijke relaties in evenwicht en gedijt daarop. De theologische oplossing waar onze studie naar zoekt zal er dus niet één zijn die ontworpen is om alle denken, meningsverschillen en discussies te beëindigen, maar één die een levende "dialoog" aanmoedigt die zal dienen om ons te sterken waar we zwak zijn en ons uit sommige verwarringen te leiden die het effectieve christelijke leven in de weg staan.

Speciaal John Wesley is als de "katalysator" voor een studie van de grondslagen van de christelijke leer gekozen, en wel om de volgende redenen: Allereerst is Wesleys liefdesbegrip een volrediger katalysator dan enig ander dat ik ken, m.a.w. wanneer zowel leer als leven samen beschouwd worden lost liefde zoals Wesley haar verstond meer theologische en godsdienstige problemen op dan andere voorstellingen schijnen te kunnen doen. De tweede reden volgt uit de eerste omdat liefde als de centrale waarheid van het evangelie zinniger lijkt dan sommige andere theologische aspecten. Liefde *is* het evangelie. Christelijke liefde, door God in

Christus geopenbaard, is de correctie van de beperkte, zelfgerichte, selectieve, bedorven menselijke liefde. Ze staat recht tegenover elk menselijk liefdesbegrip dat in een theorie over Gods natuur en zijn weg met de mens gegoten wordt.

Het is deze onbegrensde, onpartijdige, onvernietigbare liefde die "geopenbaard" moest worden omdat de beste menselijke liefde nog beperkt is. De kern van de zonde is de bedorven liefde die zich toewijdt aan de eigen persoon. Zou het dogma van de bijzondere uitverkiezing zoals sommige theologische tradities dat verstaan niet een projectie van de gebrekkige menselijke liefde op de natuur van God kunnen zijn? Het evangelie is niet geboren in menselijke filosofie maar in Gods hart, door Christus geopenbaard, zoals Wesley dat ook uiteenzette.

Een derde reden is de nadruk op de diepe morele, persoonlijke en geestelijke relatie tussen God en mens die door dit liefdesbegrip gedragen wordt. Dit in contrast met een louter wettische, mechanische, automatische of rekenkundige "ding-manipulatie", die zo makkelijk een vervanging wordt voor de persoonlijke en geestelijke realiteiten van het evangelie.

Een vierde reden is dat Wesley op gezonde wijze vrij was van theologische bekrompenheid. Niet al zijn volgelingen zijn zo tactvol geweest. Het enge exclusivisme in de kerk is gnostisch van geest en heeft zeer oude wortels. Theologische en religieuze bekrompenheid moet altijd worden gewantrouwd. James Stewart schreef in een artikel in het *Scottisch Journal of Theology*: "Het probleem met ketterij [zie het probleem in Colosse] zoals Paulus dat zag, was haar verschrikkelijke bekrompenheid" (*"Een ketterij uit de eerste eeuw"*, november 1970). Liefde zoals die geopenbaard is in Christus, staat lijnrecht tegenover de eeuwenoude zonde, - *de zonde* - het eigen ik tegen God en iedereen die de autonomie van het ik zou kunnen bedreigen of er inbreuk op zou kunnen maken. Wesley was niet bekrompen in zijn voorstelling van het evangelie of in het begrijpen ervan. Liefde was voor hem de goddelijke oplossing voor het probleem van de verdeeldheid.

Wesley was een "man van één Boek", zoals hij zichzelf karakteriseerde, en hij liet zijn geloof daarop rusten. Wat niet duidelijk uit Gods Woord naar voren kwam was voor hem niet bindend. Gezien dit feit is het Wesleyanisme een bijbelse theologie, of zou het dat moeten zijn. In de lijn van dit ideaal zullen er in deze studie een aantal tamelijk lange tekststudies gevonden worden. De keuze welke van de meerdere leerstukken die in dit boek onderzocht worden via tekststudie bestudeerd moesten worden, werd gemaakt op basis van de aard van de beheersende vraag. Daar waar de grootste problemen rezen in de spanning tussen leer en leven werd het diepste onderzoek gedaan. In deze gevallen zijn alle, zelfs nauwelijks relevante, verwijzingen naar de te bestuderen woorden vermeld, om zodoende de verdenking te vermijden

Mildred Bangs Wynkoop

dat er een willekeurige selectie van teksten gebruikt is om op die manier een bewijs te leveren. Conclusies moeten worden getrokken in het licht van het totaalbeeld. Bijbelse theologie is geworteld in de bijbel als geheel, niet in geselecteerde gedeelten ervan. Deze studies zijn geen zware wetenschappelijke studies maar logische opmerkingen vanuit de context die vaak worden gemist in nonchalante verzamelingen van bewijsteksten. Zonder dit fundament kan bijbelse theologie niet eens beginnen. Waarachtige en zorgvuldige wetenschap zal niet tegenstrijdig blijken te zijn met wat in deze studies geconcludeerd wordt.

John Wesley was een theoloog, zoals we hopen aan te tonen. Hij werkte vanuit een "systeem" dat voor hem niet wezenlijk anders was dan de traditionele christelijke leer. Hij voegde er een geestelijke dimensie aan toe die de theologie in een nieuw raamwerk plaatste - de persoonlijke relatie en de ervaringen. Deze "toevoeging" bracht het evenwicht van de leerstukken in een andere configuratie maar veranderde het systeem niet wezenlijk. Zijn hele bediening was een uitleggen van deze veranderde configuratie. Liefde, de essentie van het nieuwe perspectief, diende als een verenigende factor in de theologie en haar vermenselijkte toepassing in het leven. De structuur van de theologie werd door Wesley aangepast aan de menselijke mogelijkheden. Dit vernietigt de theologie niet maar stelt er wel indringende vragen aan.

In het hart van Wesleys bijdrage lag het weer in ere herstellen van heiliging als een levensvatbaar element in de theologie, duidelijk onderscheiden van rechtvaardiging maar er één geheel mee vormend. Luther corrigeerde de katholieke verwarring van die twee, die ontstaat als heiliging vóór rechtvaardiging (die dan door werken bereikt moest worden) geplaatst wordt, door te verklaren dat men door geloof gerechtvaardigd werd, niet door werken. Maar met deze correctie verloor Luther de betekenis van heiliging door *die* met werken te verwarren. Het geloof waardoor rechtvaardiging realiteit werd, werd beperkt door zijn zorg om geloof vrij te houden van enige verdenking van menselijke verdienste.

Wesley zag dat rechtvaardiging en heiliging twee kanten van één waarheid waren, niet gescheiden door tijd of ervaring maar aan elkaar gerelateerd. Al het dynamische en levende dat Wesley in heiliging zag was geworteld in het werk van Christus - de verzoening - dat alle mensen potentieel rechtvaardigde - verzoende met - voor God. De toeëigening van Gods genadige vergeving door een ieder - door geloof - was het begin van heiliging. Hij veronderstelde rechtvaardiging in iedere opeenvolgende "fase op weg".

Rechtvaardiging is dan voorafgaande genade bewaard voor universalisme, niet door Gods selectieve raadsbesluit (wat voor Wesley een bespotting van Gods universele liefde was) maar door geloof, dat genade *mogelijk* maakt voor alle mensen, maar *niet onvermijdelijk* is.

Het zou een vergissing zijn te veronderstellen dat Wesley rechtvaardiging en heiliging als louter rekenkundige waarden zag, alleen onderscheiden door een kwantitatieve maat - eerst wordt men gerechtvaardigd en later mag daar heiliging aan toegevoegd worden. Door te verklaren dat heiliging net als rechtvaardiging door geloof is wordt een geloofsbegrip voorgesteld dat verder gaat dan dat van Luther. Men gelooft niet *tot rechtvaardiging* en dan later *tot heiliging*, maar men begint te vertrouwen *op Christus* (een persoonlijke relatie), waardoor men zich Gods genade toeeigent en met het heilige leven begint. De nieuwe relatie met God rust in de rechtvaardiging en stroomt uit in de nieuwheid des levens die door het geloof wordt ingeleid. In dit nieuwe leven zijn er cruciale crisispunten die één geheel vormen met de morele ondervindingen. Alleen een duidelijk, volledig en passend begrip van rechtvaardiging kan een bijbels begrip van heiliging ondersteunen. Dit boek begint op dit punt en gaat voort op basis van deze bewering.

Mildred Bangs Wynkoop

*3*

# Naar een theologie van de liefde

De stelling van dit boek is dat liefde de dynamiek van het wesleyanisme is. Na elk behoorlijk onderzoek van John Wesleys geschriften wordt men zich ervan bewust hoe enorm belangrijk liefde is in zijn theologie en als onderwerp voor zijn preken. Door welke deur men ook zijn denken binnengaat - heiligheid, heiliging, volmaaktheid, reiniging, geloof, mens, God, verlossing, of welke andere ook - elk van hen begint niet alleen met de anderen samen te vloeien en zich te verstrengelen, maar het geheel wordt ook onvermijdelijk gekanaliseerd tot liefde. In plaats van Wesley als vertegenwoordiger van een heiligingtheologie te zien, zou het meer recht doen aan zijn belangrijkste accent om het een theologie van de liefde te noemen. Hier wordt de stelling in overweging gegeven om te ontdekken, te onderzoeken en te verdedigen dat het wesleyanisme (dat gedeelte van de Kerk dat de aanwijzingen van Wesley volgt) in haar meest authentieke momenten christelijke theologie interpreteert in termen van liefde. Ze is niet "authentiek" wanneer ze daarin tekortschiet.

John Wesleys theologische en godsdienstige bijdrage aan de Kerk was geen nieuw dogma maar een werkelijke geestelijke levenskracht, gegoten in de traditionele hoofdstroom van het christendom. Deze levenskracht is liefde, en liefde is juist van nature dynamisch.

Liefde is zo centraal in John Wesleys totale boodschap dat we op dit punt niet beter kunnen doen dan één van zijn sterkste passages op dit punt te citeren.

> Het zou goed zijn als u zich grondig bewust was van dit: De hemel der hemelen is liefde. Er is niets hoger in de godsdienst, er is, in feite, niets anders; als u zoekt naar iets dat meer is dan liefde, dan ziet u aan het doel voorbij, dan verlaat u de koninklijke weg, en wanneer u anderen vraagt: Heeft u deze of gene zegen

ontvangen? en u bedoelt daarmee iets anders dan meer liefde, dan bedoelt u het verkeerd, dan leidt u ze van de weg af en zet u ze op een vals spoor. Laat het dus voor u vaststaan dat vanaf het moment dat God u gereinigd heeft van alle zonde, u naar niets meer moogt streven dan naar meer van die liefde zoals beschreven in I Corinthe 13. U kunt niet hoger gaan dan dit, totdat u in Abrahams schoot gedragen wordt (Works, XI, "Een duidelijke verklaring....", blz. 430).

Een paar voorafgaande woorden moeten gezegd worden om de stelling uit te leggen dat liefde de theologische sleutel tot Wesleys denken is. Wanneer gesteld wordt dat liefde de dynamiek van het wesleyanisme is, dan wordt iets geïmpliceerd betreffende heiligheid, wat toch het bijzondere accent is dat wesleyanisme legt. Het zegt dat heiligheid dynamisch is en dat het karakter van heiligheid liefde is. Het probleem dat we tegenkomen is ten minste tweeledig. (1) Is liefde een begrip dat krachtig genoeg is om recht te doen aan heiligheid? Berooft de prioriteit van de liefde de heiligheid niet van haar unieke karakter en kracht? En (2) is het correct de termen *heiligheid* en *liefde* zo nauw te *relateren* dat ze gelijkgesteld lijken te worden, of dat zelfs werkelijk doen?

Het antwoord is ook tweeledig. Wat men ook moge denken dat de juiste theologische verhouding tussen heiligheid en liefde is, bij een bestudering van Wesley is het logisch hem te vragen wat hij leerde. Het wordt dan duidelijk dat Wesley inderdaad deze twee woorden (en de concepten die ze vertegenwoordigen) niet alleen aan elkaar *relateerde* maar zelfs *gelijkstelde*. Voor hem waren het niet twee aspecten die genade vergezelden maar één geheel van waarheid. In de tweede plaats wordt er iets duidelijk van de relatie tussen deze twee woorden wanneer men ziet dat wanneer het begrip "dynamisch" toegepast wordt op deze termen ze in een gedachtekader geplaatst worden waar een levende relevantie aanwezig is. Dat kader is "persoonlijke relatie". Het naast elkaar plaatsen van de termen *heiligheid* en *liefde*, samen met "persoonlijke relatie" geeft ieder woord betekenis en verenigt ze. Dit transformeert ze van louter abstracte begrippen in dynamische bijbelse begrippen.

Er zijn dus nu vier sleutelbegrippen: *heiligheid, persoonlijke relatie, dynamisch* en *liefde*. Op het punt waar deze begrippen elkaar kruisen en er een semantisch verband ontstaat kan er een interpretatieprincipe worden ontwikkeld.

## 3.1 Een existentiële verklarende woordenlijst

1. "Heiligheid", zoals het in deze studie gebruikt wordt, weerspiegelt de dubbelzinnigheid die gewoonlijk wordt aangetroffen als het woord wordt gebruikt. Drie betekenisniveaus moeten worden onderscheiden voordat het woord nauwkeurig gebruikt kan worden.

a. *Heiligheid* als zelfstandig naamwoord, een abstract woord, kan niet gelijkgesteld worden met welk woord dan ook, of dat nu liefde, volmaaktheid, reiniging of enig ander is. Het heeft een stabiele betekenis, verzekerd door honderden jaren geschiedenis. Als zodanig is het onschendbaar.

b. Wanneer *heiligheid* in een theologische context wordt geplaatst, neemt het de kleur aan van wat voor soort *systeem* die theologie ook heeft. Het is verbonden met elke andere term in het systeem en is in harmonie met het systeem als geheel. Katholieke *heiligheid* is behoorlijk verschillend van calvinistische *heiligheid*. Maar het is nog steeds een abstracte term in die zin dat het zich bevindt in een ideeënkader.

c. Een derde categorie moet worden onderscheiden. Wanneer *heiligheid* een *religieuze* term wordt met een existentiële betrokkenheid, dan moet het zijn autonomie prijsgeven aan het gehele complex van levende relaties. Het wordt niet geschonden door *liefde* en *volmaaktheid*, veeleer verhogen ze elkaar en lossen de scherpe, beschermende semantische barrières op, een geestelijke realiteit achterlatend die geen theologie of woordenboek kan bevatten.

Wanneer het onderscheid in deze drie categorieën woordgebruik niet gezien wordt, kan de purist (de filosoof) de realist (de Wesleyaan) ofwel een theologische ignoramus ("iedereen weet dat geen mens zo'n niveau bereiken kan") ofwel ronduit oneerlijk ("hij past de betekenis van heiligheid aan zijn eigen overtuiging aan") noemen. *Heiligheid*, het moet opnieuw gezegd worden, is een religieus woord.

In deze inleidende stelling dient nog een vraag nader onderzocht te worden. Worden *liefde* en *heiligheid* door Wesley werkelijk gelijkgesteld? En moeten ze dat wel of niet in de theologie in het algemeen?

Dit is geen eenvoudige vraag en iets van de complexiteit ervan moet besproken worden. De reden om de vraag eerst te onderzoeken voor we Wesley de kans geven zijn begrip van liefde en heiligheid uit te leggen is dat hij blijkbaar deze vraag als zodanig niet in gedachten had. Wanneer we hem dwingen een vraag te beantwoorden waaraan hij nooit gedacht had kunnen we hem verkeerd interpreteren. Als onze vraag echter duidelijk is zouden we in staat kunnen zijn Wesley zodanig te interpreteren dat hij de weg wijst naar het antwoord dat we zoeken.

*Heiligheid* en *liefde* zijn twee verschillende woorden voor twee verschillende dingen. In het kader van formele definitie zijn beide ongelijk. Ze zijn niet uitwisselbaar in een gegeven context. Maar dat is in het kader van woorden als louter woorden. In het kader van hun existentiële betekenis wordt iets van hun verbondenheid duidelijk. Maar het zou niet juist zijn te zeggen dat ze "verwant" zijn. Te zeggen dat liefde en heiligheid niet identiek zijn maar verwant zou impliceren dat ze qua ervaring *verbonden* zijn maar in het leven niet *vitaal* en *essentieel* aaneengesloten. Het zou zeggen dat elk een autonomie ten opzichte van de ander had. Zo ongeveer in die zin als een huis en een thuis, een mens en een advocaat, een instituut en een school gelijkgesteld kunnen worden, gaat dat ook op voor liefde en heiligheid. Maar het wordt duidelijk dat de tweede elementen van deze paren in een andere gedachtecategorie thuishoren dan de eerste. Ze wijzen naar een soort karakter, of gebruik, of activiteit van de eerste. We zouden het de "dynamiek" van de eerste elementen kunnen noemen.

Wanneer liefde en heiligheid samengebracht worden zou de analogie van de twee kanten van een stuiver dichter bij de waarheid komen. Geen kant kan tegelijkertijd beide kanten zijn. De kanten zijn niet gelijk, maar de "kop" is even essentieel voor het bestaan van de stuiver als de "munt". Liefde is het essentiële karakter van heiligheid, en heiligheid bestaat niet zonder liefde. Zo dicht staan ze dus naast elkaar, en in zekere zin kan gezegd worden dat ze hetzelfde zijn. In elk geval definieerde Wesley heiligheid zowel als volmaaktheid consequent als liefde.

2. In deze analogie wordt een belangrijk kenmerk geïmpliceerd. Als liefde het karakter, het overstromen, de communicatie van heiligheid en datgene wat het leven geeft is, en liefde de kwaliteit van een persoon is, en nooit een "ding", dan is daarmee iets gezegd over heiligheid dat Wesley nooit miste, namelijk dat heiligheid te maken heeft met *mensen in relatie.*

3. "Persoonlijke relatie" is een realistische benadering. Het is binnen de persoonlijke dimensie van de realiteit dat Gods zelfopenbaring wordt gegeven en ontvangen, dat communicatie zin heeft, dat rationaliteit en moraliteit worden ontmoet, dat individuen en maatschappij van betekenis zijn, dat heiligheid en zonde gedefinieerd kunnen worden. Onbezielde natuur is een werktuig voor openbaring, maar alleen personen kunnen dat werktuig gebruiken om gecommuniceerde betekenis te onthullen of te dragen. God deelt zichzelf mee aan verwante persoonlijke wezens, en alleen personen zijn het voorwerp van Zijn verlossende liefde!

4. Dynamiek karakteriseert dus de relaties tussen personen. Juist de morele vrijheid die essentieel is voor het begrip "persoon", in tegenstelling tot de

mensen als louter te manipuleren eenheden, spreekt over de dynamische kwaliteit van persoonlijkheid.

De dynamiek van persoonlijke relaties is liefde. Liefde is de kwaliteit van de reacties tussen personen. *Liefde kan alleen bestaan in vrijheid.* Ze kan niet worden afgedwongen. Vrijheid is het meest essentiële ingrediënt van liefde. Als er van liefde gesproken wordt, wordt vrijheid verondersteld en zijn er personen bij betrokken. *Liefde* beschrijft de soort reacties die tussen personen bestaan. Liefde kan personen in broederschap verbinden of kan zichzelf kortsluiten en andere personen verwerpen. In beide gevallen is de relatie tussen personen aan de orde.

Liefde definieert heiligheid en zonde dus positief of negatief. Liefde, dynamisch en vrij, sluit anderen in of uit in haar zoeken naar vervulling. Wanneer het object van liefde, datgene waarop het gehele zelf zich richt, God is, is heiligheid beschreven. Wanneer in dit proces liefde zich richt op het zelf, dan wordt God buitengesloten en is daarmee de zonde beschreven. Heiligheid en zonde zijn waardebepalingen die te maken hebben met de kwaliteit van het soort relatie dat het ik met God onderhoudt. Ze hebben betekenis in het gebied van de persoonlijke relaties, en nergens anders.

## 3.2 De dynamiek van liefde

Als we dit onderscheid in gedachten houden wordt het nu mogelijk de centrumfunctie van liefde bij Wesley en de authentieke heiligingsleer te bespreken. *Liefde karakteriseert heiligheid zoals die door de nieuwtestamentische schrijvers aan ons gepresenteerd wordt.* De gedachtegang die aan deze uitspraak voorafgaat loopt ongeveer zo:

1. *"Want alzo lief heeft God de wereld gehad,* dat Hij zijn eniggeboren Zoon gegeven heeft" (Joh 3:16a).

2. *Jezus' doel* met zijn komst, leven en sterven was "zijn volk door zijn eigen bloed te heiligen" (Hebr. 13:12); *"evenals Christus zijn gemeente heeft liefgehad en Zich voor haar overgegeven heeft, om haar te heiligen"* (Ef. 5:25-26 e.a.).

3. De vervulling van alles wat God van de mens vraagt, zei Jezus, was *volledige liefde tot God en liefde tot de naaste* zoals men zichzelf liefheeft (Mar 12:28-34, e.a.).

4. Paulus, in zijn schets van de ethische structuur van het christelijk leven, spitst zijn betoog toe op dat zelfde gebod. Hij zei dat alle geboden "worden samengevat in dit woord: gij zult uw naaste liefhebben als uzelf. De liefde

doet de naaste geen kwaad, daarom *is de liefde de vervulling der wet"* (Rom.. 13:9-10).

5. *De toetssteen voor onze juiste relatie met God is liefde.* "En dit is zijn gebod: dat wij geloven in de naam van zijn Zoon Jezus Christus en elkander liefhebben, gelijk Hij ons geboden heeft. En wie zijn geboden bewaart, blijft in Hem en Hij in hem. En hieraan onderkennen wij, dat Hij in ons blijft: aan de Geest, die Hij ons gegeven heeft" (I Joh 3:23-24).

Zoals is opgemerkt heeft men weinig tijd nodig om, bij het lezen van Wesley, te ontdekken dat liefde het thema is van zijn gehele bediening, denken, interpretatie van theologie, handelen ten aanzien van de mensheid, en alles wat hij zei of deed. Het is zijn hermeneutiek. Zou iemand al Wesleys betogen over of referenties aan liefde moeten verzamelen, dan zou dat boek haast zo groot zijn als al zijn werken tezamen. Het zou kunnen worden samengevat door de veelvuldig gevonden mening: "Godsdienst is niets meer of minder dan zuivere liefde tot God en mensen". Waarom dan veertien delen standaardwerken en stapels andere boeken geschreven? Dit alles is een commentaar, een uitweiding, een exegese van liefde, omdat liefde een "many splendored thing"[3] is en ieder mogelijk aspect van het leven en de menselijke relaties raakt.

Als men zich verbonden weet met een wesleyaanse theologie, dan moet men zich realiseren dat het een verbondenheid is met een theologie van de liefde. Het was dit begrip van christendom - de centraliteit van liefde - waarmee Wesley zich verbonden wist. Hij geloofde dat het schriftuurlijk was, en wijdde zichzelf aan "heiligheid" omdat hij geloofde dat het bijbels was en dat de bijbel heiligheid karakteriseerde als liefde. Alleen deze schakel tussen Wesley en onszelf zou een legitieme grond zijn om wesleyaanse theologie "bijbels" te noemen. Wesley wordt alleen geaccepteerd als een betrouwbare raadgever omdat hij de centrale waarheid van het evangelie zo goed begreep en haar implicaties in theologie en leven zo bevredigend uitwerkte.

Het zou onverantwoordelijk zijn om uit Wesleys leer alleen die stukken te lichten die nodig zijn om een soort dogmatisch "onderscheid" te verdedigen en dat dan wesleyaans te noemen, zonder die keuze te maken op basis van een principe dat recht zou doen aan Wesleys eigen bedoelingen. Het zou een vergissing zijn uw theologie wesleyaans te noemen, en daarmee een heiligingstheologie te bedoelen die de betekenis van heiligheid beperkt tot een beperkter heiligheidsbegrip dan de liefde zoals Wesley haar zag. Liefde is bepalender voor Wesleys theologie dan enige methodologie van de ervaringsdimensie die verondersteld wordt van Wesley te zijn. En dat is precies waar dit boek over gaat.

---

3  Iets van grote en veelzijdige pracht (vert.).

Mildred Bangs Wynkoop

## 3.3  Implicaties van een theologie van de liefde

Als het wesleyanisme wordt aanvaard en begrepen als een theologie van de liefde, dan komen er een aantal veelzeggende punten naar voren.

1. *Liefde gaat dieper dan het gebruikelijke begrip van liefde.* Liefde in de bijbelse zin en zoals Wesley haar begreep, is een diepgaande correctie op het populaire, moderne begrip van liefde. Het moet scherp onderscheiden worden van al die romantische, zachte, erotische, paternalistische, tolerante, emotionele bijbetekenissen. Liefde sluit alle aspecten van menselijke relaties in maar structureert deze relaties op een andere manier dan in de moderne gedachtegang gedaan wordt.

2. *Liefde betrekt ons bij ethiek.* Als heiligheid door liefde gekarakteriseerd wordt is het dus ethisch gestructureerd. Dat is heel wat anders dan "moralisme" en moet niet met dat soort oppervlakkigheid verward worden. "Heiligingstheologie" had de neiging terug te keren tot die oppervlakkigheid die een ontkenning is van de oorspronkelijke, bijbelse en waarlijk ethische betekenis van heiligheid. Liefde bewaart heiligheid voor moralisme. Heiligheid is ethisch relevant en liefde ligt in haar hart. Er zijn ethische consequenties verbonden aan bijbelse godsdienst.

3. *Liefde is een louter persoonlijke zaak.* Haar volle betekenis is beperkt tot "personen" en bepaalt het begrip "persoon" zelfs voor een groot gedeelte. Liefde vereist een dynamisch begrip van persoonlijkheid. Ze is haar innerlijke drijfveer, haar uitreiken, haar atmosfeer, haar sociale samenhang. Ze is gemeenschap, verwantschap, maatschappelijkheid. Ze is de onbelemmerde communicatie tussen geesten die, alleen temidden van alle bevredigingen, dé bevrediging en vervulling is. Toen Johannes "God is liefde" schreef, werd daarmee iets gezegd over het wezen van God en het wezen van de mens dat het woord "persoonlijk" tot een zinnig begrip maakt.

4. *Liefde is geluk* (in Wesleys betekenis van het woord). Geluk is niet een emotionele prikkeling maar een harmonie van het gehele "zelf". Heiligheid is niet een verheerlijkte onaangepastheid, een neurose, zoals haar critici zo graag zeggen. Het is gezondheid, levendigheid, heelheid; het einde van disharmonie, geprikkeldheid en ontwrichtheid. Liefde gaat recht naar het hart van de persoonlijke relaties en eist een juiste grond voor gemeenschap. Ze sorteert genadeloos maar genezend alle motieven en dirigeert het hergroeperen van gedragingen en relaties. Ze staat op tegen iedere gedraging of daad die in haar naam, haar autoriteit vals opeisende, gemeenschap vernietigt. Ze is niet zacht, maar zeer discriminerend. Ze is niet blind, maar

bijzonder alert op alles wat gemeenschap uiteenscheurt. Ze is niet vormeloos, los van de wet, maar juist dé innerlijke structuur van de morele wet, de bewaarster van morele integriteit.

5. *Liefde is nooit oppervlakkig*, en heeft altijd te maken met sleutelbegrippen. Ze scheidt hoofdzaken van bijzaken in haar ijver waarachtige gemeenschap te scheppen en te bewaren. Ze waakt over gevoelens van eigenwaarde om te voorkomen dat die onopzettelijk afglijden naar egoïsme. Ze beschermt persoonlijke integriteit voor een te grote zorg om eigen rechten.

6. *Liefde "verstevigt" de ziel.* Friedrich Nietzsche dacht dat liefde de "slavenmoraal" was - dat zwakke, waardeloze mensen hun zwakte rechtvaardigden en verheerlijkten door het liefde te noemen. Ondanks Nietzsches uiterst opstandige leer - een leer die de wereld uiteindelijk in een afgrijselijke oorlog dompelde - openbaart een rustig lezen van zijn werken een diep tragisch misverstaan van de christelijke liefdesethiek. Waar heeft hij dat ooit geleerd? Het wordt hier genoemd omdat wanneer het gebruikelijke liefdesbegrip in het christelijk geloof ingepast wordt het dezelfde verwoestende reactie laat voortduren. Christelijke liefde is niet zwak, futloos, zonder karakter. Het is precies de moed en de stabiliteit van "The Terrible Meek"[4]. Lord Alfred Tennyson liet de edele Sir Galahad zeggen: "Mijn kracht is de kracht van tien, omdat mijn hart zuiver is".

7. *Liefde is creatief.* Schepping temidden van de spanningen en de conflicten van het leven is de essentie van het soort liefde waarover de bijbel en Wesley spreken. Liefde die vrede nodig heeft om te groeien is geen bijbelse liefde. Liefde die bestaat in de wisselwerking tussen personen moet van een zodanig kaliber zijn dat ze niet alleen het conflict tussen vrije en zelfbewuste personen verdraagt maar er zelfs in floreert. Liefde wist dat soort creatieve ontmoetingen niet uit maar ontdekt er de diepere dimensies van de persoonlijke realiteit in. Wesley scheen dit te begrijpen en zijn adviezen, gegeven in de aanwezige stapels correspondentie, dragen dit uit. Heilzame ontdekkingen van de diepten van de realiteit komen daar voor waar personen in conflict zijn. Liefde reduceert het leven niet tot een afgestompte, monotone onbewogenheid. Ze drijft iemand veeleer naar de onbekende, gevaarlijke, woelige menselijke ervaringen die overal om ons heen zijn. Een gemeenschap waar geen verschil van mening is wordt ofwel gedomineerd door één persoon of is iets dat niet bestaat - een graftombe, geen werkelijke gemeenschap. De meest levendige en gelukkige gemeenschappen zijn die

---

4    De verschrikkelijke zachtmoedigen (vert).

waarin ieder lid een vrije, overvloeiende, niet onderdrukte persoonlijkheid is - maar ieder ander respecterend, hoewel de ideeën hemelsbreed verschillen. De christelijke gemeenschap die van Gods liefde getuigt omzeilt de scherpe kanten van de individualiteit niet maar laat de peilloze "goodwill" zien die de christelijke liefde bepaalt.

8. *Liefde is naar buiten reiken.* Ze vernietigt de onverschilligheid, vereenzaming, de trots die gemeenschap afsnijdt, partijschappen, gereserveerdheid, buitensluiting. We moeten toegeven dat er een tendens onder christenen is heiligheid te interpreteren als een zich onttrekken aan de maatschappij, plaatselijke zorgen, "slechte" mensen en al het wereldlijke. Het is waar dat in heiligheid dit afzonderen aanwezig is, maar aan de andere kant van heiligheid, dóórdringend tot de kern, is liefde. Heiligheid is eigen identiteit; liefde is zichzelf in anderen verliezen. Heiligheid is heelheid; liefde is die heelheid delen. Noch heiligheid noch liefde is christelijk zonder de ander. Ze zijn logisch onderscheiden maar in het leven één en dezelfde. Het is het in het leven van elkaar scheiden dat beide vervormt. Liefde zonder heiligheid valt uiteen in sentimentaliteit. Persoonlijke integriteit raakt verloren. Maar heiligheid zonder liefde is helemaal geen heiligheid. Ondanks de naam toont ze hardheid, oordeel, een kritische geest, en al haar vermogen tot onderscheiden eindigt in verdeeldheid.

9. *Liefde is psychologisch georiënteerd.* Dat wil zeggen, wanneer er van liefde sprake is, de acties en reacties van het bewuste menselijke leven worden bedoeld. Ze moet worden gezien in de menselijke driften, gedachten, vooroordelen, gewoonten, cultuur, intelligentie, geestelijke karakteristieken, erfelijke aanleg, aard, gezondheid, persoonlijkheid, menselijke accenten en aanpassingen, en in reacties op anderen. Het is in vreugde, zorg, spanning, lijden, macht, frustraties, stemmingen, gedragswijzen - dezen en al het andere dat te maken heeft met het geheel dat leven is - dat liefde moet worden beschouwd. Op dit praktische en onontkoombare punt moet theologie zinnig kunnen spreken of helemaal niet. Hier leven mensen en ervaren, of verwerpen, Gods genade. Dit mogen omstreden punten zijn, maar merk op dat Wesley zich niet terugtrok uit dit soort controverse.

In een bijzonder mooie en uitgebreide brief beantwoordt Wesley de vraag "Wie is een christen?" Wat is echt, onvervalst christendom en hoe weet men dat het van God is? Temidden van diverse bewijzen staat hij het langst stil bij liefde, waarvan hier een gedeelte volgt.

Boven alles, zich herinnerend dat God liefde is wordt hij [de christen] gevormd naar dezelfde gelijkenis. Hij is vol van liefde tot zijn naaste, van universele liefde, niet begrensd tot één gezindte of partij, niet beperkt tot hen die dezelfde mening hebben als hij of dezelfde uitwendige vormen van aanbidding, of hen die bloedverwant zijn of hem aanbevolen vanwege hun nabijheid. Noch heeft hij alleen hen lief die hem liefhebben of die hem sympathiek geworden zijn door vertrouwelijkheid of bekendheid. Maar zijn liefde lijkt op die van Hem wiens "barmhartigheid is over al zijn werken" (Ps.. 145:9). Ze zweeft hoog boven al die schrale buurten, buren en vreemden, vrienden en vijanden omarmend - ja, niet alleen de goeden en zachtmoedigen, maar ook de weerbarstigen, kwaden, en ondankbaren. (...)

Zijn liefde, zowel ten opzichte van hen als van de gehele mensheid, is in zichzelf gul en belangeloos, voortkomende uit geen enkel zicht op voordeel voor zichzelf, geen profijt of lof - nee, zelfs niet het genoegen van liefhebben zelf. Dat is de dochter, niet de moeder, van zijn genegenheid. Vanuit ervaring weet hij dat sociale liefde, als dat betekent liefde tot de naaste, totaal verschillend is van eigenliefde, zelfs die van het meest toelaatbare soort - evenzo verschillend als de objecten waar ze op gericht zijn. En toch is het zeker, dat, als ze goed geleid worden, elk de ander zal versterken tot ze samengaan om nooit meer gescheiden te worden.

En deze universele, belangeloze liefde is de bron van alle goede genegenheden. Haar vruchten zijn zachtmoedigheid, lieflijkheid, zachtheid, humaniteit, hoffelijkheid en vriendelijkheid. Ze laat een christen zich verheugen in de deugden van allen en deelnemen in hun vreugde op hetzelfde moment dat hij sympathiseert met hun lijden en bewogen is met hun ziekten. Ze schept matigheid, minzaamheid, voorzichtigheid, samen met kalmte en gelijkmatigheid van humeur. Ze is de moeder van gulheid, openheid en openhartigheid, vrij van jaloezie en verdachtmaking. Ze baart oprechtheid, en gewilligheid om te geloven en te hopen al wat goed en vriendelijk is van ieder mens, en onoverwinnelijk geduld, nooit overwonnen door het kwade, maar het kwade overwinnende door het goede. (...)

Dit is het ongekunstelde, naakte portret van een christen. Maar wees niet bevooroordeeld vanwege zijn naam. Vergeef zijn eigenaardige meningen en (wat u denkt) bijgelovige wijzen van aanbidding. Dat zijn slechts onbelangrijke omstandigheden, die niet door het voorhangsel der liefde binnentreden en kijken naar het wezen - zijn humeur, zijn heiligheid, zijn vreugde.

Kan er redelijkerwijs een voorstelling gemaakt worden van een vriendelijker of aantrekkelijker karakter? (Letters, II, 376-380).

Mildred Bangs Wynkoop

Liefde is zo centraal in het christelijk geloof dat wanneer men haar aanraakt men verstrikt wordt in ieder ander element van christelijke leer en leven. Zoals we zullen zien leidde Wesleys besprekingen van welk element van de christelijke waarheid dan ook hem vlot naar liefde. "God is liefde". Ieder aspect van de verzoening is een uitdrukking van liefde; heiligheid is liefde; de zin van "religie" is liefde. Iedere stap van God naar de mens en het antwoord van de mens, stap voor stap, is één van de aspecten van liefde. Geloof werkt door liefde. Ethiek is het naar buiten stromen van liefde. Te zeggen dat christelijke heiligheid onze *raison d'être* (reden van bestaan) is, is zoveel zeggen als dat we ons hebben verbonden met alles wat liefde is, en dat is inderdaad niet gering. Het is onmogelijk uit Wesley een heiligingsleer te destilleren en te veronderstellen dat liefde straffeloos terzijde gesteld kan worden. Christelijke volmaaktheid, afgescheiden van de levensader der liefde, wordt steriel, koud, dood, ongeloofwaardig. (Een verdere uitweiding over Wesleys positie betreffende liefde wordt gemaakt in het hoofdstuk dat gaat over "het beeld van God".)

## 3.4 Liefde en gemeenschap

Er is nog een dimensie aan het probleem van liefde en heiligheid in hun religieuze betekenis. Er wordt gezegd dat gemeenschap het bewijs is van liefde/heiligheid, in de christelijke genade te staan en het bewijs aan de wereld dat de christelijke godsdienst waar is. Dat is makkelijk om te zeggen maar niet zo gemakkelijk te "leven" - tenzij de betekenis van gemeenschap goed wordt verstaan. *Liefde* is het sleutelwoord. Omdat *liefde* op zoveel verschillende manieren gebruikt wordt, is het verstandig te proberen de dubbelzinnigheden te verwijderen en een poging te doen de juiste betekenis in iedere situatie toe te passen.

De Griekse taal wordt niet beperkt tot één woord om de verschillende relaties in het leven uit te drukken zoals het Engels, dat bijna alle ervaringen die als een aspect van liefde herkend worden samen moet brengen onder één woord. Er zijn tenminste vier Griekse termen, *eros, storge, philia* en *agapè*, die vertaald worden met "liefde". Behalve eros worden ze allen tenminste in een afgeleide vorm in het nieuwe testament gevonden. Maar in een studie over liefde kan eros niet weggelaten worden, want het draagt bij tot een verstaan van de rijke betekenis van liefde. Hoewel dus niet als woord voorkomend in het Nieuwe Testament wordt haar betekenis hier wel uitgewerkt.

*Eros*, zo schrijft William Barclay in *More New Testament Words*, is liefde op het fysieke niveau, of op het meer elementaire vlak. Het wordt gebruikt om te verwijzen naar zowel seksuele aantrekkingskracht als zaken als intens en fanatiek patriottisme. Het is het meest instinctieve en "natuurlijke" soort aantrekkingskracht en gevoel.

Het moet niet worden beschouwd als zondig maar als een normale reactie op het leven.

*Storge* verwijst naar liefde voor familie. Het wordt een paar keer in het nieuwe testament gebruikt. De persoonlijke loyaliteit en wederzijdse toewijding binnen een sociale structuur van het familietype wordt gekarakteriseerd door dit woord. Het wordt vaak vertaald met "broederlijke genegenheid" en "vriendelijk genegen".

*Philia* is de warme persoonlijke vriendschap, diepe genegenheid tussen twee - of soms meer - personen. Voorbeelden van het gebruik ervan in het nieuwe testament zijn ondermeer de liefde van de Vader tot de Zoon (Joh 5:20), de toewijding of vriendschap voor Jezus (1 Cor.. 16:22), Jezus' liefde voor Lazarus (Joh 11), en de wederzijdse vriendschap tussen Jezus en "de geliefde discipel" (Joh 20:2). Het was deze innige persoonlijke toewijding die Petrus schond toen hij ontkende Jezus te kennen. Toen hij later ondervraagd werd over zijn liefde tot Jezus was het dit soort toewijding - warm, oprecht, persoonlijk - die ter sprake kwam.

Al dezen zijn "natuurlijk" voor de mensheid. Ze beschrijven een emotionele of hartgrondige reactie op de ander. Het vereist weinig of geen moeite om op deze wijze lief te hebben. Het zijn sociaal samenhangende krachten zonder welke de mensheid als maatschappij niet kon bestaan. Ze bepalen mentale, psychologische en geestelijke gezondheid.

*Agapè* is echter een totaal verschillende dimensie van liefde. Het is meer de kwaliteit van een persoon dan een ander soort liefde. Het is een principe waardoor men het leven ordent - of waardoor het leven geordend wordt. Aan dit alles ontlenen de relaties in het leven hun karakter. Het is geen nieuwe ingegeven gave maar een persoonlijke gerichtheid, zich allereerst uitstrekkend naar God en dan, noodzakelijkerwijze, naar alle andere personen en dingen in het leven. Het wordt christelijke liefde genoemd - en inderdaad is ze uniek in haar volheid in Christus. Het is niet allereerst een emotie maar een bewuste gedragslijn waardoor de relaties die met andere personen onderhouden worden in balans worden gehouden door iemands bewuste gerichtheid op God en zijn zelfrespect - in de goede zin, eigenliefde.

Onze eerste kennismaking met dit soort liefde in het nieuwe testament is de problematische passage in Matt.. 5:48 : "Gij dan zult volmaakt zijn gelijk uw hemelse Vader volmaakt is." Men is geneigd te veronderstellen dat dit soort volmaaktheid behoort bij een ander leven omdat we zeggen, "Wie kan zo volmaakt zijn als God?" Maar een zorgvuldig lezen van de context laat zien dat in Gods "vaderschap" *agapè*-liefde wordt geopenbaard, niet in de absolute volmaaktheid van God. De oude wet beschermde het recht door het "oog om oog" principe van vergelding. Dat was al

Mildred Bangs Wynkoop

een grote vooruitgang ten opzichte van de "hand en tand" filosofie. De morele wet zei dat men zijn naaste moest liefhebben. Dat wisten de Joden goed. Nu verheft Jezus de "wet" tot haar hoogtepunt - liefde voor iemands vijand. Onvermogen om de onderscheidingen in liefde uit elkaar te houden heeft vele oprechte mensen laten terugschrikken voor deze onmogelijke norm. Maar Jezus liet ons geen leeg idealisme. Het patroon van deze liefde is de wijze waarop de hemelse Vader de voordelen van zon en regen en alle andere noodzakelijke dingen geeft aan alle mensen, goed en slecht, dankbaar en ondankbaar, gehoorzaam en ongehoorzaam. En dat is de beste definitie van *agapè* die er is - onpartijdige welwillendheid.

De liefde die we christelijke liefde noemen is dus geen plaatsvervanger voor de andere liefdes, noch een aanvulling op die liefdes, maar het is de kwaliteit van de gehele persoon zoals die gecentreerd is op Christus. De vervormde gerichtheid die alle andere relaties bederft omdat ze gebruikt worden voor persoonlijk voordeel (vaak op zeer subtiele en kronkelige wijze) worden geheeld door de inwonende aanwezigheid van de Heilige Geest. In deze relatie worden alle andere relaties van het leven verhoogd en verfraaid en geheiligd.

Omdat *agapè* een matrix is voor alle andere relaties wordt de taak om een christelijk karakter in *eros, storge* en *philia* te plaatsen mogelijk gemaakt, al blijft het moeilijk. Het is mogelijk omdat het in het gebied ligt van morele gerichtheid en integriteit. Het is moeilijk omdat het in dit morele gebied is waar karakter bereikt wordt door ijverige inspanning. Als *agapè*-liefde iets automatisch in het christelijke leven was, dan zou er geen reden zijn voor de bijbelse vermaningen om toe te nemen in liefde en erin te groeien.

We zijn dus niet achtergelaten met een abstracte term. *Agapè* kan niet echt worden gedefinieerd, maar het kan wel worden gedemonstreerd. En dat is wat God ons geeft in Christus. Paulus zegt in Romeinen 5 dat "toen wij nog zondaars waren, Christus voor ons stierf". Het initiatief is van God en dat initiatief is het centrale punt van de zaak voor wat betreft liefde. "God in Christus de wereld met zichzelf verzoenende was" (2 Cor.. 5:19). Dat is geen selectieve liefde maar sluit alle mensen in, anders is het helemaal geen liefde (Joh 3:16). We kennen selectieve, kliekachtige liefde die geen plaats heeft voor degene die buiten staat. Dat is *philia*. Wanneer we eigenmachtig onze *philia*-liefde projecteren op de betekenis van Gods liefde in Christus en zeggen dat Hij Zijn liefde om welke reden dan ook beperkt tot uitverkoren personen, de anderen uitsluitend, dan zijn we bezig met het meest grove en gevaarlijke soort antropomorfisme.

Het is precies dit soort uitsluiting die Christus kwam ontkennen. God is *niet* partijdig. Dit is de rechtvaardigheid van God die Paulus verdedigt in Romeinen en waar de mensen van beroofd zijn, en wat het bewijs van hun zonde is. *Agapè*-liefde is Gods dimensie van liefde die Hij in alle mensen wil herstellen. Dat is heiligheid. En wanneer heiligheid een deel van de menselijke ervaring wordt, dan moet de mens ook zijn hart openen voor alle andere mensen. Het begrip van "bijzondere voorbestemming" bestrijdt de heiligheid van God.

God vertelt ons in Christus wat liefde is; het is vergeving. Vergeving is het dragen van alle *pijn* die ons wordt aangedaan door een "vijand" (zelfs in de gedaante van vrienden) zonder genoegdoening te verlangen. De kosten liggen volledig bij degene die de vergeving aanbiedt. Het is het accepteren van degene die de slag, of de onrechtvaardigheid, veroorzaakte, alsof hij ten opzichte van ons nooit iets overtreden had. Verzoening kost de verzoener meer dan het ooit degene die de verzoening aangeboden krijgt kan kosten. Het is een agressieve confrontatie met een situatie waarin wederzijdse barrières personen vervreemden. Het is de bewuste schepping van een atmosfeer waarin vernedering van de overtreder onmogelijk gemaakt wordt. Het grijpt de "zondaar" bij de hand en behandelt hem als een persoon die het waard is om lief te hebben. Hij kan een cirkel trekken om mij buiten te sluiten, "maar liefde en ik hadden de bedoeling te winnen: we maakten een cirkel, die nam hem binnen". Jezus verkondigde een deugdelijk psychologisch principe toen Hij zei dat onze vergeving door God voorwaardelijk is, niet afhankelijk van Gods bereidwilligheid, of van Zijn raadsbesluit, maar van onze gewilligheid vergeving te bieden aan hen die ons desondanks gebruiken.

Omdat *agapè* en gemeenschap zo nauw verbonden zijn moet daar wat over gezegd worden. Veel misverstand over de status van gemeenschap is aanleiding geweest voor veel wanhoop. Moet gemeenschap op basis van wederzijdse aantrekkelijkheid het kenmerk van de christelijke gemeente zijn? Christelijke gemeenschap begint in onze relatie met God. Er mag geen persoonlijke, morele barrière voor Zijn aanwezigheid zijn. In deze openheid vindt reiniging plaats (1 John. 1:7). Maar deze zelfde openheid naar anderen, beantwoordt of niet, is de gemeenschap van Gods huisgezin. De barrières diep in ons eigen bestaan zijn de barrières tegen christelijke gemeenschap. Een gemeenschap van goodwill, die vrij is van wraakzuchtigheid en onderhandse intriges in een broederschap van personen wier temperamenten, idealen, doelen en culturele vooroordelen totaal verschillend zijn, is iets dat verbazingwekkend en bekoorlijk is. En dit is geen eenvoudige atmosfeer om te scheppen en te onderhouden. Het openhouden van de communicatie is de weg naar gemeenschap - en dat is het fundament van de christelijke gemeente.

Mildred Bangs Wynkoop

## 3.5  Agapè en zonde

Maar er moet nog wat over liefde gezegd worden voordat we in een later hoofdstuk (Zonde en heiligheid) dieper ingaan op de materie.

Terwijl *agapè* de term is die wordt gebruikt om goddelijke liefde en de juiste christelijke relatie met God, zichzelf en anderen te karakteriseren, begint een verstorende waarheid deze hele gedachtestructuur aan te vallen. We komen passages in het Nieuwe Testament tegen waar *agapè* gebruikt wordt met een zeer ongunstige gevoelswaarde. "Want Demas heeft mij uit liefde *[agapésas]* voor de tegenwoordige wereld verlaten" (2 Tim. 4:10). Johannes stelt een ondubbelzinnige norm, "Heb de wereld niet lief (...). Indien iemand de wereld liefheeft *[agapá]*, de liefde *[agápe]* van de Vader is niet in hem" (1 Joh 2:15). Dat zegt niet dat er iets fout is met de wereld maar het is een aanduiding dat wanneer iets in de plaats van God komt, of Hij van zijn rechtmatige plaats geweerd wordt, *de zonde* begaan is. Dat wat alleen aan God toebehoort is aan een ander gegeven. En *agapè* is het woord dat gebruikt wordt om dat te zeggen.

Er komen een aantal interessante gevolgtrekkingen voort uit alles wat gezegd is over *agapè* wanneer het in deze zeer afbrekende vormen gebruikt wordt. Is het mogelijk dat we hier de absolute kern hebben van het onderscheid tussen heiligheid en de fundamentele zonde? Een god maken van iets anders dan de ware God is de diepste morele ontbinding. Die toewijding, dat centreren, die totale zelfovergave, die, wanneer op God "gericht" (Wesleys term) heiligheid, heelheid en gemeenschap met God voortbrengt, kan worden misbruikt. De toewijding aan zichzelf en de wereld die dan over blijft wordt de werkelijke betekenis van "anti-Christus". Het is *de zonde* in haar diepste betekenis. "Gij zult geen andere goden voor mijn aangezicht hebben" beschrijft de onverzoenlijke tegenstelling tussen dat wat aanstuurt op heiligheid of op zonde. Jezus' samenvatting van de Decaloog, "Gij zult de Here, uw God, liefhebben *[agapéseis]* met geheel uw hart en met geheel uw ziel en met geheel uw verstand" (Mat 22:36) drukt op positieve wijze precies dat uit wat de Decaloog op negatieve wijze zegt. Dit zijn de meest stringente en serieuze waarschuwingen tegen afgoderij ooit uitgesproken, eenvoudig maar krachtig. Afgoderij is allereerst een zaak van het hart, en afgoderij is de diepste zonde omdat de religieuze functie van de gehele mens wordt opgezet tegen God, zijn enige waarachtige doel, en gericht op een valse god. Het is *de waarheid* verwisselen voor *de leugen* (Rom.. 1:25).

De mens heeft een meester nodig om een menselijk persoon te zijn. Hij is zo gemaakt. En aangezien hij een verantwoordelijk schepsel is, *moet hij zijn meester kiezen.* Hierin ligt zijn vrijheid. Niemand kan een anders geest dwingen zonder die geest te vernietigen. Zelfs een mens in ketenen "verheugt" zich in zijn vrijheid om zijn eigen gedachten en loyaliteit te bepalen. De mens is een dienaar. Dat is zijn glorie. Hij *vindt* zichzelf in dienstbaarheid. Dat is de paradox van het rationele bestaan. Maar het probleem van de mens komt op wanneer hij de Enige verwerpt die groot genoeg is om een geschikte geloofwaardigheid en vervulling te geven, groot genoeg om een waardig Meester te zijn - God, in Christus. Het is niet dat de mens eenvoudig verkiest God niet te dienen maar dat hij zichzelf afsnijdt van de mogelijkheid om dat te vinden wat alleen God kan geven. Hij moet iets dienen, dus *schept* hij een meester om te dienen. Hij plaatst zichzelf op de troon - hij stelt zijn eigen ego in de plaats van God. Hij verwisselt zijn eigen zwakke, beperkte, falende, onvolmaakte zelf voor de macht en glorie van de onbeperkte God. Hij verspeelt vervulling door het droombeeld van de vrijheid.

Ook moet opgemerkt worden dat in het Nieuwe Testament andere vormen van liefde niet door *agapè* vervangen mogen worden. Niets van de menselijke relaties en sociale samenhang - of dat nu *eros, storge, philia* of enig ander is - is slecht. Ook wordt niet gezegd dat *agapè* beter is dan andere liefdes. Liefde voor God is niet tegenstrijdig met de diverse menselijke relaties die liefde genoemd worden. Een sterke aanwijzing is dat wanneer *agapè* juist gericht is, alle andere relaties zich verheffen en de vervulling vinden die ze zochten. Op God gerichte *agapè* brengt alles waarin men betrokken is tot harmonie en creativiteit. Maar *agapè* gericht op zichzelf werpt alle menselijke relaties in de chaos en verminking. Is dat niet de kracht van Paulus' schitterende betoog in 1 Corinthe 13?

De betekenis van heiliging, zoals door Wesley en degenen die hem volgen wordt begrepen, zou goed kunnen worden uitgelegd met de heroriëntatie van de *agapè* van de mens waarin de verschillende vijandige

en twistende goden die het menselijk hart verscheuren door tegenstrijdige liefdes gereinigd worden door de aanwezigheid van de Heilige Geest. Dit gebeurt wanneer Christus de absolute Heer van geheel het hart, het verstand, de ziel en de kracht wordt gemaakt.

Zou het niet beter zijn te zeggen dat de sociale liefdes en deze meer fundamentele "levensgerichtheid" duidelijk onderscheiden moeten worden? *Eros, storge* en *philia* kunnen slechts op een zeer beperkte wijze gericht worden. Maar *agapè* is een diepe gerichtheid van de ziel die, wanneer blootgesteld voor wat het is aan het werk en de verlichting van de Heilige Geest, bewust juist gericht moet worden - *op God* - of die de genade van God verspeelt. Handelingen op dit diepe niveau van persoonlijkheid zijn uiteindelijk cruciaal.

Ter verdediging van deze voorstelling van zaken is de opmerking dat in alle serieuze discussies over christelijke liefde in de theologische literatuur gesteld wordt

Mildred Bangs Wynkoop

dat *agapè* een ander soort liefde is. Dit verschil wordt op vrijwel gelijke wijze als in deze studie gespecificeerd. Maar door hetzelfde woord te gebruiken - *liefde* - wordt het verschil niet uitgelegd. Door *agapè* met eenvoudig "liefde" te vertalen wordt het beroofd van een uniekheid die door de associatie met de term liefde verdreven wordt. Een ander woord is nodig om het belang van de bijbelse betekenis te bewaren. Misschien voldoet *agapè* zelf, omdat die geen verwarring schept.

In dit boek wordt aan deze suggestie geen gehoor gegeven, gedeeltelijk omdat de totale consequenties van dit idee niet volledig onderzocht zijn en gedeeltelijk omdat bij het bestuderen van Wesley de oude termen bewaard moeten blijven. Maar, en dat moet gezegd worden, Wesleys gebruik van de term liefde doet meer recht aan *agapè* dan welke hedendaagse bijbetekenis van liefde dan ook. Van nu af aan worden dan ook de inzichten zoals in dit hoofdstuk naar voren gebracht verondersteld bij het bespreken van zulke zaken als christelijke liefde, goddelijke liefde, volmaakte liefde en andere van gelijke aard.

*4*

# De geloofwaardigheidskloof

Ons probleem is een geloofwaardigheidskloof. Van al de geloofwaardigheidskloven die er in het hedendaagse leven bestaan is er geen enkele meer reëel en serieus dan deze die bestaat tussen de christelijke, en speciaal de wesleyaanse, leer en het leven van alle dag. Het absolute van de heiligingstheologie kan het verstand bevredigen maar de onvolkomenheden van het eigen zelf schijnen alles te ontkennen wat de volmaaktheid van de christelijke leer bevestigt. We lijken uit te gaan van verschillende gedachtewerelden wanneer we over de leer preken en wanneer we "praktisch" preken. De praktische preek haalt de "angel" uit de leerstellige voorstelling van zaken. Dit heeft een kolossaal en verontrustend dualisme geschapen tussen idee en leven, tussen belijdenis en praktijk. Zulk dualisme kweekt ofwel een verwarrende oneerlijkheid (in het belang van de loyaliteit) ofwel een ellendige ontmoediging. Het uiteindelijke resultaat is de verwerping van de christelijke boodschap als op zichzelf onwerkelijk en ongelooflijk, zoal niet wezenlijk onwaar.

Dit is geen nieuw probleem in de geschiedenis van de wereld. God zag het iedere keer wanneer Hij de mens benaderde onder ogen. Zijn eigen heiligheid joeg hen wier zonden een onpeilbare kloof tussen hen had geschapen angst aan. Gods methode om deze kloof te overbruggen was het levende, te ervaren "Woord", in de persoon van Jezus. "God was in Christus de wereld met zichzelf verzoenende" (2 Cor.. 5:19). De persoon van Jezus was Gods antwoord op de grootste geloofwaardigheidskloof. "Het Woord is vlees geworden en het heeft onder ons gewoond en wij hebben zijn heerlijkheid aanschouwd" (Joh 1:14). Voor Johannes was de vleeswording de overtuigende waarheid van het evangelie.

Maar ook Jezus zag een geloofwaardigheidskloof onder ogen. Hoe kon hij verlossend communiceren met vervreemde en achterdochtige mensen? Voordat Hij heen ging bad Hij dat de kloof overbrugd zou worden door feilbare en zeer gebrekkige en beperkte mensen. Hij bad niet dat zij uit de wereld zouden worden weggenomen, of dat ze zich zouden moeten terugtrekken in een beschermde gemeenschap, passend bij hun persoonlijke verlangen om blootstelling aan het kwaad te ontvluchten. Hij bad dat ze voor het kwaad bewaard zouden worden opdat de wereld zou erkennen dat God Hem gezonden had en God *hen* liefhad (Joh 17). In dezelfde trant zegt Paulus dat ons de bediening, en het woord, der verzoening gegeven is (2 Cor.. 5:18-19). De objectieve verzoening (met andere woorden "hun zonden niet toerekenen") blijft een geloofwaardigheidskloof totdat mensen zelf het levende woord van verzoening horen van, en in relatie met, mensen zoals zijzelf, mensen die zelf verzoend zijn.

W.E. Sangsters woorden over deze interessante vraag geven te denken:

> Voor een leraar is een van de meest voor de hand liggende manieren  om zijn woorden voor de wereld te bewaren het schrijven van een boek. Maar Jezus schreef geen boek. (...) Hoe meer ik over dit probleem nadenk hoe blijer ik ben dat Jezus geen boek schreef[5].

Sangster zei dat het boek een fetisj zou worden, slachtoffer van een boekenverafgoding. Jezus schreef geen geloofsbelijdenis omdat geen enkele vorm van menselijke woorden de levende waarheid zou kunnen bevatten. Belijdenissen komen voort uit het leven, ze scheppen geen leven. "Jezus koos de apostelen om met hen te zijn zodat ze het leven dat Hij leefde konden zien en het dan zelf konden leven. Dat was de enige manier. (...) Ze hadden een manier van leven"[6].

Dr. Paul Culbertson spreekt in een ongepubliceerde lezing, onlangs gehouden op een theologische conferentie, over het probleem van deze kloof dat een uitdaging is voor het beste van onze wetenschappelijke arbeid en meest diepgaande genade. "Een van de meest effectieve en innemende wijzen," zo zei hij, "om de arminiaans-wesleyaanse kijk op persoonlijke heiliging naar voren te brengen, is in termen van persoonlijke relaties" ("Dynamics of Personal Sanctification", Nazarene Theology Conference, Overland Park, Kansas, 4-6 dec. 1969).

Deze benadering wijst in twee richtingen: (1) terug naar de noodzakelijke en moeilijke theologische uitspraken die, wanneer ze enkel uitgesproken worden, de kloven creëren; en (2) voort naar de oplossing die de bijbelse weg schijnt te zijn,

---

5   W.E. Sangster, *Why Jesus Never Wrote a Book* (London: Epworth Press, 1952), blz. 12).
6   Idem, blz. 16.

Mildred Bangs Wynkoop

namelijk, de persoonlijke dimensie. *Het Woord moet altijd vlees worden en bij de mensen wonen.* Dus is een zorg voor de terminologie (of woorden) niet irrelevant. Het "Eeuwige Woord" is God die in Christus zich aan de mensen openbaart. Als de mens de hem toegewezen en voortdurende taak van verzoening moet opnemen, dan is alles wat woorden met zich meebrengen, semantisch en existentieel, belangrijk voor hem.

## 4.1 Het probleem van woorden

John Wesley was bezorgd over de geloofwaardigheidskloof zoals die gedeeltelijk wordt veroorzaakt door het probleem van woorden. Wesleys commentaar in het voorwoord van *Standard Sermons* is zeker onze overdenking waard, niet alleen als inleiding tot het bestuderen van hem, maar vooral als uitdrukking van een visie die aan dit gehele boek ten grondslag ligt.

Ieder serieus mens die deze [preken] nauwkeurig doorleest zal volkomen duidelijk worden dat de leerstellingen die ik aanhang en leer, de essentie van ware godsdienst zijn.

Maar ik ben me er alleszins van bewust dat ze niet worden voorgesteld zoals sommigen dat zouden verwachten. Niets verschijnt hier in een fijn afgewerkte, elegante of oratorische opmaak. Als het mijn verlangen en opzet was geweest zo te schrijven had ik er niet genoeg tijd voor gehad. Maar nu schrijf ik zoals ik meestal spreek: ad populum; voor het gros van de mensheid, voor hen die de kunst van het spreken niet waarderen of begrijpen, maar die niettemin bekwame beoordelaars zijn van deze waarheden, die noodzakelijk zijn voor tegenwoordig en toekomstig geluk. Ik noem dit om nieuwsgierige lezers de moeite te besparen om te zoeken naar wat ze niet zullen vinden. Ik verlang naar eenvoudige waarheid voor eenvoudige mensen: daarom onthoud ik mij bewust van alle aardige en filosofische speculaties, van alle verwarrende en ingewikkelde redeneringen, en, voor zover mogelijk, van het tonen van geleerdheid, behalve dan door soms de grondtekst te citeren. Ik probeer alle woorden te voorkomen die niet gemakkelijk te begrijpen zijn, die niet in het dagelijks leven gebruikt worden, en speciaal die technische termen die zo vaak door kerkelijke instanties gebruikt worden - die wijzen van spreken, zo vertrouwd aan hen die belezen zijn, maar die voor gewone mensen een onbekende taal zijn. Toch ben ik er niet zeker van dat ik ze soms niet onbewust gebruikt Heb: het is zo natuurlijk te veronderstellen dat een woord dat ons bekend is aan iedereen bekend is (*Sermons*, V. 1 e.v.).

## 4.2  Een woord over woorden

Zo belangrijk als de definitie van woorden is, is het toch de connotatie van woorden die hen tot vonken van vlammend leven of tot grafstenen maken. Woorden kunnen leven onthullen of dode beenderen bedekken. Paul Rees heeft het "stekende" woord gesproken:

Als we authentiek christelijk zijn is niets dat authentiek menselijk is buiten het gebied dat ons raakt. Zeg als u wilt dat "heilige wereldlijkheid" zonder het omvormende kruis van Christus gewoon "werelds" is. Maar stop daar niet. Wees ook bereid te zeggen dat een recht spreken van het kruis van Christus dat niet uitmondt in "heilige wereldlijkheid" noch "heilig" noch "werelds" is. Het is vluchten uit de werkelijkheid (cursivering van mij)[7].

Het is onze overtuiging dat in het leven van sommigen van ons "heilige woorden" een vlucht voor denken en actie kunnen geworden zijn - vervangingen voor de noodzakelijke christelijke vrijheid en heilige agressie die behoren bij het Geest-vervulde leven en de "heiligings" boodschap.

Maar deze "vlucht" is een reactie op een heel gebied van misverstanden. De Hebreeuwse connotatie van "woord" als persoonlijk (in aard, actie, openbaring en communicatie) zou in de wesleyaanse traditie altijd de overhand moeten hebben op de meer statische en geformaliseerde en abstracte begrippen. Het persoonlijke heeft niet altijd de overhand, en daardoor ontstaan ernstige misverstanden. Voor de Hebreeër was zijn "woord" welhaast een fysieke projectie van zijn persoon. Zijn woord was persoonlijk. Hij gebruikte weinig woorden om te voorkomen dat door zorgeloosheid zijn woorden hem zouden verraden.

Onze betrokkenheid met terminologie is een betrokkenheid met communicatie, met het communiceren van de dynamiek van het christelijk leven. We kunnen onze taak vanuit het standpunt van een hellenistische vooronderstelling benaderen, het abstracte, of vanuit een Hebreeuwse visie, het persoonlijke. De een is fundamenteel betrokken op het belangrijke woord van de theologie, de ander met het noodzakelijke woord van communicatie en verzoening. De eerste zal voornamelijk zoeken "het geloof" te bewaren middels de woorden van de belijdenis, de laatste met het levende Woord. De bron van de geloofwaardigheidskloof zou gedeeltelijk voort kunnen komen vanuit de dubbelzinnigheid in terminologie gezien als woorden *over het geloof*, en als *geïncarneerd geloof* in levende mensen. Onze taak is deze kloof te overbruggen, zowel belijdenis als betekenis, woord en leven bewarende. Dit is niet

---

7   Paul.S. Rees, *Don't Sleep Through the Revolution* (Waco, Tex., Word Books, 1969), blz 21.

Mildred Bangs Wynkoop

bedoeld als een aanklacht tegen de theologie en de christelijke belijdenissen, maar veeleer een uitdaging om enkel woorden met leven te bekleden.

De grote christelijke woorden van ons geloof *kunnen* een bedekking zijn zoals de doek van Mozes, die een bedekking was om de verdwijnende heerlijkheid van zijn eens stralende gelaat te verbergen. (2 Cor. 3). In een artikel in *Christianity Today* (27 okt. 1958), getiteld "Holle woorden", herinnert J. Wesley Ingles ons eraan dat de grote christelijke woorden voor onze eeuw niet meer dan spotternij zijn omdat ze vaak gesproken zijn met lippen maar verraden met handen en voeten. Ze moeten opnieuw geïncarneerd worden in de levende, dagelijkse ervaringen van christenen die diep betrokken zijn bij het leven met lippen en handen die met elkaar in overeenstemming zijn. Hij zei:

> Ieder abstract woord is hol totdat we er leven in gieten. Eer, glorie, opoffering, loyaliteit, liefde, vreugde, vrede, moed en volharding, geloof en trouw, democratie en broederschap, gerechtigheid en genade - wat zijn ze? Woorden. Abstracte woorden. Holle woorden - totdat we ze vullen met daden, met leven, en daardoor met betekenis. (...) De grote woorden van het christelijk geloof - genade, vergeving, verlossing, geloof, hoop en liefde - zijn allemaal holle woorden totdat we er de christelijke ervaring in gieten.

Ja, de grote woorden zijn leeg, en toch, gevuld met leven, zouden ze de wereld opnieuw laten schudden zoals ze in het verleden gedaan hebben, niet als ontlichaamde klanken, hoe correct ook, maar als uitgestort leven dat diep in het hart van de wereld binnendringt.

Schriftuurlijke heiligheid betekent meer dan theologie aaneenrijgen met de juiste woorden - zelfs bijbelse woorden. Het betekent het bijeen houden in het noodzakelijke, alledaagse leven van zulke verschillende zaken als leven en leer, crisis en proces, het absolute en het relatieve, goddelijk en menselijk, geestelijk en natuurlijk, het individu en de maatschappij, scheiding van de wereld en volledige betrokkenheid erin, proclamatie en verzoening (om er een paar te noemen), zonder de essentiële levenskracht van elk afzonderlijk te verliezen. Gerhard Ebeling zei zeer juist, "De mens, in deze wereld van hem, is een historisch mens, opgenomen in de wereld in een constante verandering (...) die aangesproken en geconfronteerd moet worden als degene die nu in zijn wereld is"[8].

De moderne mens kan het ontlichaamde woord niet "horen" - louter klanken wier betekenis voor hem niet zijn gevormd door contact met levende voorbeelden van hun ware betekenis. Heiligingstheologie moet worden geïncarneerd *in de*

---

8    Gerhard Ebeling, *The Problem of Historicity* (Philadelphia: Fortress Press, 1967), blz 21.

*geschiedenis* wat voor calvinistische theologie nooit nodig was. De bijzonderheid van wesleyaanse theologie is haar nadruk op heiligheid als persoonlijke ervaring. Zoals deze schrijfster het stelde in een artikel, gepubliceerd in het *Preacher's Magazine* (okt. 1958): "Heiligheid kan nooit louter intellectueel als een levensfilosofie geaccepteerd worden. Het sterft af zonder de constante stroom van levend bloed vanuit het diepste hart".

Het wesleyanisme is gespitst op een probleem. Haar bijzondere en kenmerkende en absoluut essentiële karakter is Gods, in het leven verwezenlijkte, genade. Ze kan hier niet van terugschrikken en toch zijn wat ze beweert te zijn. Ze kan zich niet beschermen door verfijnde verbale verdedigingen. Jezus' diepgaande uitspraak, "Al wie zijn leven behouden wil zal het verliezen" heeft hier een dwingende en ernstige toepassing. Wanneer deze theologie zich terugtrekt uit de "geschiedenis", zich in zichzelf oprollend in beschermende isolatie, wordt ze niet meer dan een lege schaal, veroordeeld door haar eigen schoonheid.

Het wesleyanisme moet dus tot een vergelijk komen met menselijke zwakheid, onvolwassenheid, onwetendheid, zwakheden en mislukkingen. Aangezien het calvinisme het absolute van de goddelijke waarheid scheidt van de relativiteit van de zondige mens, is het beschermd tegen irrelevantie en hernieuwde formulering. Het menselijke element kan nooit de volmaaktheid van dat soort theologie bederven zoals het dat met wesleyanisme kan. De relativiteit van de menselijkheid dwingt het wesleyanisme tot de altijd levendige taak van herinterpretatie. En interpretatie eist een zeer grondige betrokkenheid en begrip van de uitlegger - een grondige kennis van God en mensen. Het is theologie in ervaring. Dat is haar potentiële kracht en altijd aanwezige risico.

> De preek moet een interpretatie zijn omdat het woord van de Heilige Schrift historisch is, omdat verkondiging een historisch proces is, en omdat de mens op wie de verkondiging is gericht samen met zijn wereld historisch is. (...) Wanneer het historische niet serieus genomen wordt, dan is daar ook de fout ofwel de tekst van de Schrift ofwel de mens voor wie de tekst geïnterpreteerd wordt niet serieus te nemen[9].

Het wesleyanisme wordt (of zou moeten worden) gekarakteriseerd door de persoonlijke dimensie, of religieus bewustzijn. Religie is in deze zienswijze niet louter mening, dogmatische correctheid, ritueel, goede werken; het is liefde tot God en mensen. Het steunt op het bewuste leven van de inwoning van de Heilige Geest in de mens om authentiek te zijn. Hierin ligt het risico, niet alleen dat deze theologie de

---

9   Idem, blz. 26 en 28.

kans loopt links en rechts in de gevarenzone te raken, maar ook dat de inwonende levenskracht van Gods Geest mensen dringt tot nieuwe en ongebruikelijke dimensies van christelijk handelen en dat de vormen die de organisatie en de taal bouwen niet flexibel genoeg zouden kunnen zijn zich aan te passen aan hun eigen leven.

Het wesleyanisme, of een theologie gebaseerd op John Wesleys methodologie, moet het feit accepteren dat ze beladen is met risico. Ze kan ter rechterzijde zich nestelen in een veilige dogmatiek, en dat is fataal, of ze kan kiezen voor een zeer links standpunt dat zal vervlakken en zichzelf zal verliezen in de moerassen en modderpoelen van ongedisciplineerde gedachtegangen, fanatisme en onbewaakt individualisme.

Het wesleyanisme is geen nieuwe, door Wesley voorgestelde, theologie. Hij was zeer heftig betreffende de historische betrouwbaarheid van zijn geloof. Het mag heden ten dage geen sekte zijn, dat wil zeggen, een standpunt dat een gedeelte van de waarheid stelt in de plaats van de gehele. Wesley schuwde dit soort bekrompenheid. Daar waar iemand de ware wesleyaanse weg volgt, wordt een oprechte geest, die onderwezen kan worden, begeleid door een diepe nederigheid. Er is een zoeken naar de beste te bevatten waarheid. In deze geest bewoog Wesley zich. Wie kan de innemendheid van het volgende verzoek weerstaan?

Maar sommigen zouden zeggen dat ik de weg zelf verkeerd begrijp, hoewel ik het op me genomen Heb haar aan anderen te onderwijzen. Het is waarschijnlijk dat velen dit denken, en het is zeer wel mogelijk dat dat mij overkomen is. Maar ik vertrouw erop dat, waar ik me dan ook vergist Heb, mijn geest open staat voor overtuiging, ik verlang oprecht beter geïnformeerd te worden. Ik zeg tot God en mensen, "Wat ik niet weet, leer me dat!"

Bent u ervan overtuigd dat u helderder ziet dan ik? Het is niet onwaarschijnlijk dat dat zo is. Behandel me dan zoals u zelf behandeld zoudt willen worden bij een verandering van omstandigheden. Wijs me een betere weg dan ik tot op heden kende. Toon me dat het zo is door duidelijk bewijs vanuit de Schrift. En als ik talm op het pad dat ik gewend geraakt ben te betreden, en daardoor onwillig ben te verlaten, doe dan wat moeite voor me; neem me bij de hand, en leidt me zoals ik in staat ben te verdragen. Maar wordt niet boos als ik u smeek me niet hard te behandelen om daardoor mijn pas te versnellen: ik kan op mijn best slechts zwak en langzaam gaan; anders ben ik helemaal niet in staat om te gaan. Mag ik u verzoeken geen harde woorden te gebruiken om me daardoor op de rechte weg te brengen. (...) Om Gods wil, als het mogelijk is het te vermijden, laten we elkaar niet tot toorn wekken. (...) Want, hoe ver is liefde, zelfs met vele verkeerde meningen, niet te verkiezen boven de waarheid zelf zonder liefde!

We zouden kunnen sterven zonder de kennis van vele waarheden en toch in Abrahams schoot gedragen worden, maar als we sterven zonder liefde, wat baat kennis dan? De God van liefde verhoede dat wij ooit die proef zouden nemen! Moge Hij ons toebereiden met de kennis van alle waarheid door ons hart te vullen met al zijn liefde, en met alle vreugde en vrede in geloof (Works, V, 5-6).

In zulk een schaduw kan men staan. Ondanks, of misschien vanwege, risico's is dit boek opgesteld. Het gevaar is dat aan de ene kant zij ter rechterzijde het doel van de studie niet zouden begrijpen en de theologisch ongebruikelijke presentatie een ontkenning van "het geloof" vinden. Aan de andere kant kunnen zij ter linkerzijde vinden dat dit werk niet echte nieuwe gronden ontsluit en te traditioneel is om bruikbaar te zijn. Het is de hoop van deze auteur dat het boek een weg kan wijzen naar een brug tussen het conservatieve centrum en de groeiende "rand". We hebben beiden nodig.

## 4.3 De semantische geloofwaardigheidskloof

De "geloofwaardigheidskloof" moet helder gedefinieerd worden wil de benodigde brug goede houvast vinden aan beide zijden van de grote kloof. De vragen die op dit punt gerezen en geuit zijn, zijn waarschijnlijk alleen maar zinvol in kringen die we bekrompen hebben genoemd. Dat wil zeggen, hoe beperkter de blik, hoe groter de problemen schijnen te zijn. De rechtvaardiging om ze hier te noemen is dat ze een doorsnede vertegenwoordigen van algemene misvattingen op diepere niveaus, meestal via andere wegen geuit maar in feite voortkomend uit dezelfde wortels. Deze vragen zullen verder gebruikt worden als springplank naar de belangrijkere problemen die in dit boek besproken worden.

## 4.4 De vragen

Wesleyanen spreken van een tweede genadewerk of tweede crisis of zegen in het christelijk leven. Wat is de betekenis van twee speciale momenten onder de vele in het leven? Waarom twee, en niet één of drie of honderd? Hoe herkent men de één of de ander, en hoe onderscheidt men de eerste van de tweede? Als een christen één "zegen" verliest, welke verliest hij dan en wat gebeurt er met de ander, en hoe zou men weten dat men herkregen had wat verloren was? Houdt God een bepaalde mate van genade achter in de eerste ervaring die later in de tweede gegeven wordt? Of lost Hij slechts een deel van het zondeprobleem op in elk "werk van genade"?

Is iemand volledig gered als hij is wedergeboren of slechts gedeeltelijk gered? Als God niet volledig redt, kan Hij dat dan niet als Hij dat zou willen? En als Hij het kon, waarom doet Hij dat dan niet in de wedergeboorte? Als iemand volledig gered is

Mildred Bangs Wynkoop

in de wedergeboorte, waarom moet hij dan een ander speciaal moment hebben om hem op de hemel voor te bereiden? En, daarbij, waarom een crisiservaring? Wat is crisis? Proces? De relatie tussen die twee? Wat is volmaaktheid? Reiniging? Liefde? Geloof? Heiliging?

## 4.5 De oorsprong van de kloof

Er zijn drie met elkaar verbonden kernproblemen, die ten minste drie theologisch vergissingen veroorzaken. Deze weerkaatsen en versterken op hun beurt de vergissingen. Dat wil zeggen, sommige aannames veroorzaken logische problemen:

1. Er is een tendens om een te scherp onderscheid te maken tussen rechtvaardiging en heiliging door ze als totaal afzonderlijk en onafhankelijk te beschouwen. Daar waar het calvinisme stelt dat algemene en zaligmakende genade van verschillende soort zijn, is het wesleyanisme geneigd rechtvaardiging als één soort genade te beschouwen, zonder essentiële voortzetting in "heiligende genade" - een nieuwe "instorting".

2. Er wordt te veel vertrouwen gelegd in de "crisiservaringen" om alle menselijke problemen op te lossen. De middelen (de crisissen) worden doel (volmaaktheid). Een kritiekloos "hyper-supernaturalisme"[10] mondt uit in een feitelijk geloof in geestelijke tovenarij.

3. Als gevolg daarvan is er een welhaast volledig veronachtzamen van het verstaan van de relatie tussen de werkelijke levensproblemen en de ervaring van genade. De scherpe definities van theologische uitleggingen zijn onvoldoende gerelateerd aan de feilbaarheid van het menselijk bestaan. Praktische toepassing schijnt aan een andere boom te groeien dan theologische verklaring.

Na het bespreken van Wesleys algemene benadering van theologie en leven en het optekenen van de elementen waaruit zijn "hermeneutiek" bestaat is het moeilijk te begrijpen hoe die speciale problemen ontstaan onder hen die heden ten dage theologische accenten leggen in de wesleyaanse traditie. Daar waar Wesley in zijn tijd met sommige van deze problemen geconfronteerd werd was hij in staat ze op te lossen door steeds te wijzen op de principes die zijn manier van denken structureerden. Het waren in feite juist deze confrontaties en Wesleys pennenstrijd die de meest heldere richtlijnen geven om het soort problemen op te lossen die "heiligingstheologie" oproept. Wesleys principes zijn waarschijnlijk niet nauwkeurig

---

10 Een overtrokken leer van het bovennatuurlijke (vert).

omschreven, maar wanneer ze herkend worden zal blijken dat ze heel zijn theologisch en religieus gezichtspunt verklaren.

De problemen kunnen herleid worden tot ten minste drie aan elkaar verbonden denkwijzen. Ze liggen in het hart van "Wesleyanismen" die van Wesley afwijken. De drie richtingen zijn verbonden in een logische opeenvolging.

1. De fundamentele "richting" heeft eerder een latente aanleg voor Griekse dan voor Hebreeuwse begrippen. De Griekse taal is een onontbeerlijk stuk gereedschap geweest in de bijbelse literatuur en de theologische ontwikkeling. Taal ontstaat uit de ervaring en de interpretaties van een volk zodat betekenis in die taal een onuitroeibaar element in haar structuur is. Wij zijn de Griekse cultuur veel verschuldigd voor haar bijdrage aan de christelijke communicatie. Maar er is meer aan de taal blijven hangen dan door de nieuwtestamentische schrijvers bedoeld was. Niet alle ontologie van de Griekse filosofie behoort tot de christelijke theologie. We spreken speciaal over het heidens dualisme in de kosmologie dat, wanneer het de christelijke theologie verandert, problemen veroorzaakt.

   Voor de Grieken, en speciaal Plato, is de mens een combinatie van een goddelijke ziel en een slecht lichaam. Alle materie is slecht, zodat het alles besmet wat het aanraakt. De menselijke natuur is slecht. Dit is een bron voor de soteriologische misvatting, zo tegenstrijdig met de bijbelse gedachten, dat redding bestaat uit een ontsnapping aan dit lichaam en deze wereld. De dood is een redder. Hieruit volgen weer andere misvattingen: een terugtrekken uit het leven, sociale ongevoeligheid, verwerping van de natuur en haar schoonheid, van menselijke vreugde en de geborgenheid van een gezin, en vele andere dwalingen die in de loop van de gedachteontwikkeling in dit boek genoemd zullen worden.

   Het Hebreeuws/christelijke begrip is volkomen anders. De mens is een eenheid, geen verzameling van delen. Zonde is iets dat verkeerd is bij de gehele mens, niet alleen zijn lichaam of de menselijke natuur. Redding is de verlossing van de gehele mens, en brengt zijn gehele wezen in de sfeer van de genade. Het lichaam is niet zondedragend maar in essentie goed. Zonde is geen substantie maar rebellie.

2. Hiervan afgeleid is het *substantiële* begrip van werkelijkheid en zaligmaking in tegenstelling tot het *relationele* of religieuze begrip. Logischerwijze volgend uit het dualisme in de platonische filosofie wordt zonde genetisch geïnterpreteerd - een kwaad, inherent aan het vlees en voortgeplant zoals het lichaam zelf wordt voortgeplant. Groot belang wordt gegeven aan de

Mildred Bangs Wynkoop

substantie van de ziel. Zonde zit in die substantie, irrationeel, kenmerkend voor de mensheid, echt. Als aangenomen wordt dat zonde verwijderd kan worden, dan zou in de Griekse denkwijze feitelijk een operatie nodig zijn om heel letterlijk *iets* te verwijderen. Maar dan wordt het gesprek over de zonde van de mensheid en de vrijheid ervan gehouden binnen een gedachtekader dat vreemd is aan de bijbel.

Dit is in directe tegenspraak met de Hebreeuws/christelijke interpretatie. In het Hebreeuwse denken is zonde altijd een religieuze "storing". Het is een verkeerde relatie met God. Het is rebellie aan de kant van de verantwoordelijke mensheid. Het is vervreemding, een morele chaos.

Augustinus, de grote christelijke kerkvader, leerde twee zondetheorieën. In de ene theorie werd het verondersteld lust te zijn, en dit heeft een groot gedeelte van de kerk het idee aan de hand gedaan dat zonde niet alleen genetisch voortgeplant wordt maar dat ook de daad van voortplanting zelf al zonde was - onvermijdelijk uiteraard, maar evengoed zonde. Bij andere gelegenheden definieerde Augustinus zonde als verdorven liefde, het begrip waarop Wesley zijn theologie van genade bouwt.

3. De ontoereikendheid - zelfs het gevaar - van bovengenoemd standpunt wordt duidelijk bij de volgende logische stap. Dat is de tegenstelling tussen de magische en de morele interpretatie van redding. Dit betekent dat de reiniging van zonden omschreven wordt door een irrationele, psychologische verandering. Het probleem hier is dat mensen in de zaligmaking een substantiële wijziging van de ziel verwachten die plaatsvindt beneden het niveau van het verstandelijke leven en die, los van persoonlijke betrokkenheid, de impulsieve reacties van het zelf verandert. Er wordt gezegd dat woede en trots en alle andere normale menselijke emoties verwijderd worden, zodat verantwoordelijkheid voor discipline en een juist kanaliseren van emoties beschouwd wordt als een onderdrukking die ontkent wat God hoort te doen.

De morele interpretatie benadrukt de volledige deelname van iemands wezen in iedere stap in genade, eerder morele integriteit versterkend dan verzwakkend en verantwoording nemend voor het ordenen van alle menselijke impulsen en krachten rond een centrale en besturende liefde. Niets menselijks wordt veracht of verworpen maar dienstbaar gemaakt aan een nieuwe meester.

Deze drie veronderstellingen - (1) het Griekse contra het Hebreeuwse mensbeeld, (2) het substantiële contra het relationele zondebegrip, en (3) het magische contra het morele begrip van zaligmaking - scheppen een heel ander "wesleyanisme" (als die term nog wel gebruikt kan worden) dan Wesley zelf leerde.

Een materialistische interpretatie van het zelf, van zonde, heiligheid, zelfs van de Heilige Geest, berooft mensen van een basis van waaruit alle aspecten van verlossing als een morele relatie met God en mens begrepen kunnen worden. Wanneer deze geestelijke zaken verlaagd worden tot het niveau van substantie wordt de hele heiligheids-"onderneming" in gevaar gebracht. Het gevaar is dat de taal van de bijbel, zo grondig en heilzaam geestelijk en psychologisch, verhard wordt door de juiste eisen van de theologie tot onpersoonlijke categorieën, zich onderwerpend aan amorele, zelfs magische manipulaties.

Ontologische driedeling, een recente herleving van de gnostische denkwijze in sommige christelijke kringen, ondergraaft een begrip van eenheid van persoonlijkheid dat zo fundamenteel verondersteld wordt in de Hebreeuwse denkwijze. Het werpt geen barricaden op tegen - in feite suggereert en stimuleert het zelfs - een feitelijk depersonaliseren van het zelf. Als de mens enkel de som is van zovele eenheden, dan is hij alleen maar een verzameling ego's, een gespleten persoonlijkheid, tweegeestig; niet een verantwoordelijk, deugdelijk, gecentraliseerd zelf. Ieder meervoudig begrip van persoonlijkheid vernietigt de basis van bijbelse heiligheid die wordt gekarakteriseerd door liefde, en die een volledig persoonlijke kwaliteit is, te ervaren, werkelijk, maar alleen door een verenigd persoon.

Het is altijd de meest diepe overtuiging van het wesleyanisme geweest dat de bijbel spreekt over de morele relaties van mensen en niet over de irrationele, onpersoonlijke gebieden van het zelf. Zonde is ten diepste zich scheiden van God, niet in een meetbare afstand maar in morele niet-gelijkenis en geestelijke vervreemding. Heiligheid is door en door moreel - liefde tot God en mensen - kwaliteiten van het zelf in relatie tot de persoon van God en mens.

Als bevestigd wordt dat heiligheid en zonde in persoonlijke relaties liggen, niet in dingen die geteld en gewogen kunnen worden, klinkt dat vaak als verraad aan de heiligingsleer en een feitelijke ketterij voor sommige mensen. Als nu juist de woorden van de Schrift die voortkomen uit de meest essentiële en levendige situaties zodanig geïnterpreteerd worden dat ze van leven beroofd worden, ontstaat een herwaardering van het evangelie op basis van verwerping van de gangbare principes die zowel alarmerend als gevaarlijk is. Dat bijbelse exegese het slachtoffer van deze herwaardering moest worden is een geestelijke tragedie.

De tendens om de christelijke boodschap te depersonaliseren staat een evaluatie door hoeveelheidseenheden van geestelijke waarden toe, die de waarde ervan totaal vernietigt. Kwaliteiten raken verloren wanneer de poging wordt ondernomen ze op

Mildred Bangs Wynkoop

te tellen en af te trekken. Het is het kenmerk van hoeveelheden dat ze gemeten worden door kleinere eenheden. We berekenen hoeveelheden door toevoegen en/of aftrekken en door waarden te vergelijken met behulp van rekenkunde, gewichten en tijdseenheden.

Maar het is de bijzonderheid van kwaliteit dat het gemeten wordt in het licht van de hoogste volmaaktheid. Onpersoonlijke dingen worden geteld: persoonlijke uitmuntendheden worden vergeleken met het best voorstelbare. Een volmaakt huwelijk is niet het totaal van het aantal presentjes en kusjes maar de mate van volmaakte liefde en loyaliteit en toewijding. Het beoordelen van persoonlijke religieuze ervaring met behulp van de verkeerde waarden betekent het vervormen van de betekenis van godsdienst. Wanneer geestelijke vooruitgang berekend wordt in rekenkundige termen, ondervindt men de uiterste spanning, frustratie en dubbelzinnigheid tussen theologie, bijbel en psychologie. Zulke spanning en dubbelzinnigheid wordt in de Schrift zeker niet gevonden. Een volkomen vervuld zijn met het vinden van een bepaald aantal genadewerken in de Schrift maakt de zoeker blind voor de morele kant van de zaak die alleen de genadewerken betekenisvol kan maken.

De vooronderstellingen die aan deze studie ten grondslag liggen zijn dan ook de tweede van ieder ideeënpaar, namelijk het Hebreeuwse mensbeeld, het relationele zonde- en heiligheidsbegrip en het morele begrip van zaligmaking. Men gelooft dat deze basis aan Wesleys leer ten grondslag lag. En dat deze vooronderstellingen vele van de theologische problemen oplossen die uit de spanning tussen leven en leer voortkomen.

Vooruitlopend op Wesleys standpunt hierover moeten we hier zeggen dat hij geloofde dat het enkel door de steeds op ons rustende kracht van Christus is dat we "in staat gesteld worden voort te gaan in het geestelijk leven, en dat we zonder die, ondanks al onze heiligheid van dit moment, het volgende moment duivels zouden zijn" (*Sermons*, II, 393).

Aan mevrouw Pawson schreef Wesley op 16 november 1789 vanuit Londen betreffende christelijke volmaaktheid:

> U doet er goed aan er sterk op aan te dringen dat zij die zich er reeds in mogen verheugen onmogelijk stil kunnen blijven staan. Tenzij ze voortgaan te waken en te bidden en te streven naar hogere graden van heiligheid, kan ik me niet voorstellen hoe ze voort zouden kunnen gaan of zelfs zouden kunnen behouden wat ze ontvangen hebben (Letters, VIII, 184).

## 4.6 Conclusie

Wanneer heiligheid volkomen liefde tot God en mensen is, moet het moreel gestructureerd zijn en dynamisch als het leven zelf en zo relevant voor onze altijd veranderende persoonlijkheden en situaties als het constant vernieuwde bloed in onze fysieke bloedsomloop. Heiligheid is heilzaam leven in God, uitgestort, door morele noodzakelijkheid, in het leven van hen om ons heen, gemeten aan een gezonde zorg voor onszelf. Wesley zei dat hij geen heiligheid kende die geen sociale heiligheid was: wij evenmin.

Mildred Bangs Wynkoop

# 5

# Wat is wesleyanisme?

Een theologie naar een specifiek persoon noemen versmalt het belang van deze speciale denkwijze tot een beperkte groep mensen. Elke dergelijke naam of kwalificatie schept en bestendigt een provincialisme: Wesleyanisme, Lutheranisme, Calvinisme, zelfs Katholicisme (ondanks de universele implicaties van het woord), en in het bijzonder, Rooms Katholicisme. Dit zijn etiketten, ontworpen om iemands theologie te onderscheiden van andere, en om dat onderscheid te verdedigen. Het zijn eerder hekken die de schapen bewaken dan die weidegrond ontsluiten om ze te voeden.

Ons volledig bewust van deze handicap en niet veronderstellende dat het uiteindelijk toch mogelijk is het historisch gegroeide te overstijgen, is het onze bedoeling een "zelfstudie" te ondernemen van de theologische traditie waarin we onze grootste voldoening vinden. Is er in het wesleyanisme een bijbels perspectief dat breed genoeg is om het als een bijbelse of christelijke theologie te kwalificeren die op een dusdanig verstandige wijze positieve verklaringen kan afleggen dat zij zichzelf daarmee niet door een foutieve grondslag en logica in de hoek drijft?

Theologie, en dat is natuurlijk de aard van haar taak, definieert, ordent, verwijst en bevestigt. Een christelijke theologie zijn betekent een beslissende beperking. Dat wordt begrepen. Maar de echte vraag is of het mogelijk is de meest essentiële christelijke verklaringen te scheiden van die, hoezeer ook door diverse tradities gekoesterd, welke louter scheiding brengen zonder tevens uit te nodigen.

John Wesley zou de laatste geweest zijn om toe te staan dat zijn naam welke theologie ook moest omschrijven. Zonder twijfel zouden Luther, Calvijn en anderen van hetzelfde kaliber op dit punt met Wesley op één lijn staan. Met het gebruik van de aanduiding "Wesleyanisme" doen we dus een concessie, alleen uit behoefte om een bepaalde denkwijze te identificeren in het belang van beknoptheid en algemeen begrip.

Onze persoonlijke interesse in Wesleys "Wesleyanisme" is gegroeid door zijn "katholieke gezindheid" - zijn tolerantie ten opzichte van hen die tot andere gemeenschappen behoorden en andere accenten legden. Dit was geen theologisch compromis van hem maar een zeldzaam vermogen om de essentiële elementen in het christelijk geloof van de niet-essentiële te onderscheiden.

Ieder mens gelooft noodzakelijkerwijs dat iedere afzonderlijke mening die hij heeft waar is (want geloven dat een mening niet waar is, is hetzelfde als die mening niet hebben); toch kan geen mens er zeker van zijn dat al zijn meningen, samengenomen, waar zijn. Nee, ieder weldenkend mens is er zeker van dat het niet zo is. (...) "Het is de onontkoombare toestand van de mensheid in vele dingen onwetend te zijn en zich in sommige te vergissen". Hiervan is hij zich bewust in zijn eigen situatie. Hij weet in het algemeen dat hij zich vergist, hoewel hij niet weet, wellicht niet kan weten, waarin in het bijzonder. (...)

Ieder verstandig mens zal anderen dezelfde vrijheid van denken gunnen die hij verlangt dat hem gegund wordt, en zal niet langer van anderen eisen dat ze zijn meningen aanvaarden. Hij verdraagt hen die met hem van mening verschillen, en stelt enkel die ene vraag aan hem met wie hij één in liefde wil zijn: "Is uw hart even oprecht als mijn hart is ten opzichte van uw hart?"[11]

Maar wat wordt met deze vraag nu precies voorondersteld? (...) Het eerste is dit: Is uw hart oprecht tegenover God? (...) Noodzaakt de liefde van God u Hem met vreze te dienen? (...) Is uw hart oprecht ten opzichte van uw naaste? (...) Dan, "Is uw hart mij even oprecht toegedaan als mijn hart u? Indien het zo is, geef mij dan uw hand". Ik bedoel niet: "Deel mijn mening". Dat hoeft u niet, ik verwacht of verlang dat niet. Ook bedoel ik niet: "Ik zal uw mening delen". Dat kan ik niet, het hangt niet af van mijn keuze; ik kan niet anders denken dan vanuit hetgeen ik zie of hoor, en dat zal ik doen. Houd u uw mening, ik de mijne, en dat zo standvastig als ooit. U hoeft niet eens te proberen mijn kant op te komen, of mij naar u toe te brengen. Ik verlang er niet naar over deze dingen te discussiëren, of er een woord over te spreken of aan te horen. Laten alle meningen aan weerszijden blijven staan, geef mij slechts uw hand.

Ik bedoel niet: "Aanvaard mijn liturgische vormen" of "Ik zal de uwe aanvaarden". Dit is iets wat niet van mijn of uw keuze afhangt. We moeten beide zodanig handelen dat we voor onszelf ten volle overtuigd zijn. Houd vast aan wat

---

11  II Koningen 10:15, letterlijk vanuit de King James vertaling (vert).

Mildred Bangs Wynkoop

u gelooft dat de meest schriftuurlijke en apostolische bestuursvorm is. Als u denkt dat de Presbyterianen of de Onafhankelijken beter zijn, blijf zo denken en handel ernaar. Ik geloof dat kleine kinderen gedoopt moeten worden, en dat dit of door onderdompelen of door besprenkelen mag gebeuren. Als u een andere overtuiging hebt, houd die, en volg uw eigen overtuiging. Het lijkt me dat standaard gebeden prima te gebruiken zijn, vooral in de grotere gemeente. Als u oordeelt dat spontane gebeden beter bruikbaar zijn, handel volgens uw eigen oordeel. Mijn gevoelen is dat ik het water waarin mensen gedoopt kunnen worden hen niet mag onthouden, en dat ik brood moet eten en wijn moet drinken ter gedachtenis aan mijn stervende Meester; niettemin, als u hier niet van overtuigd bent, handel volgens het licht dat u hebt. Ik Heb geen verlangen een enkel moment met u over deze voorgaande punten te discussiëren. Laat al deze kleinere zaken terzijde blijven. Laten ze nooit aan het licht komen. Als uw hart is als het mijne, als u God en de gehele mensheid liefheeft, dan vraag ik alleen maar: "Geef mij uw hand" (*Works*, V, 494-99).

## 5.1 Wesleys benadering

Het is de these van deze studie dat christelijke theologie ontstond vanuit de persoonlijke betrokkenheid in Gods reddende genade en dat haar dynamiek bestendigd wordt door een herstellen van de persoonlijke relatie die aan haar haar eerste leven en vorm gaf. Theologie, los van deze persoonlijke dynamiek, teert weg tot een statische broosheid en is niet in staat haar vermogen om essentiële waarheden te kunnen bevatten, waartoe ze ontworpen is, te bewaren en nog veel minder om ze aan te bevelen.

In het bijzonder is "heiligingstheologie" (wat een *accent* is, of zou moeten zijn, niet een ander soort christelijk denken) meer verplicht deze persoonlijke dimensie van de christelijke ervaring te herkennen dan het geval zou zijn wanneer er andere accenten gelegd worden. Het is precies de persoonlijke dimensie die heiligheid van het abstracte in de theologie onderscheidt. Het houdt theologie levensvatbaar.

John Wesleys voornaamste bijdrage aan het christelijk denken was het concept en de ervaring van persoonlijke betrokkenheid in de genade, die de Reformatie scheen te hebben verloren. Hij zou ook onze moderne voorstelling verworpen hebben dat mensen in principe worden gered, maar niet werkelijk. Het was de "werkelijkheid", met al de noodzakelijke erkenning en uitleg van de feilbaarheid van de mens, waar het hem om ging. Van de bekoorlijkheid van theologische en filosofische absoluten werd afstand gedaan, terwille van de nooit eindigende taak Gods genade te verbinden aan de menselijke gebreken, zonder het absolute van de genade of van de morele structuur van de mensheid te verliezen. Zijn taak was de kloof tussen theologie in haar filosofische vorm en godsdienst als praktische ervaring te dichten.

In een brief aan dhr. Law van 6 januari 1756 vertelt Wesley iets over zijn houding, hoewel de brief voornamelijk over andere zaken ging:

> In een tijd dat ik het gevaar liep "de wet en de getuigenis" niet voldoende te waarderen, maakte u de belangrijke opmerking: "Ik zie waar u zich vergist. U zoudt een filosofische godsdienst willen hebben, maar zoiets kan niet bestaan. Godsdienst is het meest duidelijke en simpele dat er is. Het is enkel, "Wij hebben Hem lief omdat Hij ons eerst heeft liefgehad". In die mate dat filosofie aan godsdienst wordt toegevoegd, in die mate wordt godsdienst bedorven". Deze opmerking ben ik sindsdien nooit vergeten, en ik vertrouw God dat dat ook nooit gebeuren zal *(Works,* IX, 466).

Niet alle Wesleyanismen zijn zo omzichtig geweest of hebben het specifieke wat Wesley tot het zijne maakte gevat - godsdienst als persoonlijke betrokkenheid bij Gods genade.

## 5.2   Nader tot Wesley

Er zijn veel voortreffelijke, bepalende studies gemaakt van Wesleys theologische positie. Het zou aanmatigend lijken daar iets aan toe te voegen. Er is stichtelijke literatuur van diverse typen, doorvlochten met Wesleys commentaar op het geestelijk leven. De invloed van Wesley op sociale en politieke vraagstukken is goed gedocumenteerd. Het methodisme is veel aan Wesley verschuldigd, zoals haar organisatie, belijdenis, instellingen, groepen, literatuur, publicaties, om slechts een paar zaken te noemen waar Wesley zijn stempel gedrukt heeft op de religieuze wereld. Wesleys nadruk op heiliging heeft diverse religieuze bewegingen doen ontstaan die elk zijn naam gebruiken als een specifieke theologische identificatie. Sommige van deze bewegingen zien Wesleys nadruk op "christelijke volmaaktheid" als het brandpunt van theologie als geheel. Anderen neigen ertoe Wesleys onderwijs over "volkomen heiligmaking" of de "tweede zegen" af te scheiden van de rest van zijn theologie, daardoor neigende tot het ontwikkelen van diverse theologische bekrompenheden. Dit alles wordt bewaard in een grote en groeiende hoeveelheid literatuur.

De specifieke taak van dit hoofdstuk is de plaats te zoeken van een dieper gezichtspunt vanuit Wesleys leerstellingen dat kan dienen om zijn gehele benadering te interpreteren en waardoor een gerechtvaardigd oordeel mogelijk wordt ten aanzien van zijn gebruik van termen die betrekking hebben op de verlossingsleer. Zonder dit kan men Wesley, net als Paulus, Augustinus, Luther, Arminius en iedere denker voor wie waarheid meer is dan logica, zichzelf laten tegenspreken. We zoeken Wesley te verstaan in het licht van zijn bedoeling, zoals hij ons vermaant te doen wanneer we Paulus' geschriften lezen: "We moeten de woorden van de apostel niet zodanig interpreteren dat we hem zichzelf laten tegenspreken" (*Works*, V, 151). Zulke hoffelijkheid wordt van iedere eerlijke lezer gevraagd.

Wesley zou het volledig eens zijn geweest met een landgenoot van recentere tijd, C.S. Lewis, die in een essay, "On Criticism"[12], zuur opmerkte:

Heel veel mensen beginnen met te denken dat ze weten wat je wilt zeggen, en geloven oprecht te hebben gelezen wat ze verwacht hadden. Maar om welke reden dan ook, (...) je wordt keer op keer beschuldigd en geprezen wegens het zeggen van iets wat je nooit gezegd hebt en wegens het niet zeggen van wat je wèl gezegd hebt[13].

In een brief aan gravin Huntingdon van 19 juni 1771 drukte Wesley zijn zorg hierover uit (hoewel het onderwerp ter discussie zijn positie ten opzichte van geloof en heiligheid was):

Ik Heb dit al gedurende meer dan dertig jaar verklaard, en God heeft steeds het woord van zijn genade bevestigd. Maar de laatste tijd heeft zo goed als de hele religieuze wereld zich in slagorde tegen mij opgesteld en onder de overigen van mijn eigen kinderen, volgen velen het voorbeeld van één van mijn oudste zonen, dhr. Whitefield. Hun algemene roep was: "Hij is onbetrouwbaar in het geloof, hij preekt een ander evangelie!" Ik antwoord: "Of dit hetzelfde is wat zij prediken of niet, het is hetzelfde wat ik al meer dan dertig jaar predik". Dat blijkt duidelijk uit wat ik gedurende die hele tijd gepubliceerd Heb, ik haal slechts drie preken aan: die over "Redding door geloof", gedrukt in 1738, die over "De Heer, onze gerechtigheid", een paar jaar geleden gedrukt, en die ter gelegenheid van dhr. Whitefields begrafenis, slechts een paar maanden geleden gedrukt [*Works*, V, 7-16, 234-236, VI, 167-182]. Maar er wordt gezegd: "O, maar u schreef tien regels in augustus dit jaar die al uw andere geschriften tegenspreken!" Wees daar niet zo zeker van. Het is tenminste waarschijnlijk dat ik mijn eigen betekenis net zo goed begrijp als u dat doet, en die betekenis Heb ik net opnieuw verklaard in de laatstgenoemde preek. Interpreteer die tien regels aan de hand *daarvan*, en dan zult u ze beter begrijpen, hoewel ik zou denken dat een ieder zelfs zonder deze hulp zou kunnen zien dat de betreffende regels niet gaan over de voorwaarden van het verkrijgen, maar over het blijven in Gods genade. Maar of het gevoel dat deze regels bevatten nu goed of fout is, (...) het evangelie dat ik nu predik wordt

---

12  Over kritiek (vert).
13  Geciteerd door William Luther White, *The Image of Man in C.S. Lewis* (Nashville: Abingdon Press, 1969), blz. 75.

nog steeds door God bevestigd door nieuwe getuigen in iedere plaats, wellicht nog nooit zoveel in dit koninkrijk als in deze laatste drie maanden. En, redenerend vanuit een brandend, onloochenbaar feit: God kan niet getuigen van een leugen (*Letters*, V, 259).

Er is een aantal overwegingen met betrekking tot John Wesley die kunnen en moeten worden gemaakt, die ons kunnen helpen hem eerlijk te interpreteren en niet louter in zijn denken bevooroordeelde meningen te lezen die ons op een dwaalspoor zouden brengen. Enige vermaning op dit punt komt van Wesley zelf. Hij was zich pijnlijk bewust van oneerlijke kritiek op en onrechtvaardige beschuldigingen tegen hem. Op zoek naar, zoals we dat zijn, een zo zuiver mogelijk "Wesleyanisme", zullen we proberen zijn belangrijkste accenten, eigenaardigheden, karakter en inzichten te schetsen.

Drie groeperingen van Wesleys karakteristieke manieren van denken zullen hierna volgen, gerangschikt van de meest duidelijke tot die welke niet altijd in overweging genomen zijn.

### 5.2.1   Wesley, een mens onder de mensen

#### 5.2.1.1 Wesleys semantiek - eenvoudige woorden

Met het gevaar te uitvoerig op het punt in te gaan lijkt het verstandig te wijzen op wat wij geloven dat een van de redenen is voor de verminking van Wesleys gedachten. Het is een onvoldoende blootstellen van een te verdedigen standpunt aan het brede gezichtsveld van Wesleys werken, samen met een selectieve keuze uit zijn werken. Dit kwelde Wesley in zijn tijd en blijft tot op de huidige dag misvattingen over hem veroorzaken.

John Wesley voorzag in aan een belangrijke behoefte in zijn "societies" door een liedboek samen te stellen. In zijn voorwoord bij de vergrote uitgave worden twee interessante en leerzame opmerkingen gemaakt, de ene over de taal van de liederen en de andere betreffende hun theologische inhoud. Beide zijn behulpzaam bij ons verstaan van Wesley.

1. In deze liederen is geen kreupelrijm, geen lapwerk, niets tussengevoegd om in het rijmschema te passen, geen zwakke aanvullingen. Er is niets opgeblazen of bombastisch aan de ene kant of laag en kruiperig aan de andere kant. Er zijn geen gemaakte uitdrukkingen, geen woorden zonder betekenis. Zij die ons dit verwijten weten niet wat ze zeggen. Wij spreken met ons gezonde verstand, of ze het begrijpen of niet, zowel in dichtvorm als in proza, en gebruiken geen woorden dan in een vaste en duidelijk bepaalde betekenis. Er

Mildred Bangs Wynkoop

is hier, sta me toe dat te zeggen, zowel de puurheid als de kracht en de sierlijkheid van de Engelse taal, en, te zelfder tijd, de grootst mogelijke eenvoud en duidelijkheid, aangepast aan ieders capaciteit.

2. Zo'n liedboek heeft u nu voor u. Het is niet zo groot dat het lastig is, of duur, en het is groot genoeg om zulk een variëteit van liederen te bevatten dat het niet spoedig afgezaagd zal worden. Het is groot genoeg om al de belangrijkste waarheden van ons allerheiligst geloof te bevatten, zowel zuiver theoretisch als praktisch, ja, dit alles zelfs te illustreren en te bewijzen, zowel vanuit de Schrift als vanuit de rede. En dit is gedaan in een logische volgorde. De liederen zijn niet zorgeloos samengeflanst, maar zorgvuldig gerangschikt onder behoorlijke opschriften, overeenkomstig de ervaringen van echte christenen, zodat dit boek in feite een kleine verzameling bevindelijke en praktische theologie is[14].

We zullen Wesley dus op het eerste gezicht moeten beoordelen, met andere woorden, hij zal eenvoudig en direct precies zeggen wat hij bedoelt. Deze eenvoud en directheid is echter zeker geen oppervlakkigheid of "simplistisch" denken. Men heeft abusievelijk verondersteld dat Wesleys denken net zo eenvoudig is als zijn taal, en de conclusie getrokken dat hij geen uitdaging voor geschoolde geesten kan vormen. In feite is wat Wesley vereist niet alleen een verstaan van zijn bedoeling maar vooral die bedoeling constant in gedachten te houden zodat de eigen interpretaties van de lezer zich niet aan zijn bedoelingen opdringen. Hij gaat verder in het voorwoord met te zeggen dat:

Vele heren hebben mijn broer en mij de eer aangedaan (hoewel zonder ons te noemen) vele van onze liederen te herdrukken. Wel, zij worden van harte uitgenodigd dat te doen, mits zij ze precies drukken zoals ze zijn. Maar ik hoop dat zij niet zullen proberen ze te verbeteren, want daartoe zijn zij echt niet in staat. Geen van hen is in staat ofwel de betekenis ofwel het rijm te verbeteren. Daarom verzoek ik hen één van deze twee gunsten: ofwel laat ze staan zoals ze zijn, accepteer ze zo goed en kwaad als ze zijn, ofwel voeg de juiste lezing in de marge toe, of onderaan de pagina, zodat we niet langer verantwoordelijk zijn voor ofwel de onzin ofwel het kreupelrijm van andere mensen[15].

Iets van zijn nauwgezetheid op dit punt komt naar voren in het voorwoord van zijn *Notes upon the New Testament*[16].

---

14 John Wesley, A Collection of Hymns for the Use of the People Called Methodists (London: Thomas Cordeux, 1821), blz. iii-iv.
15 Idem, blz. v.
16 Aantekeningen bij het Nieuwe Testament (vert).

Maar mijn eigen geweten spreekt mij vrij van het opzettelijk vals presenteren van enige bijbelse passage, of van het schrijven van één regel met het doel de harten van christenen tegen elkaar op te stoken. God verhoede dat ik de woorden van de zachtmoedige en welwillende Jezus zou maken tot een voertuig dat zulk vergif overbrengt. Mocht God geven dat alle groepsbenamingen en onbijbelse frasen en vormen die de christelijke wereld verdeeld hebben vergeten werden, en dat we overeen zouden komen om samen neer te zitten, als nederige, liefhebbende discipelen aan de voeten van onze gemeenschappelijke Meester, om zijn woord te horen, zijn Geest in te drinken, en zijn leven in ons leven uit te werken (*Notes*, par 9, p 5).

Om te komen tot Wesleys bedoeling, is het van het hoogste belang om wat hij zegt op zijn volle waarde te schatten. Hij verduistert nooit bewust een betekenis achter woorden. Hij wil op het eerste gezicht beoordeeld worden. Hij wil niet dat er een dubbele betekenis *achter* zijn woorden gezocht wordt. Zijn taal is een onversierde toegangspoort tot concepten, gelijkwaardig aan de beste in de hedendaagse discussies en er in feite op vooruitlopend. De waarheid is dat hij waarschijnlijk zou kunnen staan tussen de meest geleerde mensen van vandaag, en zijn positie zou kunnen behouden.

### 5.2.1.2 Wesleys onderzoekende geest

Niet alleen omvat de sleutel tot Wesleys gedachten zijn openhartig gebruik van woorden, de noodzaak zijn polemiek juist te evalueren, en een besef van de culturele betrekkelijkheid die richting gaf aan zijn "duidelijke" taal, maar ook *de steeds toenemende rijkdom van zijn gedachten en woorden* door zijn voortdurende onderzoek van de wereld om hem heen. Hij was goed op de hoogte van de Griekse en Hebreeuwse klassieken zowel als de toenmalige filosofie, literatuur, geschiedenis, wetenschap, politiek, ontdekkingsreizen, sociale problemen en geneeskunde. Hij was geïnteresseerd in psychologie nog voor het feitelijke ontstaan ervan in onze tijd, vanwege hetgeen zijn observerende en gevoelige geest zag wanneer hij probeerde "zijn" bekeerlingen op te voeden in het religieuze leven. Wesley was thuis in een tijd van krachtig menselijk ontwaken, vaak vóór anderen uit pionierend in gebieden van menselijke en sociale noden. Wesleys speurtocht in de geneeskunde is een echte deur tot zijn theologisch denken en standpunt en behoort in gedachten te worden gehouden wanneer zijn leer bestudeerd wordt.

Wesley Hill, in John Wesley Among the Physicians, zegt:

Hij opende medische centra in Londen, Bristol en Newcastle, waar hij patiënten ontmoette voor diagnose en behandeling. (...) Het onder zijn medische geschriften welbekende en overal gebruikte Primitive Physick[17] is op zichzelf voldoende grond voor zijn recht op de titel arts. (...) Het boek bevat een aantal regels voor een goede gezondheid zoals die in alle tijden bestudeerd en gevolgd zouden kunnen worden, en inderdaad wordt *Primitive Physick* genoemd als naslagwerk in een artikel over balneologie in de *Proceedings of the Royal Society of Medicine*, Vol.13, 1920. (...)

De bijzondere reden waarom hij de plichten van een arts op zich nam was dat als gevolg van zijn prediking het leven van duizenden zo veranderd was dat, samen met een geestelijke wedergeboorte, er een verlangen was naar hogere mentale en fysieke normen[18].

Wesley bemoeide zich met een aantal zaken die niet altijd als passend voor een geestelijke beschouwd werden. Cyril J. Squire stelde een lijst samen van een aantal van Wesleys verrichtingen, en voegde die bij een *Lythograph of Wesley*, nu te koop in de New Room, New Chapel in Bristol, Engeland. Onder deze zijn de volgende interessant voor ons:

Hij reed meer dan 250.000 mijl en preekte meer dan 45.000 keer.

In 1748 opende hij een school voor jongens in Kingswood, Bristol en schreef studieboeken.

Hij publiceerde 233 eigen werken over een verschillend aantal onderwerpen.

Hij stelde een christelijke bibliotheek samen.

Hij schreef een vierdelige *History of England* (Geschiedenis van Engeland).

Hij schreef een boek over *Birds, Beasts and Insects* (Vogels, beesten en insecten).

Hij schreef een medisch boek.

Hij zette hulpposten voor gratis medische hulp op.

Hij paste een elektriserend apparaat aan voor medisch werk en genas meer dan duizend mensen.

Hij zette brei- en spinateliers op voor de armen.

Hij ontving 40.000 pond voor zijn boeken maar gaf alles weg.

Historici schrijven dat John Wesley Engeland moreel en geestelijk gered heeft.

---

17  Eenvoudige geneeskunde (vert).
18  Wesley Hill, *John Wesley Among the Physicians* (London: Epworth Press, ongedateerd), blz. 1 en 8.

Zo'n man verdiende het in de achttiende eeuw gehoord te worden en verdient de aandacht van de twintigste-eeuwse mens.

### 5.2.1.3 Wesleys sociale zorg

Wesley verklaarde in 1748 zijn redenen om tijd te nemen om de geneeskunde uit te oefenen, ondanks zijn al overbezette dagen, in een lange brief aan Vincent Peronet waarin hij zijn idee en de geschiedenis van het methodisme schetste.

We hebben van het begin af alle reden God te prijzen voor Zijn voortdurende zegen op deze onderneming. Vele levens zijn gered, veel ziekten genezen, veel lijden en gebrek voorkomen of verwijderd. Veel bedrukte harten zijn blij gemaakt, en zij die de bezoeken aflegden hebben van Hem die zij dienen in deze tijd loon ontvangen voor al hun werken (*Letters*, II, 306).

Wesleys beslissing om te helpen om de lichamelijke problemen van de mens te verlichten is een belangrijk commentaar op het begrip dat hij had van de relatie tussen het geestelijke en het lichamelijke en zijn verantwoordelijkheid hierin.

Maar ik leed nog steeds om de vele armen die ziek waren; er werden zoveel kosten gemaakt, en er was zo weinig resultaat. Allereerst besloot ik uit te zoeken of ze niet beter in de ziekenhuizen geholpen konden worden. Uit die proef bleek dat er inderdaad minder kosten waren, maar ook dat er niet méér goed gedaan werd dan tevoren. Toen vroeg ik ten behoeve van hen het advies van diverse doktoren, maar nog steeds geen verbetering. Ik zag dat de arme mensen wegkwijnden, en diverse gezinnen geruïneerd werden, en dat zonder oplossing.

Uiteindelijk dacht ik aan een soort wanhoopsmiddel. "Ik zal gaan studeren en hen zelf medische hulp geven". In de laatste zes- of zevenentwintig jaar had ik anatomie en geneeskunde in mijn vrije tijd bestudeerd als afleiding, hoewel ik deze vakken nooit echt serieus gestudeerd had, behalve in die paar maanden toen ik naar Amerika ging, toen ik dacht dat ik van enige hulp kon zijn voor hen die geen normale dokter in de buurt hadden. Ik begon er opnieuw mee. Ik zocht de hulp van een apotheker en een ervaren arts, om daarmee te voorkomen dat ik boven mijn vermogen zou gaan, in plaats van de moeilijke en gecompliceerde gevallen over te laten aan die doktoren die de patiënt zou kiezen.

Ik gaf dit door aan de Society, en vertelde dat al degenen die aan chronische ziekten leden (want ik waagde me niet aan acute gevallen) als ze wilden naar me toe konden komen, en dat ik ze de beste adviezen en medicijnen zou geven die ik had (*Letters*, II, 308-310).

In de zelfde brief legt Wesley uit welke voorzieningen hij schiep voor de "zwakke, oudere weduwen" door ze in één huis tezamen te brengen, "ze te voorzien van die dingen die voor het lichaam noodzakelijk zijn, ten behoeve waarvan ik de eerste

Mildred Bangs Wynkoop

wekelijkse bijdragen van de celgroepen apart zette, en alles dat werd opgehaald tijdens het Heilig Avondmaal". Hij was bezorgd over de "menigte kinderen" die, omdat hun ouders ze niet naar school konden laten gaan, als "wilde muilezels" waren en op straat "allerlei ondeugden" leerden. Hen bracht hij in zijn eigen huis samen om daar de grondbeginselen van het onderwijs te leren. Gebrek aan geld om door te gaan vanwege de buitensporig hoge rentestanden in Engeland bewoog Wesley om "van het ene eind van de stad naar het andere" te gaan, om "hen die het goede van de wereld genoten" aan te sporen "hun behoeftige broeders te helpen". Als gevolg hiervan kon behoorlijk wat geld geleend en uitgegeven worden en "werden 250 mensen in de periode van één jaar geholpen" (*Letters*, II, 310).

Gedurende vijf maanden werden bij gelegenheid medicijnen gegeven aan meer dan vijfhonderd personen. Verscheidenen zag ik nooit eerder, want ik maakte geen onderscheid of ze wel of niet van de Society waren. In die tijd werden eenenzeventig van hen die hun medicijnen regelmatig innamen en die de voorgeschreven leefregels volgden (wat drie van de vier niet deden) volkomen genezen van kwalen die lang als ongeneeslijk gezien waren. De totale uitgaven aan medicijnen in die tijd waren bijna veertig pond. We zijn sedertdien doorgegaan, en door Gods zegen met meer en meer succes" (*Letters*, II, 306-308).

Bij zo'n dynamische persoonlijkheid en onconventionele (of ten minste leergierige) geest, gericht op een steeds hogere graad van scherpzinnigheid en efficiency zou het een vergissing zijn Wesley een of ander conventioneel label op te plakken. Evenmin zou het juist zijn voor sommige "Wesleyanismen" om te proberen Wesleys heiligingsbegrip te versmallen tot een (vooral Amerikaans) provincialisme. Wesley mag dan in een bepaalde zin een *homo unius libri*[19] geweest zijn, maar dat Boek was het brandpunt van heel Gods brede schepping en de sleutel tot een verstaan van de mens in zijn menszijn. Het boek beperkte hem niet; het verloste hem uit zijn beperkingen. Wesleys verlossingsleer is geen uitzondering op zijn katholieke belangstelling.

### 5.2.1.4 Wesley, een mens van zijn tijd

Wesley was een mens van zijn tijd, sprak de taal van zijn tijd, gevat in het culturele milieu van zijn land en generatie en geboeid door de betekenis van zijn kerk met haar geschiedenis, ritueel en religie. Hij was door en door anglicaan. De kerk was zijn "vader" en raadgever. De vooroordelen, overtuigingen en partijdigheden van het achttiende-eeuwse Engeland hadden hun stempel om hem gezet. Hoewel hij Engelands morele "idealen" te boven ging, moet de essentiële historische vorming

---

19  Een man van één boek (vert).

van de man volledig in ogenschouw worden genomen wanneer we proberen te interpreteren wat hij zei.

Hij geloofde in geestverschijningen. Hij dacht dat aardbevingen rechtstreekse goddelijke oordelen vanwege de zonde waren, en dat openbare schuldbelijdenis ze kon voorkomen (*Works*, VII, 386).

Hij had geen enkele sympathie voor de Amerikaanse kolonisten die zelfstandigheid verlangden en stond erop de methodistische zendingsposten in de "States" vanuit zijn Engelse "kantoor" te leiden. Hij benoemde Francis Asbury tot bisschop in Amerika, wat Asbury afwees totdat door stemming in de Amerikaanse kerk de wil van het volk bekend werd.

Hij was eigenzinnig en soms prikkelbaar, maar was meestal groot genoeg om uiteindelijk een nederlaag in debat en beleid met meer of minder sierlijkheid te accepteren. Eén van de meer innemende voorbeelden van zijn minzaamheid is te vinden in een brief aan gravin Huntingdon. Hij schreef: "Toen ik veel jonger was dan ik nu ben achtte ik mijzelf bijna onfeilbaar, maar God zij dank ken ik mijzelf nu beter" (*Letters*, V, 259).

### 5.2.2    Wesley als geleerde

#### 5.2.2.1  Wesley in geschillen

Wesley bewoog zich in de sfeer van geschillen, veroorzaakt door de soort boodschap die hij had. Hij schiep die geschillen niet, maar wat hij zei riep vragen op in de gevestigde kerkelijke wereld waarin hij zich bewoog. Hij sprak en schreef niet in een vacuüm. In het geven en nemen van aanval en tegenaanval is men geneigd het eigen standpunt te overdrijven. Niet altijd bewaakt een polemist de achterhoede van zijn argumenten tegen alle mogelijke misvattingen, omdat hij meestal aanneemt dat de gehele situatie bekend is bij hen die het horen of lezen. Wesley was geen uitzondering op deze regel en wanneer we hem interpreteren moet het specifieke onderwerp van discussie de verschuldigde aandacht krijgen.

De druk van het geschil heeft veel, zo niet de meeste, theologische literatuur in de christelijke geschiedenis gekarakteriseerd. Het was in geschillen dat onderwerpen duidelijk werden en theologische verklaringen werden uitgewerkt. Dit feit moet ons attent maken op een paar waarheden in Wesleys geval: (1) Hij kon zijn omgeving overstijgen. Zijn overtuigingen bestemden hem tot leiderschap. Hij had overtuigingen die belangrijk genoeg waren om mensen uit te dagen en waardige tegenstand op te roepen. (2) Maar veel van wat Wesley zei was grotendeels polemisch van aard. Wij horen gewoonlijk maar één kant van het gesprek en neigen

Mildred Bangs Wynkoop

er soms toe hem te beoordelen op basis van deze eenzijdige dialogen alsof dat zijn afgeronde en weloverwogen mening was. Het kost wat geduld en zorgvuldigheid om het hele theologische debat te overzien en uiteindelijk het ware centrum van zijn gedachten te vinden. Maar het is de moeite waard.

### 5.2.2.2 Wesleys "open" denken

Voortkomende uit bovengenoemde opmerkingen is de onaangename ontdekking (die we kunnen bestempelen als een zwakheid) dat *Wesley van gedachten verandert*. Hij blijft niet altijd "op zijn plaats". Dit kan enigszins storend zijn totdat een wat dieper onderzoek interessante dingen onthult. Wesley was niet bang om zijn positie te veranderen wanneer de omstandigheden dat eisten. Hij keerde zelfs zijn standpunt om: bijvoorbeeld, van de overtuiging dat iemand die de "volmaaktheid" gevonden had dat nooit kon verliezen tot de onwillige concessie dat men het kon verliezen - en herwinnen - maar dat men het niet behoefde te verliezen of dat het wellicht niet zou kunnen worden herwonnen. Hij wijzigde zijn mening over het relatieve belang, en de timing van crisis in verhouding tot proces, het ene moment de groei en op andere momenten het crisisaspect van heiliging benadrukkende.

Maar wanneer men de onderwerpen uitzoekt waarbij hij zichzelf de luxe van verandering (in vergelijking met het onveranderlijke) veroorlooft, wordt het duidelijk dat hij het verschil ontdekt tussen het "wezen" van de leer en de "omstandigheid" waaronder, een onderscheid dat hij van groot belang acht. Met andere woorden, sommige waarheden staan vast, en bijbelstudie en ervaring blijven ze als vaststaand bewijzen. Ze zijn de "fundamenten", zoals de waarheid dat de mens in dit leven van alle zonde verlost kan worden. De methode, tijd, aanpassing aan de onvolmaakte mensheid, en een menigte van andere vragen waarvoor geen rechtstreekse bijbeltekst bestaat, geven ons slechts hun waarheid prijs in de ervaring. Zo belangrijk als deze waarheden mogen zijn, ze zijn geen geopenbaarde waarheden, maar historische en in die zin randwaarheden. Wesley beschouwde geen enkele vraag over geloof als beneden zijn waardigheid of zijn aandacht onwaardig. Maar hij liep niet in de val van het verwarren van de omstandigheid met het wezen van waarheid. Hoewel hij enige tijd besteedde aan discussies over ondergeschikte onderwerpen, stond hij ze niet toe kernpunten te worden en daarmee verdelend of verwarrend. Hoe wijs zouden zijn fervente volgelingen zijn als ze deze zeldzame eigenschap zouden trachten te evenaren!

Wij die willen streven naar een authentieker wesleyanisme zouden die gebieden in de heiligingstheologie en in de praktijk die bijbels gezien onveranderlijke kernpunten zijn, keer op keer moeten navorsen, en die gebieden die uit de ervaring voortkomen en onderworpen zijn aan een constante openheid van geest, moeten begrenzen. Wesley verklaarde:

> Ik Heb keer op keer, zo duidelijk als ik maar kon, verklaard wat onze vaste leerstukken zijn, waardoor we enkel onderscheiden worden van de heidenen of naamchristenen, niet van wie dan ook die God aanbidt in geest en in waarheid. Onze drie voornaamste leerstukken, die alle andere insluiten, zijn die van berouw, van geloof, en van heiligheid. De eerste zien wij als het ware als het voorportaal van de godsdienst, de volgende als de deur, de derde als de godsdienst zelf (*Works*, VIII, 472).

Wellicht was Wesleys grootste "zwakheid" zijn grootste kracht. We zoeken interpretatieprincipes, ontleend aan Wesley zelf, waardoor we hem in onze tijd kunnen verstaan. Zou dat niet kunnen beginnen door de flexibiliteit van zijn geest en hart, geworteld in een goed gevoel voor geschiedenis, op te merken?

Het zou goed zijn als we zagen dat Wesley geen gesloten, onveranderlijk en statisch gedachtesysteem had. Een sleutel tot zijn benadering van leven en godsdienst die richting geeft aan zijn theologische pelgrimage kan worden gevonden is het feit van zijn onderzoekende geest. Zijn levenslange zoeken naar volmaaktheid vormt het geheim van Wesleys temperament. Dit moet niet gezien worden als een vruchteloze, falende speurtocht naar een zich steeds terugtrekkend "dwaallicht". Niets zou verder van de waarheid zijn. Maar hij was een godsdienstig leider omdat hij nooit rustte in hetgeen hij op dat moment bereikt had. De ware aard van het christelijk leven is vooruitgang. Volmaaktheid is niet een statisch "hebben" maar een dynamisch "gaan". Liefde is niet "volmaakt" in die zin dat ze haar hoogtepunt bereikt heeft, maar in haar kwaliteit als een dynamische relatie, onderworpen aan oneindige toename.

### 5.2.2.3 Wesleys kritische benadering

Wesleys meest taaie problemen kwamen uit de "bevindelijke" hoeken. Hij behandelde zulke vragen met grote zorgvuldigheid, zich bewust van de risico's die een uitspraak met zich mee bracht. Hij herkende de "geladen vraag" wanneer er een kwam. In ieder afzonderlijk geval nam hij dan de vraag apart, legde de onderdelen uit, verduidelijkte de dubbelzinnigheden, zette de bezwaren uiteen, en antwoordde uiteindelijk onomwonden. Een voorbeeld van Wesleys aandringen op helder denken is te vinden in zijn *Farther Appeal to Men of Reason and Religion*[20]. Er werd hem een vraag gesteld waarvan een aantal onderdelen te maken hadden met de mogelijkheid van onmiddellijke verandering bij de wedergeboorte. Hij beantwoordt ieder

---

20  Verder appèl aan mensen van rede en religie (vert).

Mildred Bangs Wynkoop

onderdeel, maar wanneer het derde gedeelte onder de aandacht komt citeert hij de vraag en geeft een nieuw soort antwoord.

V. 3. Of deze verbetering niet een beter fundament van troost is, en van een verzekering van een evangelische wedergeboorte, dan die welke gegrond is op de leer van een plotselinge en onmiddellijke verandering.

A. Een beter fundament dan die. *Die*. Wat? Aan wat refereert die? Volgens de regels van de grammatica, (...) moet u een beter fundament dan dat fundament dat gegrond is op deze leer bedoelen. Zodra ik de vraag begrijp, zal ik pogen hem te beantwoorden *(Works*, VIII, 66).

Het zou mogelijk zijn dat de verdeeldheid in wesleyaanse kringen het gevolg is van het falen om zo omzichtig - en grillig te zijn. Men is geneigd iedere preek, brief, verhandeling, van de vroegste tot de laatste, van theologisch tot praktisch, gelijke waarde toe te kennen. Een houterige interpretatie van iets rationeels, of dat nu Wesley of de Schrift of enig ander werk van klassieke letteren tot wetenschap betreft, resulteert eerder in het groteske dan in het zinnige.

### 5.2.2.4 Wesleys "vooruitzien"

Een andere factor, een onverwachte, in Wesleys "opmaak" is van betekenis voor deze studie. Het is verfrissend in een man zo fundamenteel conservatief als hij was *een zeer onafhankelijke geest* te vinden. In vele opzichten was hij traditioneel, ritualistisch, dogmatisch, aristocratisch, volledig de leiding hebbend over zichzelf en anderen (als die in zijn gunst bleven). Men zegt dat Wesley nooit de macht over zijn emoties verloor. Hij was koel en totaal niet sentimenteel. Enkel de meest onweerstaanbare situaties en argumenten van de kant van George Whitefield bewogen hem ertoe te gaan preken in een niet-gewijde plaats - het open veld. Maar het is deze ene "zwakheid" (als het dat was) die uiteindelijk zijn kracht bleek te zijn - de openheid, hoe ongewillig dan ook, om ongewone middelen te gebruiken om tot een beoogd doel te komen.

Het had spitsvondigheid genoemd kunnen worden - deze aanleg om een goede reden te kunnen vinden om de meest heilige afspraken te schenden. Het klassieke voorbeeld, na jaren van tijd rekken in afwachting van de juiste omstandigheden, was zijn "illegale" handeling om Francis Asbury te wijden tot bisschop met een autoriteit die hem in geen enkele traditionele zin toebehoorde.

Wij zijn niet geïnteresseerd in de juistheid of onjuistheid van wat hij deed maar louter in het feit dat hij in staat was iets nieuws te brengen in stabiele situaties die barrières voor zijn visie gingen vormen. Deze breuken met "wet en orde" waren traumatisch voor iemand wiens hele leven gedijde in zuiver protocol. Het verwijt aan zijn adres, zeer pijnlijk voor zijn gevoelige ziel, was dat hij mensen wegtrok uit "de kerk" en zijn bekeerlingen ervan scheidde. Dit ontkende hij. Hij kende de geschiedenis van onafhankelijke groepen die, omdat ze zichzelf "beter" voelden dan de oude kerk, begonnen te beweren "heiliger dan gij" te zijn. Methodisten, zei hij, zijn geen sekte of partij. Zij zijn leden van de kerk. "Ik geloof dat er ten minste één reden is waarom het God behaagt mijn leven zo lang [het was toen al 1789] te laten voortduren, en dat is om hen te bevestigen in hun huidige streven zich niet van de kerk af te scheiden" (*Works*, VIII, 278).

Om zijn standpunt te verduidelijken ten opzichte van de "heethoofden" die volhielden dat hij wel degelijk scheiding bracht, en de "heethoofden" die hem bekritiseerden omdat hij dat niet deed, zei hij:

Ik houd vast aan alle leerstukken van de Kerk van Engeland. Ik houd van haar liturgie. Ik vind haar ideeën over discipline goed, en zou enkel wensen dat ze uitgevoerd konden worden. Ik wijk niet bewust af van enige regel in de Kerk, *behalve in die weinige gevallen waarin ik van oordeel ben dat het absoluut noodzakelijk is* (*Works*, VIII, 278, cursivering van mij).

Sommige van deze "noodzakelijkheden" waren (1) wanneer hem de toegang tot een kerk geweigerd werd, preekte hij erbuiten; (2) wanneer er geen geschikt gebed bestond, bad hij een "vrij" gebed; (3) hij verzamelde behoeftige mensen voor "geestelijk onderwijs"; (4) hij stelde jaarlijks de standplaatsen voor de predikers vast. De reden voor dit alles is interessant. Hij verkondigde twee principes: "De ene, dat ik niet durf te scheiden van de kerk, dat ik het zondig zou vinden dat te doen, de andere, dat ik het zonde acht niet af te wijken op de genoemde punten" (*Works*, VIII, 278).

Wesley zat gevangen tussen de twee *feiten* van het verstandelijke leven: de absolute behoefte aan orde en stabiliteit in iedere menselijke gemeenschap, maar ook de even grote behoefte aan "vooruitzien" en handelen wil er vooruitgang ervaren worden. Wellicht zou Wesley het eens geweest zijn met Alfred North Whiteheads bespreking van deze zaak.

Het is het begin van wijsheid te begrijpen dat sociaal leven gegrond is op routine. (...) De maatschappij vereist stabiliteit, vooruitzien zelf vooronderstelt stabiliteit, en stabiliteit is het gevolg van routine. Maar er zijn grenzen aan routine, en het is voor het onderkennen van deze grenzen, en om te kunnen voorzien in de hieruit volgende handeling, dat vooruit kunnen zien vereist is[21].

---

21  Alfred North Whitehead, *Adventures of Ideas* (New York: The Macmillan Co., 1933), blz. 114.

Mildred Bangs Wynkoop

Het is van meer dan ondergeschikt belang dat Wesley niet alleen een "vooruitziende blik" had (zoals Whitehead de ongewone en dappere profeet noemde), maar ook een man van handelen was. En deze kwaliteit van zijn persoonlijkheid kwam naar boven nadat hij de zekerheid van Gods liefde voor hem persoonlijk had gevonden en de diepe overtuiging had gekregen dat hij verantwoordelijk was om die ervaring van zekerheid met anderen te delen. Wesley was geen rebel - nooit - maar hij was een revolutionair onder de voortstuwende kracht van de inwonende Geest van God.

## 5.2.2.5 Wesleys teleologie[22]

Het zou onmogelijk zijn Wesley correct te karakteriseren zonder zijn teleologisch standpunt in overdenking te nemen. God schiep de wereld en de mens, niet als een gril, maar met een doel. Dit doel vereist een geschiedenis om te bereiken. Het historisch/teleologisch complex is dé matrix van het morele bestaan. Het leven is een proeftijd. Geschiedenis is de werkplaats van morele ontwikkeling. De mens is gemaakt om God te verheerlijken maar hij kon dat "doel" niet realiseren los van een omgeving waarin morele keuze liefde kon bevestigen en ontwikkelen. Geen heiligheid is automatisch of onpersoonlijk. Het is zowel een zoeken naar alsook een relatie; zowel een weg alsook een kwaliteit van leven.

In Gods voorzienigheid wordt het kind een man, wordt de onwetende door inspanning kundig, de onrijpe volwassen, het zaad sterft, spruit op, groeit, en draagt vrucht, onschuld wordt heiligheid, heiligheid wordt vervolmaakt in liefde en geloof, geloof is "gemeenschap met God".

Teleologie impliceert *verandering* in *continuïteit*. Verandering die eenvoudig springt van de ene "staat" naar de andere zonder essentiële verbinding is niet teleologisch. Toch is verandering een essentieel bestanddeel van teleologie. Dit alles zag Wesley, en we moeten bereid zijn in zijn gehele denken een werkelijke relatie te zien die de "stadia op de weg" verbindt, niet alleen qua aard en historie, maar in theologie en christelijke ervaring. Geen willekeur van Gods kant in verband met de verkiezing van de mens zou met het doel in overeenstemming gebracht kunnen worden. De komst van Christus, Zijn dood aan het kruis, en de oproep van het evangelie hebben geen plaats in het niet-historische, zelfs antihistorische begrip van de bijzondere voorbestemmingstheorie.

Wanneer mensen al voorbestemd zijn om behouden te worden of verloren te gaan wordt de zin van het leven volledig uitgeschakeld. (Wesleys preek over "Vrije

---

22 De leer die de gebeurtenissen in dit leven bestudeert in samenhang met hun doel of eindbestemming in een groter plan (vert).

genade", *Works*, VII, 373-386, is een sterk betoog in deze.) Wesleys theologisch aandringen op vrije genade (geen "vrije wil") tegenover absolute persoonlijke voorbestemming was niet emotioneel of oppervlakkig. Het was een krachtige verdediging van heiligheid, die, naar hij samen met de Calvinisten geloofde, het doel van de schepping was, namelijk om God te verheerlijken.

> Dit is het duidelijke bewijs dat de leer van de predestinatie geen leer van God is, omdat het Gods verordeningen "leeg" maakt, en God is niet verdeeld tegen Zichzelf. (...) Ze neigt er rechtstreeks toe die heiligheid te vernietigen die het doel is van al Gods verordeningen. Ze heeft een duidelijke neiging heiligheid in het algemeen te vernietigen; want ze neemt volledig die eerste motieven om na te volgen weg die zo regelmatig in de Schrift voorgesteld worden (*Works*, VII, 376).

Absolute uitverkiezing vernietigde het feit van continuïteit en relatie, en daaruit volgend de heiligheid, die de essentie van de relatie is. Wesleys aandringen op beide was een intellectueel verantwoordelijk en respectabel denken en werd weerspiegeld in zijn leer van heiliging (zoals we zullen zien), en verklaart zijn nadruk op proces in het christelijk leven en de nauwe relatie tussen rechtvaardiging en heiliging.

Ieder mens is ergens op "gericht". Wesley gebruikt deze term regelmatig. In zijn preek over "Het zuivere oog" stelt hij tegenover elkaar hen die gericht zijn op zinnelijk plezier, fantasie, lof van mensen, en rijkdom (die de mens in de duisternis werpen) en het zich richten op God. Dit "richten" is de betekenis van geloof dat of van God wegleidt of alle hulpbronnen van God voor de mens opent.

> Men kan een heldere kennis van de goddelijke wil hebben, maar niet zonder de *middelen* maar met het gebruik van al die middelen waarvan God hem heeft voorzien. En, wandelend in dit licht, kan hij slechts "groeien in genade en in de kennis van onze Heer Jezus Christus". Hij zal voortdurend toenemen in alle heiligheid, en groeien naar het gehele beeld van God *(Works*, VII, 299).

In deze passage wordt iets van de teleologie die impliciet in Wesley aanwezig is geïntroduceerd. Er zijn, in beginsel, deze accenten (die later ontwikkeld worden): (1) dat God de mens "onvoltooid" maakte, (2) dat de mens betrokken is in het voltooiende proces, (3) dat het voltooien een proces is, (4) dat God voorzien heeft in het benodigde voor deze taak, (5) dat voltooiing niet iets is dat in de mens geplant wordt los van zijn activiteiten daarin, (6) dat heiligheid dynamisch is en de weg en het doel is van het herstel van en de groei naar het gehele beeld van God.

Wesleys teleologie is de basis van zijn dynamische begrippen van mens en redding.

Mildred Bangs Wynkoop

De *ene volmaakte Goede zal uw uiteindelijke doel zijn.* Eén ding zult gij verlangen omwille van zichzelf - het dragen van de vruchten van Hem die alles in allen is. Eén vreugde zult gij uw zielen voorstellen, juist die vereniging met Hem die ze schiep; het hebben van "gemeenschap met de Vader en de Zoon", het met de Heer samengevoegd zijn in één Geest. *Eén doel moet u najagen tot het eind der tijden - God behagen in tijd en eeuwigheid.* Verlang andere dingen in zoverre als ze hierop gericht zijn. Houd van het schepsel wanneer het leidt naar de Schepper. Maar bij iedere stap die u maakt, laat dit het heerlijke punt zijn waar uw zicht eindigt. Laat iedere genegenheid, en gedachte, en woord, en werk hieraan ondergeschikt zijn. *Wat gij ook verlangt of vreest, wat gij ook zoekt of schuwt, wat gij ook denkt, spreekt of doet, laat het overeenstemmen met uw blijdschap in God, het enige doel zowel als de bron van uw zijn* (*Works,* V, 207-208).

## 5.3  Diepte, de wesleyaanse dimensie

Wanneer we dieper op Wesleys belangrijke en waardevolle inzichten ingaan, zult u bemerken dat hij vooruitliep op het denken van vandaag. Als één woord Wesleys bijdrage aan de religieuze "onderneming" op een betere manier zou kunnen karakteriseren dan enig ander, dan zou dat "diepte" zijn, in de betekenis van het woord die het nu heeft. Diepte herkent die dimensie van het leven die in het gebied van "zin" ligt. Het woord zou in de plaats kunnen staan van "geestelijk" in contrast met de wereld van de zintuigen. Het wijst op kwaliteit die meer is dan substantie. Haar betekenis komt eerder in beeld bij iets "persoonlijks" dan bij een "ding". Martin Buber reikt naar iets van deze dimensie in zijn *Ich und Du*-begrip. Een woord van grote rijkdom en relevantie dat een positieve richting geeft aan denken is *liefde* - Wesleys eigen woord.

Wanneer we spreken van diepte laten we de hele wereld van secundaire waarden - het onpersoonlijke - achter en dringen we door tot het gebied van de primaire waarden - het persoonlijke - waarvan de secundaire waarden hun betekenis afleiden. De kerk die religieuze oordelen voornamelijk op basis van het secundaire gemaakt heeft is wat met een ongunstige gevoelswaarde "religie" genoemd wordt. Zulke religie heeft de Kerk als geheel een onjuist beeld gegeven. Wanneer we zulke mensen als Dietrich Bonhoeffer een "religieloos christendom" horen verdedigen, is dat niet een ontkennen van religie of christendom, maar een nadruk op de noodzaak van een waarachtige christologische interpretatie.

Wesley zou het met Bonhoeffer eens geweest zijn. Wanneer iets een barrière geworden is voor een onontbeerlijke, innerlijke, persoonlijke relatie met God - of een vervanger daarvan - moet dat iets aan het licht gebracht worden en in een juist perspectief gezet of verwijderd worden. In een bespreking van deze zaak in een preek, "De eenheid van het goddelijke wezen", spreekt Wesley van de "afgoden" die onze gedachten van God af kunnen leiden. Van de laatste waarover hij spreekt zegt hij "Dan is er nog een gevaarlijker afgod dan al de andere, dat is religie". Hij gaat verder:

> Het is gemakkelijk te begrijpen, ik bedoel valse godsdienst; dat wil zeggen, iedere godsdienst die niet het geven van het hart aan God inhoudt. Dat is allereerst *een godsdienst van meningen, of wat men orthodoxie noemt.* In deze strik vallen duizenden van hen die met geloof enkel een systeem van arminiaanse of calvinistische meningen bedoelen. Dat is ten tweede *een vormelijke godsdienst,* van louter uitwendige aanbidding, hoe voortdurend ook uitgevoerd, ja, zelfs als we iedere dag naar de kerk gaan en iedere zondag avondmaal vieren. Dat is ten derde een *godsdienst van werken,* van het zoeken van Gods gunst door goed te doen aan mensen. En dat is ten leste een *atheïstische godsdienst,* dat wil zeggen iedere godsdienst waarvan God niet het fundament is, in één woord, een godsdienst waarin "God in Christus de wereld met zichzelf verzoenende" niet de alpha en de omega, het begin en het einde, het eerste en het laatste punt is (*Works,* VII, 269).

Er is reden te geloven dat Wesley en Bonhoeffer veel essentiële dingen gemeen zouden hebben gehad.

Het mag vreemd lijken te zeggen dat een man die in zulke duidelijke, gewone, "simpele" taal sprak een diepe denker zou zijn maar men mist precies Wesleys punt wanneer de "diepte" dimensie niet herkend wordt. Het waren de "doodlopende straten" in de godsdienst die het oppervlakkige in zijn ervaringen vormden. Moralisme, met heel haar "heilige" façade, had hem leeg achter gelaten hoewel hij er zich aan gegeven had op een wijze als weinigen dat doen. De gebroken belofte van het emotionalisme van de mystiek schond zijn diepste gevoel voor rationele integriteit. Het overdreven "devote" leven (zoals de "Heilige Club" dat verstond) neigde naar een ziekelijk zelfonderzoek en scheiding van de maatschappij. Dit maakte uiteindelijk ruimte voor de "sociale heiligheid" die hij langzamerhand begon te verstaan als de ware betekenis van godsdienst.

Het was de ongevoeligheid van de kerk voor de ware roeping om de mens te dienen in zijn geestelijke en lichamelijke noden die hem ertoe bewoog vrijheid te nemen in haar vormen en rituelen, hoeveel hij ook van de kerk hield. En het was het antinomisme van de reformatorische interpretatie van het christelijk geloof van die dagen dat hem dreef tot het onderzoek naar de bijbelse heiligheid, een interpretatie van godsdienst die zag dat Christus veeleer van alle zonden redt dan dat Hij mensen in hun zonde redt.

Mildred Bangs Wynkoop

Voor Wesley was heiliging een ethische relatie, nooit een moralisme, nooit een emotie of een bevrijding van emoties, nooit een magische verwijdering van een ding (als een zere kies) of de toevoeging van iets, zelfs de "toevoeging" van de Heilige Geest (in de oppervlakkige zin, zo vaak geassocieerd met irrationele en "enthousiaste" ervaringen die religieus genoemd worden). De gerichtheid van iemands aandacht en "doel" was niet op een bestudering van iemands emotionele gesteldheden, of de kwantiteit van iemands religieuze handelingen en gehoorzaamde regels. Godsdienst lag voor Wesley in de kwaliteit en het object van iemands liefde. Het was zelfs niet de poging iemands godsdienst abstract te meten, maar om die concreet te richten.

Ware godsdienst is een juiste houding tegenover God en mensen. Het is, in twee woorden, dankbaarheid en welwillendheid; dankbaarheid tegenover onze Schepper en hoogste Weldoener, en welwillendheid tegenover onze medeschepselen. Met andere woorden, het is het liefhebben van God met ons gehele hart en onze naaste als onszelf.

Het is het gevolg van ons weten dat God ons liefheeft dat wij Hem liefhebben, en onze naaste liefhebben als onszelf. Dankbaarheid tegenover onze Schepper kan niet anders dan welwillendheid tegenover onze medeschepselen veroorzaken. De liefde van Christus dringt ons, niet alleen om onschuldig te zijn, onze naaste geen kwaad te doen, maar om "ijverig in goede werken" te zijn, voor zover we tijd hebben goed te doen aan allen, en om toonbeelden te zijn van alle ware, onvervalste moraliteit, van gerechtigheid, genade, waarheid. Dit is godsdienst, en dit is vreugde, de vreugde waarvoor we gemaakt zijn (*Works*, VII, 269).

We worden opnieuw geconfronteerd met Wesleys "magnifieke", nooit loslatende gedachte - liefde. Iedere poort tot zijn gedachten leidt naar liefde. Liefde is de ware diepte van Gods weg met de mens, en niets minder dan liefde kan waarlijk een echte christen karakteriseren. De noodzaak van deze liefde is verwoord in zijn preek "Schriftuurlijk christendom".

Hij [iedere christen van de jonge kerk] die God zo *liefhad*, kon niet anders dan zijn broeder eveneens lief te hebben, en "niet alleen in woord, maar ook in daad en in waarheid". "Als God", zei hij,"ons zo heeft liefgehad, moeten wij ook elkander liefhebben"(I Joh 4:11), ja, iedere mensenziel, want "Gods barmhartigheid is over al zijn werken" (Ps. 145:9). Dienovereenkomstig omvatte de liefde van deze man die van God hield de gehele mensheid om Zijnentwil, zonder uitsluiting van hen die hij nooit in het vlees gezien had, of hen waarvan hij niets meer wist dan dat ze "Gods nakomelingen" waren, voor wier zielen zijn Zoon was gestorven, de "kwaden" en "ondankbaren" niet uitgesloten, en allerminst al zijn vijanden, hen die hem haatten, of vervolgden, of misbruikten omwille van zijn Meester. Zij hadden een speciale plaats, zowel in zijn hart als in zijn gebeden. Hij hield van hen, zoals Christus van ons hield" *(Works,* V, 40).

Zonder onszelf bezig te houden met nieuwsgierige, nutteloze onderzoeken die de bijzondere gaven van de Geest raken, laat ons de gewone gaven van de Geest eens van nabij bekijken, die, waarvan we verzekerd zijn dat ze door alle eeuwen heen zullen blijven: - dat grote werk van God onder de mensenkinderen dat we gewend zijn aan te duiden met één woord: *christendom; niet als een stel meningen, een dogmatisch systeem, maar zoals het refereert aan de harten en levens van de mensen"*[23] (*Works,* V, 38).

Diepte, in de godsdienst zoals in ieder deel van het leven, heeft te maken met het persoonlijke, en het persoonlijke met relaties - persoonlijke relaties. Diepte is niet een toevallige bekendheid met abstracte ideeën maar een doordrenken van zichzelf met de woeste golven van dynamisch denken waarbij het denken deelneemt aan de betrokkenheid van het leven. Diepte in godsdienst moet uitmonden in actie. "Voortreffelijk" onderwijs bouwt geen karakter en geen heiligheid. Emotionele opwinding, of dat nu veroorzaakt wordt door het lezen van een roman, of het kijken naar een toneelstuk op de televisie, of door enig ander soort emotionele bekoring of aanbiddingsgebeuren waaruit niet een of ander soort passende actie voortvloeit, veroorzaakt psychologische schade.

Emoties zijn ontworpen om een eerste stoot te geven tot actie, niet om verspild te worden door degene die erdoor geraakt wordt. Ze zijn er niet om er omwille van henzelf van te genieten maar om de "wielen des levens" te besturen. De energie die opgebouwd wordt door emoties verbrandt fysieke, mentale en morele gezondheid wanneer die kortgesloten wordt en zonder uitlaatklep teruggevoerd wordt in de geest. Sterke emoties, opgeroepen door grote uitdagingen, die niet vertaald worden in actie, verliezen uiteindelijk hun mogelijkheid om een uitdaging te creëren. In plaats daarvan ontwikkelt zich een moreel dualisme waarin ideaal en actie gescheiden worden. Een persoonlijkheid die ten diepste één is wordt steeds minder mogelijk. Er resulteert een morele schizofrenie, even verwoestend als een geestelijke afwijking.

Emoties die niet langer morele acties laten ontvlammen vernietigen uiteindelijk morele integriteit. Gemeenten die "blootgesteld" zijn geweest aan grootse prediking en hoge religieuze uitdagingen en gevoelens, maar die die gevoelens niet koppelen aan het werk van christelijke dienstbaarheid in de levens van de mensen waar het om gaat worden onverschillig, koud, geïsoleerd, teruggetrokken. Een falen om latente geestelijke kracht in te schakelen in dienstbaarheid schept een "gespleten persoonlijkheid" die meestal in de plaats komt van zending en dienstbaarheid en

---

23  Cursivering van de auteur (vert).

Mildred Bangs Wynkoop

"heelheid", een gevoel van superieure "geestelijkheid" die anderen beoordeelt als zijnde onvolkomen in genade.

Welke kritiek op Wesleys benadering van godsdienst ook legitiem is, men kan hem niet verwijten dat hij iets aanmoedigde dat verandering van het menselijk hart van een vernietigende "gebrokenheid" en dualisme naar heelheid en heiligheid verhinderde.

Door diepte te benadrukken - het persoonlijke, morele en geestelijke in de godsdienst - tegenover het abstracte, het mechanische, het magische, het "boven"-bovennatuurlijke, maakt Wesley godsdienst niet minder radicaal en diepgaand maar juist meer. Wanneer we deze kwaliteit in Wesley herkennen als een goede interpretatie van het christelijk geloof, zijn we niet de heiligingsleer aan het "kortwieken" maar proberen we de vleugelwijdte van de theologie en de christelijke ervaring te herstellen zodat het oneindige plafond van het geestelijk uitspansel opnieuw doorvorst kan worden.

De mens John Wesley moet gezien worden temidden van zijn eigen mensen in zijn eigen generatie en cultuur. Hij torende op vele wijzen boven hen uit, zoals blijkt uit zijn zoekende geest, zijn sterke sociale gevoeligheid, de waardevolle controversen waarin hij gewikkeld was, zijn kritische zorg voor helder denken en zijn dynamische begrip van godsdienst. Maar wat waren zijn diepere vooronderstellingen die aanleiding gaven tot de speciale theologische en religieuze accenten waardoor we hem herinneren, en waarmee zijn gehele bijdrage geïnterpreteerd kan worden? Deze vraag zal het volgende hoofdstuk structureren.

_6_

# Een hermeneutische benadering van Wesley

## 6.1 Het methodologische probleem

John Wesleys theologische en religieuze bijdrage aan de kerk is vereerd met vele interpretaties, alle wesleyaans genoemd, maar in meer of minder belangrijke mate afwijkend van Wesleys totale denken en/of van andere "Wesleyanismen". Net als er diverse Calvinismen, Lutheranismen, Augustinianismen, liberalismen en conservatismen zijn, zo zijn er diverse Wesleyanismen.

Het probleem ligt op het gebied van de methodologie. Bijna ieder theologisch systeem kan van Wesley net zoals van Luther of Augustinus afgeleid worden. Maar elk is gebouwd op een selectie van passages uit zijn werken die passen in de fundamentele theologische vooronderstellingen van de auteur, die zich vaak niet bewust is van zijn eigen vooroordelen. De keuze en organisatie van ideeën kan dan bewust of onbewust geselecteerd zijn op basis van een voorafgaand gezichtspunt dat zelden onderzocht wordt. Het resultaat kan dan een aristoteliaanse Wesley, een platonische Wesley, een schleiermacheriaanse Wesley, een whiteheadiaanse Wesley, een sociaal-evangelie-Wesley, een tweede-zegen-Wesley of welk ander soort theologie die Wesleyaans genoemd wordt dan ook, afhankelijk van de persoonlijke oriëntatie van de auteur. Geen van dezen is noodzakelijkerwijs fout. Ze kunnen zelfs goed zijn. Maar juist of onjuist, goed of slecht, het moet in elk geval herkend en erkend worden.

De schrijfster dezes, ervan overtuigd dat Wesley "van onze tijd" kan worden, is zich niet onbewust van het probleem dat interpretatie met zich meebrengt. Wesley was een mens van zijn tijd. Hij sprak vanuit de gedachtevormen en over de speciale problemen van de mensen in die tijd. Wil hij in onze tijd tot ons kunnen spreken, dan zal er een bepaalde methode van interpretatie nodig zijn om de historische veranderingen die ons scheiden te overbruggen.

De theologie die in dit boek gepresenteerd wordt is naar ik oprecht hoop een wesleyaanse theologie, maar welk Wesleyanisme? Deze theologie is niet wesleyaans in die zin dat verondersteld wordt dat Wesley een autoriteit is - of zelfs dat zijn interpretatie van de bijbel als gezaghebbend wordt gezien. Wesley was orthodox in de traditionele betekenis, toch noemde hij zichzelf een man van één Boek - de bijbel. Hier zijn belijdenis en Schrift, twee autoriteiten in het christelijk geloof, geen van beide hun zelfstandigheid aan de ander prijsgevend. Systematische theologie en bijbelse theologie zijn nog niet samengevoegd. Hier ligt een dilemma dat Wesley nooit heeft opgelost of daartoe een poging heeft gedaan. Het was een "openheid naar de toekomst" die hem aanspoorde tot creatieve inzichten en die ons aanspoort tot verdere ontdekkingen in dezelfde geest. Enkel in Wesleys openheid tot de diepten van waarheid beschouwen we deze theologie als wesleyaans, hoewel we de dynamische inzichten, waarvan we begrijpen dat het de zijne waren, delen.

## 6.2   Wesleys bijdrage

Wesleys zorg was het relateren van Gods genade aan de menselijke ervaring, theologie aan godsdienst, logica aan leven, de kerk aan de maatschappij. Niets kan heiliging beter in praktische termen definiëren dan dat wat in zulke relaties ingesloten ligt. Geloof in een redding "in principe maar zonder iets in het nu te veranderen", was voor hem de grootste zwakheid van de kerk in zijn tijd. In het bijzonder had hij bezwaar tegen de interpretatie van het calvinisme in zijn tijd dat een begrip van vrijheid van de consequenties van zonde vergoelijkte dat niet uitging van vrijheid van de zonde zelf.

Wesleys diepe en dynamische religieuze inzicht en accent was de kracht van de Heilige Geest in het leven van een christen. Deze kracht was een werkelijke, geestelijke energie die de goddelijke realiteit verbindt met de menselijke ervaring. Het was de "persoonlijkheid" van God die de "persoonlijkheid" van de mens raakt. Het was een feitelijke morele omvorming van het menselijk leven. Het betrok alles was een mens is in de genade. Het zette de individuele gelovige in de kerk - de gezamenlijke broederschap. Het zette de kerk in het midden van de maatschappij met de taak om de wereld waarin de mens zich bevindt om te vormen.

Mildred Bangs Wynkoop

Het lokkende in Wesley is niet in eerste instantie zijn theologie; die was traditioneel genoeg. Hij was geen invoerder van nieuwigheden. De bijdrage van Wesley is zijn vermogen om theologie gestalte te geven in vlees en bloed. Het doel was theologie, geïncarneerd in louter mens. En hierin ligt de kracht - en het probleem - van het wesleyanisme. De *kracht* van het Geestvervulde leven is niet beperkt tot het wesleyaanse gedeelte van de kerk. Men hoeft niet te geloven in een "wesleyaanse" stelling om dat te ervaren. Het probleem ligt in de poging een verstandelijke verbinding te leggen tussen de volmaaktheid van de absolute theologische begrippen en de gebreken van de menselijke natuur, en toch in staat te zijn oprecht te getuigen van een christelijke ervaring van volkomen liefde tot God en mens.

"Wesleyanisme", zoals inmiddels voorgesteld, heeft een nauwkeuriger omschrijving nodig. Wat een wesleyaanse theologie ook mag zijn, ze kan niet oprecht beperkt worden tot een enkel aspect van Wesleys eigen leringen en levensaccenten die zoveel verschillende facetten kennen. Het complex van waarheden versimpelen is gelijk aan het vervormen en een karikatuur maken van zijn leringen. Als "heiligheid" verondersteld wordt zijn centrale boodschap te zijn (wat de veronderstelling van deze studie is), dan moet het de totaliteit zijn van wat hij zich bij heiligheid voorstelde en niet één of ander bepaald aspect ervan dat de volledige strekking van heiligheid veronachtzaamt of er blind voor is. Er zijn een aantal voortreffelijke studies over Wesley en zijn ideeën over theologische punten als volmaaktheid, sociaal bewustzijn, christologie, de sacramenten en vele andere. De benadering van deze studie zal een poging zijn om door te stoten naar een aantal van Wesleys vooronderstellingen en deze begrippen toe te passen bij een aantal onderling verbonden leerstellingen die noodzakelijk zijn voor de heiligingstheologie en het leven. In het huidige wesleyaanse kader is dat het gebied waar de meeste serieuze problemen opkomen.

De sleutel tot Wesleys theologische accent was zijn godsbeeld (wat overigens waar is voor iedere benadering van theologie of christelijk denken). Eén van de meest heldere en behulpzame verhandelingen over zijn begrip is te vinden in zijn "Thoughts upon God's Sovereignity"[24], waarin ideeën over God als Schepper èn als Bestuurder - twee kanten van de persoonlijke God - zorgvuldig onderscheiden worden.

Hij weigerde over God te speculeren. Wat God heeft geopenbaard is wat wij hoeven te weten. Wat we van Hem moeten weten heeft te maken met de redding

---

24  Gedachten over Gods soevereiniteit, (*Works*, X, 361-363), (vert).

van de mens. Dus, kennis van God zal betrekking hebben op hen die redding nodig hebben, namelijk, de mensheid. Op deze wijze vermijdt Wesley de valstrikken van een filosofische benadering van God die resulteren in ideeën over Hem die ver af staan van hetgeen in de Schrift geopenbaard is en terugwerken op de soteriologie. Aangezien God zichzelf in Christus geopenbaard heeft, door de dienst van de Heilige Geest, is het op het punt van openbaring en respons in de relatie tussen God en mens dat zijn voornaamste theologische nadruk gevonden wordt.

Zonder iets te verliezen van het bijbelse begrip van de soevereiniteit van God kon Wesley tot een vergelijk komen met het idee van de mens in relatie tot God dat volledig recht doet aan zijn waardigheid als mens, en zijn zonde als het waarlijk ernstige en dodelijke dat het is. Wesley was zich volledig bewust van de theologische implicaties van zijn eigen inzichten en kwam dus in logische problemen met zijn kerkelijke meerderen (wat zij dan ook vlot aanduidden). Zo rationeel als Wesley was, was hij minder in verlegenheid gebracht door zulke tegenstellingen dan door een mogelijke overgave van het inzicht dat hij geloofde dat bijbels was. En omdat hoe meer hij leerde over de menselijke aard, hoe praktischer de bijbel voor hem bleek te zijn, hoe meer hij een man van één boek wilde zijn, liever dan een logicus omwille van theologische consequentheid.

## 6.3   De mens

Deze inzichten zijn de zaken die we eruit willen lichten om na te gaan en dan toe te passen op de leerstellingen binnen de heiligingsleer. Die hebben te maken met de mens in (1) historisch, (2) persoonlijk, (3) dynamisch, en (4) sociaal opzicht. Of Wesley deze kenmerken al dan niet zo zou benoemen of in die volgorde zou rangschikken, is in feite niet ter zake doende. Het feit is dat zijn voornaamste verklaringen logisch zijn wanneer ze begrepen worden in het licht van deze inzichten en dat anders niet zijn.

### 6.3.1   Historisch

Wesley had een gezond gevoel voor historie. De mens neemt deel in de geschiedenis. Hij heeft wortels in het verleden, een diepe betrokkenheid in het heden, en op dit "platform" lanceert hij zichzelf in de toekomst. Hij is niet een buitenstaande observeerder maar een deel van het gebeuren, hier en nu. Hij is in werkelijke zin een product van zijn omgeving, deelt in haar idealen en vooroordelen, begrijpt en communiceert in haar idioom, is beperkt tot haar structuur, denkt in haar termen. Hij is niet afgezonderd van het menselijk leven maar leeft erin als een essentieel en deelnemend element. Maar hij is niet, door Gods genade, gevangen in

Mildred Bangs Wynkoop

deze omgeving, onbekwaam om tegengestelde keuzen te maken en zich te begeven in creatieve ondernemingen, maar zijn keuzen, begrip, voortgang en vooroordelen moeten rekening houden met zijn relatie tot de historie.

Ook geschiedenis betekende een persoonlijke deelname in Gods genade. We kunnen de term "ervaring" gebruiken, als we hiermee niet een emotie, maar een werkelijke, levende betrokkenheid bij de genade bedoelen, die een verschil maakt in de feitelijke levensomstandigheden. In feite was het Wesleys aandringen dat heiligheid ervaren moest worden dat bijdroeg aan een hele nieuwe dimensie van het woord zoals dat toen gebruikt werd. Toen hij zei dat heiligheid liefde is, werd het hele heiligheidsbegrip opnieuw geïnterpreteerd, en gaf dat problemen in de theologie die tot op de dag van vandaag nog niet opgelost zijn. Heiligheid die een mens zou passen die in de historie staat zonder hem daaruit te halen leek een ontkenning van het absolute van heiligheid, en het is inderdaad een ontkenning van iedere abstractie in de naam van heiligheid. Liefde is niet en kan niet abstract zijn. Ze draagt de bijbelse verantwoordelijkheid voor het "historiseren" van heiligheid ofwel heiligheid in de geschiedenis plaatsen, ofwel in het leven.

## 6.3.2    Persoonlijk

Wat er ook verder van de mens gezegd kan worden, het zijn zijn persoonlijke relaties waar het Wesley om ging omdat hij voelde dat dat hetgeen was wat de bijbel van de mens zei. "Persoonlijk" betekent alles over de mens die betrokken is op zijn morele, verstandelijke, geestelijke, verantwoordelijke zelf. Het staat tegenover de mens beschouwd als een "het". Het kan niet een louter fysiek, onderscheiden van menselijk, aspect van de mens inhouden - niet iets beneden het rationele. De mens is verantwoordelijk tot in het diepst van zijn wezen en in deze verantwoordelijkheid is hij, goed of verkeerd, met God en mens verbonden. Het "persoon-zijn" sluit de opvatting uit van zonde als een ding, als een "zere kies", die er uitgetrokken moet worden. Heiligheid is geen ding, een nieuw mechanisme, dat ingepland wordt in de totale som van de persoonlijkheid nadat de zonde er afgetrokken is. Minder dan dit begrip zou ruimte maken voor een amoreel, zelfs antinomistisch mensbeeld, dat het hoge en heilige waar de heiliging om gaat vernietigt.

Heiligheid en zonde zijn religieuze termen. Heiligheid als liefde tot God en mens, niet een staat (een term die Wesley liever niet gebruikte vanwege zijn mechanische implicaties), benadrukte de persoonlijke aspecten van alle stappen in de soteriologie en, indien consequent toegepast als een interpretatieprincipe van de wesleyaanse theologie, verheldert het de meeste van haar moeilijke punten. De mens staat in de geschiedenis èn is een persoonlijk wezen dat religieuze relaties onderhoudt met God en mens. Wettelijke, mechanische en numerieke beeldspraken zijn precies dat - beeldspraken waardoor een geestelijke, en dynamisch persoonlijke, religieuze waarheid symbolisch wordt uitgebeeld.

### 6.3.3 Dynamisch

Indien de mens een historisch wezen en een persoon is, dan is *dynamisch* het juiste woord om hem te karakteriseren. De mens is geen homp klei waarop de gebeurtenissen van zijn leven geschreven worden. Hij is veeleer een rationeel wezen dat naar buiten gericht is, zoekend, reagerend, verlangend, liefhebbend, veranderend, selecterend en verwerpend, reorganiserend, rijpend, keuze makend tussen alternatieven - kortom, een door en door dynamisch wezen. Hij heeft op bepaalde wijze een continue identiteit gedurende de omvorming, maar toch is hij in een proces van radicale herschepping (in elk geval potentieel) zo lang als hij het rationele leven behoudt. Wesley werd niet belemmerd door een statisch mensbeeld, wat dan ook zijn filosofische vooroordelen geweest mogen zijn. Dus is terminologie die lijkt te refereren aan een statisch, passief wezen niet typerend voor hem.

Wesley liet een stapel boeken na vol van ideeën over de mens als zijnde "in een proces". Maar dit proces was niet automatisch of vastgesteld maar zeer afhankelijk van de eigen respons van de mens op het leven, zijn naasten, en God. Hij toonde deze dynamisch dimensie in zijn eigen leven, het brede gebied van informatie dat in zijn tijd verkrijgbaar was naar zich toe trekkend en gebruikend, want hij was een meedogenloos student en had een niet achterblijvende weetgierigheid naar Gods aarde. Dus schonk hij zichzelf dan ook volkomen met al zijn kracht en genialiteit aan de mensen om hem heen, en verwachtte van anderen hetzelfde.

> Wanneer u een bepaalde maat van volmaakte liefde bereikt hebt, wanneer God uw harten besneden heeft en u in staat gesteld heeft Hem met geheel uw hart en geheel uw ziel lief te hebben, denk er dan niet aan daar in te rusten. Dat is onmogelijk. U kunt niet stil staan, u moet of stijgen of vallen, hoger stijgen of lager vallen. Daarom is de stem van God voor de kinderen Israëls, voor de kinderen Gods: "Ga voorwaarts" (*Works,* VII, 202).

Wat Wesley ook zag als de natuur van de mens naar Gods beeld, hij was een realist, en vond in Paulus een bron van hulp op dit punt. Hij vond geen reden om dit "aarden vat" lager te stellen dan nodig. Hij was van mening dat de mens zichzelf niet moest onderwaarderen.

> Zij die waarlijk ootmoedig zijn kunnen helder onderscheiden wat kwaad is, en ze kunnen daar ook onder lijden. Ze zijn gevoelig voor dit alles, maar toch houdt ootmoedigheid de teugels in handen. Zij zijn buitengewoon "ijverig voor de Here

Mildred Bangs Wynkoop

der Heerscharen", maar hun ijver wordt altijd geleid door kennis, en getemperd, bij iedere gedachte, woord en werk, door de liefde voor de mensen zowel als de liefde voor God. *Ze verlangen er niet naar enige hartstocht die God om goede redenen in hun natuur ingepland heeft uit te delgen*, maar ze beheersen die alle: Ze houden ze alle onderworpen, en gebruiken ze alleen in dienstbaarheid aan die doelen. En zo *zijn zelfs de ruwere en onplezieriger hartstochten toepasbaar op de nobelste doeleinden*, zelfs *haat en woede en angst*, indien ingeschakeld tegen de zonde en *geregeld door geloof en liefde*, zijn als muren en bolwerken voor de ziel, zodat de boze niet nabij kan komen om haar te verwonden [cursiveringen van mij] (*Works*, V, 263).

Noch Paulus noch Wesley waren ongevoelig voor de zwakheid van het menselijk vlees - zelfs geheiligd menselijk vlees. Maar geen van beide gaf aanleiding voor hen die, munt slaande uit de menselijke zwakheid, overtrokken wat God zou doen en wat de mens aan kon nemen wat God zou doen. Ze probeerden Wesley te laten zeggen dat God alles doet voor de mens zonder enige verantwoordelijkheid van de mens om met God te werken aan zijn redding.

Dit durf ik niet te zeggen, want ik kan dat niet vanuit de Schrift bewijzen, nee, het is er volkomen mee in strijd, want de Schrift zegt duidelijk dat (kracht van God ontvangen hebbende) wij "onze behoudenis moeten bewerken" en dat (nadat het werk van God in onze zielen begonnen is) wij "medewerkers van Hem" zijn (*Works*, X, 230-231).

Opnieuw sprekend over de relatie tussen Gods genade en de menselijke natuur en verantwoordelijkheid, waarschuwt hij tegen de veronderstelling dat mild klinkende deugden (zoals ootmoedigheid) wijzigingen zijn in de fundamentele structuur van de menselijke persoonlijkheid, zodat er geen ruwe emoties overblijven.

[Christelijke ootmoedigheid] blijft buiten iedere extremiteit, of dat nu overmaat of gebrek is. Het vernietigt de genegenheden niet, maar brengt in balans die genegenheden die de God van de natuur nooit bestemd heeft om door genade uitgewist te worden, maar veeleer om onder goede regels gebracht en in stand gehouden te worden. Het brengt het verstand in evenwicht. Het bewaart een juiste balans met betrekking tot boosheid, verdriet en angst, het midden houdende in iedere levenssituatie, niet wijkend naar links noch naar rechts" (*Works*, V, 263).

Als aantekening bij Paulus' verzekering in II Cor. 4:7 dat wij "deze schat in aarden vaten hebben" schrijft Wesley in zijn *Notes on the New Testament*:

Wij hebben deze schat - van goddelijk licht, liefde, glorie, in aarden vaten - in frêle, zwakke, vergankelijke lichamen. Paulus gaat voort met aan te tonen dat lijden, ja, de dood zelf, de bediening van de Geest niet verhindert maar zelfs verder helpt, de dienaren scherpt en de vruchten doet toenemen, zodat de buitengewoonheid van de kracht die in ons werkt onweersprekelijk van God moge blijken te zijn (blz. 455).

Wesley was zich dermate bewust van het menselijk probleem dat zijn nog bestaande brieven gevuld zijn met zeer wijze en opmerkelijk moderne adviezen aan mensen, jong en oud, die geplaagd werden door kwalen die tegenwoordig zo bekend zijn. Liever dan twijfel te zaaien in het hart van de lijdende over zijn relatie met God, zoals sommige minder begrijpende raadgevers vaak doen, hief Wesley de slappe handen op en maakte rechte paden voor de lamme voeten. Hierin verwees hij naar een gezonde houding ten opzichte van menselijke gebreken die hij geen zonde noemde. In plaats van de menselijke zwakheid te beschouwen als een hinderpaal voor heiligheid, zag Wesley de gelegenheid voor Gods kracht tot verlossing van de gebroken mensheid om zich te tonen. Wesleys diepe begrip van de interactie tussen het fysieke lichaam en de totale persoonlijkheid wordt duidelijk in een brief geschreven aan mevrouw Bennis, gedateerd 28 oktober 1771.

> Indien denken een handeling van een belichaamde geest is, spelend op een stel materiële toetsen, is het niet vreemd dat de ziel enkel slechte muziek kan maken wanneer haar instrument ontstemd is. Dit is regelmatig met u het geval, en de problemen en bezorgdheid die u dan ervaart zijn een natuurlijk gevolg van de van streek gebrachte machine, die op haar beurt de geest in de war brengt. Maar dat is niet alles; zolang als u te worstelen hebt, niet alleen met vlees en bloed maar met overheden en machten, zowel wijs als machtig, zullen die dan niet iedere lichamelijke zwakheid gebruiken om de benauwdheid van de ziel te laten toenemen? Maar laat ze doen wat ze doen, laten onze zwakke lichamen samenwerken met subtiele en boosaardige geesten, maar zorg er voor dat u niet uw vertrouwen weggooit, dat zulk een grote beloning te wachten staat. (...) Dat wat u bereikt heeft, houd dat vast, en wanneer u de ruigste en sterkste aanval ervaart, wanneer de vijand binnenkomt als een vloed, vecht dan niet (in een bepaalde zin) met hem, maar zink neer in de aanwezigheid van uw Heer, en kijk gewoon op, en vertel Hem, "Heer, ik kan mezelf niet helpen, ik Heb wijsheid noch kracht voor deze strijd, maar ik ben de Uwe, ik ben geheel de Uwe, wilt U het doen, laat niemand mij uit Uw hand rukken. Behoed wat aan U toevertrouwd is, en bewaar het tot die dag" (*Letters*, V, 284-285).

De vreemde schoonheid van deze brief wordt duidelijk tegen de achtergrond van Mw. Bennis' probleem, wat blijkbaar niet zozeer een fysieke kwaal was als wel een interpersoonlijke spanning veroorzaakt door iemand in de kerk die haar mishaagde vanwege werkelijke of ingebeelde fouten.

Er is weinig reden om eraan te twijfelen of Wesley zich thuis gevoeld zou hebben onder hen die proberen de problemen van de moderne mens te begrijpen en op te

Mildred Bangs Wynkoop

lossen. In elk geval, zoals we gezien hebben, dook hij diep in de menselijke problemen van zijn tijd.

Onder de hedendaagse problemen zijn er die blijkbaar voortkomen uit andere oorzaken dan iemands eigen zonden: de interactie van het zelf met diep gezetelde culturele onbillijkheden; de mechanisatie van de maatschappij tot aan het depersonaliseren van de mens toe, of tenminste de mogelijkheid van het bevredigen van de menselijke speurtocht naar identiteit afkappend; de verschrikkelijke eenzaamheid van mensen die dicht opeengepakt zijn in overbevolkte wijken; de versnelde afbraak van emotionele stabiliteit en heelheid onder de druk van problemen die te groot zijn om tegemoet te treden; de gevaarlijke terugtrekking in een drugscultuur; ecologische uiteenvalling die het voortbestaan van leven of aarde bedreigt; het algemene verlies van geloof in een God die, in menselijke ogen, niet in staat of bereid schijnt te zijn iets te doen aan oorlog, armoede, ziekten, dood en, misschien nog erger, het onvermogen van de kerk om het profetische en verlossende woord te spreken.

Wesley zweeg niet over de problemen van zijn tijd die ten grondslag liggen aan onze eigen hedendaagse noden. Hij was *volkomen* een evangelist, maar zijn evangelisme had langere armen dan het onze en sterkere handen, maar zachtere vingers. Hij kende meer wegen dan preken om het hart van de wereld te bereiken, en hij bereikte dat hart. Hij wist dat de crisiservaring, zo essentieel als die is, enkel een aspect was van het proces van het redden van het leven voor God. Hij hield geestelijke prioriteiten op volgorde.

In de druk van de hedendaagse angst en pijn zal het te makkelijke antwoord waarschijnlijk de overhand krijgen. Het gemakkelijkst bereikbare is wat de "paranoïde projectie" genoemd wordt, dat wil zeggen, het naar buiten projecteren van onze eigen fouten totdat we ze niet langer met onszelf in verband brengen. Ze kunnen dan gehanteerd worden als een soort externe macht. Ze kunnen van alles genoemd worden: maatschappij, "ze", een ongelukkige jeugd, de regering, de gevestigde orde, de kerk of iedere beweging of groep waar we onze eigen angsten op kunnen plakken (communisme, fascisme, maoïsme enz.) of, om dichter bij het onderwerp van dit boek te komen, "het vlees". De oplossingen kunnen even verschillende vormen aannemen. We kunnen onszelf excuseren, en ofwel de maatschappij vernietigen ofwel een andere partij aan de macht brengen. We kunnen vleselijk worden en al onze problemen beëindigen, of ons ingraven en de geschiedenis "uitzitten" totdat het Koninkrijk uit de lucht naar beneden komt - alles om te vermijden de ware problemen aan te moeten pakken.

Wesleys begrip van het beeld van God liet hem niet toe zijn toevlucht te nemen tot simplistische antwoorden op de problemen van de mens. Het fundamentele probleem is de zonde - en niemand zou die in donkerder geverfde tinten kunnen beschrijven - maar het is de *persoon* die zondigt, niet de zonde in abstracte zin. De consequenties van de zonde voeren diep in het leven van de mens, in de maatschappij, in het geheel van de sociale structuur, en zelfs tot in het fysieke en verstandelijke leven. Gods reddende genade hakt in op de wortel van de zonde, maar het herstructureren van gebroken mensen, gebroken lichamen en geesten, de vervormde maatschappij is een taak die God en mens tezamen uitvoeren.

Termen die gebruikt werden om heiligheid en het overwinnende christelijke leven te beschrijven (en die Wesleyanen lenen) klinken misschien te idealistisch voor het feilbare, onwetende, zwakke, bevooroordeelde, makkelijk te verzoeken wezen zoals de mens zichzelf kent. Racistische effecten van de zonde achtervolgen de beste heiligen, vooroordelen beperken de bruikbaarheid van de meest toegewijde christen. Waarschijnlijk is niemand echt vrij van een of ander soort belemmerende neurose of eigenaardig stuk persoonlijkheid. Sommige mensen zijn van nature opgewekt, optimistisch en extrovert (niet perse goede mensen). Anderen zijn onderworpen aan depressies en somberheid, grenzend aan het grillige (niet perse allemaal slechte mensen).

De impuls om liefde te uiten is niet altijd sterk of wordt altijd verstandig getoond. Het is niet altijd duidelijk wat liefde nu precies is of zou moeten doen in een gegeven situatie. Eigenliefde schijnt vaak liefde voor anderen te overschaduwen - zelfs die voor God. Wesley zelf, zo vertelt hij ons, leed aan verzwakkende depressies waarin hij eraan twijfelde of hij ooit wel een christen geweest was. Hij was verstandig genoeg om te weten dat dit alles niet in tegenspraak is met het soort volmaakte liefde dat hij probeerde te beschrijven als vervulling van de gehele wet. Heiligheid, in Wesleys gedachten, was niet het "bezit" van een mens, maar was enkel de voortdurende, totale nederige afhankelijkheid van iedere christen van de verdiensten van Christus.

Evenmin, aan de andere kant, moeten we in angst en pijn leven omdat in het midden van onze zwakheid, verzoeking en depressie God ons zou verlaten. Op een of andere manier voorziet de grootse, onveranderbare en onveranderende liefde van God, ons vullend met haar steun en alles wat we nodig hebben, ons van de benodigde genade wanneer het niveau van menselijke feilbaarheid zinkt tot onmogelijk lage reserves. Het is in feite juist de karaktertrek van ware heiligheid dat het altijd gevoelig is voor zowel het afwijken van Gods volmaakte wet als voor het

Mildred Bangs Wynkoop

falen in eigen leven. Heiligheid is de schenking van moment tot moment van het leven van Christus aan het hart van de mens. In Hem, niet in ons, is heiligheid.

Deze schat is in aarden vaten - "potten van klei". Daar stemde Wesley mee in. De menselijkheid van de mens is niet de werkelijke handicap, en evenmin een reden voor excuses. Zeker is het niet iets dat over het hoofd gezien moet worden, noch in dit leven, noch in het volgende. Het is het menselijke dat de basis voor gemeenschap is, het middel tot communicatie, de arena om het weerschijnen van Gods heerlijkheid te laten zien. Jezus was mens, vleesgeworden God, de *ideale* mens, niet de geïdealiseerde mens. In Zijn eigen persoon bracht Hij God en mens bijeen en toonde ons wat de mens zou moeten zijn en kan zijn door Gods genade.

### 6.3.4   Sociaal

De historische, persoonlijke, dynamische menselijke eenheid die hierboven aangeduid is culmineert in het feit dat hij een sociaal wezen is. Dit is het meest fundamentele dat van de mens gezegd kan worden omdat het al het andere insluit. In het benadrukken van de noodzaak om in een rechte verhouding met God te komen als een element van heiligheid, is het maar al te gemakkelijk de even grote noodzaak van een rechte verhouding tot de mensen te vergeten. Wesley vergat dit nooit, in elk geval niet na zijn "hartverwarmende" ervaring, en geen Wesleyanisme is authentiek wanneer het deze waarheid verliest. Heiligheid, voor Wesley, kon de naaste niet negeren of ongevoelig voor hem worden of zich van hem terugtrekken. Hier zegevierde de natuur van de liefde als de betekenis van heiligheid opnieuw over een ascetisch of minderwaardig begrip daarvan. Het bewijs van heiligheid was voor Wesley de herkenbare sociale vrucht van de liefde. En Wesleys leven demonstreerde zijn geloof. Hij kende geen heiligheid dan sociale heiligheid, zei hij.

Rechtstreeks tegenover dit [mysticisme] staat het evangelie van Christus. Kluizenaarsgodsdienst wordt daarin niet gevonden. "Heilige kluizenaars" is een term die evenmin overeenkomt met het evangelie als heilige overspeligen. Het evangelie van Christus kent geen godsdienst dan sociale, geen heiligheid dan sociale heiligheid. Geloof door liefde werkende is de lengte en breedte en diepte en hoogte van de christelijke volmaaktheid"[25].

---

25  *G. Osborn, ed.* The Poetical Works of John and Charles Wesley (London: The Wesleyan Conference Office, 1868), I, xxii.

## 6.4 Godsdienst als persoonlijke relatie

In dit licht is het ons verlangen een ander aspect van Wesleys onderwijs te laten oplichten dat gemakkelijk aan te tonen is maar vaak over het hoofd gezien wordt, wanneer zijn inzichten worden toegepast op een "heiligheids" leer. Dat is de opmerking dat op ieder punt de relatie tussen God en mens een volledig persoonlijke is. Hiermee wordt bedoeld dat verlossing in geen van haar fasen op een onderbewust, niet moreel, substantieel (lichamelijk of niet-lichamelijk) niveau van menselijk bestaan voorkomt. Een sleutel (misschien "de" sleutel) in deze is het woord *liefde*.

*Liefde* is het meest persoonlijke woord in de menselijke taal, en zeker het meest persoonlijke aspect van de menselijke relaties. Deze liefde is niet de romantische, biologisch-fysiologische reactie van de seksuele respons, hoewel die zeker niet wordt uitgesloten van de totale betekenis van liefde. In de bijbelse en Hebreeuwse zin is ze het diepste motivatiebrandpunt van de persoonlijkheid. Ze is dat centrerende, organiserende principe dat richting geeft aan het leven. Ze is alles dat de persoon is en *doet* en ze vindt wel degelijk persoonlijke bevrediging. Ze is de dynamiek van de persoonlijkheid. Ze is waarschijnlijk het enige ware vrije van de mens. Ze kan niet in bedwang worden gehouden. Ze is niet langer liefde, in de zin waarin we erover spreken, wanneer ze wordt geschonden door externe manipulatie.

Het is dus niet verbazingwekkend dat Wesley de nadruk legde op liefde als Gods relatie met de mens, en als de relatie van de mens met God en zijn medemens. Dit is voor hem de sleutel tot Gods natuur en de betekenis van heiligheid. Liefde raakt het *leven* van het verstandelijk bestaan. De oproep van het evangelie is dan ook gegrond op dit soort God-mens interacties.

> Als de mens in bepaalde mate vrij is, als, door het licht "dat ieder mens verlicht en in de wereld kwam" er dan "leven en dood, goed en kwaad" voor hem gesteld worden, hoe heerlijk blijkt dan Gods veelkleurige wijsheid in de hele opzet van de redding van de mens. Ofschoon Hij wil dat alle mensen behouden worden, wil Hij ze daartoe niet dwingen; verlangend dat mensen behouden worden, evenwel niet als bomen of stenen, maar als mensen, als verstandige schepsels, begiftigd met een verstand om te onderscheiden wat goed is, en vrijheid om het ofwel te accepteren ofwel te weigeren; hoe past Hij het hele schema van zijn bedelingen aan zijn plan aan, zijn "raadsbesluit"? (*Works*, X, 232).

Merk op dat van het allereerste ontwaken van de menselijke behoefte aan God de oproep aan hem wordt gedaan als aan een verantwoordelijk persoon. God schijnt de mensen op te roepen hun onverantwoordelijke kinderachtigheid op te geven en op te

Mildred Bangs Wynkoop

staan in de waardigheid van hun wezen en zich tot Hem te richten. Het cruciale belang hiervan zullen we zien wanneer we verder gaan in de wesleyaanse gedachten.

Hoe is ieder deel hiervan aan dit doel aangepast!, om de mens te redden als mens; om leven en dood vóór hem te stellen, en dan hem te overtuigen (niet te dwingen) om het leven te kiezen. Overeenkomstig dit grootse doel van God wordt een volmaakte levensregel vóór hem gesteld, om te dienen als "een lamp voor zijn voet en een licht op zijn pad". Dit wordt hem aangeboden in de vorm van een wet, kracht bijgezet door de sterkste sancties, de meest heerlijke beloningen voor hen die gehoorzamen, de strengste straffen voor hen de haar overtreden. Om hen terug te brengen op het rechte pad gebruikt God allerlei wegen, Hij probeert iedere toegang tot hun zielen, Hij gebruikt soms hun begrip, hen de dwaasheid van hun zonden tonend, soms hun genegenheden, hen liefhebbend onderhoudend over hun ondankbaarheid, en zich zelfs verwaardigend om te vragen "Wat zou Ik voor u hebben kunnen doen (in overeenstemming met mijn eeuwig doel u niet te dwingen) dat Ik niet gedaan Heb?" Hij vermengt soms bedreigingen, - "Tenzij gij u bekeert zult gij evenzo omkomen" - soms beloften - "Uw zonden en uw ongerechtigheden zal Ik niet meer gedenken". Nu, wat een wijsheid ligt hierin als een mens inderdaad leven of dood kan kiezen! Maar als ieder mens onveranderbaar aan hemel of hel wordt overgeleverd voor hij uit de moederschoot komt, waar is dan deze wijsheid om in alles met hem om te gaan alsof hij vrij is, wanneer zoiets niet bestaat? Wat baat, wat kan deze hele bedeling van God een verworpene baten?

Wat zijn beloften of bedreigingen, vermaningen of berispingen voor u, gij brandhout van de hel? Wat zouden die anders zijn (o mijn broeders, duldt mijn spreken, want ik ben vol van deze zaak) dan een lege klucht, louter een grimas, holle woorden die niets betekenen? O waar (om alle overwegingen af te sluiten) is de wijsheid van deze handelwijze? Welk doel dient heel dit apparaat? Als u zegt "Om zijn verdoeming te verzekeren", helaas, waar was dat voor nodig, aangezien dit verzekerd was van voor de grondlegging der wereld. Laat de hele mensheid dan oordelen welke van deze verklaringen meer tot eer van Gods wijsheid is.

Nu, als de mens in staat is goed of kwaad te kiezen, dan is hij een waardig object van Gods gerechtigheid, om vrij te spreken of te veroordelen, te belonen of te straffen. Maar anders is hij dat niet. Een louter machine is niet in staat ofwel vrijgesproken ofwel veroordeeld te worden. Gerechtigheid kan een steen niet veroordelen omdat hij op de grond valt en evenmin, in uw systeem, een mens omdat hij in zonde valt (*Works*, X, 233 - 234).

Door de hele theologie in het kader van het persoonlijke te plaatsen liep Wesley vooruit op de huidige inzichten in hermeneutiek, dialoog en openbaring. In feite komen de interpersoonlijke gebeurtenissen waarin godsdienst, geloof, zin, kennis en liefde plaatsvinden allen voort uit een persoonsbegrip, en leiden ze terug naar een steeds verrijkende definitie van het persoonlijke. En wanneer deze opmerking gemaakt wordt en geïllustreerd zo niet uitgelegd wordt, is het belangrijkste over Wesley gezegd dat van betekenis is voor deze studie.

Het is de gebeurtenis waarin wederzijdse uitwisseling - Wesley noemt het "gemeenschap" - plaatsvindt die Wesley interesseert.

V. 12. Kan geloof worden verloren, tenzij door ongehoorzaamheid?

A. Dat kan niet. Een gelovige is eerst inwendig ongehoorzaam, neigt met zijn hart naar de zonde: dan is zijn gemeenschap met God afgesneden, dat wil zeggen, zijn geloof verloren; en hierna kan hij in uitwendige zonde vervallen nu hij even zwak is als ieder ander mens (Works, VII, 283).

Men hoeft enkel voor de vuist weg één van Wesleys werken te pakken en te lezen om zich bewust te worden van de diep persoonlijke relatie tussen God en mens die hij vooronderstelt. Dit is behoorlijk anders dan die theologieën die eerst de absolute soevereiniteit van God zodanig benadrukken dat ze daarmee de mogelijkheid tot ware dialoog verliezen. Bij Wesley is God de mens aan het zoeken, schept Hij situaties om daarin opgemerkt te worden, doet een beroep op hem, vleit hem, verlangt zijn liefde, en verwacht zijn uit vrije wil gegeven gemeenschap.

Zeker wordt niets van Gods "anders zijn" en transcendentie en soevereiniteit prijsgegeven door deze relatie, en niemand zou God met groter klem en begrip van de problemen in kwestie verdedigen dan Wesley. Maar in Gods voorzienigheid wordt de volle maat van het geschapen menselijk potentieel serieus genomen. De mens moet het rendez-vous met God benaderen met de totaliteit van zijn wezen. Hij moet iets *bijdragen* aan de uitwisseling. Hij kan niet kennen zonder zichzelf te geven. Dit is de betekenis van gemeenschap. Het weerspiegelt de oudtestamentische uitdrukking "kennen". In dit "kennen" wordt de meest werkelijke soort "dialoog" ervaren. Twee mensen, ten minste twee, hebben iets van hun eigen werelden van zijn overgegeven aan de ander en ontvingen op hun beurt een noodzakelijke bijdrage die elkeen essentieel verandert.

In deze interpretatie van Wesley is het niet de bedoeling louter met woorden te goochelen. Er is een poging om in de woorden en het idioom van het hedendaagse denken te zeggen wat Wesley bedoelde - zijn intentie - in de achttiende eeuw. Dat is wat hier bedoeld wordt met "hermeneutiek". Het is duidelijk dat dit de soort communicatie - dialoog - is die Wesley bedoelde met alles wat hij zei. Deze wederzijdse, interpersoonlijke openheid en ontvankelijkheid en zichzelf geven van de

Mildred Bangs Wynkoop

betrokken partijen waren ook noodzakelijk en mogelijk door de godskennis van de mens en in alles wat godsdienst in haar diepste zin betekent.

Dit bepaalt ook *persoonlijk*. God kennen, "behouden zijn", is Hem liefhebben - en liefde is het meest persoonlijke in de wereld. In feite kun je zeggen dat men is wat men liefheeft. Liefde geeft zichzelf en ontvangt. Het is de totaliteit van het zelf dat zichzelf vindt in de totaliteit van de ander. Het is niet een staat maar een beweging, een relatie; het is geen kwantiteit maar een kwaliteit; geen wet maar een leven. In zijn *Notes* zei Wesley: "'Wij hebben Hem lief omdat Hij ons eerst heeft liefgehad' [I Joh 4:19]. Dit is de som van alle godsdienst, het zuivere model van christendom. Niemand kan méér zeggen. Waarom zou iemand minder zeggen? Of minder begrijpelijk?"

Op iedere pagina van Wesleys werken is de dialoog vet gedrukt. God spreekt, de mens antwoordt. Maar ook, de mens spreekt en God luistert en antwoordt. Dit is niet iets mystieks en "bovenhistorisch", maar iets dat gebeurt in de ervaring, in de geschiedenis. In het samenvloeien van het "persoon-zijn" van God en mens verdiept de relatie zich. God maakt zichzelf bekend en de mens wordt in staat gesteld meer van zijn complexe en groeiende zelf in het brandpunt van deze relatie te brengen. De mens kan dit boeiende avontuur beginnen met een verschrompeld, benepen, bevooroordeeld, verwrongen zelf, maar in de ontmoeting van de dialoog kan hij niet klein blijven. Wanneer hij zich opent voor God, opent hij zich ook voor de mensen, en groei en diepte en verandering vinden plaats. Er is geen plaats in Wesleys gedachten voor een God-mens relatie die in haar willekeur en "dingheid" (Martin Buber) de morele/persoonlijke realiteit van de mensheid schendt. Het is onmogelijk dat verlossing plaats kan vinden - of om in de sfeer van verlossing te komen - zonder deze beginnende en voortdurende zelfbijdrage aan de gebeurtenis.

## 6.5   Wesleys interpretatie van de christelijke genade

Wesleys gezichtspunt botst sterk met iedere benadering van de theologie die Gods soevereiniteit ziet als ontkenning van de morele verantwoordelijkheid van de mens. Dit betekent niet dat de mens enige natuurlijke goedheid of mogelijkheid heeft. Zulk Pelagianisme was Wesley een gruwel. Geen Calvinist kon radicaler dan hij de diepte van de menselijke zonde en duivelsheid uitdrukken. Maar de zaak daar te laten zou het evangelie tegen lijken te spreken, dat alle mensen aanspreekt alsof alle mensen het konden horen en hun standpunt erover bepalen. Als dat niet het geval zou zijn zou verlossing de mens minder dan waarlijk mens maken en zou Gods wil in plaats komen van de menselijke wil en haar dus vernietigen. Vanuit dit gezichtspunt verzwakt genade eerder de christelijke volwassenheid dan dat zij die versterkt.

Hoewel de titel van Wesleys traktaat "Predestination Calmly Considered"[26] "koel" genoeg klinkt, weet hij er een hoop warmte in te brengen - of zelfs vuur.

Jullie [de calvinisten] zeggen dat de verworpenen enkel kwaad kunnen doen, en dat de uitverkorenen vanaf de dag van Gods macht niet anders kunnen dan goed blijven doen.

Jullie veronderstellen dat dit alles een onveranderbaar besluit is, ten gevolge waarvan God onweerstaanbaar werkt in de één, en satan in de ander. Dan is het onmogelijk voor of de één of de ander iets anders te doen dan hij doet, of liever, hij kan er niets aan doen dat er op hem ingewerkt wordt, want zo is hij nu eenmaal. Kun je zeggen dat een steen iets doet als hij uit een slinger geworpen wordt? (...) Evenmin kan gezegd worden dat een mens handelt wanneer hij enkel bewogen wordt door een kracht die hij niet kan weerstaan. Maar als het zo zou zijn laat u geen ruimte over voor beloning of straf. Zal een steen beloond worden wanneer hij vanuit een slinger de lucht in gaat, of gestraft omdat hij eruit viel? Zal de kogel beloond worden omdat hij naar de zon vliegt, of gestraft omdat hij van zijn baan afwijkt? Evenmin is de mens in staat gestraft of beloond te worden wanneer hij verondersteld wordt bewogen te worden door een kracht die hij niet kan weerstaan. Gerechtigheid kan geen plaats hebben in het belonen of straffen van louter machines, heen en weer bewogen door externe krachten. Zodoende vernietigt jullie veronderstelling dat God van eeuwigheid verordend geeft wat aan het einde van de wereld moet gebeuren, evenals dat God onweerstaanbaar werkt in de verworpenen, ten ene male de Schriftuurlijke leer van beloningen en straffen, evenals die van het komende oordeel (*Works*, X, 224).

Het is precies het karakter van God dat betrokken is bij iemands kijk op genade en de verantwoordelijkheid van de mens als persoon. Ieder begrip van de mens waarin hij op enige wijze beroofd wordt van zijn persoonlijkheid is een ontkenning van Gods liefde zoals die geopenbaard is in de Schrift.

Zo slecht komen uitverkiezing en verwerping overeen met de waarheid en de zuiverheid van God. Maar komen ze niet het minst van alles overeen met het schriftuurlijke verslag van Zijn liefde en goedheid, die eigenschappen waarop God speciaal aanspraak maakt? Waarin Hij straalt boven alle anderen. Er staat niet geschreven "God is gerechtigheid" of "God is waarheid" (hoewel Hij rechtvaardig en waarachtig is in al Zijn wegen) maar er staat geschreven "God is liefde", liefde in het abstracte, liefde zonder grenzen, en, "Er is geen einde aan Zijn goedheid". Zijn liefde strekt zich uit tot hen die noch Hem liefhebben noch Hem vrezen. Hij is goed, zelfs voor de slechte en ondankbaren, ja, zonder

---

26  Predestinatie rustig overdacht (vert).

Mildred Bangs Wynkoop

uitzondering of beperking, voor alle mensenkinderen. Want, "De Heer is goed voor allen, en Zijn barmhartigheid is over al Zijn werken".

Maar hoe is God goed of liefhebbend voor een verworpene, of iemand die niet is uitverkoren? (U kunt beide termen kiezen, want als niemand dan de onvoorwaardelijk uitverkorenen behouden worden, komt dat precies op hetzelfde neer) (*Works*, X, 227).

Zo vurig geloofden de Wesleys in Gods eeuwigdurende liefde als essentieel voor Zijn karakter en de realiteit van de verlossing dat dit geloof gegoten werd in poëtische vorm en haar theologie brandde in het samenstel van iedere christen wanneer hij theologie zong. De volgende gedeelten uit Wesleys *Hymns on God's Everlasting Love*[27] illustreren dit.

## 6.6 De wesleyaanse positie

### 6.6.1.1 Gezang I (vers 1, 2 en 4)

*Vader, wiens eeuwige liefde*
*Uw enige Zoon voor zondaars gaf,*
*wiens genade voor allen vrij handelde*
*en Hem omlaag zond om een wereld te redden,*
*Help ons Uw genade te prijzen,*
*immens, onpeilbaar, onbegrensd;*
*om het Lam te prijzen dat voor allen stierf,*
*de algehele Verlosser van de mensheid.*
*Jezus heeft gezegd, wij zullen 't hopen,*
*voorafgaande genade is voor allen vrij.*
*"En wanneer ik verhoogd wordt,*
*zal ik allen tot Mij trekken".*

### 566.1.2 Gezang XVI - "Vrije genade"

*Komt en laten wij ons bij onze vrienden voegen,*
*en de God van onze redding prijzen,*
*de God van eeuwigdurende liefde,*
*God van universele genade.*
*'t Is niet door werken dat wij dat deden,*
*'t was enkel genade dat Zijn hart zich neigde.*
*'t Was genade die Zijn enige Zoon gaf*
*om de dood te smaken voor de hele mensheid.*
*Voor ieder mens smaakte Hij de dood,*
*en zo mogen wij voor Zijn aangezicht verschijnen,*

---

27  Gezangen over Gods eeuwigdurende liefde (vert).

*niet om onze ogen hier beneden op te heffen,*
*maar om Zijn genade hier bekend te maken.*
*Door genade halen we adem,*
*door genade leven we, bewegen we, zijn we.*
*Door genade ontvlieden we de tweede dood,*
*door genade verkondigen we nu Uw genade.*
*Van de eerste zwakke gedachte aan het goede*
*tot wanneer de volmaakte genade wordt gegeven;*
*'t is alles genade; door genade vernieuwd*
*gaan we van de hel via de aarde naar de hemel.*
*We hebben geen verworpenen nodig om te bewijzen*
*dat genade, vrije genade, waarlijk vrij is;*
*wie niet kan zien dat God liefde is,*
*opent uw ogen en kijk naar mij;*
*naar ons, die Jezus geroepen heeft*
*om te verzekeren dat allen Zijn genade kunnen ontvangen,*
*om de waarde van Zijn lijden te bewijzen,*
*voldoende om tienduizend werelden te redden.*

John Wesley zei in zijn *Notes* betreffende I Joh 4:8 "God is liefde":

Deze kleine zin bracht Johannes meer lieflijkheid dan de wereld kan brengen. God wordt vaak betiteld als heilig, rechtvaardig, wijs; maar geen heiligheid, rechtvaardigheid of wijsheid in het abstracte zoals men zegt dat Hij liefde is: zo vertrouwelijk is dit, (...) Zijn heersende eigenschap; de eigenschap die een lieflijke heerlijkheid werpt op al Zijn andere volmaaktheden."

Maar luister naar de tegenstelling:

## 6.7 De calvinistische positie - "Het gruwelijk raadsbesluit"

### 567.1.1 Gezang III

*Zeker Heb ik eens geloofd,*
*en voelde mijn zonden vergeven.*
*Uw getrouw getuigenis Heb ik ontvangen;*
*dat U de hemel verworven heeft*
*voor mij en heel de mensheid*
*die van hun zonden willen scheiden;*
*de vrede van God die ik eens kon vinden,*
*het getuigenis in mijn hart.*
*Maar spoedig verlokte de subtiele*
*duivel mijn simpele geest.*
*Duisternis wist hij met licht te vermengen,*
*valsheid en waarheid bracht hij samen.*
*Trots (hij herinnerde zich dat goed)*

Mildred Bangs Wynkoop

*heeft hem uit de hemel geworpen;*
*door trots viel de eerste overtreder,*
*en verloor zijn paradijs.*
*Gewapend met deze vurige pijl*
*kwam de vijand naderbij,*
*en preekte tot mijn van streek gemaakte hart*
*zijn brutale, aanmatigende leugen:*
*"Je bent zeker van de hemel,"*
*spreekt de verzoeker zacht,*
*"Je bent uitverkoren, en eens vergeven*
*kun je de genade nooit verliezen.*
*Je kunt nooit Gods genade*
*vergeefs ontvangen:*
*deze gave gaf Hij zeker niet*
*om die weer terug te nemen:*
*Hij kan Zijn genade niet terugnemen,*
*of je haar nu gebruikt of niet,*
*je kunt geen schipbreuk lijden*
*met geloof, of het maar laten gaan.*
*God is onveranderlijk,*
*en daarom ben jij dat ook,*
*en dus kunnen zij die eens Zijn*
*goedheid kenden nimmer tekort schieten.*
*Gedeeltelijk zou dat misschien kunnen,*
*maar volledig vallen kun je niet,*
*je kunt geen verworpene worden*
*als de niet-uitverkoren Paulus.*
*Hoewel jij niet voortgaat,*
*toch blijft God dezelfde;*
*uit Zijn boek kan Hij jouw*
*eeuwigdurende naam niet wissen.*
*Afgesneden zul je niet worden,*
*evenmin ooit worden afgevoerd,*
*zeker tot in alle eeuwigheid*
*van Zijn uitverkiezende liefde.*
*En hebben zo het kind bang gemaakt*
*en verteld dat het zou kunnen vallen,*
*zijn beloning afhandig worden gemaakt*
*en zondigen, en alles verspelen;*
*zou het tot zijn braaksel terugkeren,*
*en zich in het slijk wentelen,*
*en in zijn zonden verloren gaan,*
*en branden in het eeuwigdurende vuur?*
*Och, arme misleidde ziel!*

Een theologie van de liefde

*En maakten ze het aan het huilen!*
*Kom, laat mij aan mijn boezem*
*al uw zorgen in slaap sussen.*
*Laten uw ogen zich veilig sluiten,*
*veilig voor elk alarm,*
*en neemt uw onverstoorde ontspanning*
*en rust uit in mijn armen.*
*Ze zullen het niet kwellen*
*door het te bevelen op te passen.*
*Je hoeft niet als een treurwilg te gaan,*
*steeds je hoofd omlaag buigend.*
*Je leed en angsten verwerpen*
*mijn eigen andere evangelie.*
*Geloof je enkel uitverkoren,*
*en al het werk is gedaan".*

### 567.1.2 Gezang IX

*"Voor hen, en niet voor de hele mensheid,*
*is de Verlosser van de wereld gegeven;*
*miljoenen zielen wierp Hij weg*
*en spotte enkel met de hoop op de hemel.*
*Om de wereld te verdoemen, en niet om te redden,*
*zond de Vader Zijn enige Zoon,*
*opdat niemand dan zij vergeving zouden ontvangen,*
*zij - van heel de wereld zij alleen.*
*Hij wilde niet dat allen tot geloof*
*en in de hemel zouden komen door reddende genade;*
*Hij verwierp vanaf de moederschoot*
*de meesten van Adams hulpeloze ras.*
*God, barmhartig en rechtvaardig,*
*vulde Tofeth met pasgeboren baby's;*
*diep in eindeloze folteringen geworpen,*
*louter om Zijn soevereine wil te tonen".*
*Dit is dat "Gruwelijk raadsbesluit"!*
*Dit is die wijsheid van beneden!*
*God (O, verafschuwd die godslastering!)*
*verheugt zich in de dood van de zondaar.*

### 567.1.3 Gezang XVII

*Ah! zachtmoedige, genadige Duif;*
*en zijt Gij om mij bedroefd,*
*dat zondaren Uw liefde weerhouden,*
*en zeggen: "Ze is niet vrij;*
*ze is niet vrij voor allen,*

*de meesten gaat Gij voorbij,*
*en bespot met een vruchteloze oproep*
*degenen die Gij gedoemd hebt te sterven?"*
*O gruwelijk raadsbesluit,*
*waardig waar het vandaan kwam!*
*Vergeef hun de helse godslastering*
*die er het Lam van beschuldigen,*
*Wiens medelijden Hem ertoe bracht*
*Zijn troon daarboven te verlaten,*
*de Vriend en Verlosser van de mensheid,*
*de God van liefde en genade.*
*Zondaren, verafschuwt de duivel,*
*hoort zijn andere evangelie -*
*"De God van de waarheid bedoelde niet*
*hetgeen Zijn woorden verklaren;*
*Hij biedt aan allen genade aan,*
*wat de meesten niet kunnen aangrijpen,*
*bespot door een vergeefse oproep*
*en onvoldoende genade.*
*De rechtvaardige God vertrouwde*
*hen toe aan hun ondergang*
*en zond de Verlosser van de mensheid*
*om hen van de moederschoot af te verdoemen;*
*te verdoemen wegens hun niet bereiken*
*van wat ze nooit bereiken konden,*
*of het niet geloven van het verslag*
*van dat wat niet waar was.*
*De God van liefde ging voorbij*
*aan de meesten van hen die vielen,*
*verordende dat de arme verworpenen moesten sterven*
*en dreef hen naar de hel".*
*"Hij deed dat niet,"*
*hebben sommigen wat milder uitgekraamd,*
*"Hij heeft ze niet verdoemd - maar uitgevaardigd*
*dat ze nooit behouden zouden worden".*
*Ze denken met gillen en schreeuwen*
*de Here der heerscharen te behagen,*
*en bieden U als offerrande*
*miljoenen geslachte geesten.*
*Met pasgeboren baby's vullen zij*
*de verschrikkelijke helse schaduw,*
*want dat (zeggen ze) was Uw grote wil*
*van voor de wereld werd gemaakt.*
*Sta op, o God, sta op:*

Een theologie van de liefde

*houdt Uw glorierijke waarheid in stand;*
*verkondig het bloedig Offer*
*voor iedere zondaar geslacht!*
*Verdedig de zaak van Uw barmhartigheid,*
*Uw genade zo goddelijk vrij.*
*Verhef de standaard van Uw kruis;*
*trek alle mensen tot U.*

## 6.8   Voorafgaande genade

Het feit van de morele verantwoordelijkheid en het vermogen van de mens om een werkelijk morele keuze te maken is op vele plaatsen door velen die studie maakten aangetoond als zijnde een wesleyaanse leer. In onze benadering in deze studie is niet alleen deze positie belangrijk, maar moeten vooral de gevolgen benadrukt worden. Wesleys bouwen op de arminiaanse overtuiging dat welke vrijheid de mens ook heeft dit een "bate" is die door Christus dood is gekocht - "voorafgaande genade" - mag nooit worden vergeten.

We moeten die grote en belangrijke waarheid in acht nemen die nooit uit onze herinnering mag verdwijnen: "Want God is het, die zowel het willen als het werken in u werkt om Zijn welbehagen"[28.] De betekenis van deze woorden kan duidelijk gemaakt worden door een kleine verwisseling ervan: "Het is God die om Zijn welbehagen zowel het willen als het werken in u werkt"[29]. De positie van de woorden die de zin verbinden, *om Zijn welbehagen*, neemt alle inbeelding van menselijke verdienste weg, en geeft God de hele eer van Zijn werk. Anders hadden we stof tot roemen gehad, alsof het onze eigen verdienste was, enige goedheid in ons, of iets goeds dat wij gedaan hebben dat God daarop aan het werk zette. Maar zijn formulering snijdt al zulke ijdele eigendunk af en toont ons duidelijk dat Zijn reden om te werken geheel in Hemzelf ligt, in Zijn eigen zuivere genade, in Zijn onverdiende genade (*Works,* VI, 508).

\* \* \*

Aangezien alle mensen van nature niet alleen ziek, maar ook "dood in hun zonden en overtredingen" zijn, is het niet mogelijk iets goed te doen totdat God hen opwekt uit de doden. (...) Het is voor ons onmogelijk uit onze zonden te komen, of er zelfs maar de geringste beweging naartoe te maken totdat Hij, die alle macht in hemel en aarde heeft, onze dode zielen tot leven roept. (...)

Toch is dit geen excuus voor hen die in zonde voortgaan, en de schuld bij hun Maker leggen, zeggende: "Het is enkel God die ons levend moet maken, want wij

---

28   Fil 2:13, in de volgorde van de King James-vertaling (vert).
29   Conform de volgorde van de NBG-vertaling (vert).

Mildred Bangs Wynkoop

kunnen onze eigen zielen niet tot leven wekken". Want aangenomen dat alle mensenzielen van nature dood zijn, is dat voor niemand een excuus, aangezien er niemand in een puur natuurlijke staat is; er is niemand, tenzij hij de Geest uitgedoofd heeft, die volkomen zonder Gods genade is. Geen levend mens is volledig verstoken van wat gewoonlijk het *natuurlijk geweten* genoemd wordt. Maar dat is niet natuurlijk, het is juister het *voorafgaande genade* te noemen. Ieder mens heeft een bepaalde mate van dat licht (...) dat ieder mens verlicht en in de wereld komende was. En een ieder (...) voelt zich meer of minder onrustig wanneer hij tegen het licht van zijn eigen geweten in handelt, zodat geen mens zondigt omdat hij geen genade heeft, maar omdat hij de genade die hij heeft niet gebruikt. (...)

Zelfs Augustinus, die algemeen verondersteld wordt de tegengestelde leer te steunen, maakt deze juiste opmerking, *Qui fecit nos sine nobis, non salvabit nos sine nobis*: "Hij die ons maakte zonder onszelf, zal ons niet redden zonder onszelf" (*Works*, VI, 511-513).

## 6.9  Heiligheid als persoonlijke relatie

Dit zijn de inzichten betreffende de menselijke natuur onder genade die het Wesley mogelijk maakten "heiligheid te prediken" en daarmee een stempel op de kerk en zijn wereld te drukken die zijn eigen denominatie en tijd oversteeg, en voortgaat de kerk uit te dagen de diepere diepten van de mogelijkheden van de genade te onderzoeken. Geen Wesleyanisme zou positief of negatief beoordeeld moeten worden zonder deze benadering te herkennen bij een interpretatie van Wesley.

We moeten toegeven dat Wesleys theologie als systematisch geheel de logische consistentheid mist die men zou kunnen hopen te vinden. Dit is niet de weerslag van zijn vermogens of geestelijke integriteit. Wesley was een anglicaanse godgeleerde, maar de schok van zijn religieuze bekering bracht nieuwe dynamische elementen in zijn denken die noodzakelijkerwijs een nieuw accent legden op de officiële theologie. Men mag de non-conformistische invloed van zijn moeder, de diep geestelijke invloed van de mystici, en zijn eigen dynamische persoonlijke ervaring in Aldersgate niet vergeten. John Deschner zegt het juist in zijn *Wesley's Christology*.

Wesley ontving op 24 mei 1738 geen (...) splinternieuwe theologie, rechtstreeks uit de hemel. Veeleer werd de oude theologie die avond wedergeboren. De invloed die hem ertoe leidde verlossing voor zijn eigen ziel te zoeken werd van de oude boom gehakt en in een nieuwe ingeënt. De oude tak verloor nooit haar karakter, maar de voedende wortels en sappen en het fruit waren nieuw"[30].

Wesley was gevoelig op dit punt.

Een serieuze anglicaanse geestelijke verlangde te weten op welke punten wij verschilden van de Kerk van Engeland. Ik antwoordde: "Naar mijn beste weten op geen enkel punt. De leerstellingen die wij prediken zijn de leerstellingen van de Kerk van Engeland; waarlijk, de fundamentele leerstellingen van de kerk, duidelijk verwoord, zowel in haar gebeden, haar geloofsartikelen als in haar leerredenen" (*Works*, I, 224-225).

Theologie, bezield met een persoonlijke ervaring van Gods genade - dat is Wesleyanisme. We kunnen Wesley niet verklaren door hem te zien vanuit zijn theologische achtergrond, maar we zouden zijn theologische reis (want dat was het) kunnen begrijpen door zijn ervaring van de genade. De nieuwe dimensie van de mogelijkheid van een persoonlijke toe-eigening van de "baten" van de verzoening werkte geleidelijk in op de officiële theologie en er was, in Wesleys geval, tijd noch verlangen om alle details van de theologie in het nieuwe systeem glad te strijken. Het is niet onze bedoeling een "heiligingstheologie" uit Wesleys werken af te leiden maar veeleer Wesleys dynamische geestelijke inzichten in de christelijke theologie toe te passen en haar dienovereenkomstig te interpreteren. Wesleys "hartverwarmende ervaring" was niet de vrucht van een theologisch begrip van heiliging, maar heiliging kreeg een nieuwe betekenis toen het verwarmde hart deelnam aan de realiteit waarover de theologie sprak.

Het verwarmde hart zorgde voor die nieuwe dimensie aan de theologie die we de persoonlijke dimensie noemen, en de meerdere hierboven beschreven aspecten vormen een eenheid - een interpretatieprincipe dat zou moeten helpen Wesleyanisme te definiëren.

Deze inzichten en gezichtspunten liggen als een gedachtenfundament onder de wesleyaanse presentatie van het evangelie. Ze zijn een interpretatie-eenheid, een theorie van kritiek. Wesleys fundamentele gezichtspunt, het karakteristieke dat het naast andere gezichtspunten identificeert, is de overtuiging dat alle facetten van theologie en leven deelnemen in deze persoonlijke natuur en in dit licht geïnterpreteerd moeten worden. Hij vond dat deze manier van denken bijbels was en recht deed aan wat hij wist van de menselijke natuur en de totale persoonlijke ervaring - zijn eigen en die van anderen.

---

30  John Deschner, *Wesley's Christology* (Dallas, Tex.: Southern Methodist University Press, 1969), blz. 197.

Mildred Bangs Wynkoop

Een "heiligheidsleer" die beweert waarlijk wesleyaans te zijn (evenals iedere sociale bewogenheid die gesteld wordt hiervan afgeleid te zijn), moet haar zaak laten rusten op en haar gezichtspunt interpreteren vanuit de totale wesleyaanse intentie. Dit is in overeenstemming met Wesleys eigen principes. Intentie was voor hem van het hoogste belang, niet alleen bij een getrouwe interpretatie van wat andere mensen zeggen en wat de Schrift leert, maar ook ten aanzien van de motieven die aan menselijk handelen ten grondslag liggen en die het als goed of fout bestempelen.

De vraag nu is deze: Waarom Wesley? Had hij gelijk? Is hij een theologische autoriteit? Het antwoord moet zijn dat enkel in zoverre Wesley, in het herontdekken van de dynamiek van de theologische heiliging (zoals Luther de dynamiek van de rechtvaardiging herontdekte) ons leidt naar de juiste bron van de waarheid en deze waarheid belicht, hij een betrouwbaar leider is.

Met deze achtergrond als een onderliggend interpretatieprincipe is het nu mogelijk dit principe toe te passen op de wesleyaanse leer en haar waarde te bepalen, en eventuele foutieve begrippen die in haar verstaan zouden kunnen zijn ingeslopen te herinterpreteren. In ieder geval zullen we er zorg voor moeten dragen ons te beroepen op de autoriteit die Wesley erkende als het hoogste beroep - de Schriften.

Een totale systematische theologie is niet het doel van deze studie. Dat is niet de directe behoefte, en evenmin ligt dat binnen het vermogen van deze auteur. De behoefte, zoals wij die zien, is het toepassen van de fundamentele wesleyaanse begrippen op diverse leerstellingen die speciaal door Wesleyanen benadrukt worden, om iedere inconsequentie te ontdekken, en harmonie en kracht en innemendheid te brengen in het geloof dat we verkondigen.

## 6.10 John Wesleys dynamiek - liefde

Het samenvattende woord - Wesleys hermeneutiek bij uitstek - is liefde. Elke gedachtenflits van hem, het warme hart van iedere leerstelling, de passie van iedere preek, de test van iedere aanspraak op christelijke genade, was liefde. Zo centraal is de liefde dat "wesleyaans" zijn betekent verbonden te zijn met een theologie van de liefde.

_7_

# De mens, gemaakt naar Gods beeld

## 7.1  Wat is de mens?

Wat de mens denkt van de mens bepaalt in grote mate hoe hij zichzelf in verband brengt met zijn aarde en zijn medemensen. Religieuze en sociale systemen, regeringen en instellingen zowel als technologische manipulatie en het "fabriceren" van menselijke genen (zie Paul Ramseys _Fabricated Man_, Yale University Press, 1970, en William Kuhns _Environmental Man_, Harper and Row, 1969) vallen in het geheel van het zichzelf verstaan van de mens, ten goede of ten kwade.

Terwijl de geheimenissen van de aarde en het hele universum teruggedrongen worden en de mens meer en meer de meester van zijn gebied wordt, zeggen sommigen dat hij steeds minder behoefte heeft aan godsdienst, gebed, en God. De bewering is dat godsdienst een overlevering is uit de kindertijd van het ras, gebed is niet langer de weg om de dingen te verkrijgen die we nu geleerd hebben zelf te verkrijgen, en, bovendien, God is dood. Maar de "terugslag" van de consequenties van deze filosofie is al merkbaar. De mens heeft krachten in werking gezet die hij niet heeft voorzien en niet kan beheersen. Verweesd en beangstigd zoekt hij om richting te vinden naar het occulte, en naar de diepten van zijn eigen psyche. Hij probeert zijn geest te "verruimen" door drugs, te communiceren met zijn medemensen door de muren van privacy en eigen identiteit neer te halen - wanhopig proberende uit te breken uit zijn zelfgebouwde gevangenis op zoek naar de zin die hij verloor toen hij God wegzond.

Zoveel meer de mens meester van de natuur wordt, zoveel minder kent hij zichzelf - zoveel minder is hij zijn eigen meester. Tegenwoordig is hét grote mysterie de mens zelf. Wat is dit schepsel op aarde dat rustelozer en nieuwsgieriger en ontevredener en ontgoochelder wordt naarmate hij meer en meer volwassen en intelligent en geleerd wordt? *Dingen* bevredigen hem niet. Zijn creatieve vermogens en zijn losgeraakte geestelijke honger drijven hem uit het comfortabele nest dat hij ijverig rond zichzelf en zijn gezin heen bouwt. Hij is te groot voor wat hij kan bouwen. Hij haalt de schouders op bij de prestaties van zijn handen en verstand. Hij ergert zich over zijn eigen welvaart. Op zijn best slaat hij zijn ogen op naar het grote onbekende en verbruikt zijn energie om op nieuwe hoogten van ontdekkingen te komen die hem nooit bevredigen. Hij zal altijd ongeduldig kijken naar hetgeen in het verleden bereikt is en roekeloos voortgaan naar de vóór hem liggende mysteries.

De mens schijnt op een manier gestructureerd te zijn die hem meedogenloos dwingt buiten zichzelf te zoeken naar vervulling. Hij sterft in morele verrotting wanneer deze impuls enkel naar binnen of naar de aarde gericht wordt. Hij bezit geen vervulling. Hij kan die nooit bezitten. Vervulling is altijd iets dat net vóór hem is en hem in zijn jagen ernaar vergroot en vult en intrigeert en roept en opwindt. Vervulling ligt niet in het bereiken maar in het proces van bereiken. Hij groeit terwijl hij naar buiten kijkt en er schijnt geen grens aan die groei te zijn.

Wat voor soort schepsel is dit? Wat is de mens?

In deze studie proberen we de bijbelse begrippen betreffende de natuur van de mens beter te begrijpen. Alleen als we iets van hem begrijpen kunnen we God begrijpen.

Wanneer we proberen een christelijke leer van de mens uit te werken, worden we ons ervan bewust dat de Schrift veel *tot* de mens zegt maar zo weinig rechtstreeks *over* hem. In het afleiden van iets "christelijks" betreffende de mens, zal het nodig zijn de dingen die tegen hem gezegd worden op te pakken, en daar vanuit zo goed als we kunnen te interpreteren wat voor soort schepsel het zou zijn dat zin kon geven aan de dingen die tegen hem gezegd werden. Sydney Cave heeft dat goed verwoord: "Er is geen christelijke leer van de mens, en toch is er een christelijk waardering van de mens"[31]. Het is die waardering die we zoeken, want in dat licht zouden we beter in staat moeten zijn de bijbel zinvol te lezen en ieder antwoord dat hij kan geven op de meest acute en wereldomvattende problemen van de mensheid te vinden.

Er zijn een aantal dingen die we over onszelf weten - over "de mens". Het zou goed kunnen zijn daar te beginnen.

---

31  Sydney Cave, *The Christian Estimate of Man* (London: Gerald Duckworth & Co. Ltd., 1949), blz. 9.

Mildred Bangs Wynkoop

Hij is, allereerst, een schepsel dat taal gebruikt om ideeën over te brengen. Door middel van rationele taal kan hij communiceren met andere schepsels, en doet dat ook. Het pure feit van geschreven annalen zegt op stille maar krachtige wijze iets van enorme diepte over de mens. We hebben het verstand genoemd. De bijbel is gericht tot de mens als een communicatiemiddel op het rationele vlak.

Dat de mens in staat is in zinnige "dialoog" te treden met God waarin zelfontsluiting wederzijds uitgewisseld wordt wijst naar een eigenschap van de mens die religieus is, niet louter bijgelovig. De bijbel is een gesprek tussen God en mens. Het is mogelijk en wenselijk in dit gesprek te stappen en er een deelnemer aan te worden.

Het feit van de zonde als vrijwillige daad, een morele ontrouw, is een sprekend commentaar op de bijbelse waardering van de mens. Het fundamentele feit is de morele natuur en vrijheid die de erfenis van de mensheid is. We worden niet voortgedreven door blinde impulsen. We zijn niet gebonden aan de enge grenzen van fysiek overleven en het oppervlakkige zoeken naar geborgenheid en goedkeuring. We zijn geen christen of niet-christen vanwege een soort bovennatuurlijk besluit waarin we geen keuze hebben. We hebben het onschatbare privilege onze eigen genegenheden te leiden en onze loyaliteit te overwegen, onze liefde te delen of achter te houden. Zonde is evenwel niet noodzakelijk voor morele vrijheid, zoals Nels Ferré zegt: "Opstand tegen God is noodzakelijk op een bepaald punt in ons leven als we vrije zonen moeten worden, Hem erende vanuit liefde en dankbaarheid"[32]. Er is een diepe waarheid die aan het hart van Ferré's inzicht ligt, namelijk, dat alleen bij het feit van een *mogelijke rebellie* ware morele integriteit kan bestaan.

Kortom, de mens gemaakt naar Gods beeld schijnt te refereren aan datgene van de mens dat het mogelijk maakt te communiceren met een ander verstandelijk wezen, en in het bijzonder een contact met God tot stand te brengen - of die gemeenschap te verwerpen.

## 7.2 De "christelijke" mens

Er zijn twee hoofdtheorieën geweest over de mens en Gods beeld in de christelijke geschiedenis, de substantiële en de relationele.

*De substantietheorie* is gebaseerd op het idee dat iets in de mens kan worden geïdentificeerd als het beeld van God. "Het beeld van God *in* de mens" is de

---

32  Nels F.S. Ferré, *Evil and the Christian Faith* (New York: Harper and Brothers, Publishers, 1947), blz. 33.

typerende uitdrukking. Dan onderscheidt of een lichamelijke substantie, of een functie van de menselijke persoon (zoals rede, een goddelijke vonk, creatieve vermogens), of het in bezit zijn van een geest zowel als een ziel en een lichaam de mens van niet-menselijke wezens. Het verlies van het *Imago Dei*[33], volgens deze zienswijze, verandert niet de "manieren" van de mens maar bestaat uit een verlies van wat het dan ook is dat de mens met God verbindt. Als het beeld wordt hersteld, zou dat moeten bestaan uit een terugplaatsen van hetgeen gedacht wordt verloren te zijn, lichamelijk of niet-lichamelijk.

Logische ontwikkelingen in deze theologie leiden tot zeer ongeestelijke en amorele interpretaties van de verlossingsleer, waar Wesley op tegen was. In het projecteren van deze theorie op de praktische benadering van het christelijke leven, zoals de huidige heiligingstheologie dat vaak doet, wordt de bron van een aantal "geloofwaardigheidskloven" zeer duidelijk. Het meest ernstige probleem is dat sommige oprechte christenen een werkelijke numerieke toevoeging aan de persoonlijkheid verwachten, dan wel een nieuwe "geest" of de Heilige Geest. Hieruit komen een groot aantal problemen voort met betrekking tot wanneer dit gebeurt, hoe men weet dat het gebeurd is, de verhouding tussen de zondige mensheid en de nieuwe toevoeging, en de staat van de persoon voor God. Is een mens volmaakter met deze toevoeging of is hij in feite een deel van de Godheid nu de Geest van God in hem woont? En kan zo'n persoon zondigen?

De *relationele opvatting* benadrukt een volledig verschillende benadering van het onderwerp. Er is geen behoefte om een eenheid, kenmerk, of functie in de mens te vinden die hem identificeert als mens. Dit is niet altijd in iedere situatie overtuigend. Het is de *mens voor God* en de communicatie tussen hen, de wederzijdse respons, de relatie van de één met de ander, de weerspiegeling van de één in de ander die wijst naar de betekenis. Wesley zei: "De mens is in staat tot God"[34] (*Works*, VI, 244). Het is een "staat", een innerlijke houding ten opzichte van God, een fundamentele positie die men ten opzichte van God en Zijn wil inneemt. De mens "gemaakt naar Gods beeld" (de bijbelse verwoording) onderscheidt deze kijk van "het beeld van God in de mens", dat typerend is voor het substantiebegrip.

## 7.3   Wesleys mensbeeld

Wesley speculeerde niet over het "beeld". Hij was er tevreden mee de mens te beschouwen in godsdienstige termen. Zijn uitspraken met betrekking tot het beeld

---

33  Het beeld Gods (vert)
34  "Man is capable of God", letterlijk vertaald (vert).

Mildred Bangs Wynkoop

stonden meestal in verband met een factor in de verlossingsprocedure. We treffen Wesley waarschijnlijk nooit aan, sprekende over wat de mens ontologisch zou zijn. Dat wat dus betrokken is bij een discussie over het *Imago Dei* zal bij Wesley een geestelijke kwaliteit blijken te zijn. Het "beeld" is een religieuze zaak, geen substantiële zaak. Wat verstaan wordt onder de betekenis van het beeld Gods en de relatie van de mens daarmee bepaalt de richting van de verlossingsleer. Wesleys theologie kan niet behoorlijk worden geëvalueerd zonder tenminste een inleiding over zijn benadering van dit begrip.

### 7.3.1    Wesleys begrip van de mens, onderscheiden van de natuur

Nu, "de mens is gemaakt naar het beeld Gods". Maar "God is Geest"; dus daarom de mens ook. (Alleen, die geest, ontworpen om op aarde te wonen, werd geplaatst in een aarden tabernakel.) Als zodanig had hij een ingeboren zelfbewegingsprincipe. En dat, zo schijnt het, heeft iedere geest in het universum; aangezien dit het juiste onderscheidende verschil is tussen geest en materie, die volkomen, essentieel passief en inactief is, zoals blijkt uit duizenden experimenten. Hij was, naar de gelijkenis van zijn Schepper, begiftigd met begrip; een vermogen te begrijpen wat voor hem gebracht werd, en erover te oordelen. Hij was begiftigd met een wil, zich doen geldend in diverse genegenheden en hartstochten: en, ten leste, met vrijheid, of vrijheid van keuze; zonder welke de rest nutteloos zou zijn geweest, en hij niet meer in staat zou zijn geweest zijn Schepper te dienen dan een klomp aarde of marmer; hij zou even onbekwaam geweest zijn voor ondeugden of deugden als enig deel van de onbezielde schepping. (...)

Zijn begrip was volmaakt in zijn soort, in staat om alle dingen helder te verstaan, en erover te oordelen overeenkomstig de waarheid, zonder enige vermenging van fouten. Zijn wil kende geen vooroordelen van enigerlei soort; maar al zijn hartstochten en genegenheden waren ordelijk, stabiel en werden steeds op dezelfde manier geleid door voorschriften van zijn foutloze verstand; niets dan het goede aangrijpend, en elk goed in verhouding tot haar maat van innerlijke goedheid. Zijn vrijheid werd op gelijke wijze volledig geleid door zijn verstand, hij koos of weigerde overeenkomstig haar voorschrift. Boven alles (wat zijn hoogste uitmuntendheid was, meer waard dan de rest bij elkaar), was hij een schepsel in staat tot God; in staat zijn Schepper te kennen, lief te hebben, en te gehoorzamen. En, in feite, kende hij God, hield hij ongeveinsd van Hem en gehoorzaamde hij Hem steeds op dezelfde wijze. Dit was de hoogste volmaaktheid van de mens (evenals dat het is van alle verstandelijke wezens); het voortdurend zien, en liefhebben, en gehoorzamen van de Vader van de geesten van alle vlees (*Works*, VI, 242-243).

### 7.3.2    Wesleys begrip van de mens als religieus schepsel

De mens was gemaakt naar het beeld van God, heilig zoals Hij die schiep heilig is; barmhartig zoals de Auteur van alles barmhartig is; volmaakt zoals zijn hemelse Vader volmaakt is. Aangezien God liefde is, bleef de mens, in de liefde blijvend, in God, en God in hem. God schiep hem om een "beeld van Zijn eigen eeuwigheid" te zijn, een onbederfelijke beeltenis van de glorierijke God. Hij was overeenkomstig zuiver, zoals God zuiver is, vrij van iedere zondevlek. Hij kende geen kwaad in enige vorm of mate, maar was inwendig en uitwendig zondeloos en onbesmet. Hij "had de Heer zijn God lief met geheel zijn hart, en geheel zijn verstand, en ziel, en kracht".

Aan de mens zo oprecht en volmaakt, gaf God een volmaakte wet, waaraan hij volledige en volmaakte gehoorzaamheid verlangde. Hij verlangde volledige gehoorzaamheid op ieder punt, en dat moest zonder onderbreking verricht worden, vanaf het moment dat de mens een levende ziel werd, tot het moment dat zijn beproeving beëindigd zou worden. Er was geen toegeeflijkheid voor enige tekortkoming; omdat daar inderdaad geen reden toe was; de mens was volkomen in staat de hem toegewezen taak te volbrengen, en volledig toegerust voor ieder goed woord en werk.

De soevereine God achtte het goed aan de hele wet der liefde, die in zijn hart geschreven was (waartegen hij wellicht niet direct kon zondigen), één bepaalde wet toe te voegen: "Gij zult niet eten van de vrucht van de boom die groeit in het midden van de hof", de straf daaraan verbindend: "De dag dat gij daarvan eet, zult gij voorzeker sterven" (*Works*, V, 54).

### 7.3.3    Wesleys begrip van het "verloren beeld"

Dus stierf hij op die dag, hij stierf aan God, de meest verschrikkelijke dood. Hij verloor het leven van God, hij werd nu van Hem gescheiden, in wiens gemeenschap zijn leven bestond. Het lichaam sterft wanneer het wordt gescheiden van de ziel, de ziel, wanneer die wordt gescheiden van God. Maar deze scheiding van God zette Adam in gang op de dag, het uur, dat hij de verboden vrucht at. En hiervan gaf hij onmiddellijk blijk, door zijn gedrag tonend dat de liefde van God in zijn ziel, die nu "vervreemd was van het leven van God", uitgedoofd was. In plaats hiervan was hij nu onder de macht van de slaafse angst, zodat hij vluchtte voor de aanwezigheid van de Heer. Ja, zo weinig behield hij zelfs van de kennis omtrent Hem die aarde en hemel vult, dat hij probeerde "zich te verbergen voor de Here God tussen het geboomte van de hof" (Gen 3:8). Zo verloor hij zowel de kennis als de liefde van God, zonder welke het beeld van God niet kon blijven bestaan. Dit werd hem daarom op hetzelfde moment ontnomen, en hij werd zowel onheilig als ongelukkig. In het kader hiervan is hij verzonken in trots en eigenzinnigheid, het beeld van de duivel, en in zinnelijke begeerten en verlangens, het beeld van de beesten die verloren gaan (*Works*, VI, 67-68).

### 7.3.4 Wesleys begrip van het beeld van God als liefde en gerechtigheid

Gerechtigheid, zoals reeds eerder opgemerkt, is het beeld van God, de geest die was in Christus Jezus. Het is iedere heilige en hemelse houding in iemand, voortvloeiende uit, zowel als eindigende in, de liefde van God, als onze Vader en Verlosser, en de liefde tot alle mensen om Zijn wil (*Works*, V, 267).

Het meest welsprekende en onthullende commentaar op Wesleys begrip komt naar voren vanuit wat hij nodig achtte voor verlossing, de staat van de mens en wat genade voor hem deed.

Terwijl een mens in een louter natuurlijke staat is, voordat hij uit God geboren is, heeft hij, in geestelijke zin, ogen maar ziet niet, een dik ondoordringbaar vlies ligt erop; hij heeft oren, maar hoort niet, hij is volslagen doof voor waar hij bovenal van wil horen. Zijn andere geestelijke zintuigen zijn allen opgesloten: hij is in dezelfde staat als ware hij zonder hen. Dus heeft hij geen kennis van God (...) of van geestelijke of eeuwige dingen, daarom, hoewel hij leeft, is hij een dode christen. Maar zodra hij uit God geboren is, is er een totale verandering op al deze punten. (...)

Waartoe, met welk doel, is het nodig dat we wederom geboren moeten worden? Het is gemakkelijk te onderkennen dát het nodig is. Ten eerste om tot heiligheid te komen. Want wat is heiligheid volgens Gods woord? Niet een kale uitwendige godsdienst, een stel naar buiten gerichte plichten, hoeveel dat er ook mogen zijn, en hoe juist ook volbracht. Nee, heiligheid volgens het evangelie is niets minder dan de gehele geest die was in Christus Jezus; het bestaat uit alle, met elkaar vermengde, hemelse genegenheden en houdingen. Het impliceert die aanhoudende, dankbare liefde tot Hem, die zelfs Zijn Zoon, Zijn enige Zoon, ons niet onthouden heeft, die het natuurlijk maakt op een voor ons noodzakelijke wijze ieder mensenkind lief te hebben; die ons vult met "medelijden, vriendelijkheid, zachtheid, lankmoedigheid", het is die liefde van God die ons leert onberispelijk te zijn in alle soorten gesprekken, omdat wij allen al onze gedachten, woorden en daden voortdurend aan God offeren, Hem aangenaam door Christus Jezus. Nu, deze heiligheid kan niet bestaan totdat het beeld van onze geest vernieuwd is. Het kan niet beginnen in onze ziel totdat die verandering voltrokken is, totdat, door de kracht van de Allerhoogste overschaduwd, wij "van de duisternis naar het licht, van de macht van de satan tot God" gebracht worden, dat wil zeggen, totdat we wedergeboren worden, wat daarom absoluut noodzakelijk is om tot heiligheid te komen (*Works*, VI, 70-72).

### 7.3.5 Wesleys begrip van het beeld van God en heiliging

"Wat is het om geheiligd te zijn?" was het onderwerp van discussie op 26 juni 1744. Zijn antwoord: "Vernieuwd te zijn naar het beeld van God, in gerechtigheid en ware heiligheid" (*Works*, VIII, 279). De volgende vraag en het antwoord werpen hier enig licht op.

V. Is geloof de voorwaarde, of het instrument tot heiliging?

A. Het is zowel de voorwaarde als het instrument. Zodra we beginnen te geloven, begint heiliging. En wanneer het geloof toeneemt, neemt de heiligheid toe, totdat we nieuw geschapen worden *(idem)*.

In deze passage wordt het procesmatige aspect van heiliging duidelijk aangeduid.

Met ongetwijfeld de historische begrippen in gedachten verdeelde Wesley het "beeld" voorzichtig in de mogelijke categorieën. Hij onderscheidde het *natuurlijke beeld* (de geestelijke natuur), het *politieke beeld* (zijn bestuurlijke opdracht) en zijn *morele beeld* (heilige liefde). Het was dit derde aspect van de mens dat hem in beslag nam en gelezen moet worden wanneer men zijn gebruik van de term "beeld" tegenkomt.

### 7.3.6 Liefde als het beeld van God

Naar dit beeld was de mens gemaakt. "God is liefde"; dus was de mens bij zijn schepping vol van liefde, wat het enige bestanddeel was van zijn houding, gedachten, woorden en daden. God is vol rechtvaardigheid, barmhartigheid en waarheid, en zo was ook de mens toen hij uit zijn Scheppers handen kwam. God is vlekkeloze zuiverheid, en evenzo was de mens in het begin vrij van iedere zondige smet (*Works*, VI, 66).

Dit zal het volgende citaat waarin de betekenis van verlossing tegenover de betekenis van het beeld van God gezet wordt goed doen uitkomen.

Met redding bedoel ik niet enkel, overeenkomstig het algemene denkbeeld, verlost worden van de hel, of naar de hemel gaan; maar de bevrijding van zonden in het heden, een herstel van de ziel in haar oorspronkelijke gezondheid, haar originele zuiverheid; een herwinnen van de goddelijke natuur; de vernieuwing van onze zielen naar het beeld van God, in gerechtigheid en ware heiligheid, in rechtvaardigheid, barmhartigheid en waarheid. Dit houdt alle heilige en hemelse geaardheden in, en, als gevolg daarvan, alle heiligheid in spreken.

Nu, als we met redding een redding van zonden in het heden bedoelen, kunnen we niet zeggen dat heiligheid daarvan de voorwaarde is, want het is het zelf. Redding, in deze zin, en heiligheid zijn synoniemen. We moeten daarom zeggen "Door geloof worden we behouden". Geloof is de enige voorwaarde voor deze redding. Want zonder geloof kunnen we zo niet gered worden. Maar een ieder die gelooft is reeds gered.

Zonder geloof kunnen we zo niet gered worden, want we kunnen God niet op de juiste wijze dienen tenzij we Hem liefhebben. En we kunnen Hem niet liefhebben tenzij we Hem kennen, en evenmin kunnen we God kennen tenzij door geloof. Daarom is redding door geloof alleen, met andere woorden, de liefde van God door de kennis van God, of, het herstel van het beeld van God door een waar, geestelijk bekend zijn met Hem (*Works*, VII, 47-48).

John Wesleys begrip van liefde als het beeld van God brengt zowel de mens als de liefde in een dynamisch kader, en geeft belangrijke steun aan zijn positie betreffende heiliging en christelijke volmaaktheid. De reeds geciteerde passages leggen een heel ander accent dan sommige "Wesleyanismen" schetsen. Samengevat was heiligheid voor Wesley het herstel van het beeld van God. Dat beeld was liefde, gekarakteriseerd door Christusgelijkvormigheid. Het was zijn zorg dat mensen hun totale ervaring als verantwoordelijke christenen beginnen met een oriëntatie op Christus als Heer. Het dynamische aspect van verlossing, zonder ook maar enigszins de crisispunten te veronachtzamen, was Wesleys voortdurende accent. Dit staat in nogal scherpe tegenstelling tot sommige huidige "heiligingsleren" en predikingen die zich welhaast uitsluitend met de crisisaspecten bezighouden.

Het zal nu onze taak zijn naarstig in de Schrift te zoeken naar de benadering van de mens en zijn verlossing die iedere theologie die bijbels beweert te zijn, zoals het Wesleyanisme dat doet, zou moeten karakteriseren. De volgende bijbelstudies mogen saai en onnodig gedetailleerd lijken voor het soort boek dat dit is. Maar iedere *selectiviteit* in bijbelse passages zou als "bewijsteksten zoeken" kunnen worden geïnterpreteerd. Wanneer ieder woord of gedachte betreffende enig punt ter discussie wordt onderzocht, wordt het hele "plaatje" getekend en wordt een objectievere conclusie mogelijk.

We zullen eerst in het Oude Testament zoeken naar leerzame aanwijzingen. In de verslagen in Genesis zit meer dan meestal gezien wordt. Er zal een overzicht samengesteld worden van de betekenis in het Hebreeuws en het Grieks van de termen "beeld" en "gelijkenis". Dit leidt tot belangrijke theologische conclusies.

### 7.3.7    De mens van stof, gemaakt naar het beeld van God

Het verslag in Genesis van de advent van de mensheid (Adam = mens) is veel welsprekender en betekenisvoller dan een nonchalant lezen van de Engelse[35] tekst

---

35  Ook de Nederlandse (vert).

zou suggereren. In dit majestueuze "Gedicht van de dageraad" of "Lied van de schepping" (Vergelijk H. Orton Wiley, *Christian Theology*, Vol. I, Nazarene Publishing House, Kansas City, Mo, pag. 450 ev.) draagt het gebruik als beeldspraak van de termen "stof", "beeld", "gelijkenis", "scheppen", "formeren", "levensadem" en andere veel bij tot een bijbels begrip van de mens, zonde, verlossing, heiligheid en alle gevolgen van de genade in verband met de mens.

De schrijver van het Genesisverhaal koos zijn woorden zorgvuldig uit. In 1:26 vertelt hij ons dat God zei: "Laat Ons mensen *maken* naar ons beeld, als onze gelijkenis", en (1:27) daarop: "God *schiep* de mens naar zijn eigen beeld (...) man en vrouw schiep Hij hen". Vreemd genoeg introduceert het tweede verslag (Genesis 2) een uiterst wereldse en aardse noot bij de bijna te idealistische en ongelooflijke eerste beschrijving. "De Here God *formeerde* de mens van uit de aardbodem, en blies de levensadem [in het Hebreeuws in het meervoud] in zijn neus; alzo werd de mens tot een levend wezen" (Gen 2:7). Merk de voortgang op: *formeerde, blies*, en dan het proces van het *worden*. Er zal hier geen poging ondernomen worden om een theorie over het verschijnen van de mens op aarde te formuleren. Deze termen worden opgemerkt om te suggereren dat de wording ruimte geeft aan meer dan één interpretatie.

Evenmin mag een poging toegestaan worden om vanuit het standpunt van de moderne wetenschap deze passages zodanig te interpreteren dat ze de voornaamste ideeën van Genesis 1 en 2 verduisteren. Dit is geen wetenschappelijk verslag, noch was het dat op enigerlei wijze bedoeld te zijn. De rol van de wetenschap is het uitpakken van alle mogelijke feiten die in de mens en zijn geschiedenis en wereld geplaatst zijn. Maar de *betekenis* van de mens en zijn wereld moet uit een andere bron afgeleid worden. En het is deze betekenis die het bijbelse verhaal probeert te verhalen. Deze strakke, schone, onopgesmukte introductie van de mens als gemaakt naar zijn Scheppers beeld bevestigt de fundamentele religieuze betekenis van de mens zoals hij in relatie staat met God en de natuur. Dit nobele begrip moet voorafgaan aan en licht werpen op alles wat het Hebreeuws-christelijke onderwijs veronderstelt van de mens - een zondig schepsel zoals hij nu is, maar toch geschapen naar het *Imago Dei*.

Maar dit is slechts de helft van het verhaal. Als we tot hier gaan, zou er geen begrip zijn van de mens zoals hij is. De ervaring bewijst toch zeker dat de mens geen God is - en zijn meest verachtelijke momenten doen zich juist voor wanneer hij zich in zijn rol vergist en probeert God te zijn. De mens, gemaakt naar Gods beeld, maar "geformeerd uit stof", brengt de twee paradoxale waarheden samen en in deze creatieve spanning kan de mens beginnen zichzelf te begrijpen en niet alleen naar de

Mildred Bangs Wynkoop

volheid van zijn potentieel te leven maar ook binnen zeer duidelijke beperkingen. Alleen door deze twee brandpunten in perspectief te houden kan een bijbels begrip van de mens, zijn vrijheid en gebondenheid, zijn heiligheid en zonde, zijn onvoorstelbaar en grotendeels onaangeboord potentieel en zijn zwakheid en nederlagen, benaderd worden en een begrijpelijke taxatie worden gemaakt van dat uiterst mysterieuze en complexe schepsel, de mens.

Gen 1:27 en 2:7 behoeven niet als tegenstelling beschouwd te worden. Elk verslag draagt bij aan een inzicht in de mensheid dat onmogelijk door één enkel symbool gesuggereerd kan worden van dat majestueuze, omkoopbare, te verlossen, onwetende, feilbare, creatieve, zondige wezen dat de mens is.

De term "stof" is zeer betekenisvol. Het oudtestamentische gebruik van het woord komt dicht bij het meest filosofische begrip dat in een Hebreeuws denkkader gevonden kan worden. Stof, met zijn karakteristiek van vormloosheid en onbeduidende deeltjes, stond voor uiteenvallen, afscheiden, treuren, dood - de "velen" in absoluut onderscheid van "de Ene", de goddelijke Eénheid[36]. "Stof is hét symbool van dood, het uiteindelijke resultaat van verval, object van walging en verafschuwing"[37].

Het antwoord van een Jood op persoonlijk leed, van familie, of natie, rampen of schande was zichzelf in een zak te kleden en stof en as over zijn hoofd te gooien. Op geen welsprekender wijze kon hij zeggen: "God heeft mij verlaten. Het leven valt uiteen. Wee mij!"

God vervloekte de overtredende "slang" voor zijn aandeel in de val van de mens door hem te veroordelen tot kruipen in het stof, en stof te eten (Gen 3:14). Niets kon betekenisvoller zijn voor de grootste vernedering, verval, verwerping die uit de zonde voortkomt.

De mens zelf, gemaakt naar Gods beeld, zou altijd aan zijn zonde herinnerd worden en voortdurend Gods genade nodig hebben door het droeve vonnis dat over hem uitgesproken werd. "Want stof zijt gij en tot stof zult gij wederkeren", precies omdat dat hem scheidde van de éénmakende levenskracht en de solidariteit van zijn sociale verband. Voor hem was de dood niet noodzakelijkerwijs vernietiging maar uiteenvallen, scheiding, eenzaamheid, duisternis. De dood bevrijdde hem niet uit de miserabele gevangenis van zijn lichaam, want hij kende geen bestaan van zijn geest buiten het vlees. Dood was iets dat *hem* overkwam als mens in zijn geheel.

---

36  Alan Richardson, *A Theological Word Book of the Bible* (New York: The Macmillan Co., 1947), blz. 70.
37  Claude Tresmontant, *A Study of Hebrew Thought* (New York: Desclee Company, 1960), blz. 6.

Maar de uiteindelijke verlossing moet in verband staan met deze "man van stof", die opgenomen zal worden in het eeuwige leven, waar de dood geen prikkel heeft noch het graf overwinning (zie I Cor. 15:49). Dit maakt het verhaal af dat begon met de genesis van de mens. Gemaakt van stof, zal hij de volle dynamiek van het eeuwig leven in de Zoon ervaren in de opstanding van het lichaam.

Stof staat in absolute tegenstelling tot de eenheid van persoonlijkheid die het Oude Testament overal veronderstelt. Leven, goddelijk leven, neemt het stof op om het te veranderen tot een levend wezen. Dit is Hebreeuws "materialisme". De Hebreeër verachtte zichzelf niet, noch zijn werk en zijn wereld, want Gods adem was in alle geschapen dingen. Wanneer Gods adem, of Geest, zich terugtrok, was hetgeen overbleef dood, en stof. Maar laat het begrepen zijn dat "stof niet de oorzaak van dood is, het is de dood die aan het stof voorafgaat"[38].

De zonde is de bron van uiteenvallen en dood en stof. Een morele betekenis ligt aan het hart van de werkelijkheid.

Stof is geen vooraf bestaande eenheid. Het is geen kracht. Het is geen "antimaterie", tegengestelde creativiteit, een oorsprong van zijn of niet zijn. God is de enige Oorsprong van zijn. Hij is Leven en Kracht. Dood is eenvoudig buiten Zijn hand zijn. "Gemaakt van stof" was dus geen metafysische verklaring over de "substantie" waaruit de mens bestaat, maar een religieus geloof in God, die hem schiep uit hetgeen geen kracht had in zichzelf om leven voort te brengen.

De mens "gemaakt van stof" maar "naar Gods beeld" benadrukt twee belangrijke begrippen van de mens die leerzaam zullen zijn gedurende onze bijbelstudie over de mens. Hij is een schepsel van de aarde met een "natuurlijke geschiedenis". Hij deelt zijn lichaam met de natuurlijke orde. Hij is *in de geschiedenis*, een deel ervan. Dit moet nooit vergeten worden.

Maar hij is ook een "levend wezen" van een andere orde dan het dierlijk leven onder hem. Zijn leven gaat het leven van de dieren te boven op een manier die eenvoudigweg wordt beschreven, niet verklaard.

Genesis 2 vertelt ons op zeer unieke en symbolische wijze een aantal belangrijke dingen over de mens. In Genesis 1 is de mens de hoogste orde in de schepping en het laatste schepsel dat verschijnt. Dit is een "natuurgeschiedenis" van de aarde, een volgorde die bevestigd wordt door de meest moderne wetenschappelijke theorie. Genesis 2 is ten diepste een interpretatie van de *betekenis* van de mens, en de hele scheppingsorde wordt omgekeerd om de aandacht te richten op de mens zelf en zijn morele en geestelijke relatie met de aarde. In dit hoofdstuk volgen we het ontwaken

---

38  Idem, blz 7.

Mildred Bangs Wynkoop

van de mens in zijn wereld. We aanschouwen de dageraad van het zelfbewustzijn, het geweten, en het sociale besef. Begraven in de vreemde beelden van het verslag ligt een diepe psychologische geschiedenis en analyse. Als men de zeer betekenisvolle en uitgekiende symboliek niet te letterlijk neemt, en daardoor in die "houterigheid" een gevoelige en welsprekende openbaring verliest, komt er een beeld van menselijke heelheid en gezondheid - fysiek, moreel, en geestelijk - boven. Het is de geschiedenis van wat het betekent een geestelijk wezen te zijn.

1. Allereerst is de mens een lichaam. Hoewel geformeerd uit stof, is het de *sine qua non*[39] voorwaarde voor alle menselijk denken"[40].

   Je kunt niet denken zonder lichaam, en taal en communicatie (de unieke krachten van de menselijke persoon) zijn afhankelijk van het denken. Door middel van het lichaam-gedachten-taal complex, en enkel daardoor, is de essentiële weg bereid waarlangs communicatie tussen God en mens mogelijk is. En enkel op deze manier is begrip mogelijk.

2. Begrip, in de tweede plaats, is afhankelijk van de mens als een dynamisch wezen. Zijn meest elementaire gevoelens zijn actief, niet passief. Bewustzijn is "intentioneel", een uitbreken naar de wereld.[41]

   De mens grijpt het "gegeven" via zijn zintuigen. Hij selecteert, onderzoekt, beheerst zijn omgeving. "De handeling van het begrijpen wordt niet verwezenlijkt, bestaat *niet*, zonder beweging"[42].

3. De mens is een dynamisch wezen, en in het licht van dit feit "ontdekte" Adam zijn wereld als ware het een nieuwe schepping. Het was aangenaam, mooi, vruchtbaar, bevredigend. Hierin was leven (de "boom des levens") en kennis ("de boom der kennis van goed en kwaad"). Erin te werken en het te bewaren was geen zwoegen maar een genoegen.De volgende dimensie van menselijk bewustzijn was een persoonlijk perspectief buiten hemzelf. De mens kon communiceren met God. In deze communicatie kwam een morele dimensie die altijd bij een begrijpelijke relatie van verstandelijke schepsels hoort. Gemeenschap moet altijd het unieke en de identiteit van de ander respecteren - een bescherming tegen het verlies van gemeenschap en het lijden aan vervreemding. Geestelijkheid rijpt in een goede relatie met God. De morele wet bewaakte dit fundamentele feit van het menselijk bestaan. Zij schond zijn vrijheid niet. De wet was beschermend, niet beperkend.

---

39 Zonder welke er niets kan zijn (vert).
40 Jacques Sareno, *The Meaning of the Body* (Philadelphia: The Westminster Press, 1966), blz. 119.
41 Idem, blz. 121.
42 Idem, blz. 122.

4. Het vierde niveau van menselijk zelfbegrip komt naar voren als de behoefte van de mens aan menselijke gemeenschap - nog een dimensie van geestelijkheid. De mens is een sociaal wezen. Hoewel de individu in het Oude Testament even goed een individualist kon zijn als iedere twintigste-eeuwse persoonlijkheid, was het begrip "individualiteit" vreemd aan zijn denken. Alleen te zijn, gescheiden van de eigen soort, en te leven zonder contact met andere mensen, was de angst van de oudtestamentische mens[43]. Adam en Eva vulden elkaar aan, iets wat geen dier voor de mens kan doen. Samen zouden ze de heerschappij voeren over de aarde. Samen zouden ze hun eigen lichamen vermenigvuldigen om de aarde te bevolken. Samen zouden ze verzocht worden en zich daar uiteindelijk aan overgeven. De sociale samenhang was zo sterk dat hele families de identiteit van het "hoofd" aannamen, een piramide zo stevig als een berg. Als dat "hoofd" zondigde, werden allen schuldig geacht aan de zonde van één (zie het verhaal van Achan), en droegen een gemeenschappelijke straf. "Zuiver individualisme is een modern fenomeen"[44], vooral westers, een feit dat vaak onze bijbelse interpretatie vervormd wanneer het niet goed begrepen wordt en afgeschermd tegen extremiteiten. Het "gezamenlijke persoonlijkheids"-begrip is een belangrijke bijbelse gedachte.

Het zou tamelijk dom zijn om zich te ergeren aan de rijke symboliek van het bijbelse scheppingsverhaal. Hoeveel beter zou zo veel zo simpel gezegd en zo algemeen begrepen kunnen worden?

Om het op een wat andere manier samen te vatten, zou gezegd kunnen worden dat Genesis 2 ons op symbolische wijze vertelt dat (1) de mens hoger was dan de dieren in verstand, inzicht, zelfbegrip, doel, en geestelijkheid; (2) dat hij fundamenteel een sociaal wezen is, een maatschappij (man en vrouw); en (3) dat zijn wereld, de aarde, zijn thuis is, zijn domein, zijn paleis; maar (4) dat hijzelf Gods heiligdom is (hierin ligt het onderscheid met alle andere orden in de schepping, zijn heerlijkheid en de bitterheid van zijn schande); (5) dat er in de mensheid die constante schrijnende herinnering is aan zijn feilbaarheid. "Want Hij weet, wat maaksel wij zijn, gedachtig, dat wij stof zijn" (Ps. 103:14). Maar stof zijn zelf maakt hem niet zondig. Het is niet het stof dat domineert, maar Gods adem, ten gevolge waarvan het stof tot waardigheid verheven wordt en de mens in een relatie met zijn

---

43  George A.F. Knight, *A Christian Theology of the Old Testament* (London: SCM Press, 1959), blz. 27.

44  Idem, blz. 31.

Mildred Bangs Wynkoop

Meester staat, zo aan Hem verwant, dat het hem een metgezel van God maakt - een zowel gekoesterde als verschrikkelijke relatie.

In het licht van deze overwegingen kan de betekenis van "de mens gemaakt naar Gods beeld" beter begrepen worden en beter "gered" van pelagiaans humanisme, en kan de feilbaarheid van de "mens van stof" "gered" worden van een extreem augustiniaans pessimisme dat de mens beschouwt als volkomen verdorven. Het moet zo ook mogelijk zijn het belang van de incarnatie van Christus voor de mensheid, en voor de geschiedenis, te zien in een dieper licht dan meestal het geval is. Eeuwig leven, niet als een tijdsdimensie, maar als een kwaliteit van "persoonlijkheid", als een integratie in tegenstelling tot de dood, kan in een zinnige context geplaatst worden als onze interpretatie van de Genesis symboliek redelijk correct is.

### 7.3.8 Beeld en gelijkenis

We moeten nu vragen stellen over de betekenis van de mens gemaakt naar Gods beeld, wil er een bruikbaar begrip van de bijbelse psychologie en een relevante theologie bereikt worden. De vraag rijst of *beeld* en *gelijkenis* moeten worden gezien als een eenvoudig, betekenisloos Hebreeuws parallellisme of dat een nuttig onderscheid wordt aangegeven dat waardevol kan zijn in het begrijpen van de mens en zijn ontwikkeling, zijn zonde en herstel van de val. De katholieke theologie heeft traditioneel het standpunt ingenomen dat *beeld* en *gelijkenis* duidelijk onderscheiden zijn. Het *beeld*, geïnterpreteerd als heiligende genade, een bovennatuurlijke gave, hoewel verloren, kan teruggegeven worden in de doop. Het blijkbaar substantiële begrip van deze "gave", niet essentieel voor de mens als een waar menselijk wezen, heeft het protestantisme op haar hoede gebracht voor dit standpunt. Het is evenwel mogelijk zowel *beeld* als *gelijkenis* op een andere manier te interpreteren, meer waarlijk bijbels.

### 7.3.8.1 Studie van Hebreeuwse woorden

#### 7.3.8.1.1 Beeld

"En God zeide: Laat Ons mensen maken naar ons beeld, als onze gelijkenis. (...) En God schiep de mens naar zijn beeld; naar Gods beeld schiep hij hem; man en vrouw schiep hij hen" (Gen. 1:26-27). Het zou mogelijk zijn te concluderen dat de woorden *beeld* en *gelijkenis* gewoon het welbekende Hebreeuwse patroon van parallellisme in de poëtische literatuur volgen, ware het niet dat er een zeer specifiek onderscheid is in het gebruik van deze termen in het Oude Testament. De Septuagint bewaart dit onderscheid zorgvuldig en de nieuwtestamentische schrijvers handhaven het. Dit onderscheid zou op theologische gronden niet mogen worden ontkend of bevestigd in een deugdelijke bijbelstudie; maar als een onderscheid gerechtvaardigd is kan daaruit een theologische consequentie volgen. Of, ten minste, kan er enig licht geworpen worden op sommige theologische verklaringen.

Volgens Gesenius[45] is het woord dat vertaald wordt met "beeld" *(çelem)* verwant aan het werkwoord *(çalam)*, "donker of schaduwrijk zijn". Vanuit dit begrip van *schaduwrijk* ontwikkelde zich het idee van *schaduw*. Een schaduw, zijnde het donkere gedeelte gegoten in de vorm van het originele object, was dan een beeld. Gesenius refereert aan het Griekse woord *skía* als zijnde een goed synoniem, wat Thayer definieerde als "een beeld gevormd door een object en dat de vorm van dat object voorstelt"[46].

Na de referentie aan de mens als gemaakt naar "het beeld van God" in Gen 9:6, refereert *beeld* op geen enkele plaats in het Oude Testament meer aan de mens. In ieder ander geval wordt het gebruikt als een voorstelling van personen of dingen in een concrete vorm, zoals afgoden, gehouwen of gesmolten. Er waren beelden van dingen (I Sam. 6:5, 11), van mensen (Ezech. 16:17, 23:14) en van goden (Num. 33:52, II Kon. 11:18, Ezech. 7:20).

Alleen in het scheppingsverslag in Genesis 1 en de recapitulatie daarvan in Genesis 5 (met de toegevoegde verklaring over Seths relatie met Adam, en een waarschuwing tegen het nemen van een mensenleven, (Gen. 9:6) wordt de term gebruikt voor de mens in relatie met zijn Maker. *Beeld* draagt overal in het Oude Testament de gedachte van een concrete substantie, een idee of een prototype voorstellende. Het is duidelijke conformiteit aan een patroon of gietvorm.

### 7.3.8.1.2    Gelijkenis

*Gelijkenis* staat tegenover dit idee, meer de gedachte van vergelijk, imitatie, of worden in zich hebbend. A.B. Davidson zei dat het betekende "te zijn of worden als (in de Niphil), erop lijken (in de Piël), te vergelijken met of te worden als"[47]. Zich inbeelden, zich voor te stellen, in de zin hebben (Ps.. 50:21, Jes. 10:7), denken (Jes. 14:24), gedenken (Ps.. 48:10) zijn enkele voorbeelden van het gebruik in het Oude Testament van de term. *Gelijkenis* wordt op de meeste andere plaatsen in het Oude Testament gebruikt om een beeldspraak aan te duiden, niet met de bedoeling de twee aan elkaar gelijk te stellen maar om de punten van overeenstemming aan te duiden.

---

45  Gesenius, *A Hebrew and English Lexicon of the Old Testament* (Boston: Houghton Mifflin and Co., 1893).

46  Joseph Henry Thayer, *A Greek English Lexicon of the Old Testament* (New York: American Book Co., 1886), blz. 578.

47  B. Davidson, *The Analytical Hebrew and Chaldee Lexicon* (London: Samuel Bagster and Sons, ongedateerd), blz. 578.

Mildred Bangs Wynkoop

Bijvoorbeeld "als (...) turkoois" (Ezech 1:16), "gelijk het venijn van een slang" (Ps. 58:4), "Hij gelijkt op een leeuw" (Ps. 17:12), "als een gazel" (Hoogl. 2:9,17).

Ander gebruik volgt logischerwijze: "Met wie wilt gij dan God vergelijken?" (Jes. 40:18), "En in het midden ervan was wat geleek op vier wezens" (Ezech 1:5). Net zoals bij *beeld* refereert *gelijkenis* geen enkele keer meer aan het scheppingsverslag in Genesis. Slechts één keer (Jes. 14:14) heeft de "zoon des dageraads" gezegd dat hij zich "aan de Allerhoogste gelijk wilde stellen", maar de context maakt duidelijk dat het niet zijn streven was God te worden, maar om Zijn positie als Soeverein van het universum aan te vallen. Hij wilde zich de autoriteit van God toe-eigenen en in de plaats van God komen. Misschien leidt deze passage ons denken het best naar het hart van de zaak.

Zelfs de voorzetsels dienen om onderscheid te maken tussen *beeld* en *gelijkenis*. De *be* (in) in *beçalmenu* (Gen 1:26) wijst voornamelijk op het zijn en op zijn plaats blijven. De originele vorm wordt hier verstaan als de regel of standaard waarbinnen een kopie wordt bewaard[48]. De *ke* (als, gelijk, alsof) in *kedemuthenu* wijst naar een lijken op - "als een kudde"[49] (Job 21:11).

### 7.3.8.2 Studie van Septuagint-woorden

Het onderzoek voortzettend in de Septuagint vertaling van de Hebreeuwse geschriften in het Grieks, werd de ontdekking gedaan dat de oude Griekse geleerden voor *çelem eikon* gebruikten en voor *demuth homoiosis (Vetus Testamentum Graece*, Lipsiae Sumtipus Ernesti Bredtii, 1868). Deze vertalingen en onderscheiden worden consequent gehandhaafd in het hele Oude Testament (volgens Gesenius en Thayer en anderen).

### 7.3.8.3 Studie van Griekse woorden

#### 7.3.8.3.1 Beeld

Het woord *eikón* (beeld) kwam in het klassieke Grieks naar voren via een interessante geschiedenis. Op de steen van Rosetta is het gebruikt om een standbeeld *(eikóna)* van Ptolemeüs te beschrijven dat werd gebouwd50. In andere oude verslagen werd het gebruikt voor de beschrijving van individuen in officiële documenten. Thieme heeft goed duidelijk gemaakt hoe het oude gebruik om beelden *(eikónes)* van hun goden op te richten betekenis geeft aan nieuwtestamentische passages als Col. 3:10 en II Cor. 4:4. Van de plaatsen waar het voorkomt buiten het boek Openbaring

---

48  Gesenius, blz. 105.

49  Gesenius, blz. 440

50  James Hope Moulton en George Milligan, *The Vocabulary of the Greek New Testament* (Grand Rapids, Mich.: William B. Eerdmans Publishing Co., 1949), blz. 183.

(waar de taal duidelijk symbolisch is) refereert er één aan de *wet*. De wet is niet het echte naar een schaduw (Heb. 10:1). Eén refereert aan de afgoden, gemaakt in de vorm van mensen of dieren, vogels of reptielen (Rom. 1:23). Eén (in elk van de synoptische evangeliën) beschrijft de beeldenaar van de keizer op een munt (Matt. 22:20, Marc. 12:16, Luc. 20:24). Eén wordt gebruikt voor de mens gemaakt naar Gods beeld (I Cor. 11:7). Eén wijst naar het hemelse beeld volgens de analogie van het aardse beeld dat de mens hier draagt (I Cor. 15:49). Op elk van deze plaatsen suggereert het gebruik tamelijk bepaalde, concrete, objectieve eenheden, of de vorm of hetgeen gevormd is. Op vijf plaatsen refereert het aan Christus zelf als het Beeld van God in diverse relaties met de mens (Rom. 8:29, II Cor. 3:18, II Cor. 4:4, Col. 1:15, 3:10).

Het concrete van het idee beeld zoals duidelijk wordt wanneer zorgvuldige aandacht aan deze passages wordt gegeven moet worden opgemerkt. Ook moet erop gewezen worden dat de passages die spreken over een verandering in de mens naar de gelijkvormigheid aan het beeld van Christus in de tegenwoordig toekomende tijd staan, *metamórphouste* (veranderd), *anakainoumenon* (vernieuwing, Col. 3:10) en *sommorphous* (gelijkvormig, Rom. 8:29).

Hetzelfde onderscheid tussen *gelijkenis* en *beeld* werd opgemerkt in zowel het Griekse als het Hebreeuwse gebruik. *Homoíosen* en diens verwanten betekenen volgens Thayer "evenals, gelijk, erop lijkend, overeenstemmend met, gelijk worden of zijn, het ene met het andere vergelijken of eraan gelijk maken"[51]. Moulton en Milligan zeiden, onder andere, "van gelijke aard, zelfde rang of positie (klassiek Grieks), op gelijke wijze" (Heb. 4:15, 7:15)[52]. In onderscheid van *eikón*, wat een oorspronkelijk model impliceert, kan de "gelijkenis" of "vorm" in *homoíoma* "toevallig" zijn, zoals "het ene eikón gevormd is als het andere".

In het onderzoeken van de nieuwtestamentische passages die deze term gebruiken werd opgemerkt dat in 34 gevallen het woord gebruikt werd om een vergelijking in parabolische vorm in te leiden (Matt. 7:24, Mark 4:30, Luc. 7:31 enz.) Acht zijn vergelijkingen van iemand met de fysieke, morele of geestelijke kwaliteiten van een ander, zoals "op gelijke wijze (als wij) verzocht is geweest" (Heb. 4:15), "naar het evenbeeld van Melchizedek" (Heb. 7:15), "aan de [zondige] mensen gelijk geworden is" (Fil. 2:7), "Elia was slechts een mens zoals wij" (Jac. 5:17). Zes of zeven plaatsen hebben een moreel en geestelijk lijken op God, of van Christus op zijn broeders als onderwerp. Bijvoorbeeld "wij Hem gelijk zullen wezen; want wij zullen Hem zien, gelijk Hij is" (I Joh 3:2).

---

51  Thayer, blz. 445.
52  Moulton en Milligan, blz. 448-449.

Mildred Bangs Wynkoop

Het onderscheid dat gemaakt moet worden wordt het duidelijkst onderstreept door de volgende passages. Melchizedek was *gelijkgesteld* aan de Zoon van God op bepaalde wijze, niet met dezelfde identiteit. (Heb. 7:3).

In Fil 2:6-8 vinden we een interessante samenvoeging van termen. Christus, "in de gestalte *[morphe]* Gods zijnde", heeft "de gestalte van een dienstknecht aangenomen" (daarmee de tegenstelling in relatie aanduidend, niet een ontologie). Als Dienstknecht was hij geboren naar menselijke gelijkenis; en als zodanig stierf Hij aan het kruis, "in een vlees, aan dat der zonde gelijk", zegt Paulus in Rom. 8:3. Christus' vlees kwam zondeloos overeen met het vlees van het door zonde bevlekte ras.

Er schijnt een betekenisvol semantisch verschil te zijn tussen *beeld* en *gelijkenis*, een verschil dat de vroegere kerkvaders niet verloren hebben in hun verdediging van het christelijk geloof.

*Eikón* veronderstelt altijd een prototype van waaruit het afgeleid en getekend is; terwijl *homoiótes, homoíosis* en andere woorden uit deze familie een gelijkheid of overeenkomst uitdrukken zonder dat die een ontologisch verwantschap impliceert. Enkel de term *beeld* kon van toepassing zijn op Christus in Zijn relatie met God, nooit louter een *gelijkenis*. De eerste is een familieband, een stevige broederlijke relatie; de tweede is een vergelijking van een detail, een benadering. Het kan belangrijk zijn op te merken dat er nooit gezegd wordt dat Christus als God is in de zin dat hij gezegd wordt als een mens te zijn.

De grote Alexandrijnse theologen leerden dat het *beeld* iets was dat alle mensen gemeen hadden, zelfs na de val. Ze zeiden dat de *gelijkenis* iets was waar naar de mens was geschapen opdat hij daarnaar mocht streven en het uiteindelijk bereiken.

Samenvattend kunnen we zeggen dat zowel *beeld* als *gelijkenis* analogieën zijn, geen beschrijvingen van een ontologische structuur van zijn. Zoals eerder opgemerkt, schijnen de schrijvers van de bijbel niet te speculeren over wat de mens in zichzelf is, maar zijn ze bezorgd over zijn relaties en morele verantwoordelijkheid. *Beeld* schijnt te refereren aan de ervaring van het "voor God staan" als verantwoordelijk persoon. *Gelijkenis* is relevant wanneer het een manier van zeggen is wat de mens zou moeten doen en wat hij doet met die ervaring van morele vrijheid.

### 7.3.9 Bijbelse woorden voor de mens

Dat de bijbel geen eenvormige mens veronderstelt of leert is één van de veelzeggende inzichten die afgeleid zijn uit een studie van de termen die refereren aan de mens en de manier waarop die termen gebruikt worden. Er schijnt geen ontologische nieuwsgierigheid bij te zijn. Veeleer heeft de rijke woordenschat van het

Oude Testament en het Nieuwe Testament betreffende de mens voornamelijk te maken met wat hij denkt en doet, en de impulsen van zijn hart, zijn gedragingen en karakter.

Terwijl de mens een duidelijk bepaalde eenheid is die vele essentiële kwaliteiten met ieder ander mens deelt, is hij ook een echt individu in een andere zin dan de dieren in hun soorten. Roger J. Williams, in *You Are Extraordinary*[53], benadrukt deze opmerkelijke waarheid. Mensen zijn op een veelzeggende wijze uniek, variërend van het "normale" in stemming, intelligentie, inzicht, aanleg, reactie, en op ontelbare wijzen belangrijk voor de zaak van het menszijn. Filosofie en theologie, speciaal tijdens de rationalistische perioden in de geschiedenis, hebben naar "universele wetten van menselijk gedrag onder auspiciën van een rationalistisch dogma van een vastgestelde menselijke natuur, overal en altijd dezelfde"[54], gezocht, maar hebben altijd gefaald.

Maar hoe meer men van de mens begrijpt, hoe minder men kan vertrouwen op een voorgestelde universele absoluutheid over de mens. Zelfs IQ-testen geven louter de relatie aan tussen een individu en dat wat als normaal beschouwd wordt. Ze geven een hoge prioriteit aan het normale. Zoals Sydney Harris terecht opmerkt: "Zogenaamde "normale" typen kunnen betrouwbaar zijn voor tweedeklas banen, maar eersteklas mensen (op ieder terrein) conformeren zich niet aan standaarden"[55]. Met andere woorden, juist het feit van verschil en onvoorspelbaarheid geeft de mens zijn waarde als mens.

Deze dynamische kwaliteit van de mensheid die herkent wordt en waar de bijbel over spreekt is één van de dingen die bijbelstudie opwindend en de moeite waard maakt. Het Boek toont ons een caleidoscopisch perspectief van de mens en wij beroven het van haar belangrijkste invloed en kracht voor morele en geestelijke vernieuwing wanneer we proberen een kunstmatige, starre, te eenvoudige zwart-wit classificatie van de menselijke natuur op te leggen aan zijn eigen waardering van de mens. Geen van dat soort overzichtelijke voorbeelden van het normale, het goede of het slechte komen in het alledaagse leven voor. Er zijn geen stereotypen in de Schrift.

Hoewel het Nieuwe Testament de termen leent die door de Griekse taal worden verschaft, zoals gezindheid, lichaam, ziel en geest, is dat geen argument voor de

---

53  Roger J. Williams, *You Are Extraordinary* (New York: Random House, Inc., 1967).

54  Carl E. Braaten, *History and Hermeneutics, New Directions in Theology Today* (Philadelphia: The Westminster Press, 1966), II, 35.

55  Sydney J. Harris, "Strictly Personal, Psychiatric Flaw", *Nashville Banner*, 30 juli 1968. Copyright 1968, Prentice Hall Syndicate.

Mildred Bangs Wynkoop

bekende dualistische kijk op de mens die afgeleid is van het platonisme en op één of andere manier in de christelijke theologie terechtgekomen is - tot haar schade.

De oudtestamentische schrijvers konden hun dynamische kijk op de mens slechts verwoorden door zijn vele stemmingen, uitingen en "ziel" te karakteriseren door hetgeen de diverse delen van het lichaam hen suggereerden.

De ziel van de mens als totaliteit vindt zijn uitdrukking op veel manieren in de centrale organen van het lichaam zoals het hart, de lever, de nieren en de ingewanden, maar ook in de "rand"organen als de tong, het oor, en het oog. Elk van deze kan op een gegeven moment uitdrukking geven aan de "ziel" in één van haar diverse uitingen56.

Deze karakteriseringen zijn niet statisch. Voeten, bijvoorbeeld, worden door Paulus tweemaal geciteerd (Rom. 3:15 en 10:15) vanuit Jesaja (52:7 en 59:7-8) als "snel om bloed te vergieten" of "lieflijk" als ze een "goede boodschap" brengen. Met andere woorden, het probleem lag niet bij de voeten, en evenmin waren de voeten een bestanddeel van de mens - een eenheid. Het gebruik dat iemand van zijn voeten maakte verwees naar het soort mens dat hij was.

### 7.3.10  Niet-bijbelse concepten

Door de Griekse termen te gebruiken waren de nieuwtestamentische schrijvers in staat het onderwijs aangaande de mens te verfijnen en accurater te maken. Maar in het nieuwtestamentische gebruik dragen de Griekse termen de heidense bijbetekenissen niet met zich mee. De eenheid van persoonlijkheid wordt overal verondersteld. Hart, gezindheid, ziel, geest, geweten, vlees, lichaam zijn geen onderscheiden gedeelten van een mens, samengebracht als iets dat een mens heeft. Ze zijn, met hun diverse grammaticale varianten in het belang van het onderwerp, wat een mens is.

Een speculatieve driedeling - lichaam, ziel en geest - kan de ontmoeting met het *hart* en de *gezindheid* van het Nieuwe Testament niet overleven. Hoe *bewustzijn* aan dit complex toegevoegd kan worden verbijstert degene die het houdt op platonische begrippen. Het is mogelijk dat het hellenisme een poging heeft gedaan een bepaalde mate van "beweging" of dynamiek te introduceren in het mensbeeld door middel van haar drie-enige (of driedelige) begrip.

De Hebreeër vond zijn dynamiek niet in een statisch zijn, maar in zijn sociale gerelateerdheid. Zijn "levende" zelf, zijn totaliteit, stond in relatie met een grotere eenheid, het sociale zijn. Wij, in het westen, moeten dit diepe

---

56  J. Philip Hyatt, "The Old Testament View of Man", *Religion in Life*, najaar 1945, blz. 528.

gemeenschapsbewustzijn dat typerend is voor zowel de Hebreeuwse als de oriëntaalse mens beseffen, willen we de bijbel begrijpen. De Hebreeër was op een essentiële manier *één* met "zijn vaderen" en zijn familie, zijn stam en zijn natie. Dit was geen grove metafysische of genetische eenheid (met die interpretatie wordt Paulus in Romeinen 5 verkeerd begrepen) maar een geestelijke onderlinge verbondenheid die doordringt tot de kern van wat de mensheid is. (In Abrahams lendenen zijn [Hebr. 7:10] of om persoonlijk te zondigen in Adam moet niet in een soort theorie van genetische doorgave van goedheid of schuld gegoten worden. Zelfs hier moeten we onze speculatieve neigingen in toom houden en denken zoals een Hebreeër dacht. De ontologische vraag wordt in de Schrift niet gesteld of beantwoord.)

Alleen op deze manier kan de mens verstaan worden in zijn relatie met een God die zichzelf aan hem mededeelt, en met wie gemeenschap mogelijk is.

Er is een groot stuk buitenbijbelse vrijheid genomen om de betekenis van het beeld van God in relatie tot de mens te verklaren. De katholiek verzekert dat "rede" het beeld van God in de mens is. Afgezien van de fout om iets *in* de mens als "het beeld" zelf te beschouwen, is het eveneens onjuist om te veronderstellen dat de Hebreeër dacht in termen van rede als hetgeen hem verbond met God. Er is in het Hebreeuws geen woord dat de Griekse klank van *rede* draagt. Rede was geen verstandelijke activiteit die gescheiden kon worden van de totale mens. Het was de mens zelf in zijn verantwoordelijke, rationele verhouding tot het leven.

Protestantse schrijvers hebben gezocht naar "het beeld" in de mens. Calvijn zei dat het de staat van onschuld was vóór de zondeval. Hij zei dat het is "de onbedorven uitmuntendheid van de menselijke natuur, die in Adam scheen voor zijn val, maar daarna zo bedorven was, en bijna vernietigd, dat er niets overgebleven is dan een puinhoop die verward, geschonden en ontwijd is" (*Institutie*, XIV, 4). Maar dit idee komt niet overeen met Gen 9:6, dat van de mens na de val zegt dat, omdat de mens naar Gods beeld gemaakt is, het vergieten van zijn bloed (moord) gecompenseerd of afgestraft zou worden door het bloed van de moordenaar zelf. De gevallen mens was nog steeds gemaakt naar het beeld van God.

## 7.4   Christus als het beeld van God

Een studie naar de bijbelse betekenis van het *Imago Dei* zou niet volledig zijn zonder een referentie aan Christus zelf. In II Cor. 4:4 zegt Paulus dat "Christus (...) *het beeld Gods is*". Opnieuw verklaart hij in Col. 1:15 dat de Zoon *"het beeld van de onzichtbare God"* is. De ongetwijfeld joodse geleerde die de brief aan de Hebreeën schreef geeft ons de meest levendige uitdrukking van dit begrip. Gods zoon is de *apaugasma* (een Grieks woord dat "glans, het aanbreken van de dag, schijnen of licht voortbrengen, onderscheiden" betekent) van Zijn heerlijkheid, en het *charakter* (het Griekse woord dat het ding zelf aanduidt, onderscheiden van een surrogaat of "stand-in") van Gods persoon. Het is het woord waar het Nederlandse *karakter* van afstamt en betekent de inherente identiteit waardoor een bepaald ding wordt herkend. In dit geval zegt de auteur dat Christus dezelfde eigenschappen als God ten toon spreidde omdat Hij God was. Hij was de personificatie van God, niet louter een vertegenwoordiger.

Een relevantere dimensie wordt ontsloten in de weinige passages die de mens aan
Gc                          is "tevoren bestemd tot gelijkvormigheid aan
het                         j de eerstgeborene zou zijn onder vele
brc                         il. 1:15 verbindt ook het "eerstgeborene der
gar                         ifoor. De dynamiek van deze relatie wordt
bei                         , die met een aangezicht, waarop geen
bec                         Ieren weerspiegelen, veranderen naar
het                         rlijkheid, immers door de Here, die Geest is",
en                          kander [of veeleer, "doe weg de leugen"],
dai                         :n afgelegd, en de nieuwe aangedaan hebt, die
vei                         *' beeld van zijn Schepper"* (cursivering van mij).

*8*

# De nieuwtestamentische mens

Jezus' mensbeeld is belangrijk voor een bijbelse waardering van de mens. Bij het overdenken van een christelijke zienswijze zou de houding van onze Heer ten opzichte van hen voor en met wie Hij werkte van betekenis moeten zijn. Paulus is ook een belangrijke bron. Hij scheen een beeld te hebben van de menselijk natuur en de innerlijke drang van de mensheid die op sommige wijzen vooruitliep op de tijd van de psychologie zoals wij die kennen. Maar zowel Jezus als Paulus beperken hun besprekingen van de mens tot zijn religieuze natuur, en niet anders.

## 8.1   Jezus' waardering van de menselijke natuur

Jezus zei heel veel over de mens, want voor hem kwam Hij en voor hem stierf Hij. "Zijn voortdurend gebruik voor zichzelf van de titel `Zoon des Mensen' gaf zijn identificatie met de mensheid aan, en suggereerde de waarheid dat het definitieve begrip van de menselijke natuur moest voortvloeien uit een kennis van hemzelf"[57]. Zijn leringen aangaande de menselijk natuur vallen uiteen in twee categorieën, die beide van toepassing zijn voor deze studie: Allereerst, "die de mens onthullen als ideaal, of in essentie, dat wil zeggen, volgens de goddelijke bedoeling; en ten tweede, die de mens onthullen zoals hij feitelijk of uit ervaring is, dat wil zeggen, zoals Jezus hem vond"[58].

De ideale mens is onthuld in de Mens zoals *Hij* leefde. Als we ons de opmerking in de brief aan de Hebreeën herinneren waar staat dat Hij "in alle dingen op gelijke

---

57   G. Campbell Morgan, *The Teaching of Christ* (New York: Fleming H. Revell Co., 1913), blz 113.
58   Idem, blz. 114.

wijze (als wij) is verzocht geweest, doch zonder te zondigen" (4:15), mogen we ongetwijfeld aannemen dat de auteur onder andere de verzoeking in de woestijn in gedachten had, die een commentaar kan worden op de natuur van de mens.

In die verzoeking werd het fysieke leven erkend. "Zeg dan, dat deze stenen broden worden" (Matt. 4:3). Hierin werden ook de persoonlijke relatie met God en de mogelijkheid van een morele keuze erkend. "Werp Uzelf dan naar beneden; er staat immers geschreven: Aan zijn engelen zal Hij opdracht geven aangaande u" (Matt. 4:6). Maar bovenal wordt de roeping van de mens, of de bedoeling van God met de wereld geïmpliceerd. "Dit alles [al de koninkrijken der wereld] zal ik U geven, indien Gij U nederwerpt en mij aanbidt" (Matt. 4:9). Hier was het de verzoeking om eer te verkopen als wisselgeld voor de heerschappij die in feite alleen eer kan bereiken.

Jezus' antwoord op dit alles is Zijn waardering van de waarde van de mens en zijn plaats in het bestel van Gods schepping. De ware voeding van het menselijk leven is het Woord van God; het ware doel van het menselijk leven is het dienen van God. De ware eenheid van het wezen van de mens wordt uitgesproken in Jezus' woorden: "De lamp van het lichaam is het oog. Indien dan uw oog zuiver[59] is, zal uw gehele lichaam verlicht zijn; maar indien uw oog slecht is, zal geheel uw lichaam duister zijn. Indien nu wat licht in u is, duisternis is, hoe groot is dan die duisternis!" (Matt. 6:22-23). Met andere woorden, enkel een mens met een zuiver hart, ofwel een met een zuiver motief, kan het doel realiseren waarvoor hij is gemaakt. Jakobus' vermaning voor de mensen die "ongestadig" zijn, omdat ze "innerlijk verdeeld" zijn (1:8, 4:8), wijst op het belang van deze passage.

De voorrang van het geestelijk perspectief in de mens is het onderwijs van Jezus in de volgende passages:

En weest niet bevreesd voor hen, die wel het lichaam doden, maar de ziel niet kunnen doden; weest veeleer bevreesd voor Hem, die beide, ziel en lichaam, kan verderven in de hel (Matt. 10:28).

Want wat zou het een mens baten, als hij de gehele wereld won, maar schade leed aan zijn ziel? Of wat zal een mens geven in ruil voor zijn leven? (Matt. 16:26)

Want ook als iemand overvloed heeft, behoort zijn leven niet tot zijn bezit (Luc. 12:15).

---

59 Het Griekse woord dat hier gebruikt wordt betekent letterlijk "enkelvoudig", wat ook zo in de Statenvertaling en de Engelse King James vertaling staat. Dit is dan inderdaad in tegenstelling tot "innerlijk verdeeld", wat in het Grieks veel meer te maken heeft met ons "in dubio staan", een soort tweeslachtigheid (vert).

Mildred Bangs Wynkoop

De volledige implicaties van het menselijk leven als een proeftijd zijn nergens duidelijker verwoord dan in het antwoord van Jezus aan de vragensteller die wilde weten waar het grootste gebod uit bestond (Matt. 22:37-40). Alle eisen van de morele wet, zei Hij, zouden vervuld zijn in een vrijwillige en weloverwogen keuze voor een volledige en diepgaande toewijding aan God en de naaste. "De liefde voor God is dé wet van het leven"[60]. Even belangrijk voor de proeftijd, in het erkennen van het zelfbewustzijn als de grond voor een verantwoordelijke keuze, is het gebod anderen lief te hebben als zichzelf. Ook dit is op basis van een principe - niet een emotie - en maakt de persoonlijke waardering van het zelf gelijk aan de waardering van anderen. Enkel in dit zorgvuldige evenwicht en deze gerichtheid van welwillendheid en zorg kan de volledige waardigheid van de mens gerealiseerd worden.

Tegenover deze "ideale" zienswijze op de mens stond de feitelijke mens zoals Jezus hem zag. De mensen, die een actieve capaciteit bezaten voor het hoogste, zoals dat uitgedrukt werd in de liefde voor hun kinderen, waren "slecht" en krenkend en moorddadig in andere relaties. "Indien dan gij, hoewel gij slecht zijt, goede gaven weet te geven aan uw kinderen (...)" (Matt. 7:11), was een erkenning van de tweezijdige toestand van de mensen: (1) in staat goed te doen, (2) immoreel bezig een kwade invloed te verspreiden. Deze gedachte wordt zelfs nog levendiger verklaard op een andere plaats waar de gedachte van een verantwoordelijk persoon (wat bewezen wordt door de norm op basis waarvan geoordeeld wordt, namelijk zijn "woorden") verenigd wordt met het idee van een slecht hart. "Adderengebroed, hoe kunt gij, die slecht zijt, iets goeds zeggen? (...) [maar] naar uw woorden zult gij veroordeeld worden" (Matt. 12:34-37).

Jezus lokaliseerde zonde altijd in het "hart" van de mens. In hetzelfde hart dat bezig zou moeten zijn met het liefhebben van God, ontdekte hij de bron van het kwade. "Want van binnenuit, uit het hart der mensen, komen de kwade overleggingen, hoererij, diefstal, moord, echtbreuk (...)" (Marc. 7:21, vgl Matt. 15:17-20). Het bewijs van de verontreiniging van de mens is de reeks van kwade dingen die uit hem voortkomen.

De niet-wedergeboren, geestelijk dode toestand van de mens wordt onthuld in het gesprek met Nicodemus, "Wat uit vlees geboren is, is vlees, en wat uit de Geest geboren is, is geest. (...) Gijlieden moet wederom geboren worden" (Joh 3:5-7). De natuurlijke begeerte van de niet-wedergeborene wordt als volgt beschreven: "De mensen hebben de duisternis liever gehad dan het licht, want hun werken waren boos. Want een ieder die kwaad bedrijft, haat het licht (...)" (Joh 3:19-20).

---

60  G. Campbell Morgan, idem, blz. 121.

De verkwistende losbandigheid van dat ene vermogen dat de mens met God verbindt, namelijk, zijn geloof, zal volgens Jezus de uiteindelijke basis van het oordeel zijn. "Wie niet gelooft, is reeds veroordeeld, omdat hij niet heeft geloofd in de naam van de eniggeboren Zoon van God" (Joh 3:18). Daar tegenover, "Wie mijn woord hoort en Hem gelooft, die Mij gezonden heeft, heeft eeuwig leven en komt niet in het oordeel, want hij is overgegaan uit de dood in het leven" (Joh 5:24).

In alle contacten van Jezus met mensen toonde hij nimmer een neerbuigende houding of dacht hij over de mens als "louter mens". Voor Hem waren ze allen te redden. Zijn diepe respect voor ieder persoon, wie hij dan ook moge wezen, hoe slecht hij ook moge zijn, wat zijn respons op Jezus ook was, toonde geen zweem van een "superioriteitscomplex". Zelfs de woede die hij tegen sommigen ten toon spreidde, de zweep waarmee hij in de tempel zwaaide, zeiden in feite "U bent mijn gelijke. Mijn woede toont mijn respect voor u. Wees dan de mens die u kunt en behoort te zijn." Hij drong zich nooit aan iemand op. Hij riep niemand tot zich onder valse voorwendselen - een gemakkelijker juk belovend dan het geval zou zijn. Hij riep mensen op met Hem te sterven. Hij probeerde alle zelfbedrog weg te nemen en liet de mensen zien hoe ze zelf waren. Hij liet de mensen voor zichzelf denken - en eerlijk denken. Dit alles is Jezus' waardering van de mens.

## 8.2  Paulus' beeld van de menselijke natuur

Paulus' leringen aangaande de menselijk natuur zijn niet zozeer in strijd met Jezus' zienswijze als wel dat ze vanuit een andere hoek naar het onderwerp kijken. Heiligheid wordt gezien tegen de achtergrond van de zondigheid van de mens. De aard van deze zondigheid legt echter een fundament voor heiligheid.

Paulus' grondige beeld van de menselijke natuur voorzag in een achtergrond waartegen een diepgaande openbaring gegeven kon worden over de aard van de zonde in de mens. Onder zijn metaforen zijn de volgende: "oude mens" (Rom. 6:6, Ef. 4:22, Col. 3:9); "lichaam der zonde" (Rom. 6:6); "wet der zonde" (Rom. 7:23); "lichaam dezes doods" (Rom. 7:24); "gezindheid van het vlees" (Rom. 8:7); "dienstbaarheid aan de vergankelijkheid" (Rom. 8:21). Andere beschrijvingen omvatten: "dood door overtredingen en zonde" (Ef 2:1); "vervreemd van het leven Gods" (Ef 4:18); "de geest der wereld" (I Cor. 2:12), "de zonde die in mij woont" (Rom. 7:20), "een verwerpelijk denken" (Rom. 1:28); "zonde" *(hamartías)*, op vele plaatsen; "de wet der zonde en des doods" (Rom. 8:2); en "ongeestelijke mens" *(psyche)* (I Cor. 2:14). Het is echter in zijn uitgebreidere besprekingen dat het complete beeld van de natuur van de mens en zijn zonde (twee dingen die bijeengehouden moeten worden) het best wordt gezien.

Mildred Bangs Wynkoop

## 8.2.1 Romeinen 1:18

Het verhaal van de ontaarding van de mens komt hier duidelijk naar voren. De terechte toorn van God openbaart zich over hen die "de waarheid over hem in de weg staan" (Groot Nieuws), of, die "de waarheid in ongerechtigheid ten onder houden". Zonde begon in de mens, niet door openlijke ongehoorzaamheid, maar door een vraag over het karakter van God in overweging te nemen. "God weet," zo gaat de verzoeking, "dat je niet zult sterven als je van de vrucht eet. Hij weet dat je even wijs zult worden als Hij als je het doet, en wil niet dat je aan Hem gelijk wordt".

Dit is niet louter een eerlijke vraag over God of wat er goed of kwaad is (wat altijd een gepaste en noodzakelijke zorg is voor rationele wezens) maar een verwerping van de waarheid zoals die belichaamd is in Gods wezen. Het is een overheveling van het begrip van de waarheid van God naar hetgeen past bij de menselijke verlangens. Het is een toeschrijven aan God van kwade en boosaardige motieven. Het is de kern van de vernietiging van gemeenschap, het is achterdocht, hebzucht, egoïsme, en uiteindelijk moord. Het sluit de deur voor communicatie en gemeenschap tussen rationele wezens - tussen mens en God - en onvermijdelijk tussen mens en mens. Het is de Bron van het goede interpreteren als het kwade. Het is de vervanging van goed door kwaad. Het is uiteindelijk de keuze voor het kwade in plaats van het goede en het geloof dat kwaad goed is en goed kwaad. Jezus sprak hierover toen men van Hem zei dat Hij de demonen uitwierp door duivelse kracht (Marc. 3:22-30). Deze zonde kan niet vergeven worden omdat het ze vermogen om het goede te herkennen vernietigt, en enkel een rationeel, moreel gestructureerd persoon kan zo'n twijfel koesteren en zo'n beslissing nemen.

De mens wordt ervan beschuldigd dat hij, in staat om de waarheid te kennen, die in de weg staat of ten onder houdt of weerhoudt *(katechónton)*, en dat morele kwesties hierin betrokken zijn. De mate van waarheid die hij in staat is te kennen is voldoende om hem aan te sporen God te dienen. Zelfs de natuurlijke mens kan genoeg weten van de "eeuwige kracht en goddelijkheid" (Rom. 1:20) van God door (1) *natuurlijke openbaring* (dat wat gezien kan worden), en door (2) *intuïtie* ("Want hetgeen van Hem niet gezien kan worden (...) wordt (...) met het verstand doorzien") - waardoor zijn duisternis niet te verontschuldigen is.

De mens wordt er ook van beschuldigd dat hij, als verantwoordelijk voor de krachten van zijn wil, en "God kennende", geweigerd heeft Hem als God te verheerlijken. Dit trekt een parallel met Adams zonde in het uitdagen van de goedheid en waardigheid van God en het bewust op ongehoorzame wijze proberen te verkrijgen van wijsheid, die hem, in zijn opinie, boosaardig door God onthouden was. Het vermogen om God te aanbidden dat de mens gegeven is werd verlaagd tot het mensonwaardige aanbidden van objecten die door zijn eigen hand gemaakt waren als imitaties van het echte. En dat waarvoor de mens zich neerbuigt om te aanbidden is eerst een beeld dat op hemzelf lijkt, dan beelden van beesten, en uiteindelijk beelden van reptielen.

De derde beschuldiging die Paulus uit is dat de mens de Schepper onttroond heeft en andere goden op zijn plaats heeft gezet. Deze vervanging kon enkel getolereerd worden door hen die de waarheid vervangen hadden door "de leugen". (Hier wordt het Griekse lidwoord gebruikt met "leugen", één van de slechts vier plaatsen in het Nieuwe Testament. Het schijnt in al die gevallen te verwijzen naar het specifieke wat zonde is, namelijk dat de mens zijn eigen god kan zijn.) Het resultaat was een open deur naar een onbeschrijfelijke wellustige verdorvenheid. De loop van de zonde was van een weigering om de soevereiniteit van God te erkennen (Rom. 1:28) tot een werkelijk genieten van zonden die de dood verdienen (Rom. 1:32), en een leven dat geleefd wordt met "de leugen" als ideaal en doel.

Een bedachtzame analyse van deze passage onthult (1) dat Paulus de mens volledig verantwoordelijk achtte voor zijn ontrouw aan de gerechtigheid, (2) dat de verwerping van Gods autoriteit bewust en op verstandelijke basis was, en (3) dat een perversie in elk deel van zijn wezen de consequentie was van deze bewuste verwerping.

### 8.2.2   Efeze 4:17-19

Een andere aanschouwelijke paulinische beschrijving van de bron van de zonde en de loop van de verdorvenheid wordt gevonden in de brief aan de Efeziërs (Ef 4:17-19). Paulus spoort in deze passage de Efeziërs aan tot heiligheid en waarschuwt hen voor het terugkeren naar de "ijdelheid van denken", karakteristiek voor het denken der heidenen. IJdelheid *(mataíotes)*, volgens Thayer, is een puur bijbels woord dat "verstoken van waarheid", een perversie, en een verdorvenheid betekent[61]. Deze toestand karakteriseerde het verblinde heidense denken *(nous)*. Uit deze verdorvenheid van het denken komt een "verduisterd verstand" *(diánoia)* voort. Het is een "onwetendheid" *(hagoian)*, veroorzaakt door blindheid van hart, een morele toestand, die hen "vervreemd" *(apellotrioméne)* heeft "van het leven Gods". Thayer vertaalt vervreemden met "zij die zichzelf *vervreemd* hebben van God"[62].

Deze vervreemding, zoals verondersteld mag worden op basis van de lijdende vorm die gebruikt wordt in de Griekse tekst, was uit vrije wil. Het was een bewuste

---

61  Thayer, blz. 393.
62  Idem, blz. 54,

keuze. Zij, nadat ze alle gevoelens van zich afgeworpen hadden, "gaven zich over" aan onreinheid, en een volledige morele afvalligheid was het gevolg. De diepte wordt bereikt in de laatste zin, "gretig". Het vermogen dat gegeven was met het doel God lief te hebben met heilige overgave, wordt nu door een bewuste serie immorele keuzen gebruikt om losbandigheid lief te hebben met diezelfde overgave. Dit is de voortgang: (1) een denken verstoken van waarheid, (2) verblinde onwetenheid en (3) morele krankzinnigheid.

Wat meer licht op de aard van deze verdorven toestand kan verworven worden via een parallelpassage die direct daarop volgt, waarin een serie tegenstellingen wordt getoond (Ef 4:25-32). "Maar gij geheel anders: gij hebt Christus leren kennen" (Ef 4:20). De eerste tegenstelling is in verband met waarheid. In plaats van een denken dat verstoken is van de waarheid door morele keuzen, is er een denken gevuld met waarheid "gelijk [die] is in Jezus" (Ef 4:21). De tweede tegenstelling is tussen een *verduisterd verstand* (Ef 4:18), veroorzaakt door de verharding van hun hart, en een *verjonging door de geest van uw denken* (Ef 4:23). Deze gedachte wordt versterkt door de termen *oude* en *nieuwe mens*. De derde tegenstelling is tussen morele ongevoeligheid met haar kwade werken (Ef 4:19) en een hoge graad van morele gevoeligheid met goede werken (Ef 4:25, 32). Deze tegenstellingen dienen om het begrip dat Paulus in gedachten had over wat zonde is en doet aan te scherpen.

### 8.2.3 Colossenzen

Een derde passage belicht het paulinische beeld van het gevolg van de zonde in de mens. In Colossenzen is het een andere tegenstelling die een dieper verstaan van deze waarheid teweegbrengt. Een vervreemde en vijandige gezindheid *(diánoia)* is de tegenpool van één die "heilig en onbesmet en onberispelijk" voor Zich gesteld wordt (Col. 1:22). De diepe naar binnen gerichtheid van de perversie wordt sterk benadrukt in al deze passages. Aan het soort leven dat de mens leeft ligt een bepaalde denkwijze ten grondslag. En achter die denkwijze ligt een houding ten opzichte van de waarheid en God als absoluut Heer. En hiervoor worden alle mensen verantwoordelijk geacht. Nimmer wordt toegevendheid in gedrag ooit gerechtvaardigd vanwege perversie in verstandelijk of moreel vermogen.

## 8.3 Woordenstudie van termen met betrekking tot de mens

We zullen opmerken dat in de meeste gevallen, vooral in de paulinische theologie, nous, of een verwant woord, verbonden is met de bron van perversie. Er zijn vele verwante woorden en afleidingen ervan, maar de volgenden schijnen in het bijzonder in verband te staan met ons onderwerp: *diánoia, phrónema,* en *nóema.*

1. *Nous*, allereerst, wordt vertaald met *verstand*[63], maar met een betekenis die veel dieper gaat dan het Griekse "verstand", wat het intellectuele vermogen los van enig morele betekenis was. Paulus' gebruik is veel indringender en onderscheidender, zoals altijd het geval is met Hebreeuwse gedachtenkaders.

Thayer zegt dat het het idee van gewaarworden, begrijpen, voelen, oordelen, en bepalen bevat. Het is een intellectueel vermogen, maar ook een in staat zijn geestelijke waarheid te vatten, goddelijke zaken waar te nemen, goed te herkennen en kwaad te haten[64]. Een overzicht van het gebruik in het Nieuwe Testament, boek voor boek, was nuttig bij het vaststellen van de diverse nuances in betekenis. God gaf de heidenen over aan een *verwerpelijk denken* (Rom. 1:28). Een andere wet voerde strijd tegen de wet van Paulus' *verstand* (Rom. 7:23). Met zijn *verstand* was Paulus "dienstbaar aan de wet Gods, maar met mijn vlees aan de wet der zonde". In een uitbarsting van geestelijk inzicht riep Paulus: "O diepten van rijkdom, van wijsheid en van kennis Gods! ........ Want: wie heeft de zin des Heren *gekend?*" (Rom. 11:33-34). Paulus vermaant de Romeinen "hervormd" te worden door de vernieuwing van hun *denken* wat betreft de dagen die geacht worden voor het eren van de Heer te zijn (Rom. 12:2, 14:5).

In de brief aan de Corinthiërs wordt het woord driemaal gebruikt. Gelovigen moeten vervolmaakt worden, "één van *zin* en één van gevoelen" (I Cor. 1:10). "Want wie kent de *zin* des Heren?" Zij (die geestelijk zijn) "hebben de *zin* van Christus" (I Cor. 2:16).

Elders komen de volgende uitdrukkingen voor: "ijdelheid van denken" moet vermeden worden door hen die in Christus zijn (Ef 4:17); veeleer moet een christen "verjongd worden door de geest van uw denken" (Ef 4:23). In het oordelen over rituele waarden van eten en drinken en over "feestdagen", en de waarde van visioenen, vertrouwen sommigen op hun rede, "opgeblazen" door een "vleselijk denken" (Col. 2:18). Paulus vermaande de Thessalonicenzen niet hun *bezinning* te verliezen (II Thess. 2:2). Grof materialisme (die godsvrucht als iets winstgevends beschouwde) karakteriseert het niet helder meer zijn van denken en het *spoor der waarheid bijster geraakt* zijn (I Tim. 6:5), en mensen met een bedorven denken weerstaan de waarheid en worden "hen, wier geloof de toets niet kan doorstaan" (II

---

63 In het Engels wordt *nous* steeds vertaald met "mind", waar we in het Nederlands geen eenduidige vertaling voor hebben. Vandaar dat in de geciteerde teksten in het Engels steeds "mind" staat, maar in het Nederlands diverse woorden als "gedachten", "denken", "zin", "gezindheid" enz. (vert).

64 Thayer, blz. 429.

Mildred Bangs Wynkoop

Tim 3:8). Tegen Titus zei hij dat "bij hen zowel het denken als het geweten besmet" zijn (Titus 1:15).

Uit deze passages wordt het duidelijk dat *nous* een vermogen is dat zichzelf moreel relateert aan de waarheid. Het oordeelt tussen goed en kwaad en kiest tussen hen. Wanneer het verkeerd gerelateerd wordt aan de waarheid, wordt het goddeloos en corrupt en leidt het tot immorele beslissingen. Het heeft vernieuwing en hervorming nodig en wanneer het op de juiste wijze gerelateerd wordt aan de waarheid, benadert het zelfs de zin van Christus. Van het totaal van de zeventien verwijzingen beschrijven er acht een verdorven toestand, twee hebben te maken met vernieuwing en drie met de toestand van het verstand van de wedergeborene. De overige vier zijn diverse / referenties in dezelfde stijl.

2. *Diánoia*, een ander woord verwant aan *nous*, betekent, volgens Thayer, "het verstand als het vermogen om te begrijpen, voelen, verlangen (...) verstand, dat wil zeggen geest, manier van denken en voelen"[65].

Het wordt zeven keer in het Nieuwe Testament gevonden. Het is het woord dat in de synoptische evangeliën gevonden wordt dat de veelomvattendheid van de liefde tot God uitdrukt, "Gij zult de Here, uw God, liefhebben met (...) geheel uw verstand" (Matt. 22:37; Marc. 12:30; Luc. 10:27). De oudtestamentische belofte de wetten in het *verstand* te schrijven wordt tweemaal genoemd in Hebreeën (8:10; 10:16). Het *verstand* van de gelovige wordt tweemaal genoemd door Petrus: "Omgordt dus de lendenen van uw *verstand*" (I Petr. 1:13) en "Ik tracht uw zuiver *besef* door herinnering wakker te houden" (II Petr 3:1). Tweemaal wordt gerefereerd aan de niet-wedergeboren *gedachten*: "de wil van het vlees en de *gedachten*" (Ef 2:3), en "vijandig *gezind*" (Col. 1:21). Hieruit is af te leiden dat dit vermogen genaamd *diánoia* te maken heeft met de *richting* van de gedachten, de gerichtheid van de genegenheid. Het is geen blind gevoelen maar een morele overtuiging. Het is, in de natuurlijke mens, een vijand van God. Het kan door zijn eigenaar ter verantwoording worden geroepen. Het heeft een radicale correctie nodig. De gezindheid die in vijandschap leefde met God moet God gaan liefhebben - een volledige ommekeer.

3. *Nóema* wordt vier keer gebruikt. De uitgang "*ma*" verwijst naar een resultaat, dus betekent de term "dat wat denkt", van het denkende en doelbewuste vermogen. Paulus gebruikt het driemaal in de brief aan de Corinthiërs in verband met de gebondenheid van dit denkende, doelbewuste vermogen. Het

---

65  Idem, blz. 140.

onvermogen om het Oude Testament te begrijpen was de bedekking waardoor "hun *gedachten* werden verhard" (II Cor. 3:14); "de god dezer eeuw" heeft de "*overleggingen*" van de ongelovigen "met blindheid geslagen" (II Cor. 4:4). Het is het vermogen waardoor Eva werd verleid; "Maar ik vrees, dat misschien, zoals de slang met haar sluwheid Eva verleidde, uw *gedachten* [bewuste vermogen] van de eenvoudige toewijding aan Christus afgetrokken zullen worden" (II Cor. 11:3). Met dit in gedachten is de zegen van Paulus in de brief aan de Filipenzen van bijzonder belang. "En de vrede Gods (...) zal (...) uw gedachten *[noëmata]* behoeden (zie Fil 4:7). Eén van de meest directe verwijzingen naar de zetel van de zonde wordt hier geopenbaard. Het denkende, doelbewuste vermogen is het gebied waar het kwaad wordt binnengeleid. Ongeloof is de zonde van dit vermogen. Ongeloof verblindde de gedachten der Joden voor de openbaring van Christus. Ongeloof staat de "god dezer wereld" toe binnen te komen in het heiligdom van het morele leven van de mens. Op deze manier werd Eva verzocht en viel ze. Hier woont de verdorvenheid. In dit gebied kan de vrede Gods de gedachten van de mens behoeden.

4. Het vierde Griekse woord dat in het Engels met *mind* vertaald wordt en van belang is voor dit onderzoek is *phrónema*. Allereerst zal het werkwoord *phronéo* bekeken worden.

Thayer zegt dat het "iemands gedachten ergens op richten (...) op uzelf gericht zijn" met een doel, iets najagen betekent[66]. Moulton en Milligan verbreden dit idee: "Het schijnt altijd de richting die het denken neemt in ogenschouw te nemen". Ze geven een voorbeeld uit het klassieke Grieks: "Soueris veranderde van gedachten, verliet de molen en vertrok"[67]. De zin *noún kai phronón*, "gezond en goed bij mijn verstand", is bekend. Het wordt regelmatig gevonden in het Nieuwe Testament (Rom. 8:12, 12:16, II Cor. 13:11, Gal 5:10, Fil 2:5, 3:15, 16, 19, 4:2 enz.). Verscheidene keren refereert het aan gelovigen die "eens*gezind*" zijn over bepaalde dingen (II Cor. 13:11, Rom. 12:16, Fil 2:2, 2:5, 3:16 en 4:2, Titus 2:6). Tweemaal wordt er vermaand de *gezindheid* van Christus te hebben, en tweemaal wordt er gerefereerd aan het geheel vervuld zijn met de dingen van het vlees en wereldse dingen (Rom. 8:5-6). Met dit overzicht begint de betekenis zich te ontwikkelen.

Verwant aan *phronéo* is het zelfstandig naamwoord *phrónema*, waarbij de uitgang "*ma*" opnieuw het resultaat aanduidt van dat wat het werkwoord

---

66  Idem, blz. 658.
67  Moulton en Milligan, blz. 676.

Mildred Bangs Wynkoop

gedaan heeft. Het is dus een neiging tot iets of een ergens zijn zinnen op zetten. Moulton en Milligan verklaren de betekenis van *phronein* als "de algemene gerichtheid van gedachten en motieven", waarbij als belangrijkste voorbeeld van gebruik Rom. 8:7 genoemd wordt: "Daarom dat de *gezindheid* van het vlees vijandschap is tegen God; want het onderwerpt zich niet aan de wet Gods; trouwens, het kan dat ook niet *(oudé dúnatai)*"[68].

Er zijn drie andere plaatsen waar dit woord gebruikt wordt en alle drie in hetzelfde hoofdstuk. De Geest kent de *bedoeling* des Geestes - kennelijk het diepe verlangen, de passie, van Gods hart (Rom. 8:27). De twee andere zijn zeer onthullend in hun gebruik. "De *gezindheid* van het vlees is de dood" (Rom. 8:6). Dit wijst ongetwijfeld terug naar het eerste gebod in de hof: "Als gij daarvan eet, zult gij voorzeker sterven". De dood is het resultaat van de zonde, en deze zonde is degene die resulteert in de dood.

"De *gezindheid* van de Geest is leven en vrede" (Rom. 8:6); dit is niet alleen een scherp contrast maar een belofte van hoop op een volledige ommekeer, in dit leven, van deze eeuwenoude vloek.

## 8.4   Leven en dood

Er is nog een treffende vergelijking die door geen enkele bespreking van de zonde ontweken mag worden. Deze analogie is de dood. Het lijkt niet essentieel voor dit onderzoek om het hele bestek van het wezen van de mens dat onder de vloek van de dood zou kunnen vallen te onderzoeken. Het kan al dan niet fysieke dood inhouden. W. Robertson Nicoll zegt:

Paulus gebruikt ongetwijfeld de dood om uitdrukking te geven aan verscheidene nuances in betekenis op diverse plaatsen, maar hij onderscheidt niet expliciet verschillende betekenissen van het woord; en het is waarschijnlijk eerder misleidend dan behulpzaam om te zeggen dat in de ene zin "fysieke" dood wordt bedoeld en in een andere "geestelijke" dood. (...) Alles wat "dood" overbrengt naar de gedachten kwam binnen in de wereld door de zonde"[69].

Maar het wordt vrijwel algemeen erkend dat de geestelijke dood zeer zeker het meest belangrijke feit in de situatie van de gevallen mens is. Het is ook treffend dat zovele van Paulus' beschrijvingen van de zondige natuur een bepaalde verwijzing naar de dood bevatten.

---

68  Idem.
69  W. Robertson Nicoll, *The Expositor's Greek Testament* (Grand Rapids, Mich.: Wm.B. Eerdmans Publishing Co., ongedateerd), blz. 627.

God bepaalde dat de dood de straf zou zijn voor het breken van de wet. Wat er verder dan ook nog gevat mag zijn in de situatie van de gevallen mens, de dood is daarin zeer zeker de meest belangrijke. Zoals aangetoond is wordt de dood verbonden met de functie van *phrónema*, dat de diepste aard of neiging van de ziel is. Alle andere vermogens van de gevallen mens zijn aangetast als gevolg van wat voor beslissing er gemaakt is. Perversie is voortgekomen uit een bewuste keuze tegen God en de waarheid. Maar hier vinden we blijkbaar het hart van de zonde, voor wat de mens betreft, want hier is het dat hij de dood ervaart als de vloek van de zonde in haar voornaamste betekenis. Wat deze dood ook betekent, Paulus zegt dat de dood doorgegaan is van vader tot zoon, van Adam af tot alle mensen (Rom. 5:12). Deze dood is even uitgebreid als de zonde en begeleidt haar overal (Rom. 5:21). Acht keer alleen al in Romeinen worden dood en zonde als onafscheidelijke metgezellen beschreven. Het "lichaam dezes doods" maakte werkelijke rechtvaardigheid onmogelijk (Rom. 7:24). Allen zijn onder het oordeel van de dood. Christus is "voor goddelozen" gestorven (Rom. 5:6). Wij kunnen weten dat "wij overgaan zijn [als een gevolg] uit de dood in het leven" (I Joh 3:14).

Het is niet mogelijk hier een uitgebreide analyse van de term *dood* op te zetten, maar de hele bespreking zou minder overtuigend zijn als daarin niet enige aanduiding van haar betekenis werd opgenomen. Aangezien er zoveel theorieën zijn over de betekenis van de dood zoals Paulus dat woord gebruikt, lijkt een filosofie van de dood meer op zijn plaats dan een gedetailleerde verklaring. In dit kader suggereert Albert Barnes het volgende:

> De passage vóór ons [Romeinen 5] toont in welke zin hij het woord hier bedoelde te gebruiken. In zijn argumentatie staat het tegenover "de genade Gods en de gave, bestaande in de genade" (v 15); de "rechtvaardiging" door de vergeving van "vele overtredingen" (v 16); de heerschappij van de verlosten in het eeuwige leven (v 17); en de "rechtvaardiging ten leven" (v 18). Tegenover dit alles staan de woorden "dood" (v 12, 17) en "veroordeling" (v 16, 18). (...) De klaarblijkelijke betekenis is dat het woord "dood", zoals dat hier door de apostel gebruikt wordt, refereert aan de *aaneenschakeling van kwaad* die door de zonde binnengekomen is. (...) Daar tegenover het resultaat van het werk van Christus stellende beschrijft hij niet louter de opstanding, noch de verlossing van de tijdelijke dood, maar eeuwig leven in de hemel[70].

Ditzelfde idee van tegenstelling wordt herkend door G. Campbell Morgan. Hij zag een drievoudige tegenstelling in Romeinen, hoofdstuk 5.

---

70  Albert Barnes, Notes, Explanatory and Practical, on the Acts of the Apostles and the Epistle to the Romans (London: George Routledge and Sons, 1866), blz. 125.

Mildred Bangs Wynkoop

De eerste tegenstelling is tussen de overtreding en de genadegave. (...) de doodstraf op de zonde, en de overvloedige genade. Het verschil wordt aangeduid door de zinsnede "veel meer". (...)

De tweede tegenstelling is tussen de uitkomst van de overtreding en de genadegave, en daarom tussen veroordeling en rechtvaardiging. (...) Het verschil wordt opnieuw aangeduid door de zinsnede "veel meer"; en de overweldigende overwinning van de rechtvaardiging wordt opmerkelijk aangeduid door het feit dat veroordeling de heerschappij van de dood over de mens betekent, terwijl rechtvaardiging het vermogen van mensen om te heersen in het leven betekent. (...)

De laatste tegenstelling is tussen de heerschappij van de dood en de heerschappij van de genade (...) de heerschappij van de zonde in de dood en de heerschappij van de genade door rechtvaardigheid ten leven. Opnieuw wordt het verschil aangeduid door de zinsnede "veel meer", het feit onthullend dat in de genade overvloedige voorziening gegeven is voor overwinning over de zonde[71].

De Hebreeën "beschouwden dood niet als een niet-bestaan; dood - `tot zijn vaderen vergaderd worden' - betekende het zich voegen bij de overleden zielen in (...) de Sheol, een somber, zinloos bestaan waar men was afgesneden van `het land der levenden'"[72].

De dood werd gevreesd, niet in eerste instantie omdat het het leven beëindigde, maar omdat het je afsneed van de gemeenschap van je familie en natie. Het was eenzaamheid, het einde van persoonlijke vervulling, de uiterste frustratie en vertwijfeldheid van geest. Voor een oosterling, wiens persoonlijk bestaan zo nauw verweven was met de gezins- en sociale eenheden, kon een uitsluiting van de ware levensband niets anders zijn dan een marteling. Er is opgemerkt dat Jean-Paul Sartre's korte toneelstuk, *Huis Clos*[73], raakt aan de geestesvertwijfeling in de "hel", waar de blootstelling aan de ander absoluut is, maar waar de communicatie door die genadeloze blootstelling verhinderd wordt, en waaruit geen ontsnappen mogelijk is of zal zijn.

Het gebruik van "dood" door de nieuwtestamentische schrijvers, dat scheiding van God aanduidde, werd door de Joden goed begrepen, evenals "leven" als tegenstelling daarvan. Dood scheen het definitieve af te schilderen van de hopeloosheid die het lot van de van God vervreemde mens is. Maar het betekent

---

71  G. Campbell Morgan, The Epistle of Paul the Apostle to the Romans (London: Hodder and Stoughton, 1909), blz. 72-73.

72  Richardson, blz. 60.

73  Gesloten deuren (vert).

niet het verlies van enig menselijk vermogen. Veeleer beschrijft het de scheiding die tussen God en mens bestaat. Alle krachten van de persoonlijkheid blijven waakzaam en actief, maar volledig gedesoriënteerd. Het enige adequaat organiserende centrum, God, is onbereikbaar. Liefde, het meest actieve vermogen van de menselijke persoonlijkheid, wordt, indien op God gericht, in het Nieuwe Testament agapè genoemd, en er wordt van gezegd dat zij voldoet aan alle eisen van de wet van God en mens (Matt. 22:37-40, Rom. 13:10). Maar als datzelfde vermogen probeert al zijn energie voor zichzelf te gebruiken, verliest precies dat vermogen zelf haar hoge kwaliteit en haar expressie wordt gereduceerd tot de categorie van de antithese van liefde, namelijk wellust.

Overeenkomstig deze opmerking, en ermee verbonden, is die over leven en dood. In de geestelijke band is geestelijk leven en afgeleide heiligheid, die zondeloosheid is. In H. Orton Wiley's ongepubliceerde aantekeningen bij de lezing "De psychologie van de heiligheid, zegt hij:

> Deze nieuwe natuur is "de nieuwe mens, naar God geschapen in gerechtigheid en ware heiligheid", en het is deze mens die de geestelijke band vormt van het lichaam van Christus. Het kanaal van de zegen - het enige medium van de inwonende aanwezigheid van de Geest.

Ten aanzien van dit gezichtspunt brengt Wesley het volgende argument naar voren. Sprekende over de dood die het gevolg is van de zonde zegt hij:

> Hij verloor het leven van God, hij werd nu van Hem gescheiden, in wiens gemeenschap zijn leven bestond. Het lichaam sterft wanneer het wordt gescheiden van de ziel, de ziel, wanneer die wordt gescheiden van God. (...) [Van deze dood] gaf hij onmiddellijk blijk, door zijn gedrag tonend dat de liefde van God in zijn ziel, die nu "vervreemd was van het leven van God", uitgedoofd was (*Works*, VI, 67).

John Fletcher was ongewoon helder op dit punt:

> Het woord dood, enz, wordt vaak in de Schrift gebruikt om een bepaalde graad van hulpeloosheid en nietsdoen, dicht bij de totale hulpeloosheid van een lichaam aan te duiden. We lezen van de verstorvenheid van Sara's moederschoot, en van de verstorvenheid van Abrahams lichaam; en men moet wel een overtuigd calvinist zijn, wil men, vanuit dit soort uitdrukkingen, zonder tegenspraak te dulden verklaren dat Sara's verstorven moederschoot even ongeschikt was voor bevruchting, en Abrahams verstorven lichaam voor verwekking, alsof zij beiden "dode lichamen" waren geweest.[74]

---

74  John Fletcher, *The Works of John Fletcher* (London: New Chapel City Road, 1802), III, 282.

Zijn bespreking over het lichaam des doods in Romeinen 7 is eveneens ter zake en nuttig. "Dood als hij [Paulus] was, kon hij niet klagen zoals de droge beenderen en vragen: `Wie zal mij verlossen uit het lichaam dezes doods[75]?'"

Een laatste maar sterk argument is dat uit Paulus' brief aan de Efeziërs. Tegenover de driezijdige persoonlijkheid van de mens zoals die in de juiste relatie met Christus staat, staat het beeld van de mens "dood door overtredingen en zonde" (Ef. 2:1). Het beeld is niet dat van dood als verdwaasde zintuigen of vernietiging, maar van zeer actieve vermogens in diverse relaties. De "Geest van Christus" die het bewijs is van de relatie van de mens tot Christus (Rom.. 8:9), wordt tegenover "de geest, die thans werkzaam is in de kinderen der ongehoorzaamheid" (Ef. 2:2) geplaatst. De "zin van Christus" (I Cor.. 2:16), die de "geestelijken" hebben, staat tegenover de "wil van ons vlees en van de gedachten" (Ef. 2:3). De "liefde van Christus" die de christen "dringt" (II Cor.. 5:14) is in de gevallen mens "de begeerten van ons vlees" (Ef. 2:3) geworden. Dood moet dan de scheiding van de mensheid van de directe aanwezigheid en kracht van de Heilige geest zijn, met als gevolg het verlies van het rechtvaardig zijn. Het werk van Christus in het brengen van leven *(zóe)* in plaats van dood is in harmonie met deze gedachte en zal in een later hoofdstuk uitgewerkt worden. Geestelijke dood en geestelijk leven zijn synoniem aan zonde en heiligheid, en worden juist verstaan binnen het kader van de relatie met God.

Er zijn nog meer beeldspraken in het Nieuwe Testament betreffende de aard van de zonde en de schade die het veroorzaakte, maar misschien stelt dit zonder verdere ernstige vragen het hart van de zaak vast. Er moeten een aantal zakelijke vragen gesteld worden. De gezindheid, of persoonlijkheid, als vertegenwoordiger van de verstandelijke, bewuste, en genegenheids naturen in de mens, is de zetel van morele perversie. Deze drievoudige gezindheid, in het zichzelf relateren aan de waarheid, bepaalt de morele kwaliteit van de mens. Wanneer het verstand de waarheid verwerpt, bewust, komen daaruit perversie en verdorvenheid voort. Kennis, als een impliciete intuïtie van het goddelijke, wordt verloren door een moreel in gebreke blijven. Op geen enkele plaats in de bijbel wordt het verstand gezien als louter een denkmachine, een moreel samengestelde toren van pure rede. Haar gebruik is altijd verstrikt in morele zaken. Het is de gehele mens, beantwoordend aan de waarheid van God in de volledigste persoonlijke verantwoordelijkheid.

Zo grondig begreep Wesley de menselijke neiging tot falen dat dit invloed had op zijn theologie en hij in staat was Miss March als volgt te schrijven over schriftuurlijke volmaaktheid:

---

75  Idem, 283.

Dit is zeker: zij die God liefhebben met geheel hun hart en alle mensen als zichzelf zijn schriftuurlijk volmaakt. En zeker zijn die er, anders zou de belofte van God een louter spotten met menselijke zwakheid zijn. Houd dit vast. Maar bedenk, aan de andere kant, u hebt deze schat in een aarden vat; u woont in een armoedig, verbrijzeld aarden huis, dat de onsterfelijke geest teneerdrukt. Dus zijn al uw gedachten, woorden en handelingen zo onvolmaakt, zo ver van de norm (die wet der liefde, waaraan, ware het niet vanwege uw vergankelijk lichaam, uw ziel op alle momenten zou beantwoorden), dat u terecht kunt zeggen: *Ieder moment, Heer, Heb ik de verdienste van Uw dood nodig (Works,* IV, 208).

Dit zeer welsprekende en onthullende commentaar op Wesleys begrip komt naar voren vanuit hetgeen hij nodig achtte voor redding - de staat van de mens en wat genade voor hem deed.

Terwijl een mens in een louter natuurlijke staat is, voordat hij uit God geboren is, heeft hij, in geestelijke zin, ogen maar ziet niet, een dik ondoordringbaar vlies ligt erop; hij heeft oren, maar hoort niet, hij is volslagen doof voor waar hij bovenal van wil horen. Zijn andere geestelijke zintuigen zijn allen opgesloten: hij is in dezelfde staat als ware hij zonder hen. Dus heeft hij geen kennis van God (...) of van geestelijke of eeuwige dingen, daarom, hoewel hij leeft, is hij een dode christen. Maar zodra hij uit God geboren is, is er een totale verandering op al deze punten. (...)

Waartoe, met welk doel, is het nodig dat we wederom geboren moeten worden? Het is makkelijk te onderkennen dàt het nodig is. Ten eerste om tot heiligheid te komen. Want wat is heiligheid volgens Gods woord? Niet een kale uitwendige godsdienst, een stel naar buiten gerichte plichten, hoeveel dat er ook mogen zijn, en hoe juist ook volbracht. Nee, heiligheid volgens het evangelie is niets minder dan de gehele geest die was in Christus Jezus; het bestaat uit alle, met elkaar vermengde, hemelse genegenheden en geaardheden. Het impliceert die aanhoudende, dankbare liefde tot Hem, die zelfs Zijn Zoon, Zijn enige Zoon, ons niet onthouden heeft, die het natuurlijk maakt op een voor ons noodzakelijke wijze ieder mensenkind lief te hebben; die ons vult met "medelijden, vriendelijkheid, zachtheid, lankmoedigheid"; het is die liefde van God die ons leert onberispelijk te zijn in alle soorten gesprek, omdat wij allen al onze gedachten, woorden en daden voortdurend aan God offeren, Hem aangenaam door Christus Jezus. Nu, deze heiligheid kan niet bestaan totdat we vernieuwd zijn in het beeld van onze geest. Het kan niet beginnen in onze ziel totdat die verandering voltrokken is, totdat, door de kracht van de Allerhoogste overschaduwd, wij "van de duisternis naar het licht, van de macht van de satan tot God" gebracht worden, dat wil zeggen, totdat we wedergeboren worden, wat daarom absoluut noodzakelijk is om tot heiligheid te komen. (*Works,* VI, 70-72)

Mildred Bangs Wynkoop

## 8.5   Liefde en het zelf

Wesley geloofde dat de mens niet voornamelijk een object is waarop de gebeurtenissen van het leven geschreven worden, de bewaarplaats van "het gegeven", een passieve substantie (geestelijk of materieel), enkel een ontvanger. De mens is een dynamisch wezen dat reageert en antwoordt op het leven, zoekende, zich uitstrekkende, met behoefte aan vervulling. Hij is als het ware een halve bol, op zoek naar de andere helft.

Er is opgemerkt dat de mens feitelijk een communicatiecentrum is. Iedere zenuw, orgaan, functie, gedachte, handeling, weefsel is een zender en een ontvanger. Hij is enkel "heel" als een andere *persoon* naar hem luistert, hem begrijpt, hem antwoord geeft. Iedereen heeft toehoorders nodig, en iedereen is een toehoorder. Een persoon bezwijkt als er niemand luistert - wanneer hij ingesloten wordt door alleen zijn.

De krachtbron van het communicatiecentrum zou liefde genoemd kunnen worden. De mens is gemaakt voor die verbinding van geest die we gemeenschap noemen, de liefde. In gemeenschap vinden de diepste verlangens vervulling. *Vervulling* is een juist woord voor een juist begrip. Het kan op verkeerde vernietigende manieren gebruikt worden, maar het is niet de impuls die verkeerd is, maar de manier waarop men zoekt, en hetgeen wat men zoekt - dat wat zijn god of centrum wordt.

In sommige religieuze kringen wordt grote nadruk gelegd op het "sterven aan zichzelf", en eigenliefde wordt verworpen als zijnde de essentie van de zonde. Dit is een misverstaan van Jezus' grote gezegde: "Indien iemand achter Mij wil komen, die verloochene zichzelf en neme zijn kruis op en volge Mij" (Matt. 16:24). Het probleem is het misbruik maken van een verkeerd begrip van het zelf bij deze woorden, ervan uitgaande dat het zelf een soort scheidbaar gedeelte van de persoon is, wat op zichzelf slecht is, en door doorhaling of onderwerping ervan wordt het slechte vernietigd of onderdrukt en wordt heiligheid in de persoon voortgebracht.

Jezus' zeer behoedzame verklaring, dat het voldoen aan de gehele wet bestaat uit het liefhebben van God met het gehele hart en zijn naaste *als zichzelf*, zou dit misverstand moeten corrigeren. Eigenliefde is even noodzakelijk voor "heelheid" als liefde voor de anderen; maar liefde voor anderen, zelfs voor God, vereist een mate van zelfacceptatie en zelfwaardering, die het "ego" bewaart in een bewuste identiteit en zelfrespect.

In Wesleys *Notes* bij Ef 5:28, geeft hij aan, dat de maat van de liefde van de man voor zijn vrouw, zijn liefde voor zichzelf is. "Eigenliefde", zegt Wesley, "is geen zonde, maar een onbetwistbare plicht". De zonde is *egoïsme*, wat een vervorming van de liefde is, niet haar essentie. Het wordt het punt waarom alles draait en het dwingt alles ermee tot een vergelijk te komen.

Hoe sterker het gevoel voor de noodzaak van vervulling in gemeenschap is, hoe sterker het zelf is. Zulk een zelf kan bijzonder agressief zijn. Het kan ook diep liefhebben vanwege die agressieve kracht.

Een zelf, dat gemeenschap zoekt en nodig heeft, onthult een dimensie van menselijk leven dat belangrijk is om te begrijpen. De mensheid is een maatschappij, en enkel in een maatschappij kan vervulling plaatsvinden. Ironisch genoeg worden de mensen naarmate ze meer opeengepakt worden steeds eenzamer, en scheppen onzichtbare muren van ruimte om hen heen als een zelfverdediging die moet voorkomen dat een ongewenste "ander" zich indringt in zijn privé wereld. Deze weerzin om aangeraakt te worden wordt een barrière tegen echte vervulling en het resultaat is een ziekelijke verheffing van het zelf als zijn eigen centrum. En zo onmogelijk als dat moge lijken, kan een *object* zich dat heilige recht toe-eigenen.

Vervreemding - zelfgeschapen - is de omschrijving van de zonde, en het is een goede omschrijving. De fundamentele drang van het zelf naar vervulling, door God ontworpen om het zelf open te stellen voor God en Zijn wereld, sluit, indien naar binnen gericht, alles uit waaraan de mens geschapen was om behoefte te hebben. Hij wurgt zichzelf met zijn eigen intensiteit en isoleert zichzelf van de gemeenschap die hij zoekt. Liefde houdt niet op in een zelf dat afgesneden is van God en de ander. De tragedie is dat liefde niet ophoudt. De hel zou uiteindelijk op kunnen branden zonder het hartstochtelijke verlangen van de mens naar gemeenschap te beëindigen. Maar de hel, wat het verder ook moge zijn, wordt bestendigd en opgestookt door een verlangen dat niet bevredigd kan worden. Zondige liefde wordt veranderd in wellust, en wellust vernielt haar object - het zelf - zonder het te vernietigen. De verschrikkelijke eis van de menselijke liefde kan niet bevredigd worden met een zelf dat niet groter is dan zichzelf. Mensen keren zich tegen zichzelf, verafschuwen zichzelf, vernielen uiteindelijk zichzelf.

Tot dit zelf komt de roep van God, innemend, dringend, in bepaalde mate voortdurend, om Zijn hart, Zijn gemeenschap, Zijn liefde te delen. De oproep van het evangelie drijft de mens niet naar een ongewenste relatie. Het schendt het fundamentele verlangen van het menselijk hart niet. Maar de vervreemde legt Gods bedoelingen verkeerd uit, en wordt cynischer naarmate God langer op een afstand gehouden wordt. Het zelf, in zijn duisternis, denkt dat God het in slavernij wil voeren, zijn vrijheid ontnemen, zijn geest verpletteren. Het zegt: "Als ik van God houd met heel mijn wezen, wordt mij de liefde van mijn vrouw en vrienden en het leven onthouden. Ik neem het leven".

Mildred Bangs Wynkoop

Francis Thompson drukte zijn levenslange angst voor God uit in "The Hound of Heaven"[76]. Francis, een drugsverslaafde, zichzelf door het leven slepende en dieper en dieper in zelfvernietiging wegzinkende, vond uiteindelijk - of werd gevonden door - God. Zijn vreemde, beklemmende gedicht vertelt ons van zijn angst voor de "stampende voeten" van de Heilige Geest die hem van schuilplaats tot schuilplaats achtervolgden. Hij was bang dat God hem zou beroven van al die dingen die hij zo hartstochtelijk verlangde en vergeefs gezocht had.

*I fled Him, down the night and down the days;*
*I fled Him, down the arches of the years;*
*I fled Him, down the labyrinthine ways*
*Of my own mind; and in the midst of tears*
*I hid from Him, and under running laughter.*
*Up vistaed hopes, I sped;*
*And shot, precipitated,*
*Adown Titantic glooms of chasmed fears,*
*From those Feet that followed, followed after.*
*But with unhurrying chase,*
*And unpertubed pace,*
*Deliberate speed, majestic instancy,*
*They bear - and a voice beat*
*more instant than the Feet -*
*"All things betray thee, who betrayest Me."*
. . . . .
*Halts me by that footfall:*
*Is my gloom, after all,*
*Shade of His Hand, outstretched caressingly?*
\* \* \*

*Ik vluchtte voor Hem, door nachten en door dagen;*
*Ik vluchtte voor Hem, door de poorten van de jaren;*
*Ik vluchtte voor Hem, door de labyrinten wegen*
*Van mijn eigen geest; en temidden van de tranen*
*Schuilde ik voor Hem weg, en onder voortdurend lachen.*
*Op vérziende hoop spoedde ik voort;*
*En spoot, overijld,*
*Langs Titaanse duisternissen van afgrondelijke angsten,*
*Voor die Voeten die steeds maar volgden, volgden.*
*Maar in een zich niet haastende jacht,*
*En met een onverstoorde pas,*
*Bewuste snelheid, majestueus verzoek,*
*Dragen ze - en een stem klinkt*

---

76  De jachthond van de hemel (vert).

*dringender dan de Voeten -*
*"Alle dingen verraden u, die Mij verraadt".*
. . . . .
*Houd mij staande bij die voetstap:*
*Is mijn duisternis uiteindelijk*
*De schaduw van Zijn liefkozend uitgestrekte Hand?*

Iets van Francis Thompsons algemene angst en misverstaan van Gods "eisende" liefde moet de vraag hebben ingegeven waarop Wesley antwoordde in "A Farther Appeal to Men of Reason and Religion".

Kunnen we niet zowel God als onze naaste liefhebben zonder in te breken in de algemene plichten van het leven? Nee, kan zelfs één van de algemene plichten van het leven goed uitgevoerd worden zonder die liefde? Volgens mij niet. Zoals ik het begrijp leg ik het ware, het enige fundament voor al deze plichten wanneer ik predik: "Gij zult de Here uw God liefhebben met geheel uw hart, en uw naaste als uzelf" (*Works*, VIII, 59).

De mens vreest dat God zijn individualiteit, zijn identiteit, zijn eigenheid, zal verstikken. Maar God maakte de mens om zichzelf te vinden in zijn liefde voor Hem. Die liefde is niet beperkend, een vernauwende terneergang, een vernietiging van alles wat de mens verlangt, maar een opening naar al hetgeen wat hij werkelijk wil. Liefde is het einde van gebondenheid en angst. Het is een richtlijn voor het leven, een bescherming tegen dat wat vernietigt, een prikkel tot dat wat de bron van alle vervulling onderzoekt en ontdekt en vindt in God.

Iedere stap in de schepping, in het bestaan, in de zonde (als schending van de liefde), in het zich herstellen van de zonde, in Christus' verlossingswerk; iedere stap die van de mens verlangt wordt naar en in heiligheid moet gezien worden door Gods liefdevolle ogen. Het is zeer persoonlijk omdat liefde de innerlijke respons van de geliefde zoekt. Geen teweeggebracht, of afgedwongen, of opgelegd antwoord bevredigt de liefde. Elk van de betrokken personen moet er vanuit de kern van zijn zelf voor kiezen zichzelf te openen en uit te strekken naar de ander.

Wat God in Christus *voor* ons gedaan heeft is het wegnemen van de barrières tussen de mens en God. Ieder mens wordt geboren in een wereld van liefde - Gods liefde. God is op iedere situatie vooruitgelopen. Niemand hoeft God om vergeving te bidden. God heeft dat al gedaan. Door Christus biedt God dit alle mensen aan.

Niemand hoeft te roepen en te smeken om de Heilige Geest. Hij pleit voor ons en vult ons en tracht ons te winnen. Wij moeten die roep herkennen en de deur voor Hem openen. De verandering van houding moet van onze kant komen. Wij verdienen Gods goedgunstigheid niet door ons roepen en werken.

Mildred Bangs Wynkoop

Het beeld van God heeft te maken met liefde, en liefde is dynamisch. Liefde tot God plaats de ziel in de juiste richting - de bevredigende richting. En als de liefde sterker wordt, begint de integratie; genezing vindt plaats, de bekrompen, bevooroordeelde geest wordt gedwongen zich te ontplooien; het hart wordt uitgestrekt naar een wereld die God nodig heeft.

We zien, aan alle kanten, ofwel mensen zonder enige godsdienst, ofwel mensen met een levenloze, formele godsdienst. We worden bedroefd bij die aanblik; en zouden ons zeer verheugen als we op één of andere wijze sommigen konden overtuigen dat er een betere godsdienst bereikt kan worden - een godsdienst die God, die haar gegeven heeft, waardig is. En die zien we niet anders dan als liefde; de liefde tot God en heel de mensheid; het liefhebben van God met geheel ons hart, en ziel, en kracht, omdat Hij ons eerst heeft liefgehad, als de fontein van al het goede dat we hebben ontvangen en van alles waarvan we ooit hopen te genieten; en het liefhebben van iedere ziel die God gemaakt heeft, ieder mens op aarde, als onze eigen ziel.

Wij geloven dat deze liefde het levensmedicijn is, de nooit falende remedie tegen alle kwaad van een gedesorganiseerde wereld, voor al de ellende en verdorvenheden van de mens. Overal waar ze is, gaan deugd en vreugde hand in hand. Daar is een bescheidenheid van geest, zachtmoedigheid, lankmoedigheid, het gehele beeld van God; en tegelijkertijd een vrede die alle verstand te boven gaat, en een vreugde die onuitsprekelijk is en vol heerlijkheid (*Works*, VIII, 3).

O laat uw hart geheel voor God zijn! Zoek uw vreugde in Hem en Hem alleen. Pas op dat u het stof niet aanhangt! "Gij zijt niet van deze wereld". Zorg ervoor deze wereld te gebruiken zonder haar te misbruiken; gebruik de wereld, en *verheug* u in God. Wees even los van alle zaken hier beneden alsof u een arme bedelaar was. Wees een goede rentmeester van de veelsoortige gaven Gods; zodat wanneer u rekenschap moet geven van uw rentmeesterschap, hij moge zeggen: "Wèl gedaan, gij goede en getrouwe slaaf, (...) ga in tot het feest van uw heer!" (*Works*, VII, 222).

## 8.6 Samenvattende opmerkingen

Nergens wordt er in de Schrift gezegd dat het beeld van God *in* de mens is (of was). Iedere poging om een *ding* in de mens aan te duiden als Gods beeld moet falen en/of leiden tot louter speculatie en dus tot teleurstelling. Wesley was niet altijd zorgvuldig genoeg om dit onderscheid te maken en hierdoor kwamen er enkele logische problemen uit zijn prediking voort die anders niet waren ontstaan.

Het verslag in Genesis zegt dat de mens geschapen werd *naar Gods beeld* - iets heel anders. Alleen van Christus wordt gezegd dat Hij het Beeld van God *is*.

Vanuit een bijbels standpunt schijnt het gewettigd te zijn onderscheid te maken tussen *beeld* en *gelijkenis* in het verband van de relatie tussen de mens en God. De Hebreeuwse termen zijn duidelijk onderscheiden en worden waarschijnlijk nergens in het gehele Oude Testament met elkaar verward. De Septuagint vertaalt consequent *çelem* met *eikón* en *demuth* met *homoíosis*. Het nieuwtestamentische gebruik van *beeld* en *gelijkenis* is zelfs nog nauwkeuriger en veelzeggender dan het Hebreeuwse gebruik van de termen en draagt dezelfde nadruk op iedere overeenstemmend woord.

Maar er moet duidelijk gezegd worden dat het onderscheid van *beeld* en *gelijkenis* niet betekent dat de Hebreeër er dualistische ideeën op na hield. Juist het tegenovergestelde. Hij wist niets van een aristoteliaanse splitsing tussen materie en vorm, essentie en substantie, numina en fenomenen. De Hebreeër was een materialist in de beste betekenis. Hij leefde in een echte wereld, een goede wereld. Hij respecteerde zichzelf ten volle omdat hij geloofde dat God hem gemaakt had. Het ging hem niet om metafysica maar om persoonlijke relaties. Wat hij ervaarde was de werkelijkheid, niet een schaduw. De mens was een echte mens, nooit een statisch, neutraal, onzichtbaar ding dat onderscheiden kon worden van wat het deed en zei en dacht.

Als het onderscheid dat we aangeduid hebben enige betekenis heeft, dan zou dat de indicatie moeten zijn van een dynamisch, in tegenstelling tot een statisch of passief, mensbeeld. Drie dingen karakteriseren het Hebreeuwse mensbeeld: (1) Hij komt uit Gods hand en is op bepaalde wijze aan God verwant; (2) hij is gevormd uit het stof en wordt bijeengehouden door enkel Gods adem; (3) hij is een levend wezen, moreel en verantwoordelijk, feilbaar en onwetend, maar in staat om grote dingen en een groots karakter te bereiken, of tragische zelfvernietiging en uiteenvallen.

*Beeld* bevat alles wat essentieel is voor menselijke wezens als zodanig, op heel concrete wijze, inclusief morele kwaliteiten. God vond de mens "zeer goed" (Gen 1:31), staat er geschreven. Wat het dan ook moge betekenen om naar Gods beeld geschapen te zijn, het is zeker dat zolang als de mens mens is hij een kwaliteit van persoonlijkheid behoudt die, zoals Bernardus van Clairvaux dat treffend opmerkte, "er zelfs in de hel niet uitgebrand kan worden". Wat God dan ook is, de mens is zijn uitgetekende schaduw, niet volgens de analogie van de bedrieglijkheid van schaduwen, maar de "verafschaduwing" van de essentiële kenmerken van het prototype. Omgekeerd, zonder in grove antromorfismen te vervallen, kan iets heel bepalends gekend worden van God door middel van een juiste bestudering van de mens, aangezien God in feite zei dat de mens een eindige afbeelding was van hetgeen Hij oneindig is. In deze bewering is geen sprankje van een pantheïstische vereenzelviging van God en mens aanwezig, enkel dat er redelijke en morele omgang tussen hen kan zijn.

*Gelijkenis*, in zowel de Hebreeuwse als de Griekse taal, suggereert een vergelijking van kwaliteiten van persoonlijkheid, een potentieel in morele en geestelijke zaken dat in de balans ligt van de "proeftijd" van de mens. De werkelijkheid van gelijkenis zetelt in de verbeelding, het doel, en de gerichtheid van het hart.

Wij vinden geen enkele bijbelse referentie naar een verlies van het beeld van God. Dus, zoals te verwachten is, wordt er met geen woord gesproken over het "herstel" van dat beeld. Omdat dit niet gezien werd heeft de theologie vele tegengestelde stemmen laten klinken over de mogelijkheid en de aard en het tijdstip van verlossing. Als de mens het beeld van God *verloren* heeft, is praktische verlossing in dit leven duidelijk onmogelijk zonder een structurele, wonderlijke wijziging in de menselijke natuur waarna verder zondigen onmogelijk zouden zijn. Dit is niet te rijmen met het leven zoals wij dat kennen, dus is die theorie verworpen.

Om dit onhoudbare standpunt te vermijden, hebben theologen "het beeld" verdeeld in twee aspecten, een natuurlijk en een moreel beeld. De eerste raakte "gewond" tijdens de val, de tweede werd verloren. Maar hiermee is het probleem niet opgelost; het wordt enkel een stap teruggedrongen. De Katholieken houden vast aan een ongeschonden natuurlijk beeld, en een toegevoeging van een bovennatuurlijk beeld of genade die de leiding over de natuurlijke mens in stand houdt. In de doop wordt de bovennatuurlijke of heiligende genade hersteld, zodat de twee niveaus van bestaan (de één natuurlijk, de ander bovennatuurlijk) samengesmolten worden.

In het protestantisme wordt de theorie geplaagd door het probleem van de eeuwige voortduring van die verbinding en rijmt die ergens niet met de Schrift of de ervaring. De bovennatuurlijke instorting van het beeld is te vaag, abstract, ontastbaar. In de heiligingstheologie is het idee van een "hersteld beeld" de reden voor het onpersoonlijke (ding-achtige) begrip van heiligheid en zonde dat zo veel en zulke serieuze problemen geeft om te begrijpen.

Als het beeld verloren is zodat de mens totaal verdorven is, dan moet verlossing enkel in principe plaatsvinden, niet in de ervaring. Misschien wordt bij het overlijden het beeld hersteld, maar waar gaat het in leven op deze aarde dan om? Het was *hier* dat de mens is gemaakt naar Gods beeld en hier, op aarde, dat zoiets betekenis had. Wat zou het beeld kunnen bijdragen in het hiernamaals?

Als het morele beeld, het "verloren" beeld, hersteld wordt in dit leven, wanneer wordt dat dan hersteld? En hoe? Sommigen zeggen dat het hersteld wordt bij de bekering, of bij de heiliging. In elk geval, *wat* wordt er hersteld en hoe kan iemand weten dat het hersteld is? Is er enig fundamenteel verschil, qua structuur, tussen een christen en een niet-christen? Telt genade iets bij de mens op of trekt het er iets vanaf? Is er een psychologische verandering verbonden met het proces van het christen worden? Dit zijn enkele vragen die geen antwoord hebben zoals ze nu geformuleerd zijn. De vraag moet gecorrigeerd worden.

Een laatste opmerking heeft te maken met de relatie tussen *beeld* en *gelijkenis* en een bijbelse waardering van de mens. Onze conclusie dat deze twee termen bepalend zijn in hun onderscheid rust niet op een "woordelijke inspiratie"-theorie. Het lijkt waarschijnlijk dat het gebruik van deze twee termen een verbaal middel aanduidt om in Hebreeuwse woorden een dynamisch begrip van de menselijke natuur uit te drukken dat anders, zeer begrijpelijk, op een hellenistische manier geïnterpreteerd zou worden.

De mens, gemaakt naar Gods beeld en gelijkenis, is niet in eerste instantie een metafysische bewering, als het dat al in enige instantie is. Het vertelt ons niets over wat de mens is, enkel iets over wat hij in staat is te zijn en te worden. In het licht van het gebruik van deze termen in de Hebreeuwse en Griekse Schrift, lijkt het niet onredelijk te veronderstellen dat het bijbelse mensbeeld eerder dynamisch is dan passief of statisch.

Mildred Bangs Wynkoop

# 9

# Zonde en heiligheid

In het onderzoeken van het totale onderwerp van liefde en heiligheid, is het nodig diepgaande vragen te stellen over de zonde, de absolute antithese van heiligheid, die in zichzelf liefde is. Heiligheid en zonde moeten in het licht van elkaar beschouwd worden. Het zijn absolute tegenstellingen en werpen, semantisch, licht op elkaar door dat contrast. Zonde kan evenmin bijbels of theologisch in het abstracte besproken worden als *heiligheid* of *liefde* of *geloof* of *genade* of enig ander van de grote theologische woorden. Het is een *relationele* term en verkrijgt zijn betekenis in zijn relatie tot het geheel.

Er moet opgemerkt worden dat beide termen, verbonden als ze zijn met *liefde*, kwaliteiten of karakteristieken van personen zijn, geen onpersoonlijke dingen. Als zonde en heiligheid persoonlijk zijn (en geworteld in de liefde), ligt de kwaliteit van elk in de relatie tussen personen omdat liefde in haar juiste betekenis enkel bestaat tussen rationele wezens - wezens in staat tot gelijkelijke en wederzijdse respons en verantwoordelijkheid. Echte liefde kan niet onttrokken worden aan het persoon-tot-persoon niveau van de ontmoeting. Proberen iets anders, en minder, dan een persoonlijkheid "lief te hebben", is het vernietigen van de fundamentele en juiste betekenis van liefde.

Omdat het persoonlijk is, hebben we te maken met het zelf. Het zelf is een niet-reduceerbare werkelijkheid die zich bevindt in het kader van de rationaliteit. Het irrationele of onpersoonlijke gebied waarin het zelf functioneert is niet de "verblijfplaats" van heiligheid of zonde. Het is op het punt waar het rationele zelf zichzelf verbindt met andere rationele wezens dat morele kwaliteiten worden opgewekt en gebruikt. Liefde, evenals heiligheid of zonde, is niet echt liefde zolang als iets - wat dan ook - zich indringt tussen de betrokken personen. Een tussenbeide komende wet, of gave, of ritueel, of methodologie, houdt het "gebeuren" van de liefde tegen.

De bijbelse tegenstelling tussen heiligheid en zonde benadrukt het dynamische, reagerende karakter van het zelf tegenover elk passief, louter ontvangend begrip dat plaats zou kunnen geven aan een irrationeel en passief idee van heiligheid en zonde.

Zonde moet in overeenstemming met de "existentiële" terminologie van de Schrift geïnterpreteerd worden. De termen zijn allemaal zeer persoonlijk. Om een juist onderscheid te kunnen maken tussen de twee dimensies van de zonde, gewoonlijk *oorspronkelijke* zonde[77] en *feitelijke* zonde (of een andere aanduiding in die richting) genoemd, zou het goed zijn iedere platonische abstractie die volkomen vreemd is aan de bijbel te vermijden. Het onderscheid in de bijbel is een actieve geest van "zich overgeven" of toewijden aan welk centrum buiten God dan ook. Neutraliteit is onmogelijk. Iedereen is betrokken. Vanuit deze betrokkenheid komen het soort daden voort die het karakter aannemen van de bron. Die bron is niet onpersoonlijk maar is de morele "neiging", waarvoor ieder mens persoonlijk verantwoordelijk is vanwege hetgeen voor alle mensen door Christus' offer en dood gedaan is. Het is niet nodig dat wij de zonde dienen; de oorspronkelijke zonde is niet "dieper naar beneden en verder terug" dan onze morele verantwoordelijkheid. Het is geen ding, maar een betrokkenheid van het ik op een beheersend centrum, dat zelf altijd persoonlijk is.

De voorafgaande beweringen "omheinen" de overtuigingen over de zonde die in dit hoofdstuk onderzocht moeten worden. Wij zullen Wesley zijn zaak laten bepleiten. Daarna zullen de implicaties voor een heiligingsleer volgen.

## 9.1 "Zonde" in Wesleys leer

Om Wesleys onderwijs over heiligheid naar waarde te schatten moet allereerst zijn zondebegrip verstaan worden. In een bespreking van de mens, gemaakt naar Gods beeld, zei hij:

> Nadat Hij alles voor hem in gereedheid had gebracht, schiep Hij de mens naar zijn eigen beeld, naar Zijn gelijkenis. En wat was het doel van zijn schepping? Het was één, en geen ander, - dat hij zijn grote Schepper mocht kennen, en liefhebben, en verheugen, en dienen tot in alle eeuwigheid. (...)

---

77  De term "original sin" wordt gewoonlijk vertaald met "erfzonde", maar Wesley gebruikt die term meer in de betekenis van "oorspronkelijke zonde", wat overigens in het Engels de meest letterlijke betekenis is (vert).

Mildred Bangs Wynkoop

[De mens] rebelleerde bewust en openlijk tegen God, en wierp de band met de hemelse Majesteit van zich af. Hiermee verloor hij onmiddellijk zowel Gods goedgunstigheid als het beeld van God waarnaar hij was geschapen. En aangezien hij nu niet meer in staat was geluk te bereiken middels het oude verbond, richtte God een nieuw verbond op met de mens, waarvan de voorwaarden niet langer waren: "Doe dit opdat gij moogt leven", maar, "Geloof, en u zult behouden worden" (*Works*, VII, 229-30).

In het begrip van het effect van deze "oorspronkelijke zonde" op de mensheid beginnen we Wesleys specifieke benadering te zien.

Bedoelt u [met de oorspronkelijke zonde] de zonde die Adam beging in het paradijs? Dat die alle mensen toegeschreven wordt erken ik, ja, dat om die reden "tot nu toe de ganse schepping in al haar delen zucht en in barensnood is". *Maar dat enkel om die reden enig mens verloren gaat, erken ik niet,* totdat u me laat zien waar dat staat geschreven. Breng me een duidelijk bewijs vanuit de Schrift, en ik onderwerp me, maar tot dan ontken ik het ten ene male.

Zoudt u niet veeleer moeten zeggen dat ongeloof de zonde is waardoor men verloren gaat, en hen die op die dag veroordeeld worden daarom veroordeeld worden "omdat zij niet geloofd hebben in de naam van de eniggeboren Zoon van God?" (*Works*, X, 223).

Wesley hield zich niet bezig met speculaties over de wijze waarop het ras in de zonde betrokken raakte.

Als u me vraagt hoe de zonde wordt voortgeplant, hoe het wordt doorgegeven van vader tot zoon, antwoord ik eenvoudig dat ik dat niet weet; evenmin als ik kan vertellen hoe de voortplanting van een mens geschiedt, hoe een lichaam wordt doorgegeven van vader tot zoon. Ik weet zowel het ene als het andere feit; maar ik kan geen van beide verklaren (*Works*, IX, 335).

Maar Wesley hield zich wel bezig met het feit en de betekenis van de zonde.

Niets is zonde, strikt gezien, dan een bewuste overtreding van een ons bekende wet van God. Daarom is iedere bewuste schending van de wet der liefde zonde; en in feite eigenlijk niets anders. De zaak verder uitrekken maakt enkel de weg vrij voor Calvinisme. Er kunnen tienduizenden zwervende gedachten en vergeetachtige intervallen zijn zonder enige schending van de liefde, hoewel niet zonder overtreding van de wet van Adam. Maar de Calvinisten zouden deze twee graag verwarren. Laat liefde uw hart vullen, en het is genoeg (Telford Ed., *Letters*, V, 322).

En om te voorkomen dat er in iemands gedachten een te grote morele ontspanning zou ontstaan betreffende zijn behoefte aan de voortdurende afhankelijkheid van het bloed van Christus, herinnert hij ons eraan dat "iedere afwijking van de volmaakte heiligheid zonde is". Het is duidelijk dat Wesley spreekt van twee soorten relaties, maar het is typerend voor zijn bereidwilligheid om zijn woorden zorgvuldig te definiëren en niet bang te zijn dat te doen wanneer het gevaar van verwarring aanwezig was. Typerend is ook zijn overtuiging dat zulke tegenstellingen gezien moeten worden zoals ze zijn, namelijk categorische fouten, en geen werkelijke tegenstellingen.

Wesleys leringen over heiligheid waren in overeenstemming met zijn zondebegrip. In feite was het zijn heiligheidsbegrip dat zijn definitie van zonde mogelijk maakte. Heiligheid is niet de antithese van zonde (in die volgorde), maar zonde is de antithese van heiligheid. Heiligheid gaat voorop en is positief. Het is niet de "afwezigheid van zonde" op dezelfde manier als zonde de afwezigheid van heiligheid is. Heiligheid is liefde; pure liefde; persoonlijke, wederzijdse liefde tussen God en mens, en tussen mens en mens in Gods liefde. Liefde is de fontein van de liefde van God die uit het zelf stroomt en uitmondt in de vruchten van de Geest. Wesleys beschrijvingen van de betekenis van de zonde horen bij de meest radicale en grondige die in de literatuur gevonden kunnen worden. Lees bijvoorbeeld een stuk uit één van de acht preken die volgens hem de essentiële waarheden van het evangelie bevatten.

Allereerst, "bekeert u", dat wil zeggen, ken uzelf. Dit is de eerste bekering, voorafgaande aan geloof: overtuiging, of zelfkennis. (...)

Wéét dat gij een zondaar zijt. (...) Ken de verdorvenheid van uw binnenste natuur, waardoor gij ver verwijderd zijt geraakt van de oorspronkelijke rechtvaardigheid; waardoor het "vlees" zich altijd tegengesteld aan de "Geest" verlustigt door die "gezindheid van het vlees", die vijandschap is tegen God, "want het onderwerpt zich niet aan de wet God; trouwens, het kan dat ook niet". Wéét dat gij verdorven zijt in elke kracht, in ieder vermogen van de ziel; dat gij volkomen verdorven zijt in elk opzicht, dat alle grondslagen uit de koers geraakt zijn. De ogen van uw verstand zijn verduisterd, zodat ze God, of de dingen van God, niet kunnen onderscheiden. (...) Gij kent nog niets zoals gij het zoudt moeten kennen, noch God, noch de wereld, noch uzelf. Uw wil is niet langer de wil van God, maar is volslagen pervers en verwrongen, afkerig van alle goed, van alles dat God liefheeft, en geneigd tot alle kwaad. (...) Uw genegenheden zijn van God vervreemd, en verstrooid over de aarde. Al uw hartstochten, zowel uw verlangens als uw aversies, uw vreugde en smart, uw hoop en angst, zijn buiten hun kader geraakt, zijn ofwel bovenmatig qua niveau, ofwel gevestigd op ongepaste objecten. Dus er is niets gezonds in uw ziel. (...) "Enkel wonden en kneuzingen, en rottende zweren". Zo is de aangeboren verdorvenheid van uw hart, van uw binnenste natuur (*Sermons*, VII, 81-82).

Mildred Bangs Wynkoop

(De lezer wordt verwezen naar Wesleys klassieke preken: "Sin in Believers" en "The Repentence of Believers"[78] voor uitgebreide en weloverwogen verhandelingen over dit onderwerp.)

Wesley gebruikte de taal van de reformatorische leer en, het is waar, was daardoor nooit echt in staat zich te los te maken van het impliceren van een substantieel zondebegrip, wat in tegenstelling leek te zijn met zijn hoge waardering van heiligheid.

Een man zoals Wesley zou echter begrepen moeten worden op basis van zijn eigen termen. Wanneer men zijn totale benadering in gedachten houdt zullen die dubbelzinnigheden, als ze al niet verdwijnen, in elk geval niet absurd blijken te zijn. In plaats van het reformatorische zondebegrip te verzwakken, waarvan hij werd beschuldigd, vond Wesley dat hij het verdiepte en versterkte door een nauwere relatie te leggen met de bijbelse leer. Het eerde God niet, dacht hij, wanneer Hij een mens gemaakt zou hebben die zo aan de zonde gebonden kon worden dat God zelf hem niet kon helpen in zijn grootste nood. Wanneer de zonde buiten de rationele en verantwoordelijke natuur van de mens geplaatst wordt, is hetgeen zonde is niet langer de dodelijke morele en geestelijk kracht die aanleiding gaf tot alles wat Christus noodzakelijk achtte om voor de mensheid te doen.

## 9.2 Christus en de zonde

Wat zonde dan ook mocht zijn, verlossing - wil het Gode waardig zijn - zou de vernietiging van het zaad der zonde moeten zijn, hier en nu, waar het een realiteit is. Hoe zou de Schrift anders kunnen zeggen dat Christus kwam om ons van onze zonden te verlossen? Om louter de zonde in een christen opnieuw te definiëren en hem onderwijl daaraan gebonden te laten, en toch een zondaar voor datzelfde te veroordelen, was voor Wesley onvoorstelbaar.

Allerminst betekent rechtvaardiging dat God wordt misleid wat betreft hen die hij rechtvaardigt: dat hij denkt dat ze zijn wat ze in feite niet zijn: dat hij ze voor wat anders houdt dan ze zijn. Het betekent zeker niet dat God betreffende ons tegengesteld aan de ware aard der dingen oordeelt; dat hij ons hoger waardeert dan we werkelijk zijn, of gelooft dat wij rechtvaardig zijn terwijl we onrechtvaardig zijn. Zeker niet. Het oordeel van de alwetende God is altijd overeenkomstig de waarheid. Evenmin kan het in overeenstemming zijn met zijn onfeilbare wijsheid te denken dat ik onschuldig ben (...) omdat een ander dat is. Hij kan mij evenmin (...) verwarren met Christus als met David of Abraham (*Works*, V, 54).

---

78 "Zonde in gelovigen" en "Het berouw (of de bekering, kan beide betekenen) van gelovigen" (vert).

De mens kan Christus' rechtvaardigheid niet claimen in plaats van die van hemzelf. Karakter kan niet worden doorgegeven of aan iemand worden toegeschreven. Maar de mens kan rechtvaardig verklaard worden door geloof (wanneer geloof gedefinieerd wordt zoals de bijbel dat doet).

De zonde reikt zo ver, is zo vernietigend, zo eeuwig serieus, dat Christus kwam om ons ervan te verlossen, niet enkel om het door de vingers te zien. Een zorgvuldig lezen van zijn gerijpte denken in *A Plain Account of Christian Perfection*[79], zal Wesley schonen van elke pelagiaanse smet. Hierin bevestigt hij dat een mens niet in staat is heilig te worden zonder genade, en evenmin ooit heilig kan worden in die zin dat hij niet langer voortdurend afhankelijk zou zijn van Christus' verzoening. Heiligheid, zegt hij, woont niet in de mens, maar wordt onderhouden in de relatie van de mens met God. Zou Christus Zijn aanwezigheid voor een enkel moment van de meest heilige mens wegnemen, dan zou die mens onheilig zijn, zei Wesley.

Op geen enkel punt wordt het "persoonlijke relatie" principe (tussen God en mens) duidelijker en belangrijker dan hier. Heiligheid bestaat uit deze onbelemmerde persoonlijke omgang en diepe, persoonlijke gemeenschap met God. God zoekt onze liefde en geeft Zijn liefde zonder maat. Zonde is eenvoudigweg de afwezigheid van deze relatie omdat de mens die heeft verworpen. Deze verwerping is door en door ethisch en heeft consequenties in alle gebieden van het rationele leven van de mens en reikt tot in alles wat de mens aanraakt. Deze breuk is een desintegrerende kracht, religieus gezien, in de psyche van de zondigende persoon, in de maatschappij, in de wereld, in al de relaties die hij onderhoudt met personen en dingen.

## 9.3  Voorafgaande genade

Veel is geschreven over Wesleys kijk op de zonde en dat hoeft op deze plaats niet verder uitgebreid te worden, behalve om de manier aan te duiden waarop het met de soteriologie verbonden is. Daar waar de reformatorische theologie alle verlossing baseert op "louter genade van God", is Wesley het daar volkomen mee eens. Maar hij vindt geen enkele plaats in de Schrift die de zienswijze zou onderbouwen dat die verlossende genade enkel voor een aantal uitverkorenen is, en dat zelfs voor een aantal specifieke personen. Genade, wat niets anders is dan Gods liefde, is niet selectief, volgens de Schrift. Er staat dat het alle mensen omvat: "Want alzo lief heeft God de wereld gehad" (Joh 3:16). Nooit wordt er gezegd dat liefde op één of andere wijze beperkt is.

---

79  Een duidelijke verklaring van de christelijke volmaaktheid (vert).

Mildred Bangs Wynkoop

Deze uitgestorte liefde noemde Wesley voorafgaande, of verhoedende, genade. Alle mensen zijn redbaar. Geen mens kan zichzelf verlossen. Hij kan geen verdienste of krediet claimen vanwege enig goed dat hij ooit doet. Voordat hij zijn vermogens benutte, had hij deze voorafgaande genade gekregen, en het vermogen die te gebruiken is ook een gave van God. Geen mens is nu dus in een puur natuurlijke staat, maar is onder de voorrechten en verantwoordelijkheden van de genade. Genade is niet de onweerstaanbare kracht Gods die de wil van de mens overmant, maar het is de liefhebbende hand van een Vader die het kind in staat stelt de bronnen te gebruiken die hem juist door die Vader gegeven zijn.

[Er] is geen excuus voor hen die in zonde voortgaan, en de schuld op hun meester schuiven, zeggende: "Het is God die ons tot leven moet wekken, want wij kunnen onze eigen zielen niet tot leven wekken". Want, toegegeven dat alle mensen van nature dood zijn in hun zonden, is dat voor niemand een excuus, aangezien er niemand in een puur natuurlijke staat is, er is geen mens, tenzij hij de Geest heeft uitgedoofd, die helemaal zonder Gods genade is. Geen mens die leeft is geheel verstoken van wat gewoonlijk het natuurlijk geweten genoemd wordt. Maar dat is niet natuurlijk, het is juister om het voorafgaande genade te noemen. Ieder mens heeft hier meer of minder van, wat niet wacht tot de mens geroepen wordt. (...) Iedereen heeft een bepaalde mate van dit licht, die zwakke glinsterende straal, die, vroeg of laat, meer of minder, ieder mens verlicht die in de wereld komt. (...) Geen mens zondigt omdat hij geen genade heeft, maar omdat hij de genade die hij heeft niet gebruikt (*Works*, VI, 512).

Op ieder onderdeel, en ondanks de gevolgen van de zonde op het menselijk ras, en in het persoonlijk leven van een ieder, bepaalt en begrenst het persoonlijke aspect van de relatie tussen de mens en God de betekenis van de zonde en het vrij zijn daarvan. Wesley besteedde er zijn leven aan om deze vrijheid waarin hij vele duizenden personen leidde te onderwijzen. Heiligheid is de volheid van wederzijdse liefde, groot of klein, begrensd door de capaciteiten van de persoon op ieder gegeven moment, maar evengoed volledige, reine, volkomen liefde. Volmaaktheid is zuiverheid van liefde. Heelwording kan enkel plaatsvinden in het kader van die liefde. Zonder liefde volgen onontkoombaar desintegratie, zonde, dood en hel.

## 9.4   Zonde, een religieus probleem

Wanneer Wesley zich bewoog in dit gedachtengebied, volgde hij bewust één van Augustinus' inzichten en verklaringen, namelijk, dat zonde een religieuze zaak is. Zonde is verdorven liefde, niet in eerste instantie zinnelijke lust, want dat is de consequentie van de zonde, niet de oorzaak ervan. Geen van de essentiële factoren of functies van het menszijn is verloren geraakt met de zondeval, maar het geheel van de menselijke natuur is uit zijn verband geraakt. Als religieus feit is zonde allereerst een verbroken gemeenschap met God. Heiligheid is de genezing van deze religieuze ziekte. De gemeenschap kan alleen op Gods voorwaarden hersteld worden. Dat is het begin van de heelwording van het totale persoonlijke leven, wat zich daarna uitstrekt tot het sociale leven en de wereld en uiteindelijk tot de aarde zelf.

Iedere theorie over de mens en de zonde die spotte met de dood van Christus riep Wesleys sterkste verachting op. Voor hem was zonde niet langer zonde in de evangelische zin wanneer die zo ver terug en zo diep beneden geplaatst werd dat er gezegd werd dat de essentiële, rationele, verantwoordelijke natuur van de mens zodanig vernietigd was dat de mens in dit leven niet meer hersteld kon worden naar het beeld Gods. Het verliest zijn religieuze en ethische betekenis. Zonde die voorbij het persoonlijke lag was geen zorg voor Wesley, want voor hem had die in religieuze zin geen betekenis. In zijn preek "A Blow at the Root, or, Christ stabbed in the House of His Friends"[80], gebruik makend van de tekst "Judas, verraadt gij de Zoon des mensen met een kus?" (Luc. 22:48), maakt Wesley volkomen duidelijk dat een verkeerd zondebegrip precies de heiligheid vernietigt die door Christus' dood mogelijk moest worden. Wesley, kalm, koel, beheerst als hij was, legt zoveel vuur in de preek dat hij het gevaar loopt zijn tegenstanders zaak te hoog op te nemen.

> "Zonder heiliging zal niemand de Here zien". (...) Niets onder de hemel kan zekerder zijn dan dit. (...) Niemand zal met God leven dan hij die nu met God leeft; niemand zal de heerlijkheid Gods delen in de hemel dan wie het beeld Gods op aarde draagt; niemand die niet hier van zonde gered is kan later voor de hel bewaard blijven; niemand kan het koninkrijk Gods boven zien tenzij het koninkrijk Gods hier beneden in hem is. (...)
>
> En toch, zo zeker als dit is, en zo duidelijk als het in iedere deel van de Schrift onderwezen wordt, is er nauwelijks één onder Gods waarheden die minder aanvaard wordt onder de mensen (*Works*, X, 364).

Nadat hij laat zien dat dit het geval was bij de "heidenen", de Rooms-katholieke kerk, en sommige protestanten, verwoordt hij het standpunt dat hij in overeenstemming acht met het Woord van God.

> Niemand kan de gezindheid hebben die in Christus was, tot hij gerechtvaardigd wordt door zijn bloed, tot hij wordt vergeven en verzoend met God door de verlossing die in Jezus Christus is. En niemand kan gerechtvaardigd worden, dat is duidelijk, dan door geloof, geloof alleen. (...)

---

80  Een slag aan de wortel, of, Christus doorstoken in het huis van zijn vrienden (vert).

Mildred Bangs Wynkoop

Hoe dit te ontwijken? Welke weg kon Satan kiezen om al dit licht nutteloos te maken? (...) Wat anders dan juist diegene die het ontvangen had te overreden "de genade Gods tot ongebonden vrijheid te maken?" Met dit doel verscheen Simon Magus opnieuw, en leerde "dat Christus alles gedaan en geleden heeft; dat zijn gerechtigheid ons toegerekend wordt, en wij zelf dus geen gerechtigheid nodig hebben; dat aangezien er zoveel gerechtigheid en heiligheid in Hem was er in ons geen hoeft te zijn; dat te denken dat wij enige gerechtigheid hebben, of zoeken, of verlangen het verloochenen van Christus is; dat van het begin tot het einde van de verlossing alles in Christus is, niets in de mens". (...)

Dit is inderdaad "een slag aan de wortel", de wortel van alle heiligheid, alle ware godsdienst. Hierdoor wordt Christus "doorstoken in het huis van zijn vrienden". (...) Want overal waar deze leer hartelijk wordt ontvangen, blijft geen ruimte over voor heiligheid. (...) Het maakt de mensen bang voor persoonlijke heiligheid, bang enige gedachten eraan te koesteren, of beweging erheen te maken, uit vrees het geloof te ontkennen, en Christus en zijn gerechtigheid te verwerpen" (*Works*, X, 366).

Er is zoveel materiaal in Wesleys werken over het onderwerp "zonde", dat men geneigd is steeds meer naar voren te brengen bij het bestuderen van zijn standpunt. De conclusie ervan is dat de echte vraag niet is: Is heiligheid niet een te hoge standaard dat wij die enkel mensen zijn die zouden kunnen bereiken? maar: Definiëren wij zonde op zo'n manier dat we onszelf blind maken voor wat de Schrift ons vertelt over heiligheid? Wanneer we het op die manier vragen, benaderen we het hele probleem vanuit een bijbels perspectief.

## 9.5   Heiligheid en zonde, gerelateerd aan de liefde

Het is Wesleys accent op de liefde die niet enkel de sleutel wordt tot de betekenis van heiligheid maar ook tot de betekenis van zonde. Zonde is liefde, maar liefde die het spoor is bijster geraakt. De mens is een schepsel dat niet vrij is om niets lief te hebben. Hij is een gebonden persoon. Iedere bewuste handeling herbevestigt die gebondenheid - of daagt die uit. Liefde is de meest krachtige drang van de menselijke persoon; het diepste feit van de rationele mens. Maar het is precies in deze drang dat hij het meest vrij en het meest verantwoordelijk is. "Afgedwongen" liefde is helemaal geen liefde. Op geen enkel punt is de menselijke persoon meer verantwoordelijk, en daarom meer "vrij", dan in het sturen van zijn liefde. Hij is niet de slaaf van zijn liefde, tenzij hij zijn menselijkheid overgeeft aan een of andere onpersoonlijke drang. Hij zou afstand kunnen doen van zijn menselijkheid, maar dat ontslaat hem niet van zijn verantwoordelijkheid vanwege die daad.

De mensen zijn vastgezet door hun eigen liefde in een baan rond een centrum. Zonde is liefde die vastgezet is rond een verkeerd centrum, het zelf. De valsheid is altijd veelzijdig, los van hét middelpunt, vernietigend. Zonde is de vervorming van liefde. Ze is een vervanging voor het echte, en lijkt er oppervlakkig wel wat op. Maar zonde kan het echte niet voortbrengen. Ze kan niet scheppen. Ze vernietigt het goede dat ze zoekt. Zonde zegt: "Kijk eens naar de vrijheid die ik aanbied, zonder de beperkingen en de arbeid en de inschikkelijkheid die God vereist. Leg Gods belachelijke en beperkende regels naast je neer. Geniet van de vrucht zonder dat vervelende bewerken van de wijngaard. Heb liefde, goedkoop, gratis". Maar niemand kan voortgaan het valse lief te hebben en heel te blijven. Zonde draagt in haar het zaad van haar eigen vernietiging.

Heiligheid is liefde, vastgeklonken aan het ware centrum, Jezus Christus, onze Heer. Waarachtig zijnde, komt het gehele zelf - en in toenemende mate het gehele leven - in harmonie en heelheid en kracht.

Door zonde naast liefde te plaatsen wordt er iets gezegd van wat zonde is en wat vrij zijn ervan inhoudt. Er moet opnieuw gezegd worden dat liefde een persoonlijke kwaliteit is, een relatie die met of tegen personen tot stand gebracht wordt. Het heeft te maken met de aard van haar object. Het object kaatst terug op en bepaalt de kwaliteit van de liefde. De kern van nederigheid en ware persoonlijke morele grootheid is het richten van je hart op God. Een korte omschrijving van trots en vleselijke arrogantie is het verheffen van je eigen miserabele zelf tot de pretentie een god te zijn. En hierin ligt de scheidingslijn tussen heiligheid en zonde, integratie en desintegratie, leven en dood. "Kies heden wien gij dienen zult". "Geen mens kan twee meesters dienen". "Gij kunt niet God èn mammon dienen".

## 9.6 Heiligheid - de nieuwe genegenheid

Maar dit laat nog één essentiële vraag ter bespreking open. Aangenomen dat de sterkte van de liefde wellicht de meest onbreekbare band van de menselijke geest is en zichzelf ofwel als de krachtige en onvernietigbare morele vitaliteit van heroïsche christenen manifesteert, ofwel in de onuitspreekbare verdorvenheid van de mens in morele laagheid en koude wreedheid. Hoe is het dan mogelijk de verbondenheid van de liefde aan het ene object te wijzigen in een ander? Hoe kan enig mens overstappen van de ene "baan" naar een andere? Hoe kan een *coup d'état* de oude dynastie van eigen-aanbidding omverwerpen als het het zelf is dat moet handelen? Het antwoord is kort en ter zake doende: Hij kan dat niet *in eigen kracht*.

De impasse kan niet doorbroken worden dan door Gods genade. Maar een te mager genadebegrip kan de waarheid hier verraden. Op één of andere manier moet

Mildred Bangs Wynkoop

God in staat zijn het voor de mens, die zeer sterk in de ban van de consequentie van zijn eigen vrije keuze is, mogelijk te maken de traumatische tegengestelde keuze te maken die de nieuwe verbondenheid vereist, zonder hem te beroven van de enige claim op vrijheid die hij heeft, die hem een mens maakt en geen automaat.

God handelt, maar Hij handelt in morele luister. Hij wint zich een weg tot het hart van de mens door Zijn liefde en vervulling te tonen. "God was in Christus de wereld met Zichzelf verzoenende". De pracht van Gods werkelijkheid en beloften zet tegengestelde liefdes in de schaduw. God forceert zijn weg tot het hart niet; Hij prikkelt de versleten hoop van de mensen totdat de oude, goedkope liefdes lijken op een verdorven, prullerige imitatie. God valt het "willen" in de mens aan. Er is waarheid in Pierre Abelards theorie van verzoening die Christus dood ziet als een demonstratie van Gods liefde, ontworpen om het vertrouwen en de trouw van de mens te winnen. Het is zeker meer, maar het is inderdaad ook een daad van verzoenende liefde.

God handelt in het enige gebied waar de mens waarlijk vrij is, en maakt een beslissing niet enkel mogelijk en wenselijk maar ook verplicht. Geen mens is vrij om geen standpunt in te nemen betreffende morele keuzen in het licht van deze zeer diepe en diepzinnige goddelijke zelfopenbaring en aanbieding van leven. God handelt in het enige gebied van het menselijk bestaan waar werkelijke verandering begint. Hij vraagt niet om een koude, ongemotiveerde, bewuste, louter verstandelijke beslissing om het object van iemands verbondenheid te wijzigen van het ik tot God. De Geest van God komt keer op keer om de schoonheid van Christus en de uitmuntendheid van Zijn heerschappij te tonen, en daar tegenover de armoede en lelijkheid van iemands eigen beste prestaties en bezittingen.

Werkelijke morele en geestelijke waarden worden ter vergelijking tegenover elkaar gezet. Leven en dood worden vóór ons geplaatst met al de verleidelijkheid van Gods liefde in tegenstelling tot duisternis en dood. Enkel in dit heilige uur kan een mens zich naar God toe bewegen; en nooit zonder Gods initiatief. Jezus zei: "Indien Ik niet gekomen was, (...) zij zouden geen zonden hebben, maar nu hebben zij geen voorwendsel voor hun zonden" (Joh 15:22). Hij bracht licht en bekoorlijkheid evenals de motivatie om Hem lief te hebben, en we kunnen Hem enkel liefhebben omdat Hij ons eerst heeft liefgehad. In de titel van het boek *The Expulsive Power of a New Affection*[81] ligt een diepe waarheid.

---

81  De uitdrijvende kracht van een nieuwe genegenheid (vert).

## 9.7 De "oude mens" tegenover de "nieuwe mens"

Dit hoofdstuk begon met de opmerking dat zonde slechts goed gedefinieerd kan worden tegenover heiligheid, en dat noch zonde noch heiligheid zinnig besproken kunnen worden in het abstracte, of los van het geheel van godsdienst. Een bespreking van de zonde zou daarom niet bevredigend zijn als er geen aandacht gegeven werd aan de termen die Paulus gebruikt, "oude mens" en "nieuwe mens", en aan de betekenis van Adam en Christus in verband met deze termen en in verband met elkaar.

Het is nodig een Hebreeuws begrip te introduceren, dat in de theologie "federatieve leiding" wordt genoemd, en in bijbelstudies "gezamenlijke persoonlijkheid". Edmond Jacob, in *Theology of the Old Testament*, citeert Wheeler Robinson, die de "klassieke formulering" van dit idee geeft: "De hele groep, inclusief haar leden in verleden, heden en toekomst, functioneert als een enkel individu via één van de leden die representatief wordt geacht voor het geheel"[82]. In de Hebreeuwse denkwijze onderhielden het individu en het "hoofd" van de gemeenschap waarvan hij een onderdeel was een relatie met elkaar van werkelijke eenheid, geen idealistische. Het hoofd was een "incarnatie" van ieder onderdeel van de groep. Ieder individu "incarneerde in zijn eigen persoon de gehele gemeenschap", of "je kunt het individu zien als in de gemeenschap, en de gemeenschap in de individuen"[83].

Dit schijnt de zin te zijn waarin Paulus alle mensen in Adam ziet. De substantiële, biologische structuur van het ras is vaak tot basis gemaakt voor een materialistische theorie van de zonde en de manier waarop die doorgegeven wordt, op basis van Paulus' commentaar in Romeinen 5. Een diepere analyse van deze passage zal de ontoelaatbaarheid van zo'n interpretatie aantonen. Wat Paulus dan ook bedoelde, de directe tegenstelling door middel van een analogie tussen "in Adam" en "in Christus" brengt beide in een geestelijk gedachtekader, en niet in een substantieel. Wesley verwoordt dit idee als volgt:

> Mijn reden om te geloven dat Adam het federatieve hoofd of de vertegenwoordiger van de mensheid is, is deze: Christus was de vertegenwoordiger van de mensheid toen God "ons aller ongerechtigheid op hem heeft doen neerkomen", en hij "om onze overtredingen werd doorboord". Maar Adam was ook een type, of beeld, van Christus, daarom was ook hij in bepaalde zin onze vertegenwoordiger; als gevolg waarvan allen in hem "stierven", evenals allen door Christus weer levend gemaakt zullen worden (*Works*, IX, 332).

---

82  Edmund Jacob, *Theology of the Old Testament* (New York: Harper and Row, 1958), blz. 154.
83  Idem, blz. 155.

Mildred Bangs Wynkoop

Nog relevanter voor ons onderwerp is Wesleys volgende commentaar in diezelfde discussie, terwijl hij met instemming een gedeelte van zijn tegenstanders eigen standpunt citeert:

"Zoals Adam een algemeen persoon was, en handelde in de plaats van de gehele mensheid, zo was Christus evenzo een algemeen persoon, en handelde ten behoeve van zijn volk; zoals Adam de eerste algemene vertegenwoordiger van de mensheid was, zo was Christus de tweede en de laatste; dat wat zij beiden in die hoedanigheid deden was niet bedoeld om tot henzelf beperkt te zijn, maar om zovelen te beïnvloeden als zij beiden afzonderlijk vertegenwoordigden." (...)

[Wesley voegt daaraan toe] Dit is inderdaad de waarheid. Want "alles dat wij verloren door Adams ongehoorzaamheid is volledig hersteld door Christus' gehoorzaamheid; hoe we ook de relatie benoemen waarin de één en de ander tot ons staat". Op dit punt zijn wij het eens (*Works*, IX, 333).

Het is deze analogie die Paulus gebruikt om alle mensen te verbinden met Adam *(anthropos)*84. Als hoofd van het ras vertegenwoordigt hij alle mensen, en van wat hij deed kan gezegd worden dat alle mensen dat doen. In Adam worden de mensen geboren als een ras dat is "vervreemd van het leven Gods". Het centrum van de toewijding is niet God, maar de trots, het zelf en de dingen van "de wereld". Alles waar de term "in Adam" voor staat is de "oude mens", de valse en vernietigende gerichtheid van het zelf buiten Christus. Dit is het "koninkrijk dezer wereld", de *heerschappij* van zonde en dood, de plaats en het domein van de zonde. Deze situatie bepaalt de zonde. Het is niet louter een "principe", maar een existentieel feit in de ervaring van het ras en in ieder mens van dat ras. Wesley beschrijft dit goed:

Als de mens genegen zou zijn de ellende van zijn val te zoeken, zou zijn verstand hem voorzien van genoeg redenen om voortdurend te rouwen; om zichzelf te verachten en te verloochenen; hij zou de trieste gevolgen van het afkeren van God en het verliezen van zijn Geest kunnen zien; dorsten naar onsterfelijkheid, en toch onderworpen aan de dood; het goede willen, en toch vreugde vinden in dingen die daarmee niet overeenkomen; een enorm verlangen voelen naar iets dat al zijn vermogens kan vervolmaken en bevredigen, en toch niet in staat zijn te weten wat dat machtige is, anders dan vanuit zijn huidige gebreken, noch hoe dat te bereiken, anders dan door tegengesteld aan zijn huidige gerichtheid te handelen (*Works*, VII, 510).

In volkomen tegenstelling hiermee staat de heerschappij van Christus, de Tweede, of Laatste Adam, de "nieuwe mens". Christus is het ware Hoofd, de Eerstgeborene van alle schepselen, wiens gezag de "oude mens" zich wederrechtelijk had

---

84  Grieks voor "mens" (vert).

toegeëigend. Op dit punt wordt de diepe betekenis van de vleeswording onthuld. Christus, als de ware vertegenwoordigende Persoon (in relatie tot de mensheid), neemt de hele erfenis en zonde van het menselijk geslacht op zich. Niemand anders kan dat doen. Hij is de Heer van het koninkrijk van God. In Hem is de ommekeer van alles wat de oude mens heeft gedaan. Door Zijn dood en opstanding vestigde Hij Zijn heerschappij en beëindigde Hij de vervreemding van het ras met God. Hij is God met ons, Immanuël. In Christus, het ware Hoofd van de Kerk, worden de mensen één met de nieuwe gemeenschappelijke Persoonlijkheid. In iedere gelovige is het totale leven van het nieuwe ras geïncarneerd, en Christus, het Hoofd, neemt iedere gelovige op in Hemzelf, als de nieuwe mens. Dit is het koninkrijk van God. Dit is het Leven van God in iedere gelovige. Toen Jezus zei: "*Ik* ben de *weg*, de *waarheid* en het *leven*", stelde Hij Zijn heerschappij tegenover de tegengestelde, vernietigende, misleidende weg, die leugen en dood was. De gerichtheid van Adam is de valse weg.

Dit zou een praktische betekenis moeten geven aan de vreemde woorden van Paulus: "*Leg af* de oude mens met zijn praktijken", en "*doet* de nieuwe mens *aan*" (Col. 3:9 en Ef 4:21-25, cursivering van mij). Deze daad van totale verloochening van de trouw en toewijding aan een leven zoals dat door Adam gekarakteriseerd wordt, en een totaal nieuw verbond met Christus, de nieuwe Mens, bevat een levendig commentaar op de betekenis van zowel zonde als heiligheid. Het legt de nieuwe verantwoordelijkheid om te dienen onder het Koninkrijk bij de eigen keuze, duidelijk bij de individu die tot Christus komt.

Een aantal nieuwtestamentische passages illustreren op levendige wijze de tegenstelling tussen de twee wegen die gevolgd kunnen worden:

| Heiligheid | tegenover | Zonde |
| --- | --- | --- |
| Mat 6:24 God dienen | | Mammon dienen |
| Joh 3:16 Geloven in Jezus | | Ongeloof (verwerping) |
| Rom. 1:25 De waarheid Gods<br>……….. | | vervangen door "de leugen" |
| (Rom. 6:13) Ten dienste stellen van God | | Ten dienste stellen van de zonde |
| Rom. 6:16 eeuwig leven | | dood |
| Rom. 6:19 Stelt uw leden ten dienste van de gerechtigheid tot heiliging | | Leden ten dienste gesteld van de onreinheid tot de dood |
| Rom. 8:2 "De wet van de Geest des levens in Christus Jezus" | | "De wet der zonde en des doods" |
| Rom. 8:5 Dat zij die naar de Geest | | Dat zij die naar het vlees zijn de |

Mildred Bangs Wynkoop

| | |
|---|---|
| zijn de gezindheid van de Geest hebben | gezindheid van het vlees hebben |
| Rom. 8:6 De gezindheid van de Geest is leven en vrede | De gezindheid van het vlees is de dood |
| I Cor. 12:3 "Jezus is Here" | Jezus is "vervloekt" |
| Gal 5:16-24 De vrucht van de Geest (gespecificeerd) | De werken van het vlees (gespecificeerd) |
| Ef 4:25 Spreekt de waarheid | Spreekt de leugen |
| I Thess. 4:3,7 De wil van God, uw heiliging | Onreinheid en morele onzuiverheid |
| I Petr 1:14-15 Weest heilig in al uw wandel | Gevoegd naar de begeerten uit de tijd uwer onwetendheid |
| Gal 6:8 Hij die op de akker van de Geest zaait, zal uit de Geest eeuwig leven oogsten | Hij die op de akker van zijn vlees zaait, zal uit zijn vlees verderf oogsten |

Kort gezegd, zonde en heiligheid moeten veeleer in geestelijke en morele dimensies verstaan worden dan in substantiële en/of rekenkundige dimensies. Deze termen moeten naar de hoogste volmaaktheid gemeten worden. Ze kunnen nooit werkelijk geëvalueerd worden in termen van eenheden omdat ze door en door moreel en persoonlijk (individueel en sociaal) zijn. En als persoonlijk beschrijven ze morele waarden, nooit rekenkundige optellingen en/of aftrekkingen.

Iets van dit misverstand heeft de theologische dwalingen veroorzaakt die het Wesleyanisme bedoelt te corrigeren. In een bepaalde traditie is de beperking van de mate van verzoening het resultaat van het berekenen van zonde in gewicht, aantal of wettelijke termen. Zij stelt dat Christus stierf voor een bepaalde en gemeten hoeveelheid zonde, niet meer en niet minder, omdat anders voor alle zonde "betaald zou zijn" en alle mensen behouden zouden worden. In een andere traditie schakelt Christus' verdienste enkel de "oorspronkelijke zonde" uit. De gedoopte persoon doet vervolgens boete voor al zijn eigen zonden die in het dagelijks leven begaan worden.

In sommige religieuze groepen is er een tendens de "oorspronkelijke zonde" te depersonaliseren. Het principe van de zonde wordt scherp onderscheiden van begane zonden en er wordt maar al te vaak aan gerefereerd als een "iets". Het is "verder terug en dieper beneden" dan de persoon en voorbij de plaats waar taal kan gaan of gedachten zich voor kunnen stellen - een feitelijke substantie met een *werkelijk* bestaan dat op één of andere manier verbonden is met de substantie van de ziel maar er geen essentieel onderdeel van is. Het "wegnemen" ervan wordt buiten de morele verantwoordelijkheid van de mens geplaatst en gescheiden van een bewust antwoord op de eisen van de genade. Geen manier van denken is minder bijbels en meer magisch. (Ieder idee van verkrijgen wat we willen zonder toevlucht te nemen tot de daarvoor vereiste middelen is geloof in magie. Het is een poging om voorbij te gaan aan de oorzakelijke middelen tussen droom en werkelijkheid).

Mensen proberen altijd een manier te vinden om de persoonlijke verantwoordelijkheid voor het zijn wat ze zijn te ontvluchten, en te vermijden dat te moeten belijden en er iets aan te moeten doen. James R. Dolby zegt het als volgt:

U en ik zijn ten diepste oneerlijk. (...) We hebben onszelf bedrogen. Te vaak geloven we zelf de leugens waarvan we anderen proberen te overtuigen. (...)

Persoonlijke oneerlijkheid is een verraderlijke ziekte. Eenmaal begonnen, vernietigt het langzaam de persoon zelf totdat hij zich er niet langer van bewust is dat hij zichzelf heeft bedrogen[85].

Zij (of wij) proberen te ontvluchten aan een innerlijk kwaad op een magische manier die de gerijpte eis om te beantwoorden aan morele eisen ontwijkt. "Sommige mensen gebruiken onder de naam van christendom een vorm van theïstische magie om daarmee aan de verantwoordelijkheid om een beslissing te nemen te ontsnappen"[86].

Het probleem van de mens is niet een onderbouw van één of ander wezensvreemde substantie die aan zijn ziel kleeft, maar zijn eigen vervreemding van God. "Zijn probleem is niet onkunde maar ongehoorzaamheid, ongeloof, en de verstoktheid van zijn hart"[87].

In een enkel woord, bijbelse psychologie is persoonlijk en houdt zich volledig bezig met persoonlijke relaties, individueel en sociaal. Gods relatie met de mens ligt in een persoonlijke, historische context, en het respons van de mens op God kan niet gepeild worden door wat voor meeteenheid dan ook. De bijbelse boodschap gaat terug tot het hart van de mensheid, terug naar waar het diepste, meest verantwoordelijke, meest persoonlijke levensniveau uitgespeeld wordt. Zij is ethisch in de meest werkelijke en diepe zin.

---

85  James R. Dolby, *I, Too, Am a Man* (Waco, Tex.: Word Books, 1969), blz. 154.
86  Idem, blz. 8
87  Idem.

Mildred Bangs Wynkoop

*10*

# De betekenis van "moreel"

Het geheel van het evangelie is geplaatst binnen het kader van de geschiedenis en de verantwoordelijke persoonlijkheid. God is persoonlijk. Mensen zijn personen. God deelt iets van zichzelf. De mensen antwoorden of reageren met bewuste, zinnige gedragingen en besluiten. Woorden als *persoonlijk, liefde, beslissing, persoonlijke relatie* en *moraal*, zijn belangrijk bij het bespreken van zaken die behoren bij het evangelie. Het goede nieuws is dat iets dat God deed en doet de weg tot Hem opent, maar de bijbel houdt zich sterk bezig met wat de mens moet doen om van Gods liefde gebruik te kunnen maken.

Geen belangrijker boodschap kan verteld worden dan dat persoonlijke heiliging verwoord moet worden in termen van persoonlijk relaties. Dit is belangrijker dan methodologie en verstaat de persoon-tot-persoon werkelijkheid als een centraal punt in alle aspecten van de christelijke ervaring. Het belang van dit begrip wordt teniet gedaan wanneer een heimelijk, stoffelijk begrip van de menselijke natuur onder de bijbelse en wesleyaanse theologische termen geschoven wordt. In deze denkwijze leidt de grote kloof (die de "geloofwaardigheidskloof" veroorzaakt) tussen ideeën, of theologische werkelijkheden, en het praktische leven tot een in hokjes opdelen van het leven. Dit is fataal voor echt christendom.

Deze scheiding sluit het ware zelf uit van de gezonde zelfkritiek die zo noodzakelijk is voor een authentieke christelijke levenswijze en integriteit. Het schept een vals gevoel van zekerheid die samengaat met een mechanische en/of emotionele ervaring waarvan beweerd wordt dat dat het bewijs van een werkelijke staat van genade is.

Een substantiële interpretatie van het zelf, van zonde, heiligheid, of zelfs van de Heilige Geest, berooft de mens van een basis om al de aspecten van verlossing te verstaan als een morele relatie met God en mens. Wanneer deze geestelijke zaken teruggebracht worden tot het niveau van het substantiële, wordt de heiligingsboodschap als geheel in gevaar gebracht. Het gevaar is dat de taal van de bijbel, zo diep en heilzaam geestelijk en psychologisch, verhard wordt door de rechtvaardige eisen van de theologie tot niet-persoonlijke categorieën, onderworpen aan amorele - of zelfs magische - manipulatie.

Een goed verstaan van deze termen is dus buitengewoon belangrijk voor een goed begrip van het wesleyanisme. Wesleyaanse theologie benadrukt het *persoonlijke*. God heeft de mens als *persoon* gemaakt. Het beeld van God heeft te maken met dat wat een persoon dan ook is. *Persoon* en *persoonlijk* zijn moeilijke begrippen om uit te leggen. Ze refereren aan een zeer objectieve en scherpomlijnde realiteit, maar kunnen beter benaderd worden via wat een persoon doet dan via wat hij is.

Noch de Schrift noch Wesley speculeren over de ontologische natuur van de mens. Beide zijn diep bezorgd over zijn "hart", of zijn motivatie - een plaats waar geen enkele vinger naar kan wijzen en zeggen: "Dit is haar plaats in de mens." We zijn de mens niet aan het degraderen tot louter een "stroom van bewustzijn", wat niets meer is dan een negatieve ontologie. We beschouwen de mens in deze studie eenvoudig zoals de bijbel dat doet - een persoon waartegen God spreekt en die in een werkelijke conversatie kan antwoorden.

Het zal nooit mogelijk zijn ofwel Wesley ofwel de Schrift te begrijpen als het hart, als het morele centrum van de persoon, niet gevrijwaard wordt van alle substantiële gedachten erover. Om het een "werktuig" te noemen, zoals sommigen doen, lost geen enkel probleem op. *Werktuig* is even ondefinieerbaar als *hart* of *persoon*. Wij zullen ermee tevreden moeten zijn om over het zelf te spreken als het brandpunt van alles wat de mens is - lichaam en verstand, hart en geest, bewustzijn en wil. Op dit punt "is" de mens.

Veel van wat hij is verkrijgt hij vanuit zijn erfgoed, zijn cultuur, zijn betrokkenheid met het totale heden, maar hij is niet hopeloos opgesloten in zijn "gevangenis". Op manieren die de filosofie en de wetenschap verbijsteren, kan de mens, en doet dat ook, de tegengestelde keuze maken en daardoor een "nieuwe mens" worden. Jezus sprak over wat het ook van de mens is dat een standpunt inneemt over "cruciale aangelegenheden", en de veroordeling of goedkeuring in Gods ogen hing af van wat de mens op dit punt deed.

Jezus' commentaren over de "natuur" van de mens hebben een grondiger bestudering nodig. Hij zei, "Maar wat de mond uitgaat, komt uit het hart, en dat

Mildred Bangs Wynkoop

maakt de mens onrein. Want uit het hart komen boze overleggingen, moord, echtbreuk, hoererij, diefstal, leugenachtige getuigenissen, godslasteringen. Dat zijn de dingen die de mens onrein maken" (Matt. 15:18-20).

Maar het hart, zo slecht als het moge zijn, is niet een plaats maar een gerichtheid. Het kan kwaad produceren dat de mens onrein maakt, maar het kan ook God en de naaste liefhebben en daardoor God behagen. Dit begrip *hart* als het regerende centrum van de persoonlijkheid mag niet vergeten worden wanneer het probleem van de zonde besproken wordt - evenals zaken van heiligheid en volmaaktheid en reiniging en alle andere facetten van de theologie en de praktijk. Zou het meer lezen in Jezus' woorden zijn dan Hij bedoelde, of dan verdedigd zou kunnen worden, om te zeggen dat het niet de mens *(anthropos)* is die het hart onrein maakt, maar het het hart is dat de mens onrein maakt? Zonde ligt dan niet in de "menselijkheid" van de mens (een genetisch begrip) maar in het centrum van de motivatie in het leven van individuen - dat wat de mens een persoon maakt. Dit is ook de plaats van heiligheid. Heiligheid heeft te maken met het hart, of het centrum, van de mens. Het heeft te maken met dat deel dat liefheeft, niet *in eerste instantie* met de lichamelijke mens. Zoals de zonde consequenties heeft in het leven, zo heeft heiligheid consequenties in het leven.

Het is altijd de meest diepe overtuiging van het Wesleyanisme geweest dat de bijbel spreekt over de morele relaties van de mens en niet over de subrationele, onpersoonlijke delen van het zelf. Zonde is fundamenteel het zich scheiden van God, niet met een meetbare afstand maar in een "moreel niet lijken op" en in geestelijke vervreemding. Heiligheid is door en door moreel - liefde tot God en mens. Dit zijn kwaliteiten van het zelf in relatie tot de persoon van God en mens.

Te stellen dat heiligheid en zonde persoonlijke relaties zijn, geen dingen die geteld en gewogen kunnen worden, klinkt vaak als een verraden van de heiligingsleer, en een feitelijke ketterij. Wanneer echter de woorden van de Schrift die voortkomen uit de meest essentiële en levendige situaties geïnterpreteerd worden op een wijze die ze van leven berooft, wordt een negatieve herwaardering van het evangelie zowel alarmerend als gevaarlijk. Dat de bijbelse exegese het slachtoffer van deze negatieve herwaardering moest worden is een geestelijke tragedie.

De tendens om de christelijke boodschap te depersonaliseren staat een evaluatie toe van het geestelijke leven door hoeveelheidswaarden die de betekenis ervan volkomen vernietigen. Kwaliteiten worden verloren wanneer de poging ondernomen wordt ze op te tellen en af te trekken. Sydney Harris, in zijn eigen column, "Strikt persoonlijk", citeerde Ortego Y. Gasset, de grote Spaanse denker, die gezegd heeft: "Het minimum is de meeeenheid op het gebied van de kwantiteit, maar op het gebied van waarden zijn de hoogste waarden de meeteenheid". Het is de karakteristiek van hoeveelheid dat het gemeten wordt door de kleinste eenheden. We berekenen hoeveelheden door op te tellen en/of af te trekken en door waarden te vergelijken middels rekenkunde, gewicht en tijdseenheden.

Maar het is de bijzonderheid van kwaliteitswaarden dat zij gemeten worden door de hoogste volmaaktheid. Onpersoonlijke dingen worden berekend, persoonlijke uitmuntendheden worden vergeleken met het hoogst voorstelbare. Een volmaakt huwelijk is niet de som van alle cadeautjes en kusjes, maar de mate van volmaakte liefde en trouw en toewijding. De betekenis van godsdienst wordt verwrongen door persoonlijke religieuze ervaringen te meten met de verkeerde meeteenheid. Wanneer geestelijke vooruitgang wordt berekend in rekenkundige termen, komt men de uiterste spanning, frustratie en dubbelzinnigheid tegen tussen theologie, bijbel, en psychologie. Dit soort spanning en dubbelzinnigheden worden in de Schrift zeker niet gevonden. Een vooringenomenheid met het vinden van een bepaald aantal genadewerken in de Schrift zal de onderzoeker verblinden voor de morele verplichting die als enige de "genadewerken" betekenis kan geven.

De studie is tot op dit punt voortgegaan op basis van de overtuiging dat de meest vruchtbare weg om wesleyaanse of heiligingstheologie te interpreteren het bevestigen van de "verbinding" is, waarover zij spreekt als zijnde *een persoonlijke relatie tussen God en mens.*

Persoonlijke relatie betekent niet eenvoudigweg dat God persoonlijk is, dat Hij een wil heeft, dat Hij op verstandelijke wijze een daad voorbereidt, dat Hij een verstandelijk Wezen is. Personen kunnen, en doen dat ook, doelbewust handelen in de richting van een onpersoonlijke realiteit. Een timmerman slaat spijkers. Een tandarts boort in tanden. Een boer leidt een kudde vee naar de wei. Personen kunnen hun wil opleggen aan andere personen, en doen dat ook. In de menselijke maatschappij kunnen "onpersoonlijke" relaties de overhand hebben, en dat gebeurt ook. In een "computermaatschappij" worden individuen zodanig de slaven van de technologie dat de gewone man dat voor lief neemt. Het "gemiddelde" is het ideaal en de rechtvaardiging voor middelmatigheid. De publieke opinie is de waarheid. Gewoonte is koning. Slim adverteren neemt de plaats in van gewoon nadenken. Commentatoren vormen de meningen. Iemand die zich niet graag bezighoudt met besluiten nemen zou kunnen leven zonder er veel te nemen. Iemand die liever denkt zou wel eens een hoge prijs moeten betalen om een persoon te zijn - martelaarschap, meer of minder bloedig, maar zeer werkelijk.

Dit in de theologie te leggen helpt om het "plaatje" helder te maken. Als God handelt richting mens, buiten zijn denken en keuze om; als redding op de mens

Mildred Bangs Wynkoop

wordt "toegepast" door een bovennatuurlijke verandering van zijn verstand, gezindheid, lichaam en psyche, "verder naar beneden" dan zijn bewuste leven, waar hij niet verantwoordelijk gesteld kan worden; als de mens een "psychologische wijziging" kan verwachten zodat hij niet langer de volle kracht van de verzoeking hoeft te ervaren, dan, - hoewel God een persoonlijk Wezen is en de mens een persoon - is "persoonlijke relatie" een fictie, bijbelse redding een mythe.

Persoonlijke relatie wordt een realiteit wanneer twee ego's - twee "zelf-en" - zichzelf voor elkaar openen, de morele autonomie en de persoonlijke integriteit van elkaar respecteren, elkaar waarderen zoals men zichzelf waardeert, zichzelf met de ander delen zonder blinde overgave van elkaar te verlangen, en dan op elkaar reageren in het diepe bewustzijn van wederzijdse gemeenschap. In deze ontmoeting, die de gemeenschap bepaalt, wordt de integriteit van elkeen gehandhaafd en vergroot zonder iets dat essentieel is aan het "zelf" zijn over te geven. De relatie wordt niet bedorven door een verlies van eigen identiteit of zelfrespect, en toch geeft men zich volkomen. Enkel een sterk zelf kan de eisen van het zichzelf geven die inherent zijn aan ware gemeenschap riskeren. Enkel zo'n zelf kan liefde kennen zonder *zichzelf* of *degene* die het object van zijn liefde is te vernietigen.

God handelt ten opzichte van de mens in termen van persoonlijke relaties. Als Hij dat niet deed, als Hij misbruik maakte van zijn macht en positie door aan de integriteit van de mens die Hij maakte om lief te hebben en gemeenschap mee te hebben voorbij te gaan, zou Hij de mens als mens vernietigen. Liefde zal en kan de integriteit van de ander niet schenden. Dit zou de liefde uitschakelen. Een "liefde" die zelfs goede dingen aan een ander opdringt vernietigt die ander. Als Johannes kan zeggen: "God is liefde", heeft hij daarmee de menselijke taal uitgeput. Hij heeft iets gezegd over God dat een commentaar is op de natuur en de mogelijkheden van de mens en over datgene wat verlossing is, en wat God is. Wesley schreef daar wat over:

U weet hoe God in uw eigen ziel werkte, toen Hij u voor het eerst in staat stelde te zeggen: "Het leven dat ik nu leef, leef ik door geloof in de Zoon van God, die mij heeft liefgehad en zich voor mij overgegeven heeft". Hij nam uw verstand niet weg; maar verlichtte en versterkte het. Hij vernietigde niet één van uw genegenheden; ze waren eerder sterker dan tevoren. En Hij nam helemaal uw vrijheid niet weg; uw vermogen om te kunnen kiezen tussen goed en kwaad: Hij dwong u niet, maar, geholpen door Zijn genade, koos u evenals Maria de goede kant. Evenzo heeft Hij er vijf in één huis geholpen om die gelukkige keuze te maken; vijftig of vijfhonderd in één stad; en vele duizenden in een land, - zonder hen iets van die vrijheid te ontnemen die essentieel is voor een moreel handelend persoon.

Niet dat ik ontken dat er uitzonderingsgevallen zijn, waarin de overweldigende kracht van de reddende genade tijdelijk even onweerstaanbaar werkt als een bliksemschicht uit de hemel. Maar ik spreek over Gods algemene handelwijze, waarvan ik ontelbare voorbeelden gekend Heb; wellicht in de laatste vijftig jaar meer dan enig ander in Engeland of Europa. En wat betreft deze uitzonderingsgevallen, hoewel God op dat moment onweerstaanbaar werkt, geloof ik niet dat er één mensenziel is waarin God altijd onweerstaanbaar werkt. Nee, ik ben er volledig van overtuigd dat er geen is. Ik ben ervan overtuigd dat er geen mens leeft die niet verscheidene keren "de Heilige Geest heeft weerstaan", en Gods raadgeving in de wind heeft geslagen. Ja, ik ben ervan overtuigd dat ieder kind van God op bepaalde tijd "leven en dood" voor zich gesteld krijgt, eeuwig leven en eeuwige dood, en zelf de beslissende stem heeft. Zo waar is die welbekende uitspraak van Augustinus (één van de grootste ooit uitgesproken): *Qui fecit nos sine nobis, non salvabit nos sine nobis.* "Hij die ons maakte zonder onszelf, zal ons niet redden zonder onszelf" (*Works*, VI, 280-81).

We proberen de "natuur" van de mens, gemaakt naar Gods beeld, beter te begrijpen. Het woord *moreel* wordt gebruikt om het soort wezen dat de bijbelse schrijvers in gedachten schenen te hebben wanneer ze spraken over de relatie van de mens met God en Zijn wil, te beschrijven. *Moreel* is geen bijbels woord maar het kan heel goed het gewicht van de bijbelse betekenis dragen wanneer het goed gedefinieerd wordt.

*Moreel* betekent in deze studie niet dat alles wat de mens doet goed is, of dat hij altijd weet wat goed is. Maar het betekent wel dat de mens handelt in relatie tot juist en verkeerd, goed en kwaad, waar en vals. Hij is verantwoordelijk voor welke beslissing hij ook maakt over deze mogelijkheden, al kan hij wellicht niet goed zien wat het juiste of het verkeerde is, het goede of het kwade, het ware of het valse. Met andere woorden, een morele "natuur" is in staat om integer te zijn, en *goedheid* wordt gedefinieerd als morele integriteit en *slechtheid* als de afwezigheid van die integriteit.

Hieruit moeten niet de conclusie getrokken worden dat we heiligheid gelijkstellen aan integriteit, hoewel heiligheid zeker niet minder kan zijn. We proberen, in dit stadium, vast te stellen dat het vermogen tot integriteit de betekenis van *moreel* is en dat "religie" niet kan worden bepaald of ervaren zonder een volledige mate van integriteit. Heiligingstheologie staat of valt met dit punt. Theologie die de menselijke integriteit niet in overweging neemt kan de bijbelse heiligheid niet serieus nemen. Iedere theologie, of godsdienst, zelfs "heiligingstheologie", die veronderstelt dat God voorbij gaat aan de diepste morele integriteit van de mens is niet bijbels. Wanneer morele, of persoonlijke, integriteit wordt afgezwakt om de weg te banen voor een volledig bovennatuurlijke behandeling, of louter een juridische "vrijspraak", heeft men de belangrijkste kracht van de bijbelse leer gemist.

De schrijvers van de bijbel speculeren niet over wat een mens is, zoals reeds opgemerkt, en evenmin schrijven ze ooit aan materie morele kwaliteiten toe, goed of slecht. We moeten ook opmerken dat geen mens ooit getroost is door de suggestie dat aangezien hij "in zonde" is en slaaf van de zonde, en bedrogen, en zijn gedachten verduisterd zijn en zijn wil verdorven, hij ontslagen is van zijn verantwoordelijkheid daarvoor. Nergens kan in de Schrift gevonden worden dat een mens zondigt omdat hij dat niet kan helpen, en daardoor zichzelf kan verontschuldigen.

Er moet nog wat worden uitgelegd. *Dit standpunt is geen Pelagianisme.* We gaan er samen met de algemene christelijke leer vanuit dat de mens ver verwijderd is van gerechtigheid en van God. Maar we gaan er ook vanuit dat redding te maken heeft met een mensheid die gemaakt is in morele vorm en onder de voorafgaande dienst van de Heilige Geest. De mens kan een positie innemen met betrekking tot wat hem van God getoond wordt, en, door geleende maar vrij aangeboden genade, zich naar God toekeren of zich van Hem afkeren.

Wanneer dit "genadiglijk vermogen" wordt geïnterpreteerd als humanistisch en pelagiaans, moet erop gewezen worden dat zo'n oordeel gemaakt wordt vanuit een veel beperkter en minder flexibel gezichtspunt dan men in de bijbel tegenkomt. Augustinus en Pelagius redeneerden vanuit dezelfde vooronderstelling, waarbij elk een tegengestelde positie innam. De één zei: "Ja", de ander zei: "Nee". Ze waren beide rationalisten. De één verdedigde Gods soevereiniteit tegen iedere tegengestelde wil. De ander verdedigde de integriteit van de mens tegen iedere schending daarvan. Beiden verdedigden waardevolle en noodzakelijke waarheden. Maar het waren onverzoenbare waarheden binnen het filosofisch referentiekader dat zij beiden accepteerden. Het zijn tegenstellingen die karakteristiek zijn voor al het logisch denken. In de filosofie is de vraag: "Hoe kunnen we vrijheid verdedigen in een deterministische wereld?" In de theologie is de vraag: "Hoe kan de mens echte vrijheid bezitten in de context van Gods absolute soevereiniteit?" of, "Hoe vrij *is* de mens? - niet, "Is de mens vrij?"

Het onderscheid, en een belangrijk, tussen systematische theologie en bijbelse theologie steunt op het probleem dat voor ons ligt. Systematische theologie lost haar cruciale vragen op door de zaak te onderwerpen aan de heersende en structurerende vooronderstelling en daar vanuit logisch tot een conclusie te komen. De speelruimte en dogmatiek van de systematische theologieën zijn beperkt en worden bepaald door hun respectievelijke vooronderstellingen. Deze diverse variaties van vooronderstellingen zijn verantwoordelijk voor de radicale verschillen in theologieën.

Bijbelse theologie, anderzijds, in elk geval in de ideale situatie, zoekt eerst de antwoorden op basis van bijbelstudie en werkt daar vandaan terug naar een basispositie die altijd te bekritiseren en te veranderen is door verder begrip en verdere studie. De één redeneert deductief, de ander inductief.

Het wesleyaanse standpunt is niet strikt systematisch. Het probeert bijbels te zijn voordat het toekomt aan dogmatische conclusies. Het belangrijkste verschil tussen het filosofische kader waarin de augustiniaanse-pelagiaanse alternatieven liggen en de bijbelse benadering van theologische zaken is dat de schrijvers van de bijbel zich bewogen in een volkomen andere wereld en denkwijze. Bijbelse gedachtegangen bewegen zich veel meer in de sfeer van praktische persoonlijke relaties dan in speculatief redeneren. De niet-wedergeboren mens zegt in feite: "Ik weet dat ik een zondaar ben omdat ik zondig". De speculatieve benadering is: "De mens is een zondaar. Wat is daar de oorzaak van? Waar komt de zonde vandaan?" Wesley sprak van "vrije genade" en bedoelde daarmee dat het vermogen dat de mens had om te kiezen hem door Gods genade was gegeven. Pelagius zei dat de mens van nature moreel neutraal was en volkomen vrij om zijn eigen heiliging te verlangen. Augustinus ontkende eenvoudig de vrije wil zoals die door Pelagius geïnterpreteerd werd en zag het als een belediging van Gods soevereiniteit.

## 10.1 De betekenis van "moreel"

De christelijke godsdienst is een verlossende godsdienst. Hij heeft ethische implicaties. Dat betekent dat het een praktisch verschil maakt in het leven. Christendom is een praktische godsdienst omdat het de basis is van het ethische leven. Godsdienst en ethiek zijn nauw samengebonden als oorzaak en gevolg, of beter, als een boom en zijn vrucht. In de christelijke denkwijze zou godsdienst zonder ethische consequenties steriel en zonder betekenis zijn. In feite *heeft iedere godsdienst zulke consequenties*, ten goede of ten kwade, volledig onderkend of niet. En verder, wat men doet en rechtvaardigt voor zichzelf is zijn godsdienst en is een commentaar op zijn "god", al dan niet als een god erkend.

Deze band van ethiek en godsdienst roept een aantal praktische problemen op. Bijvoorbeeld, hoe is het mogelijk een werkelijk morele situatie te hebben en bijgevolg dus een gezonde ethiek wanneer een godsdienst "van buitenaf" een morele code aan de persoon oplegt? Ontkent of bevestigt de christelijke godsdienst met zijn hoge ethische eisen de vrijheid van keuze met *morele* middelen? De morele persoon is waarlijk vrij, maar die vrijheid is niet abstract en onverantwoordelijk, maar ligt binnen het kader van dat wat persoonlijk is, en bepaalt in feite de betekenis van *persoonlijk*. Moraliteit is niet een zelfstandige schepping van het zelf, maar een relatie

Mildred Bangs Wynkoop

van het zelf tot het zelf van anderen binnen een maatschappij van mensen met hun zelf. Menselijke vrijheid is niet absoluut, maar wel echt binnen het beperkte gebied van de morele verantwoordelijkheid, maar binnen dat gebied is het dan ook een onontkoombare noodzakelijkheid.

Laten we naar een analyse gaan van *moreel* in relatie tot heiligheid.

## 10.2 Het morele is persoonlijk

*Moreel* vooronderstelt het persoonlijke in tegenstelling tot het ding. Wat het dan ook is dat het natuurlijke onderscheidt van het geestelijke, het is persoonlijk. In deze tegenstelling wordt *geestelijk* geïdentificeerd met datgene in het zelfbewustzijn dat niet gebonden is aan de oorzaak/gevolg matrix van het natuurlijke. Het is precies in het bevrijd zijn van dat soort oorzaak/gevolg continuïteit dat het aan het naturalisme ontsnapt en geestelijk of persoonlijk wordt. Het is datgene dat het natuurlijke overstijgt en "ik" kan zeggen, wat betekent: "Er is een onderscheid tussen *ik* en *jij* en tussen *ik* en *dingen*".

Martin Bubers bespreking van "Ich und Du"[88], in een boek met dezelfde naam is veelbetekenend en semantisch hier goed te gebruiken. We geven een heel vrije interpretatie. Elk *ik* is een centrum van het universum, ziet alles vanuit zijn eigen perspectief. Het is door en door persoonlijk in die zin dat het scherp onderscheiden is van alle andere eenheden in een persoonlijk zelfbewustzijn. Ik ben geen ding. Ik kan afhankelijk zijn van anderen dan mijzelf om te bestaan en stand te houden, maar ik ben niet vrij om persoonlijke verantwoordelijkheid vanwege die afhankelijkheid te verwerpen.

Het *ik* is zelfbepalend en zelfbewust. Het *ding* is bepaald. Geen enkel *ik* is een *ding*. Wanneer twee zelfbewuste *ik*-en zich tegenover elkaar stellen, wedijveren twee individuele universums met elkaar om plaatsruimte. Twee zelfbewuste, zelf bepalende werelden proberen het centrum te bezetten, en er ontstaat een spanning. Er kan een botsing van "rechten" zijn. Daar waar het ene *ik* het andere *ik* behandelt als een *ding* en probeert de ander te domineren en te beheersen, is er een immorele situatie. Dit is in het bijzonder waar wanneer het *ik* het *Gij* - God - probeert te beheersen en te gebruiken. Zonder te oordelen over de manier waarop Buber dit idee filosofisch gebruikt, is het nuttig om het *persoonlijke* element in de betekenis van *moreel* aan te duiden. Eén van mijn professoren op de universiteit illustreerde dit op de volgende wijze. Astronomie kan nooit het onderwerp zijn van een studie in ethiek; dat wil zeggen, astronomische banen zijn niet te bekritiseren, maar de

---

88  Ik en Gij (vert).

astronoom zelf wèl. Geen enkele verstandige boer maakt zich er zorgen over of er tomaten zouden kunnen groeien aan een korenaar. Evenmin slaat een redelijke timmerman een dak omdat het lekt in de regen. Maar de boer is wel degelijk aanspreekbaar op de vraag: "Waarom bent u boer?", of, "Waarom heeft u tarwe geplant in plaats van tomaten?", en de timmerman kan gestraft worden als hij zijn vrouw geslagen heeft, wat het ook is dat ze gedaan heeft dat hij niet leuk vond. Het is in het persoonlijke in tegenstelling tot het onpersoonlijke dat *moraal* betekenis begint te krijgen.

## 10.3 Het persoonlijke is moreel

Bovendien, persoonlijk zijn betekent verantwoordelijk zijn. Mensen hebben een wil, en de wil is een integraal deel van de persoonlijkheid. En de wil is rationeel, niet enkel een stemming, instinct, of voorbijgaand verlangen. Hij is doelgericht.

De kern van wat de mens onderscheidt als mens is dit vermogen om beslissingen te nemen die goed of kwaad, juist of verkeerd zijn, op basis van een principe, zonder te kijken naar gewenste of ongewenste consequenties. Het is precies op het punt waar het oorzaak/gevolg determinisme van het natuurlijke lichaam zijn claims op de menselijke geest legt dat verantwoordelijkheid begint. De "natuurlijke wet" is onpersoonlijk; dat wil zeggen, hij handelt los van de wil.

Geestelijk leven wordt eenvoudigweg onderscheiden van het natuurlijke leven door zijn persoonlijke aard - het vereist een rationele wil om zijn bestaan te handhaven. In feite zijn personen ook *niet* vrij om niet verantwoordelijk te zijn. Zoveel meer er ontdekt wordt van de menselijke persoonlijkheid, zoveel meer worden we er zeker van dat de wil zelfs handelt op de laagste, meest primitieve niveaus van bewustzijn, en men zegt ons dat zelfs in de diepste hypnotische staat de morele verantwoordelijkheid en de wil niet verloren raken noch ophouden te functioneren. De hypnotiseur kan de patiënt niet dwingen tegen zijn geweten in te gaan. Eerder nog dan te zeggen dat mensen een wil *hebben*, zou het dichter bij de waarheid kunnen liggen te zeggen dat menselijk zijn betekent op verantwoordelijke wijze te willen.

## 10.4 Het morele vermogen is een besef van "zou moeten"

Mensen zijn niet alleen persoonlijk en verantwoordelijk, maar ze zijn zich er ook bewust van dat ze tegenover de spanning van ethische situaties staan. In feite ligt moreel besef precies in het zich ervan bewust zijn dat men het brandpunt van morele spanning is. We zeggen niet alleen: "Ik kan kiezen", of, "Ik moet kiezen", maar ook

"Met deze keuze schend ik het goede of bevestig ik het." We weten misschien niet welke van de diverse mogelijkheden de beste is, of we zouden misschien het goede niet willen doen als we het wisten, maar we weten dat er goed en verkeerd is, en dat we het goede moeten doen en niet het verkeerde. Een moreel wezen herkent deze ethische eisen in interpersoonlijke situaties. Het is een erkenning van de behoefte aan een goede relatie en toont minimaal een behoefte aan zelfwaardering en innerlijke vrede als gevolg van die waardering. Wesley zei: "Een goed geweten brengt een mens de vreugde van het consistent zijn met zichzelf, (...) waarvan ieder mens uiteindelijk zal ontdekken dat dat hetgene is dat hij wil" (*Works*, VII, 572).

## 10.5 'Moreel' impliceert een relatie met meerdere brandpunten

Moreel vermogen en morele verantwoordelijkheid vereisen een relatie met een andere persoon om hun betekenis te completeren - om tot een werkelijk bestaan te komen. Goedheid is nooit de autonome prestatie van een persoon in zichzelf. De mens was gemaakt om *gemeenschap* te hebben - met God en met andere personen. De mens was gemaakt om lief te hebben, en liefde vereist een meerpersoonsrelatie.

*De mens was gemaakt om in gemeenschap te leven*, dat is de fundamentele waarheid. Een gezonde persoonlijkheid is afhankelijk van het in staat zijn met anderen op verantwoordelijke wijze te kunnen communiceren. Dit feit brengt het begrip *moreel* in de buurt van een definitie. Het loopt parallel, als het er al niet gelijk aan wordt, aan zelfverwezenlijking of het verwezenlijken van de persoonlijkheid. Maar zelfverwezenlijking alleen, hoewel op vele wijzen belangrijk, is niet en kan niet de uitdrukking van een persoon zijn als moreel wezen. Planten of dieren "verwezenlijken" zichzelf door zich over te geven aan de wetten van hun bestaan, maar persoonlijkheid kan niet op die manier gedefinieerd worden omdat dan hét element dat haar als zodanig identificeert, het morele, veronachtzaamd wordt. Zelfs los van een beschouwing van menselijke zondigheid is ongeremde individuele zelfontwikkeling niet *per se* morele groei. De moderne psychologie erkent de absolute behoefte aan interpersoonlijke communicatie voor een gezonde ontwikkeling. Zoveel meer zou de christelijke theologie dit feit moeten erkennen.

Morele kwaliteit kan enkel een noodzakelijk onderdeel vormen van personen, nooit van dingen. Persoonlijkheid is geen ding, en enkel in relaties die de vrijheid van personen karakteriseren kan moreel betekenis hebben. Het zelf dat zich ontwikkelt los van zijn verantwoordelijkheid ten opzichte van andere personen is niet moreel en *is niet waarlijk persoonlijk.*

De relatie die de kwaliteit van het morele bepaalt is de interpersoonlijke afhankelijkheid en interactie van *ik*-en, die ieder onderdeel van het organisme waarde geeft. Eén van de meest fundamentele kwaliteiten van een persoon is de liefdesdrang. Het is waarschijnlijk niet overdreven te zeggen dat deze drang zozeer aan de basis ligt van het zelf-zijn dat geen enkel persoon vrij is om *niet* lief te hebben. Deze "drang" kan evenmin ontkend of tegengewerkt worden zonder ernstige verstoring van de persoonlijkheid als het kudde-instinct of de seksuele drang. Er is een fundamentele behoefte inherent aan ieder menselijk persoon om iemand lief te hebben en om te worden bemind. Het zelf is enkel volledig en geïntegreerd en gezond wanneer het in contact met anderen staat. Psychiatrische ziekenhuizen zijn vol met mensen die niet met anderen kunnen communiceren. Ze wantrouwen, hebben een hekel aan, haten, en trekken zich uiteindelijk terug uit de wereld van de andere personen. Deze situatie wordt schizofrenie genoemd. De behoefte aan gemeenschap is veel dieper dan een gevoel, het ligt aan de basis van geestelijke gezondheid en uiteindelijk van een waarlijk menselijk bestaan. Het is niet de totaal onafhankelijke persoon die hét toonbeeld van kracht is, maar juist die persoon die in staat is tot verantwoordelijke wederzijdse verbondenheid met anderen, terwijl hij tegelijkertijd een scherp omlijnde en groeiende eigen identiteit handhaaft.

Evenals gemeenschap noodzakelijk is voor menselijke relaties, zo is zij noodzakelijk voor het geestelijk leven, wat in feite het patroon is voor alles dat betrokken is in de persoonlijke dimensie. Mensen zoeken een object voor hun genegenheid om zichzelf te completeren. Ze moeten van iets houden. Als het zoekende zelf daar dingen voor kiest, verafgoodt het - maakt het een god van - materiële dingen en wordt het *morele* bestaan tegengewerkt en vervormd. Als het zelf zich vastklemt aan andere menselijke wezens, wordt het morele leven oneigenlijk ontwikkeld. Als iemand probeert zichzelf lief te hebben op deze "uiterste" manier, is het resultaat morele perversie - groteske, vernietigend, lelijk. Augustinus had gelijk toen hij zag dat mensen gemaakt zijn voor God en geen rust kunnen vinden totdat ze rust vinden in Hem. Het is niet onzinnig om te zeggen dat de mens gemaakt is om gemeenschap met God te hebben. Het afsnijden van deze gemeenschap betekent het uit balans brengen van de persoonlijkheid, om het zachtjes uit te drukken. Theologisch gesproken is het "de zonde" die de morele integriteit uit het zadel werpt en eindigt in morele idiotie.

Het is waarschijnlijk ook waar te stellen dat het nooit de bedoeling is geweest dat de menselijke natuur los van de Heilige Geest zou bestaan. Dat wil zeggen dat de persoonlijke gemeenschap, het wederzijdse contact tussen God en mens en de harmonieuze respons daarop de natuurlijke en bedoelde sfeer van gemeenschap en heiligheid was. In feite kan heiligheid gedefinieerd worden door deze stand van zaken. Heiligheid bestaat in de sfeer van gemeenschap met God. Het morele leven

Mildred Bangs Wynkoop

heeft niet één maar twee brandpunten. Enkel wanneer mensen God vertrouwen en liefhebben heeft moreel waarde en is heiligheid mogelijk. Een weigering om het morele vermogen te gebruiken om deze relatie te onderhouden is zonde. Heiligheid en zonde zijn dus twee soorten relaties met God, de één positief, de ander negatief, maar beide actief omdat het de persoon is die, gedwongen om te beslissen, het goede of het verkeerde object voor zijn liefde kiest.

De wesleyaanse theologie verwerpt het begrip van oorspronkelijke heiligheid als onpersoonlijke goedheid ten gunste van een meer bijbels idee van heiligheid dat de nadruk legt op een juiste persoonlijke relatie met God. Heiligheid, of moraliteit, is nooit een kwaliteit van een onpersoonlijke substantie maar de manier waarop iemand reageert op God en op personen. Dit te begrijpen is een hulp om het idee te corrigeren dat zonde een substantie heeft of een ding is dat kan worden verwijderd - of niet - als een ziek onderdeel van het lichaam.

Heiligheid is geen metafysisch bepaalde substantie, maar een goede relatie met God door de Heilige Geest. In deze relatie met God is heiligheid morele integriteit, en zonde het gebrek daaraan. Dit is een verantwoordelijk bewustzijn op haar hoogste niveau en toont de juiste context waarin moreel betekenis heeft.

Dit begrip is geen Pelagianisme, zoals reeds opgemerkt. Om te voorkomen dat de lezer tot deze conclusie zou komen is het nodig dat hierover een enkel woord wordt gezegd, voorafgaand aan het argument dat later komt. De bovenstaande bespreking probeert een verklaring te geven van morele verantwoordelijkheid - niet om het theologisch te onderbouwen. De Wesleyaan ziet alle menselijke vermogens als voortkomend uit genade. Genade ligt achter en is actief betrokken in iedere rationele activiteit van de mens. Maar, meer nog, ieder mens *is* een betrokken mens. Niemand is neutraal of kan dat zijn. Iedereen richt zijn liefde ergens op. Iedereen *is* bevooroordeeld. Het evangelie is iets radicaals en veronderstelt een radicale revolutie te ontketenen in de persoonlijkheid. Enkel in het gebied van morele persoonlijkheid kan het feit dat iemand weet dat hij immoreel liefheeft zo'n oproep geloofwaardig maken. Evenmin is neutraliteit een mogelijkheid (hoewel men wel oprecht kan overwegen). Iemand ademt ofwel vervuilde lucht ofwel schone lucht in; hij kan niet stoppen met ademhalen zolang het leven bestaat.

Als dit waar is, verliest een ernstige uitdaging aan de christelijke ethiek haar kracht. De vaak gehoorde beschuldiging aan de Kerk dat zij eerder de overgave van morele integriteit eist dan de versterking ervan is een verkeerde interpretatie van de christelijke leer. Men zegt dat wanneer je een opgelegde morele code moet *gehoorzamen*, de complete structuur van de integriteit wordt geschonden. Dat wil zeggen, als men zijn eigen wil en moreel oordeel "overgeeft" aan de "besturing" door een ander, zelfs God, is men niet langer een moreel mens maar een marionet. Onder andere Kant, Nietsche, Tillich en Erich Fromm argumenteren op deze manier en op krachtige wijze, als hun interpretatie klopt met de feiten.

De dwaling, zoals wij die zien, in deze kritiek op de christelijke moraliteit ligt in het veronderstellen dat de wet waaraan men zich overgeeft onpersoonlijk en willekeurig is. Het woord "zich overgeven" wordt bewust gebruikt, want het is precies in het idee van het passieve, als een morele verloochening van persoonlijke verantwoordelijkheid, dat de fout ligt. (En kan er gezegd worden dat de Kerk onschuldig is aan het leren van dit begrip van het zich overgeven aan God?) Evenwel, "surrender"[89] is geen bijbels woord en zou nooit gebruikt mogen worden in relatie met redding, of ten minste met een zorgvuldige beperking ten aanzien van de gebruikelijke betekenis. Gehoorzaamheid, in de bijbelse zin, is geen heteronomie, in de zin van het overgeven van morele integriteit aan een onpersoonlijke wet. Maar evenmin is het een uitdrukking die gerelateerd is aan een autonomie waarin de persoon *zichzelf* maakt tot het *object* van zijn gehoorzaamheid.

Christelijke moraliteit is het persoon-tot-persoon contact, de relatie van harmonie en liefde en wederzijdse wil die morele integriteit vereist om mee te beginnen en te onderhouden. Je wilt Gods wil willen, wat het zelf op scheppende wijze in de context van waarlijke moraliteit brengt. Dit gaat niet voorbij aan het morele maar is een herbevestiging van de persoonlijke gemeenschap die de wet maakt tot een normale en gewenste uitdrukking van liefde. Het is precies deze kijk op de relatie met de wet die de correctie van het Nieuwe Testament was op het oude joodse moralisme. Geen christen wordt ooit gevraagd zich over te geven aan de wet, aan de Kerk, aan een belijdenis, of aan personen. De evangelische boodschap gaat om het contact met God dat hersteld moet worden. Dit is niet antimenselijk. Het doet het normale geen geweld aan. Het is niet immoreel. Het breekt de structuur van de integriteit niet af. Het is gewoon dat wat de mens in feite verlangt door de diepste geschapen behoefte. De morele wet wordt niet afgeschaft maar vervuld. *Gehoorzaamheid is de achterkant van liefde.* Liefde wordt vormgegeven door gehoorzaamheid. Dit is de basis van christelijke ethiek. Morele ervaring wordt gecompleteerd en in stand gehouden door deze relatie, niet vernietigd.

## 10.6 Het morele wordt vorm gegeven door liefde

Alles wat tot dusver over de betekenis van *moreel* gezegd is leidt rechtstreeks naar het feit dat de betrokkenheid die een persoon een moreel persoon maakt daarin ligt

---

89  Overgave (vert).

Mildred Bangs Wynkoop

dat het een volledige betrokkenheid is. En deze betrokkenheid is een morele daad omdat het de gehele mens betreft die een verantwoordelijke keuze maakt. Het is fundamenteler dan de wil. Voor het moment, in het belang van dit punt ter discussie, maakt het niet uit of het gekozen "centrum" goed of verkeerd is (overeenkomstig welke bepaalde norm dan ook), maar dat iemand een bepaald iets dermate verlangt dat men zichzelf er volledig aan geeft. Hij kan moreel of immoreel zijn, afhankelijk van de religieuze of culturele normen van de maatschappij waarin hij leeft. De samenhang van deze betrokkenheid is integriteit. Ware integriteit is enkel mogelijk waar waarheid het goede is.

Dit alles bepaalt dat bedrieglijke woord *liefde*. *Liefde* is moeilijk te definiëren omdat het geen abstract woord is. Het beschrijft iets van de persoonlijkheid. *Liefde* en *moreel* leiden hun betekenis van elkaar af. Liefde is de morele integriteit die de betrokkenheid zijn stabiliteit geeft. De essentie van liefde is niet emotie, niet enkel wil, niet sentiment, maar de volledige toewijding van de mens aan een object. Een verdeelde toewijding is een verdeeld hart en dat is de essentie van een onstabiel moreel leven - de bron van een morele ineenstorting. Moreel zijn betekent volkomen liefhebben. Zeker alles wat het Nieuwe Testament zegt over *agapè* beantwoordt aan het personaliseren van *moreel* zoals wij de term in deze studie gebruiken. *Moreel*, abstract gezien, is integriteit. *Liefde* is het personaliseren van morele integriteit die het relateert aan een praktische uitdrukking van de relatie van de mens met God en mens. "Het doel van alle vermaning is liefde uit een rein hart, uit een goed geweten en een ongeveinsd geloof" (I Tim 1:5).

Dat iemand geen werkelijke integriteit kan hebben in een andere betrokkenheid dan één die geheel op God gericht is, is de bewering van Søren Kierkegaard, en zijn gedachte is zeer duidelijk. *"Zuiverheid van hart"*, vertelt hij ons door de titel van één van zijn boeken, *"is één ding willen"*, en het enige object dat de totale toewijding van de mens aan zich kan binden is Hij voor wie de mens is gemaakt. Iedere andere liefde is dubbelhartig en verward en dus niet zuiver en niet moreel. Met een enkel woord, *moreel* is per definitie een hart dat op één ding gericht is, en die gerichtheid is liefde.

## 10.7 Moreel leven bestaat in de spanningen van crisisbeslissingen

Diep in het hart van *moreel* ligt een essentiële karakteristiek die haar die unieke kracht en dat karakter geeft dat ze bezit, namelijk beslissing. Om moreel te zijn moet het leven voortgaan op basis van crisis en keuze - niet enkel oorzaak en gevolg die besluiteloos van moment tot moment voortgaan. Morele integriteit wordt gehandhaafd door beslissende handelingen, en zelfs het verlies van integriteit door een serie van verkeerde beslissingen is niet enkel een onbetreden pad naar beneden. Men glijdt niet onmerkbaar af of stijgt onmerkbaar op. De Schriften herkennen deze uiterst belangrijke waarheid en roepen alle mensen op tot diepe en verreikende morele keuzen. Waar de mensen dan ook proberen deze op maat gesneden persoonlijke beslissing te vermijden door zich te verschuilen achter gewoonten, religie, familie, moraliteit, filosofie enz., daar trekt de Heilige Geest hetgeen misleidt weg en eist verantwoordelijke persoonlijke verklaringen. Dit te vermijden is op zichzelf al een verantwoordelijke beslissing.

Morele beslissingen kunnen dus niet eindigen in de loop van het leven. Er kunnen cruciale en vormende beslissingen zijn die anderen die schijnbaar minder belangrijk zijn overschaduwen en die bewust het levenspad bepalen, maar de crucialiteit van de ononderbroken serie van minder spectaculaire crisisbeslissing gebeurtenissen mag nooit worden vergeten. Als je de voortgang van het verantwoordelijke leven in beeld zou kunnen brengen, zou die kunnen lijken op een soort trap. Naar boven gaan vereist visie, doel, vastberadenheid, inspanning, bewust besef. Naar beneden gaan vereist dezelfde dingen, maar dan omgekeerd. Je kunt niet afzakken zonder de pijnlijke protesten tegen te komen van de rand van iedere trede. Morele beslissingen worden niet beëindigd door genade, maar maken deel uit van de levenslange proeftijd die nodig is voor karaktervorming.

## 10.8 Morele integriteit is het doel van de verlossing

God gaat om met de mensen als verantwoordelijke personen en iedere stap die God van de mens vraagt, van de eerste roerselen van een overtuiging tot de laatste verantwoordelijke daad in het leven, is in het belang van morele integriteit. Dat betekent dat ieder individu persoonlijk met God in het reine moet komen. De Heilige Geest schijnt de mens tot een volledig bewuste, weloverwogen, persoonlijke, vrijwillige beslissing te dwingen. In elk geval, zover als de bijbel ons dat leert, is het de rationele mens die verantwoordelijk voor de God staat met wie hij heeft te maken.

Het juiste gebed schijnt nooit te zijn: "Geef me een ervaring net als een ander", maar, "Heer, wat wilt U dat ik doe?" Christelijke betrokkenheid kan nooit volgens een patroon of stereotype zijn. Iedere stap in genade wordt genomen in een duidelijk bewust besef en helder rationeel inzicht, en de meest weloverwogen morele beslistheid. Het bewustzijn wordt niet omzeild, bedolven, of geschonden. Al de krachten van de persoonlijkheid komen samen met de volle rationele verantwoordelijkheid in deze momenten, waarnaar de Heilige Geest ons zorgvuldig en gebiedend trekt. Evenmin is er een ontspanning van deze morele

Mildred Bangs Wynkoop

verantwoordelijkheid in het christelijk leven - veeleer een steeds meer verdiepen ervan.

*In de bijbel is het laagst aanvaardbare niveau van gehoorzaamheid het hoogst mogelijke vermogen daarvoor op een gegeven moment.* Het vermogen kan variëren maar de verantwoordelijkheid is altijd gelijk aan de mogelijkheid. Wanneer over "volmaakte gehoorzaamheid" en "volmaakte liefde" gesproken wordt betekent dat niet dat een volledig gerijpt vermogen wordt verwacht. Een kind kan hieraan beantwoorden ondanks zijn onvolmaakte ontwikkeling. Wat vereist wordt is alles wat men is op ieder tijdstip.

Maar zelfs nog belangrijker is dit, dat *alles* wat we bij kunnen dragen door middel van morele verantwoordelijkheid wordt vereist. Er wordt niet gevraagd naar het geloof dat we niet hebben, maar naar ons geloof *dat we kunnen beoefenen* door middel van volledige betrokkenheid. Wesley had een gezonde kijk hierop toen hij het gewicht afnam van de *hoeveelheid* geloof dat nodig is, om dat in het gebied van de *kwaliteit* te plaatsen. Zelfs een "klein" geloof is het volledige beschikbare zelf dat voor God open staat. "Er zijn niveaus in geloof; een zwak geloof kan toch waar geloof zijn", zegt Wesley (*Works*, I, 276).

Het is dit begrip van *moreel* dat heiligheid haar bijbelse betekenis geeft en rechtvaardiging bewaart voor abstractie en antinomisme. Heiligheid relateert hetgeen door Christus' dood bereikbaar is geworden met het leven van alledag. Genade moet worden tegemoet getreden door geloof. God behandelt ons niet als automaten of schaakstukken op een bord, maar als personen. Verlossing is nooit onpersoonlijk, maar altijd op de meest praktische wijze gerelateerd aan het leven. *Moreel* beschermt heiligheid voor twee tegengestelde vergissingen. Aan de ene kant berooft een *heiligheid* die filosofisch, of abstract, theoretisch, idealistisch gedefinieerd wordt zichzelf van enige werkelijke betekenis. Filosofische of abstracte heiligheid is "perfectionisme". De ervaringsdimensie, of het morele, is absoluut noodzakelijk voor een bijbelse definitie ervan.

Aan de andere kant beschermt het heiligheid voor de beschuldiging van zelfrechtvaardiging en een gemakkelijk zondebegrip. Heiligheid is nooit het product van enkel de goede wil; het is niet zozeer *iets* dat zich aan ons voltrekt als wel Iemand die zich met ons verenigt. Het is de morele atmosfeer, het geestelijke klimaat, dat in ons wordt geschapen wanneer de dienst van de Heilige Geest toegestaan wordt vrucht te dragen. In deze atmosfeer, zo lang als de Heilige Geest in ons blijft, vindt reiniging plaats en wordt die gehandhaafd, blijft men in genade groeien, wordt de liefde Gods uitgestort in onze harten, wordt gemeenschap verdiept, karakter versterkt, moreel vermogen vergroot, en wordt verantwoordelijkheid meer en meer een zaak van gezond verstand.

Heiligheid is niet *statisch*. Het is het *leven* van God in de ziel. Het is liefde tot in het diepst van haar bestaan. Het is geen sentimentaliteit maar de gehele persoon gericht op God, zijn geest, daden en doeleinden voortvloeiende uit een dynamisch contact met God. Als heiligheid ten diepste een moreel begrip is, is het dus een zeer praktische zaak. De term heiligheid, en andere die ermee gerelateerd zijn, zal niet abstract zijn maar relevant voor het leven.

## 10.9 Samenvattende opmerkingen

Als deze analyse van *moreel* correct is en beantwoordt aan het bijbelse heiligheidsbegrip, zijn diverse opmerkingen die ermee verband houden van toepassing op deze studie.

1. Bijbelse heiligheid is geen amoralisme. Het niet louter onderwerping aan de morele wet. Het is geen passieve gehoorzaamheid. Het is niet voornamelijk "toewijding", hoewel het mensen erin betrekt tot in de kern van hun wezen. Het is ten diepste een nieuwe en dynamische relatie van de gehele mens met God waarin een grondige morele revolutie begint plaats te vinden. Het morele is een zorg van God voor de mensen in dit leven. Wat *moreel* dan ook is, het is de grond voor een bestaan als proeftijd, en die proeftijd wordt niet beëindigd door rechtvaardiging, *of heiliging*, maar enkel door het aardse leven, voorzover wij weten.

2. Dit begrip van *moreel* verplicht gelovigen tot een zich steeds verdiepende morele ervaring die even noodzakelijk is voor de soteriologie als de genade die ons van God gegeven is door Christus. Dit is de kern van Wesleys bijdrage aan de theologie. In heiligheid is *moreel* relevant. De gaven van de genade worden tot leven gebracht. Heiligheid is een zaak van ervaring. Genade heeft implicaties voor menselijke relaties.

3. De relevantie van crisis en groei worden bevestigd door het begrip van *moreel* en zullen in een later hoofdstuk verder uitgewerkt worden.

Misschien zal de bovenstaande analyse in hoofdzaak wel geaccepteerd worden door de meerderheid van de lezers als zijnde waar voor het gewone dagelijkse leven van de mensheid. Maar het toe te passen op de christelijke ervaring zou wel eens minder makkelijk kunnen zijn. Maar het is precies dit punt waarvoor we strijden. Christelijk geloof is niet een activiteit of een functie die aan de totale persoonlijkheid wordt toegevoegd. Het zodanig begrijpen van *moreel* mondt uit in een bespreking van de soteriologie en wordt een integraal deel van alle aspecten van de verlossing en komt naar voren in ieder deel van het leven, persoonlijk en sociaal. Dit begrip van *moreel* verbindt dus Gods genade en het menselijk leven. De wet van het morele loopt door iedere factor van de verlossing, van de schepping van de mens, door de zaken die in verband staan met de zonden, tot in de waarheid die de verzoening structureert en breidt zich uit tot de gehele lengte en breedte van de rechtvaardiging, heiliging en eeuwige redding.

# De psychologie van heiligheid

De behoefte op dit punt van de voortgang van de studie is het onderzoeken van de relatie van Gods genade met het feitelijke menselijke bestaan. "Heiligingstheologie" heeft enkel betekenis als zij de nadruk legt op de werkelijke brug tussen theologie en leven. Ze schept geen hogere barrière voor werkelijke deelname aan de genade maar verwijdert de barrière zonder met de genade te schipperen. In feite is heiligheid de brug tussen abstracte theorie en praktisch menselijke leven, want heiligheid moet altijd onafscheidelijk verbonden zijn met het leven, anderszins kan het geen betekenis hebben.

Het onderwerp, "De psychologie van heiligheid", zou kunnen suggereren dat dit een bespreking wordt van de toepassing van genade in specifieke menselijke problemen. In overeenstemming met de totale strekking van het boek zal hier echter het doel zijn een theologisch principe te presenteren dat de praktische toepassingen in hetzelfde systeem houdt als de theologie. Het zal een poging zijn de bijbelse begrippen genade en menselijke natuur en de relatie tussen hen opnieuw te bestuderen. Op dit gebied blijken Wesleys bijdrage en inzicht waardevol te zijn omdat we in feite op geen enkel punt in zijn bediening dichter bij zijn werkelijke boodschap kunnen komen. Heiliging, zei hij op verschillende manieren, is voor dit leven en zijn problemen. En de menselijke natuur is geen barrière voor de volle maat van de reddende genade van God.

Ten koste van een stuk aanwijsbare overlapping van onderwerp, zal dit hoofdstuk de elementen onderzoeken die wezenlijk zijn voor de aard van het onderwerp. Overlapping moet gezien worden als een voorbeeld van de essentiële onderlinge verbondenheid van al de aspecten van dynamische liefde.

In het bespreken van de *psychologie* ergens van, wordt het te bespreken gebied aangeduid door de term *psyche*, wat in het Grieks "leven" betekent. Het zal te maken hebben met de respons en de relaties van de mens. Wanneer *heiligheid* in de bespreking betrokken wordt, wordt een ethische dimensie gesuggereerd die voor sommigen volkomen ongerijmd lijkt te zijn. In dit *theologische* raamwerk wordt geïmpliceerd dat zowel menselijke als goddelijke zaken in een relatie met elkaar staan die al dan niet juist of mogelijk geacht wordt.

In het licht van de titel van dit hoofdstuk en de bovengenoemde problemen worden twee aannames gedaan: (1) dat de mens een morele psyche is, en (2) dat Gods genade in verband staat met heiligheid ten aanzien van die morele mens. Het is niet absurd genade, heiligheid en mens te verenigen in één en dezelfde bespreking.

Het idee dat er een werkelijke en zinnige relatie is tussen de mens als een menselijk persoon en heiligheid als een ideaal, vindt steun in: (1) de mens, gemaakt naar Gods beeld; en (2) de bespreking van de bijbelse psychologie waarin *hart, verstand, ziel, enz.* werden onderzocht en opmerkingen werden gemaakt over het bijbelse gebruik van deze termen.

Dit hoofdstuk zal gaan over de relatie van Gods genade met de mens. Aangezien het wesleyanisme ervan beschuldigd wordt pelagiaans en humanistisch te zijn, kan het nuttig zijn dit hoofdstuk in een wesleyaans kader te plaatsen. Wesley kon totaal niet "van start gaan" voordat hij het feit vastgesteld had dat hij *begon* met Gods genade en daarmee hetzelfde geloofsfundament had als de klassieke en reformatorische theologie.

V. Ligt de waarheid van het evangelie niet heel dicht bij zowel Calvinisme als antinomisme?

A. Inderdaad, als het ware binnen een haarbreedte; zodat het volkomen dwaas en zondig is, omdat we niet helemaal overeenstemmen met de één of de ander, ons er zo ver van te verwijderen als we maar kunnen.

V. Waarin komen we tot op de grens van het calvinisme?

A. (1) In het toeschrijven van al het goede aan de vrije genade van God. (2) In het ontkennen van alle natuurlijke vrije wil, en alle kracht voorafgaande aan de genade. (3) In het uitsluiten van enige menselijke verdienste, zelfs dat wat hij heeft of doet door Gods genade.

V. Waarin komen we tot op de grens van antinomisme?

A. (1) In het verheerlijken van de verdiensten en liefde van Christus. (2) In het ons te allen tijde verblijden (*Works*, VIII, 284-285).

Dan deze zeer belangrijke verklaring, zonder welke geen enkel theologisch oordeel over Wesley ooit zou mogen worden gemaakt.

De genade of liefde van God van waaruit onze redding is, is VRIJ IN ALLEN, en VRIJ VOOR ALLEN. Allereerst is zij vrij IN ALLEN aan wie zij is gegeven. Ze is niet afhankelijk van enige kracht of verdienste in de mens; nee, in geen enkele mate, noch geheel, noch gedeeltelijk. Ze is in geen enkel opzicht afhankelijk van de goede werken of gerechtigheid van de ontvanger; van niets dat hij gedaan heeft of is. Ze is niet afhankelijk van zijn pogingen. Ze is niet afhankelijk van zijn goede humeur, of goede verlangens, of goede doelen en bedoelingen; want die komen allemaal voort uit de vrije genade van God, ze zijn enkel de stroom, niet de bron. Ze zijn de vruchten van de vrije genade, en niet de wortel. Ze zijn niet de oorzaak, maar de gevolgen ervan. Wat er ook voor goed in de mens is, God is de gever en de bewerker ervan. Alzo is zijn genade vrij in allen; dat wil zeggen, op geen enkele wijze afhankelijk van enige kracht of verdienste in de mens, maar van God alleen, die ons zijn enige Zoon gegeven heeft, en "ons met Hem alle dingen schenkt" (*Works*, VII, 373-374).

## 11.1 Een taalprobleem

Op dit punt moet wat gezegd worden over een belangrijk probleem in de taal, opdat er geen misverstanden ontstaan. Ieder gebied van conversatie of interesse wordt gekarakteriseerd door specifieke beelden en soms bepaalde technische termen die enkel in dat gebied passen en betekenis hebben. Een illustratie, genomen uit de bespreking van heiligheid, zal dit probleem verduidelijken. *Moreel* is een woord met meer dan één betekenis. Het kan betekenen dat een persoon goed is - "Hij is een moreel mens en volkomen betrouwbaar. Hij zal niet stelen of zijn vrouw bedriegen". In Japan betekende *moreel* dat iemand niet ontrouw was ten opzichte van zijn land. In een voorgaand hoofdstuk werd het gebruikt in de meer technische zin van een potentiële kwaliteit van menszijn. Het zou een vergissing zijn dit woord te gebruiken met een bepaalde bedoeling en geïnterpreteerd te worden in een andere betekenis. *Moreel* is in geen enkele zin heiligheid, maar *moreel* in de zin als beschreven in het voorgaande hoofdstuk is noodzakelijk voor heiligheid.

Wanneer iemand in een wetenschappelijk kader spreekt, spreekt hij over de feiten zoals ze zijn. Wanneer iemand spreekt op het gebied van waarden, oordeelt hij over wat hij fijn vindt of wat zou moeten zijn. Het eerste handelt over hoeveelheden, het tweede over kwaliteiten. En die kunnen niet samengaan. De één zegt: "In dit groene boek vindt u wat u zoekt". De ander antwoordt: "Ik hou niet van groen, groen maakt me ziek". A zegt: "Laten we de tv aanzetten en kijken naar het verslag over burgerrechten". B antwoordt: "Ik mag die spreker niet. Hij draagt een pruik. Hij zegt me niets".

Als ik zou zeggen: "Maandag is zondig", of, "Vrijdag is ongelukkig", zoudt u me ofwel uiterst vreemd vinden of in het bezit van een raar soort humor. Laatst hoorde ik een predikant die sprak met een astronoom die geen religieus gesprek wilde beginnen. Hij tegen de predikant: "Ik Heb een heel simpele theologie: Heb uw naaste lief als uzelf". En de predikant antwoordde: "Ik heb een heel simpele astronomie: 'Twinkel, twinkel, kleine ster'".

Een spreker die zeer ter zake kundig was op zijn eigen gebied zei eens: "Ik weet niets van theologie en psychologie". En vervolgens probeerde hij heiligheid uit te leggen, niet alleen binnendringend in de gebieden van de theologie en de psychologie, maar ook de filosofie, de geschiedenis, de devotieliteratuur, de wetenschap en de hermeneutiek, en vermengde in iedere zin diverse begrippen. Wanneer abstracte technische woorden gekoppeld worden aan psychologische terminologie komt daar altijd verwarring uit voort.

Het is mijn overtuiging dat een groot gedeelte van ons probleem in het spreken over de heiligingsboodschap juist uit dit probleem voortkomt. Er zijn ten minste drie gebieden van potentiële verwarring: theologie/ psychologie, bijbelse literatuur/dogmatische interpretatie, en theologisch/empirisch. Heiligingstheologie lijdt onder deze mogelijke dubbelzinnigheid wanneer ze er op staat dat de leer van het tekstboek een deel van de menselijke ervaring moet worden.

Er is een grote kloof tussen de abstracte theologische discussie en de "praktische" menselijke natuur waarin ze tot leven komt. Wanneer volmaakte liefde gelijk gesteld wordt met volkomen heiligmaking, schept dat een aantal semantische problemen, in het bijzonder wanneer ze wordt toegeschreven aan zeer onvolmaakte mensen. Wanneer "volmaakt" in het kader van mogelijkheid wordt uitgelegd, en dat wanneer de mogelijkheden toenemen, het niveau van volmaaktheid toeneemt, dan wordt volkomen heiligmaking als crisis, afgerond in een moment, wat raadselachtig. De logica ervan kan niet ontward worden als de denkkaders niet zorgvuldig onderscheiden worden. Zoals het er nu staat, vereist verstandelijke integriteit dat of het absolute van de theologie wordt verworpen, of dat het menselijk ervaren ervan wordt ontkend. Wesley spendeerde het grootste gedeelte van zijn tijd aan het ontwarren van dit soort verwarring, en hij was een meester in helder denken. Theologie is één gebied en psychologie een ander. Zonder zorgvuldigheid zal het klinken als een ontkenning van de een of de ander wanneer men over beide spreekt. We proberen in deze studie de weg tot begrip aan te wijzen.

Mildred Bangs Wynkoop

Dienovereenkomstig neigt bijbelse interpretatie ertoe aan hetzelfde probleem te lijden. Als wat opmerkingen gemaakt worden over wat werkelijk in de Schrift gevonden kan worden (bijvoorbeeld dat "genadewerk" of "staat van genade", of een duidelijke verklaring van "twee genadewerken" niet in de bijbel gevonden worden), wordt soms de conclusie door de hoorder getrokken dat "die persoon de bijbelse leer van heiliging ontkent". Aangezien dit soort opmerkingen in dit boek worden gemaakt, lijkt het relevant duidelijk te maken dat het oordeel dat de hoorder (of lezer) velt valse logica is, omdat een feit verward wordt met een theologische conclusie en er geen noodzakelijke relatie tussen hen is. Wij, die claimen bijbels te zijn, zouden er goed aan doen bijbels te *zijn* en onze theologische beoordelingen te onderscheiden van "het Woord". In de geschiedenis is veel bloed nodeloos vergoten, en is het christelijk getuigenis nodeloos verduisterd, enkel omdat mensen hun meningen door een valse logica gelijkgesteld hebben met de autoriteit van de bijbel zelf. Wesley, zoals we zouden moeten zien, had van deze verwarring geen last.

Nog een probleemgebied ligt er in een met emoties beladen gebied. In ieder tijdperk zijn sommige mensen aangeraakt door de gloed van de blijvende aanwezigheid van God. Deze ervaring overstijgt de christelijke grenzen. Katholiek, protestant, Jood, heiden, oosterse en westerse mensen, hooggeboren, onkundig, mystiek en intellectueel, ervaarden dat hun harten omgevormd werden door Gods genade. Er wordt altijd een poging gedaan het in menselijke taal te verwoorden, wat met het gebruikte idioom van de diverse achtergronden een welhaast onmogelijke zaak is. Soms wordt de taal van de Schrift gebruikt, zonder enige poging dat in haar context te doen. Alles bij elkaar wordt deze extatische, overvloeiende, extravagante taal overgenomen en geleidelijk in de theologie verweven, en de taal van de bijbel met haar buitenbijbelse bijbetekenissen wordt "orthodox". De gloeiende, in dichtvorm gegoten betekenis, is ingekapseld in de theologie en haar menselijke betekenis is geheiligd door de traditie. En nu het vuur verdwenen is, wordt het afgekoelde as als relikwie bewaard in de terminologie van de kerk, enkel om de serieuze studenten te verbijsteren die denken dat de bron van leven in het as ligt. Wanneer deze "heilige" termen onderzocht en terzijde gelegd worden als de *bron* van de waarheid, en de bron van het vuur wordt gezocht dat deze as tot levende kolen maakte, raakt men aan een zenuw die kan reageren en dat meestal ook doet.

Een illustratie hiervan is het gebruik van een uitdrukking die men in heiligingskringen vaak tegenkomt: "Het altaar heiligt de gave". Niets in de bijbel ondersteunt de betekenis die er heden ten dage aan gegeven wordt. In een poging een theologisch begrip te verhelderen schiep mevrouw Phoebe Palmer, één van de meest heldere lichten in het begin van de Amerikaanse heiligingsgeschiedenis, een cliché dat sindsdien serieuze zoekers naar God verward en onthutst heeft. Zij heeft daar zeker geen schuld aan, maar wij zijn wel schuldig door een "bijbelse" (?) theologie af te leiden uit een zinsnede die nuttig was in een bepaalde situatie. Opnieuw, Wesley was buitengewoon voorzichtig, juist met betrekking tot deze neiging. Hij gebruikte wel 25 tot 30 termen voor wat nu volkomen heiligmaking genoemd wordt. Evenwel, met deze vrijheid vermeed hij een aantal termen die nu als essentieel en "orthodox" gezien worden.

Daniël Steele zei dat hij 26 termen van Wesley geteld had die de ervaring van heiligmaking inhielden (...)

> maar "de doop van (of met) de Geest", en "de volheid van de Geest" zijn geen termen die hij gebruikte, waarschijnlijk omdat er een emotionele volheid van tijdelijke aard is, die niet reikt tot aan de wortels van de morele natuur. Evenmin gebruikte hij "het ontvangen van de Heilige Geest" omdat "in de zin van volkomen heiligmaking" die zinsnede niet schriftuurlijk en niet echt correct is; want zij allen ontvingen de Heilige Geest toen zij werden gerechtvaardigd. Wesley gebruikte ook "Pinksterzegen" niet, en waarschijnlijk om dezelfde reden, hoewel Charles Wesley dat wel deed in een brief aan John. (...)

Ik denk dat de beste manier om deze leer terug te brengen op de evangelische kansels is door te beginnen met preken over de bedieningen van de Heilige Geest in het overtuigen van zonde en in de wedergeboorte en het getuigenis van de Geest, direct en indirect, onderwerpen waarover vele christenen beklagenswaardig onkundig zijn[90].

Zo voorzichtig was Wesley inderdaad dat hij het volgende advies gaf over het spreken over deze grote genade:

> Wees bijzonder voorzichtig in het spreken over uzelf: U mag inderdaad het werk van God niet ontkennen; maar spreek erover, wanneer u daartoe geroepen wordt, op de minst aanstootgevende wijze. Vermijd alle luisterrijke, pompeuze woorden; *het is niet nodig het in het algemeen te benoemen* [cursivering van mij]; noch volmaaktheid, heiliging, de tweede zegen, noch "het hebben bereikt". Spreek veeleer over hetgeen God in u gedaan heeft. U zoudt kunnen zeggen, "Op dat tijdstip voelde ik een verandering die ik niet onder woorden kan brengen; en sinds die tijd Heb ik geen trots, of eigenwil, of woede, of ongeloof gevoeld; niets dan de volheid van de liefde tot God, en tot alle mensen", en beantwoord elke andere duidelijke vraag die gesteld wordt in bescheidenheid en eenvoud.
>
> En als een van u te eniger tijd terug zoudt vallen, als u opnieuw trots of ongeloof zoudt voelen, of een drift waarvan u nu bent bevrijd; ontken het dan

---

90  Daniel Steele, *Steele's Answers* (Chicago: Christian Witness Co., 1912), blz. 130-131.

Mildred Bangs Wynkoop

niet, verberg het niet, verbloem het niet, om daarmee uw ziel in gevaar te brengen. Ga in ieder geval naar iemand die u kunt vertrouwen, en spreek uit wat u voelt. God zal hem in staat stellen een passend woord te spreken, dat heling voor uw ziel zal zijn (*Works*, XI, 434-435).

Het is misschien gevaarlijk om de diepere betekenis te zoeken van de theologische taal die we als vanzelfsprekend aannemen, maar de ervaring heeft me ertoe gedreven om te proberen de geestelijke dynamiek van onze vaderen te herwinnen. Niets van het vuur raakt verloren door het as weg te blazen. Veeleer kan het vuur daardoor helderder branden.

Het is daarom de *psychologie* van het morele leven als noodzakelijk ingrediënt van de heiligheid die het onderwerp is van het volgende gedeelte.

## 11.2 De psychologie van het morele leven

De psychologie van de heiligheid betekent gewoon dat genade past bij de menselijke natuur zoals die is. In deze bespreking ervan zullen we een aantal dingen moeten zeggen over de samenstelling van de menselijke natuur en persoonlijkheid en laten zien hoe heiliging werkt in levende situaties. Theologie ziet er in werkkleding anders uit dan in een boek.

Sommige vragen die de christenen kwellen komen voort uit een onvermogen om te onderscheid te maken tussen de formele heiligingstheologie en de praktische problemen van levende mensen. Bijvoorbeeld, wesleyanen spreken over een tweede genadewerk of tweede crisis of "zegen" in het christelijk leven. Wat is de betekenis van *twee* speciale momenten onder de vele van het leven? Waarom *twee*, en niet *één* of *drie* of *honderd*? Hoe wordt de één herkend als onderscheiden van de ander of hoe onderscheidt men de eerste van de tweede? Zouden ze omgedraaid kunnen worden en zou dat enig verschil maken? Hoe worden die twee onderscheiden van de andere cruciale momenten in iemands geestelijke leven? Als een christen een "zegen" verliest, welke wordt er dan verloren, en wat gebeurt er met de ander, en hoe zou men kunnen weten dat men hervonden heeft wat verloren was? Houdt God een bepaalde mate van genade achter in de eerste ervaring die later bij de tweede gegeven wordt? Of lost Hij enkel een gedeelte van het zondeprobleem op in elk "genadewerk"?

Zijn er niveaus van godsdienstig leven voor zondaren, voor gelovigen en/of voor geheiligde personen? Mag men de hoeveelheid zonde of de mate van overwinning over de zonde bepalen die typerend of toegestaan is voor de diverse staten van genade of de soorten zonden die karakteristiek zijn voor elk van hen? Mag men zijn eigen niveau van geestelijk leven kiezen en zich daaraan aanpassen en andere staten van genade veronachtzamen? Is iemand volledig gered wanneer hij is wedergeboren of enkel gedeeltelijk gered? Als God niet volledig redt, zou Hij dat dan niet kunnen als Hij dat wilde? En als Hij het kon, waarom zou Hij dat dan niet doen bij de wedergeboorte? Als iemand volledig gered is bij de wedergeboorte, waarom heeft hij dan een andere speciale ervaring nodig om hem voor te bereiden op de hemel? En als achterliggende vraag bij al deze vragen, waarom een *crisis*ervaring?

Het eerste probleem is de *ordo salutis*, ofwel de volgorde van de redding, en dit is de bijzondere zorg van de systematische theologie. Zaken als de volgorde in tijd van wedergeboorte, rechtvaardiging, geloof, berouw en andere elementen in de verlossing vormen het probleem. Bij gebrek aan duidelijke bijbelse instructie in deze, is het noodzakelijk deze onderwerpen te rangschikken overeenkomstig een aantal vooronderstellingen die duidelijk de objectiviteit missen om vorm te geven aan een dogmatische bespreking ervan. Het belangrijkste verschil tussen Arminius en de reformatorische kerk van zijn tijd ligt precies hier.

Het ligt niet het kader van dit hoofdstuk om de aard van wedergeboorte, aanneming, rechtvaardiging en heiliging te bespreken, maar enkel om hun relatie met elkaar op te merken. We kunnen beginnen door te verklaren dat het wesleyaanse godsbeeld Hem ziet als handelende ten opzichte van ons in de totaliteit van Zijn natuur en ten opzichte van de totaliteit van de menselijke natuur. Dat betekent dat geen enkele goddelijke eigenschap als toorn, liefde, heiligheid, barmhartigheid, of rechtvaardigheid los kan worden gezien van de gehele persoonlijkheid van God. En een mens ervaart deze totaliteit als de hele persoon die hij zelf is, veeleer dan met gedeelten van zichzelf zoals zijn wil, zijn verstand, zijn hart, elk gescheiden van de anderen.

Heiligheid en gerechtigheid, liefde en toorn zijn geen tegengestelde en tegenstrijdige eigenschappen maar het resultaat van goddelijk handelen in het licht van een bepaalde situatie. Evenzeer was het de Godheid die handelde omwille van de verlossing van de mens. God "offerde Jezus niet op", maar "God was in Christus de wereld met zich zelf verzoenende". Die eenheid van persoonlijkheid strekt zich uit tot de mens. De gehele mens ontvangt de genadegave. Zijn hele wezen, niet enkel een deel van zijn persoonlijkheid, is de ontvanger van de goddelijke activiteit wil het begrip moreel gehandhaafd blijven.

H. Orton Wiley zegt:

> Voorafgaande genade (...) werkt in op het hele wezen van de mens, en niet enkel op een bepaald element of vermogen van zijn wezen. Het pelagianisme ziet genade als enkel inwerkend op het verstand, terwijl het augustianisme de tegengestelde fout maakt te veronderstellen dat genade de wil bepaalt door er een

krachtig beroep op te doen. Het arminianisme houdt vast aan een zuiverder psychologie. Het beweert dat genade niet louter inwerkt op het verstand, het gevoel of de wil, maar op de persoon of het centrale wezen dat zich onder en achter alle genegenheden en eigenschappen bevindt. Zodoende bewaart het een geloof in de eenheid van de persoonlijkheid[91.]

Maar hoe helpt dit de vraag te beantwoorden? Wiley stelt een interessant en nuttig antwoord voor. Hij zegt dat er drie analogieën in de Schrift gebruikt worden om de relatie tussen God en mens te beschrijven: het huisgezin, de rechtszaal, en de tempeldienst. Elk van deze analogieën heeft een vocabulaire dat consistent is met haar eigen gebied. Ze zijn allen nodig om hetgeen dat we over de verlossing moeten weten over te brengen. Wanneer één analogie geïsoleerd wordt van de anderen om tot volledige waarheid te worden, ontstaat er een theologische vervorming; bijvoorbeeld, wanneer de geboorte tot analogie gemaakt wordt van alles wat met de relatie van de christen tot God te maken heeft, worden het juridische en het morele opgeofferd.

Het is noodzakelijk dat de termen die gebruikt worden in verband met elke afzonderlijke analogie zorgvuldig onderscheiden worden. De huiselijke relaties worden uitgedrukt in termen van het natuurlijke leven - vader, zoon, geboorte, liefde, vervreemding, en vele andere. De rechtszaal wordt uitgedrukt in wettelijke termen - schuld, afkeurenswaardigheid, ten laste leggen, oordeel, en rechtvaardiging. De tempeldienst draagt de termen aan die typerend voor zijn gebied zijn - zonde, onreinheid, zuiverheid, heiliging, offer, heiligheid, en toewijding.

Wiley wijst niet expliciet naar de implicaties hiervan in het geheel van zijn verlossingsleer (hoewel hij behoorlijk consequent is in het gebruik van de termen), maar deze gedachtenkiem bleek behulpzaam te zijn in deze studie. Volgens ons kan ze op nuttige wijze gebruikt worden bij het probleem waarvoor we staan.

De onderwerpen in de theologie worden nodeloos verward wanneer de zorgvuldige bijbelse onderscheidingen tussen rechtvaardiging, wedergeboorte en heiliging over het hoofd worden gezien. Elkeen heeft een element van de waarheid in zich dat niet met de andere verward mag worden. Maar het zijn geen verschillende gebeurtenissen die gescheiden mogen worden in de ervaring. Het zijn verschillende aspecten van één gebeurtenis. Dat betekent niet dat de één door de ander vervangen kan worden maar dat de ware aard van de christelijke ervaring niet bevat kan worden door één van hen alleen maar slechts door allen tezamen (en nog anderen evenzo). Dat betekent dat er een aspect van het huisgezin, de rechtszaal en de tempel is dat

---

91  H. Orton Wiley, *Christian Theology* (Kansas City: Beacon Hill Press of Kansas City, 1952), II, 356.

door analogie helpt Gods verlossend handelen in relatie tot de mensheid uit te leggen. De *wedergeboorte* is geen uitputtend beeld van het bijbels onderwijs over redding. Rechtvaardiging of vergeving is een essentieel element maar bijkomstig met betrekking tot het hoofddoel van de redding: vrij zijn van zonde, of een heilig hart. *Heiliging* moet al hetgeen wat wedergeboorte en rechtvaardiging betekenen omvatten om het te bewaren voor humanisme. Maar in de Schrift omvat het ook dit alles, en de theologie moet deze waarheden dan ook in balans houden.

> We kunnen dan dus zeggen dat christelijke rechtvaardigheid en christelijk zoonschap, daarbij rechtvaardiging, wedergeboorte, aanneming en de beginnende heiliging ingesloten, elkaar begeleiden in de persoonlijke ervaring, dat wil zeggen, ze worden aangeboden als onscheidbare zegeningen en verschijnen tezelfdertijd. (...) De termen zijn evenwel niet synoniem[92].

Het belang hiervan voor het voorliggende probleem is dat er in Gods reddende relatie met ons een objectief en een subjectief aspect is dat het geheel van de persoonlijkheid erin betrekt. Het betekent niet dat mensen vervolmaakt worden tot voorbij de noodzaak of mogelijkheid van verdere ontwikkeling, maar dat het geheel van Gods genade voldoende is voor het geheel van de menselijke behoefte. De *volgorde* van de "zegeningen" is logisch, niet eenvoudigweg chronologisch. Dit is een andere manier om te zeggen dat de verlossende procedure door en door moreel is.

Het tweede probleem heeft te maken met de wijze waarop de mens zich de genade toeeigent. Een vraag verscherpt het onderwerp. Gaat geloof vooraf aan berouw of volgt het erop? Is gehoorzaamheid noodzakelijk, en waarom? Deze openen de deur naar vele gelijksoortige vragen. In de Schrift is het onmogelijk woorden als *geloof* en *liefde* zodanig te isoleren dat er gezegd zou kunnen worden dat ze in een chronologische volgorde staan. Er is in geloof een element van berouw dat niet weggenomen kan worden. Geloof heeft geen betekenis zonder voldoende bewustzijn van zonde en haat om geloven tot de beslissende factor te laten maken. Geloof moet altijd voldoende zelfbewustzijn hebben om het ene te verwerpen, en voldoende om het andere te aanvaarden. Bijbels berouw is doordrenkt met geloof en gehoorzaamheid. In de Schrift wordt geloof nooit gescheiden van de totale persoonlijkheid. Het moet worden ondersteund door alles wat de mens is. Gehoorzaamheid is een noodzakelijk ingrediënt van geloof. Beiden beschrijven de liefde. Zuiverheid is een samenstelling van die allen. Reiniging is afhankelijk van wandelen in het licht, of gehoorzaamheid aan de "wet" der gemeenschap.

---

92  Idem, blz. 402.

Mildred Bangs Wynkoop

Met andere woorden, de gehele persoonlijkheid neemt deel in ieder contact met Gods genade. Geloof is niet enkel een verstandelijke goedkeuring, en evenmin is gehoorzaamheid een daad van alleen de wil. Zuiverheid is geen mystieke kwaliteit, op de ziel geëtst, en evenmin is liefde een gevoel dat boven iedere test uitstijgt. In het eerste vage bewustzijn van het zich bezighouden van de Heilige Geest met personen wordt het hele complex van de persoonlijkheid tot waakzaamheid en een overeenkomstig respons opgewekt, ofwel als acceptatie, ofwel als verwerping. Alles wat betrokken is in de verlossingsprocedure draagt bij aan de morele integriteit.

De klassieke eis voor rechtvaardiging is geloof. Geloof is niet iets dat het verstand doet en waartegenover de rest van de persoonlijkheid ofwel passief is of het actief verwerpt. De oproep aan de zondaar is berouw te hebben en te geloven. Een gehoorzame geest is de matrix van berouw en geloof. Paulus vertelt ons in Romeinen 6 dat de betrokkenheid van een christen in de doop een "zich ten dienste stellen" vereist. Christus is zowel Verlosser als Heer, en een gelovige die gelooft stapt in een nieuw knechtschap wanneer hij bevrijd is van het oude. De oproep aan een christen is niet een andere oproep maar een voortzetting en verdieping van dezelfde oproep.

Wiley zegt opnieuw: "Wedergeboorte is gerelateerd aan heiliging. Het leven dat in de wedergeboorte geschonken wordt is een heilig leven. Om deze reden sprak Wesley hierover als de poort tot heiliging"[93].

Wesley sprak over het berouw van gelovigen. Paulus roept in Rom. 12:1 de broeders op zich te *stellen* tot een Gode welgevallig offer. Aan de waarschuwing tegen het bedroeven en uitdoven van de Heilige Geest is zo'n algemene behoefte dat de evangelische predikanten er geen probleem mee hebben dit de zondaar voor te houden, hoewel het gezegd werd tegen christenen.

Dit alles schijnt te betekenen dat er maar één weg is *tot* Gods genade, en één weg om *voort te gaan* op ieder niveau van geestelijk leven - en dat is de volledige overgave van de gehele mens aan God. Dit is geen redding door verdienste maar ware redding door geloof. Maar geloof is niet iets anders dan gehoorzaamheid, en is niet losgemaakt van de persoonlijkheid. Het is niet doeltreffender en "religieuzer" dan gehoorzaamheid, maar is op zichzelf al een demonstratie van gehoorzaamheid die de persoonlijkheid eerder verenigt dan splitst.

Zuiverheid is niet een of andere later volgend stadium van het christelijk leven maar de consequentie van gehoorzaamheid en geloof onder Gods genade. Dat wil zeggen, we zijn niet vrij om één aspect van hetgeen God vereist af te zonderen en het tot het geheel te bombarderen. We zijn onbestendige leraren als we één deel van

---

93  Idem, blz. 423.

de persoonlijkheid isoleren als zijnde redbaar en de redbaarheid van de rest van de mens veronachtzamen of verwerpen. *Morele integriteit* is de basis van interpretatie en moet alles wat gerelateerd is aan de genade karakteriseren. Heiligheid is door en door moreel. Het is geen moralisme.

Het probleem van geloof versus werken krijgt vorm in dit denkkader. De sterke polemiek tegen werken in sommige theologische kringen is, naar onze overtuiging, gebaseerd op minimaal twee misverstanden. De één ligt aan de basis van de ander. (1) Tenzij de "werken" waartegen Paulus preekte verstaan worden in hun eigen context, schept de onbekritiseerde projectie van dat verkeerd begrepen onderwijs ernstige problemen in onze theologie. De "werken" die geen gerechtigheid voort konden brengen waren niet het gehoorzamen aan Gods wet en geboden, maar een vertrouwen in een oppervlakkige gehoorzaamheid waaruit rechtvaardigheid voort zou moeten komen. Rechtvaardigheid is nooit mogelijk los van gehoorzaamheid, maar die gehoorzaamheid moet een afhankelijkheid van God en Zijn genade zijn en "uit het hart" komen. (2) De wesleyaanse nadruk op zo'n gehoorzaamheid is geen "redding door werken" maar de gehele mens geïntegreerd in Gods genade. Mensen zijn niet enkel hersenen die een voorstel aan kunnen nemen, hoe oprecht ook. Het zijn ook personen, die na het aannemen van een voorstel daarnaar moeten gaan *handelen*. Er kan geen werkelijk dualisme zijn tussen geloof en gehoorzaamheid. Elk op zichzelf is een abstractie zonder werkelijk bestaan. Dit kom je nooit tegen in het leven.

Het kan helpen opnieuw een conclusie aan te duiden die zich aan ons opgedrongen heeft gedurende deze studie, namelijk dat de subjectieve betrokkenheden, waarin de persoon wordt binnengeleid door Gods genade, zelfs niet onmogelijk zijn voor mensen in zonde. Genade dringt geen onnatuurlijke en vervormde verplichtingen aan de menselijke persoonlijkheid op, maar verlangt enkel dat de vermogens die inherent zijn aan het menszijn en die tot waakzaamheid geroepen zijn door de Heilige Geest, worden beoefend onder de heerschappij van Christus. Nieuwe vermogens worden niet toegevoegd, maar de oude worden in een juist perspectief geplaatst. Wiley benadrukt dit opnieuw met klem:

> Het zelf is niet alleen door en door actief, maar was ook geschapen voor onbegrensde vooruitgang. Onder genade wordt dit een steeds toenemende verandering naar het goddelijk beeld - een verandering van *heerlijkheid tot heerlijkheid* (II Cor. 3:18). In de zonde is het een toename "tot meer goddeloosheid" en dus een verval van schande tot schande. We moeten evenwel niet vergeten dat de zonde slechts een ontsporing van de menselijke natuur is en niet een essentieel element van zijn oorspronkelijk wezen. Hij behoudt zijn

Mildred Bangs Wynkoop

persoonlijkheid met al zijn vermogens, maar deze worden los van God als het ware centrum van zijn wezen beoefend, en zijn daarom verdorven en zondig. Zonde is niet een nieuw soort vermogen (...) in het menselijk leven gegoten. (...) Het is veeleer de gerichtheid van alle vermogens[94].

Dit is een gezond wesleyaans inzicht. In het volgende gedeelte benadrukt Wesley de eenheid van persoonlijkheid die zo essentieel is voor een verstaan van de bijbelse heiligheid.

Zij die waarlijk ootmoedig zijn kunnen helder onderscheiden wat kwaad is, en ze kunnen daar ook onder lijden. Ze zijn gevoelig voor dit alles, maar toch houdt ootmoedigheid de teugels in handen. Zij zijn buitengewoon "ijverig voor de Here der Heerscharen", maar hun ijver wordt altijd geleid door kennis, en getemperd, bij iedere gedachte, woord en werk, door de liefde voor de mensen zowel als de liefde voor God. Ze verlangen er niet naar enige hartstocht die God om goede redenen in hun natuur ingeplant heeft uit te delgen, maar ze beheersen die alle: ze houden ze alle onderworpen, en gebruiken ze alleen in dienstbaarheid aan die doelen. En zo zijn zelfs de ruwere en onplezieriger hartstochten toepasbaar bij de nobelste doeleinden, zelfs haat en woede en angst, indien ingeschakeld tegen de zonde en geregeld door geloof en liefde, zijn als muren en bolwerken voor de ziel, zodat de boze niet nabij kan komen om haar te verwonden (*Works*, V, 263).

Dit gedeelte werd geopend met de verklaring: "De psychologie van de heiligheid betekent gewoon dat genade past bij de menselijke natuur zoals die is." Dat betekent dat *genade* in elk geval in de Schrift geen theologisch woord is maar een zeer persoonlijk woord. Gods genade is een manier van zeggen dat "alles wat God is in relatie met de mens, - Zijn liefde, barmhartigheid, vergeving, verlossing - dit alles geopenbaard is en voor de mens verkrijgbaar is". God die handelt ten behoeve van mensen die van Hem vervreemd zijn door hun eigen zonden, God die mensen tot Zich roept om Zijn gemeenschap te delen, God die ons vervult met Zijn aanwezigheid en smeekt om ons respons - dat is genade. Dus, wanneer de theologie spreekt over "staten van genade", moeten we vragen wat dat betekent.

## 11.3 "Staten van genade"

Men zal opmerken dat er een groot probleem aan de basis ligt van alle vragen en dat wordt verwoord in termen als "genadewerk", "staat van genade" en "zegen". Dit probleem ontstaat uit een onbegrip over de betekenis van *genade*. Men zegt dat het tweevoudige aspect van het godsdienstige leven gestructureerd wordt door de "staten van genade", en dat "genadewerken" je van de ene staat naar de andere

---

94  Idem, blz. 95.

brengen. Als dit patroon bijbels verdedigd kan worden, zou het beantwoorden van de specifieke vragen over deze staten niet al te moeilijk mogen zijn. Zo niet, dan zal het bijbels onderwijs onderscheiden moeten worden van de gevolgtrekkingen van de theologie en als zodanig vastgesteld moeten worden, en de toepassing hiervan aan de ervaring moeten worden gerelateerd.

Een kort overzicht van het gebruik van het woord *genade* stelt al gauw vast dat noch "staten" noch "werken" van genade bijbelse uitdrukkingen zijn. "Zegen", wanneer het daaraan gerefereerd wordt, is ook buitenbijbels, hoewel de oorspronkelijke betekenis zeker passend is wanneer die wordt begrepen. Men zal ook bemerken dat noch "eerste" noch "tweede" als bijvoeglijke naamwoorden die het aantal fasen onderweg in de genade tellen *rechtstreeks* vanuit een nieuwtestamentische exegese verdedigd kunnen worden. Uiteraard weet de Wesleyaan dit en verdedigt hij zijn gebruik op een andere basis; gelovende dat de persoonlijke toe-eigening van de nieuwtestamentische genade getuigt van dit tweevoudige aspect. Evenwel, in een poging strikt binnen de grenzen van de bijbelse exegese te blijven, kan men door deze termen in verlegenheid gebracht worden als er een te dogmatische nadruk op gelegd wordt als zijnde een bewijs van orthodoxie.

Wat is genade? Is het mogelijk dat genade verwijst naar een staat of positie? Alles wat de mens van God ontvangt is "door genade", vanaf de schepping tot aan de uiteindelijke verlossing. Een zorgvuldige bestudering van de term onthult ten minste één helder feit, namelijk, dat genade nooit onpersoonlijk is of *iets* los van God zelf. Het is juist als persoonlijke uitdrukking van Gods natuur (en als zodanig geestelijk en moreel) dat ze betekenis heeft. Ze is barmhartigheid en liefde en geduld en lankmoedigheid, nooit door de mens verdiend, nooit afgedwongen door één of andere goddelijke noodzakelijkheid, maar altijd om niets gegeven en altijd bepaald door morele overwegingen voor wat betreft haar ontvangst door de mens.

Als het mogelijk zou zijn je een "staat van liefde" of een "staat van barmhartigheid" (termen die synoniemen zijn van genade) voor te stellen, zou de waarde van een "staat van genade" te verdedigen zijn. Maar deze zaken beschrijven geen onpersoonlijke of statische positie, maar relaties die persoonlijk zijn in de hoogste betekenis van dat woord. Het wesleyanisme heeft dit in haar meest verantwoordelijke en opmerkzame momenten altijd gezien. Het heeft gehandhaafd dat geen mens mag vertrouwen op enig moment van ervaring, of op enige psychologische ervaring zelf, of op enige "staat van genade", of op de resultaten van één van dezen. Hij moet op *Christus alleen* vertrouwen, niet als een idee of groep van woorden - zelfs bijbelse woorden - maar op Christus zelf als Persoon.

Mildred Bangs Wynkoop

Dit plaatst het geheel van de verlossing op het hoogst mogelijke niveau en voorkomt de ontwikkeling van antinomistische tendensen die inherent zijn aan *ieder* systeem dat het persoonlijke aspect van Gods omgaan met de mens niet vat. Wesley beantwoordde de vraag: "Neigt het praten over een *staat* van rechtvaardiging of van heiliging er niet toe mensen te misleiden, en leidt dat hen niet welhaast logischerwijze naar een vertrouwen op wat in één moment gedaan is?" door te zeggen: "Aangezien we ieder uur en ieder moment God behagen of mishagen, *overeenkomstig onze werken*, overeenkomstig het geheel van onze gerichtheid en gedrag"[95].

Voor de Wesleyaan is het niet juist genade een staat te noemen omdat ze nooit onpersoonlijk is maar altijd gezien moet worden als "God met ons", ons liefhebbend, maar nooit Zijn wil doordrijvend in zaken betreffende redding. Genade is nooit louter een kracht of een dwang. Men ziet het in de meest persoonlijke termen. Deze overtuiging ligt ten grondslag aan haar kijk op het *Imago Dei* en op de oorspronkelijke heiligheid, en bijgevolg aan de heiligheid waarvan gezegd wordt dat die mogelijk is in dit leven. Dit betekent dat al de verordeningen van God met betrekking tot de mens consistent zijn met Gods morele inrichting van de wereld. God speelt niet met de mens door hen te plagen met onmogelijke eisen. De bijbel is een serieus boek, betrouwbaar in al zijn morele onderwijzingen. Er wordt niets meer gevraagd van de mens dan hij in staat is om uit te voeren.

De eisen zijn voornamelijk gerelateerd aan de innerlijke houding, niet aan moedige prestaties of volmaaktheden waartoe de mens fysiek, mentaal of moreel niet in staat is. Maar de eis is alles wat de mens kan zijn, en hij wordt ertoe geprest zijn uiterste krachten, die in overeenstemming zijn met zijn persoonlijke groei, te gebruiken. *Gods genade stimuleert morele ervaring, maar komt er nooit voor in de plaats.* Ethische overwegingen aan alle kanten karakteriseren Gods omgaan met de mens en het respons van de mens op God. Zodra het deze waarheid wordt toegestaan de christelijke theologie binnen te dringen, reinigt zij haar van amorele oppervlakkigheid en ongeloofwaardigheid.

Het belangrijke punt in heel deze bespreking is dat God handelt ten opzichte van de mens in persoonlijke relaties. Dit betekent dat Hij handelt als geheel Persoon ten opzichte van gehele personen. Dit ruimt de populaire tendens uit de weg om over God te spreken alsof Hij een *deel* van zichzelf geeft aan een deel van de mens, of dat God barmhartig of rechtvaardig of genadig of toornig handelt, waarbij elke eigenschap los staat van de anderen. Over God denken in relatie met slechts één aspect van de mens - zoals zijn status, of ten opzichte van zijn rationeel verstand los

---

95 Geciteerd in John Fletcher, *The Works of the Reverend John Fletcher* (New York: Methodist Episcopal Conference Office, 1836), Vol. I, Voorwoord, blz. 9.

van zijn morele natuur, of zijn wil en niet zijn emoties - komt voort uit een onvermogen om het Persoon-tot-persoon aspect van het goddelijk handelen te zien. Genade staat voor het geheel van God dat handelt met betrekking tot het geheel van de mens. Wanneer we door genade gered worden, is de redding *potentieel* compleet. Genade kan niet in een aantal lagen onderverdeeld worden, omdat God een Persoon is - niet een aantal lagen van iets. We kunnen de Heilige Geest niet opdelen zodat we een gedeelte van Hem op het ene moment ontvangen en meer van Hem op een ander moment. De Heilige Geest is een Persoon en komt als een Persoon en verbindt zich met personen. Wanneer iemand gered wordt, komt de Heilige Geest naar hem toe. Dit is een persoonlijke relatie, niet een rekenkundige optelling die in stukken verdeeld kan worden.

Maar het is precies het punt van de persoonlijke natuur, en hoe genade ermee in verband staat, waar deze hele zaak van "religieuze rekenkunde" ligt. Maar voordat de vraag van de "eerste en tweede zegen" besproken kan worden, moet iets gezegd worden over de menselijke natuur, en hier wordt het persoonlijke element getoond dat haar theologische en het religieuze waarde geeft.

## 11.4 De menselijke persoonlijkheid

Als de ervaring van heiliging een zaak van geestelijke en morele aanpassing is, verwezenlijkt op het kruispunt van de menselijke natuur en Gods genade, moeten we iets weten over de menselijke natuur om iets zinnigs te kunnen zeggen over het hele proces. Bijbelse psychologie is altijd eigentijds en de theoloog wordt er nooit door in verlegenheid gebracht.

1. *De persoon is fundamenteel een eenheid.* Een normaal mens ligt niet overhoop met zichzelf hoewel hij kan worstelen met zijn beste oordeel over een bepaalde zaak. Wanneer hij handelt, handelt hij als een eenheid. De hele mens handelt als hij handelt. Noch het Oude noch het Nieuwe Testament weet iets van een mens wiens geest goed en wiens vlees slecht is. Iemands geest - of lichaam evenzo - handelt nooit zonder werkelijke toestemming van de gehele persoonlijkheid.

    Verantwoordelijk handelen moet in feite de hele mens inschakelen. De bijbel spreekt over een aantal delen van het lichaam als zijnde de zetel van verantwoordelijk handelen: het hart, de ingewanden, de ogen, de oren, de mond, de voeten, het verstand, de geest, het vlees, en vele andere organen, intern en extern. Maar nooit handelen bijvoorbeeld het hart en de voeten tegengesteld aan elkaar in dezelfde mens op dezelfde tijd. Wanneer de voeten "snel om bloed te vergieten" zijn, is het hart betrokken en schuldig. Wanneer de voeten "liefelijk" zijn omdat ze de goede boodschap dragen, zijn de geest en het hart erin betrokken. Iedere aanduiding is een beeldspraak die de handelingen en houdingen van de gehele mens karakteriseert. Ze verwijst naar een kwaliteit van karakter, en richt zich naar het soort actiesymbool dat het orgaan suggereert. De drieledige kijk op de mens als lichaam, ziel en geest wordt in de bijbel niet onderwezen. Sommige klassieke vergissingen in de christologie komen voort uit dit gnostische idee, en bepaalde hedendaagse perfectionismen worden enkel mogelijk gemaakt door dit persoonlijkheidsbeeld. Maar het christelijk beeld is dat het gereinigde hart een onverdeeld hart is - een verenigde persoonlijkheid.

Ieder meervoudig persoonlijkheidsbeeld maakt het christelijk leven een bron van conflicten, niet van vrede. Het maakt redding tot een vernietiging van de heelheid en integriteit omdat het de ziel opzet tegen het lichaam. Het bestrijdt Gods genade. Een verstoorde persoonlijkheid wordt het kenmerk van het christendom, en de dood een redder.

Het wesleyaanse, en naar we geloven bijbelse onderwijs beweert nadrukkelijk dat rechtvaardiging en wedergeboorte de gehele persoon integreren. Het is leven dat alle elementen betrekt in een dynamisch geheel. Het leven is een eenheid. Dood is desintegratie, het uiteenvallen van bestanddelen. Redding is de geest van leven in Christus Jezus die ons bevrijdt van de wet van zonde en dood. De wedergeboorte betekent het begin van de groei van een heel persoon. Ze kijkt verlangend uit naar rijpheid en dienstbaarheid. Het betekent dat iemand volkomen gered, volkomen tot leven gewekt, en opnieuw gemotiveerd is door de Heilige Geest. Het betekent dat door de dienst van de Heilige Geest de persoon Christus tot Heer gemaakt heeft.

2. *De persoonlijkheid is dynamisch, niet statisch.* Ze is geestelijk, niet materieel. Het is geen substantie, waarop van buitenaf "tekenen" aangebracht kunnen worden, zoals dat van de rooms-katholieke genade gezegd wordt. Er is een continuïteit van identiteit en zelfbewustzijn, maar daarin is er voortdurende verandering en aanpassing en vergroting en zijn er veranderende perspectieven en overplaatsingen en bewegingen die eeuwigdurend de "persoon" vormen als een *essentiële* eenheid. Jezus' analyse is ter zake doende - niet wat in een mens gaat maakt hem, zei Hij, maar wat van hem uitgaat. *Wanneer de persoon werkt als een verantwoordelijk schepsel, maakt hij onderscheid tussen eenvoudige prikkelingen en het doel, en geeft hij een rationeel respons.*

Dit poneert geen *absolute* vrijheid, maar het veronderstelt wel een *werkelijke* vrijheid. Een persoon, zolang hij een persoon is, is in beweging, uitgaand, zich ontplooiend, zich uitstrekkend naar voltooiing, rusteloos, zoekend, voortjagend. Geestelijke "dood" in een levend persoon is niet de dood van de immobiliteit of kalmte, maar de gerichtheid van het handelen op het uiteenvallen van het zelf.

De persoonlijkheid is net zozeer dynamisch als ze een eenheid is. Dit betekent dat de mens een leven binnenstapt van de hoogst mogelijke verantwoordelijkheid tegenover God waartoe hij vanwege zijn de bekering in staat is. Dat zou heel weinig kunnen zijn, maar het is de eerste stap in een voortgaand proces. De persoonlijkheid is niet passief, loom, maar komt voortdurend keuzen tegen die moeten worden gemaakt in de geest van het nieuwe leven. De garantie van de genade is niet dat God voor ons beslissingen zal maken maar dat we in staat zullen worden gesteld door de Geest ze zo te maken dat we God behagen.

Het morele leven is ofwel vooruitgang ofwel achteruitgang als een zigzaglijn, zelden een rechte lijn. We worden voortdurend geconfronteerd met nieuwe situaties; nieuwe keuzen moeten worden gemaakt. Op ieder punt moet een raadsvergadering gehouden worden waarin de te voeren gedragslijn door de gehele mens bepaald wordt. Hij is nu een christen, maar dat betekent niet dat hij automatisch of onvermijdelijk de goede keuzen maakt. De verantwoordelijkheid om de juiste keuzen te maken wordt door het christelijk leven niet verbannen, maar verhoogd. De essentie van de persoonlijkheid is morele vrijheid, en in het christelijke leven wordt de persoonlijkheid steeds dieper vergeestelijkt, nooit gedepersonaliseerd. Alles wat in heiliging betrokken is, is hier dus van toepassing. Heiliging is het in volkomen eenheid brengen met de wil van God van ieder element van de persoonlijkheid. Heiliging is de "groeiende rand" van de rechtvaardiging. Wat men op zich neemt wanneer men een christen wordt, moet in *levende situaties* volbracht worden. Het nieuwe leven heeft, zoals dat theologisch genoemd wordt, heiliging nodig.

## 11.5 Genade en menselijke vrijheid

Een zelf te zijn houdt morele vrijheid in. God handelt in relatie tot de mens in harmonie met zijn morele natuur en psychologische opbouw. Die vrijheid kan beperkt zijn, maar om persoonlijke en morele integriteit te bewaren moet die wel reëel zijn, geen fictie. Personen kunnen geen werkelijke personen - geestelijke eenheden - zijn los van deze mate van zichzelf overstijgen en zelfbeschikking. Bijbels gesproken wordt de hele oproep van het evangelie gedaan aan het vermogen van mensen om in plaats van voor de ene voor een andere gedragslijn te kiezen en daar een begin mee te maken. De mens is niet vrij om de consequenties van een

Mildred Bangs Wynkoop

handeling te kiezen, maar hij is wel vrij om te beslissen welke consequentie hij prefereert om in verstrikt te raken voor wat betreft zijn relatie met God.

Maar persoonlijke verantwoordelijkheid is onontkoombaar betrokken in persoonlijke vrijheid. Vrijheid is niet amoreel, waarbij de zaken die gekozen kunnen worden enkel gecentreerd zijn rond de grillen en belangen van het individu. Ze is op intense en verschrikkelijke wijze moreel. Met andere woorden, men begint en eindigt zijn leven in vrijheid niet als een ongebonden individu maar enkel en altijd als een zelfbewuste eenheid die in relatie staat met God en anderen. Het zelf is enkel een zelf wanneer het in die relatie staat. Zelfbewustzijn is enkel een andere manier om te zeggen dat iemand zichzelf alleen maar werkelijk kent als een eenheid die onderscheiden is van, maar in relatie staat met, anderen. Met andere woorden, morele vrijheid is het zelf dat een verantwoordelijke relatie onderhoudt met het zelf van anderen. Vrijheid heeft geen andere betekenis.

De bijbel heeft veel te zeggen over deze onderlinge verbondenheid. De drie-enige God is een gemeenschap van zelven in liefde en communicatie. Mensen vinden enkel hun geestelijk bewustzijn wanneer ze in dat goddelijke leven betrokken worden door wederzijdse gemeenschap, en het leven dat daaruit voortvloeit is de gemeenschap met andere christenen. Een beetje tussen haakjes, maar toch belangrijk voor deze bespreking, is een referentie aan de opmerking die eerder in deze studie gemaakt is, namelijk dat er van de Heilige Geest gezegd wordt dat Hij alleen op *groepen* gevallen is, of hen gevuld heeft, nooit op individuen, hoewel het individuele lichaam de tempel van de Geest is, en mensen als Stefanus in het uitvoeren van hun getuigenis gekarakteriseerd werden door deze goddelijke inwoning. Het lichaam ("een levend offer") wordt door de Geest verbonden met alle andere personen in deze gemeenschap. Dit onderling afhankelijke leven is absoluut doorslaggevend. Jezus' bede in Johannes 17 staat ons niet toe ons van de verplichting van de volledige implicaties van de gemeenschap voor de redding af te maken. De relatie die we met de Heilige Geest onderhouden maakt ons vanuit een dringende noodzaak deel van een gemeenschap. Los van die gemeenschap is er enkel geestelijke dood.

Dit leidt ons tot de opmerking dat de dienst van de Heilige Geest in het tijdperk van de genade een tweevoudige stootkracht heeft: (1) Hij dwingt personen zich scherp van zichzelf bewust te worden als verantwoordelijke individuen, en de beslissingen waartoe Hij ze drijft zijn volledig verantwoordelijke beslissingen. (2) Maar de Heilige Geest eist ook dat zulke personen verantwoordelijke relaties gaan onderhouden. Dit is zeer betekenisvol. De Geest veronderstelt en respecteert ons eigenbelang en het belang van de ander, en gaat met ons om via dit persoonlijkheidskanaal omdat dat essentieel is voor heelheid.

Deze twee momenten van het zelf, een zien van het eigenbelang en het belang van anderen, zijn beide absoluut essentieel voor een geestelijke gezondheid. De vervulling van de gehele wet, of een geestelijke gezondheid op religieuze wijze uitgedrukt (de enige gepaste manier), is God volkomen lief te hebben en anderen als het zelf. Redding moet deze twee aspecten inhouden of ze doet geen recht aan het hele gebied van het bijbels onderwijs. Zelfbewustzijn gaat logischerwijze vooraf aan de sociale dimensie van de persoonlijkheid. Iemand die geen waar "zelf" geworden is zal nooit in staat zijn zijn plaats in een maatschappij van "zelven" in te nemen. Eigenliefde is op zichzelf niet zondig, enkel wanneer het de "andere" zelven verdringt.

Wanneer de theologie spreekt over het verloochenen van jezelf, zou dat nooit mogen betekenen dat het zelf gekleineerd of vernietigd moet worden. Paulus stuurt aan op een juiste zelfwaardering in al zijn brieven.

Teveel mensen hebben de Heilige Geest nooit toegestaan hen oog in oog te brengen met hun ware zelf - ze komen nooit tot een heldere persoonlijke identificatie. Ze proberen iemand anders te zijn, iemand anders' woorden na te praten, zich terug te trekken achter de comfortabele bedekking van het conventionele. Ze geven een vaag zelf aan God, hebben een vaag getuigenis, en doen vage diensten aan God - saai, monotoon, ongeïnspireerd, intolerant, onaantrekkelijk vanwege de angst die in hun onzekerheid woont. Angst sluit het verstand en het hart af en droogt de bron der liefde op.

*Dit is niet christelijk*, en niet in overeenstemming met de heiligingstheologie. God wordt psychologisch gesproken beperkt door een gebrekkige persoonlijkheid, en alles wat heiligheid vereist heeft ten doel deze beperking weg te nemen. Heiligheid is heelheid en gezondheid, en alles wat God vereist van de persoon van de eerste roerselen van de overtuiging tot aan de laatste daad van het leven is in het belang van deze volkomenheid.

Wanneer iemand een christen wordt, of wedergeboren is, wordt het uiterste in zelfbesef en zelfbewustzijn en persoonlijke identiteit bereikt. God vergeeft de zonde die het zelf beroofd had van respect en veiligheid. De *angst* voor God is veranderd in een gevoel van wederzijdse liefde. In deze ervaring wordt ieder blok aan het been verwijderd dat de eigen identiteit verzwakt. Het moment van bevrijding is een oneindig prettig moment. We zouden het willen bewaren, ons erop beroemen, erin leven, ons erin terugtrekken. Maar dat is evenmin geestelijk gezond als een tot staan gebrachte ontwikkeling gezond is. Persoonlijkheid is niet statisch maar dynamisch. Ze kan niet gedijen in een eeuwige kindsheid. Ze moet zichzelf prijsgeven.

Mildred Bangs Wynkoop

De nieuwgeboren persoon treft zichzelf aan in een wereld van de diepste verantwoordelijkheid. De naar binnen gerichtheid is niet langer gepast. Het meestal pijnlijke verdraaien van de zelfgerichtheid met het zelf als centrum naar het perspectief van de twee brandpunten, liefde tot God en de ander, is noodzakelijk. Onder de heerschappij van de zonde ontbreekt het het zelf aan dat element van echte waardigheid waarin het kind van God zich nu verheugt. Voor het eerst komt de *persoon* nu boven als de ware persoon. De zelfgerichtheid - die van zichzelf geen zonde is maar die buiten haar kader gefunctioneerd heeft en, omdat ze God buitengesloten heeft, zondig geweest is - moet nu vanuit haar eigen vrije keuze haar autoriteit aan God overdragen, en het object van haar gerichtheid aan anderen. Zonder afstand te doen van die eigen identiteit moet ze zichzelf met God identificeren en verantwoordelijk gaan leven met anderen.

Er is een tendens in alle theologische tradities de eerste stap te isoleren van de tweede en alleen maar te denken in termen van met God in het reine komen - of zelfgerichtheid. Misschien sprak Paulus hierover toen hij schreef aan de Corinthiërs, die hij terechtwees omdat ze "onmondigen in Christus" waren, terwijl er rijpheid van hen verlangd werd. Een karakteristiek van kinderlijkheid is een overdreven interesse in zichzelf en de verlangens en de opvattingen van het zelf. De christelijke ervaring te laten stoppen bij zelfgerichtheid is een falen om de normale morele ervaring te voltooien. Paulus zei dat toen hij een man werd hij het kinderlijke afgelegd heeft en hij zei dit in de context van een bespreking van de liefde, de meest geestelijk rijpende bezigheid die voor de rationele mens mogelijk is - en hét geneesmiddel voor het Corinthische probleem.

In het wesleyanisme berooft deze zelfde neiging naar zelfgerichtheid in de redding vaak hen die naar hun zeggen "voortgaan tot volmaaktheid" van de kracht van het Geestvervulde leven omdat de ware aard van de liefde hen ontgaan is. Er blijft een beheersende zelfgerichtheid over die nooit geestelijke gezondheid en christelijke overwinning toestaat. Er is een overdreven bezig zijn met zelfbeschouwing, een "vinger aan de pols houden", een veeleer "pijnlijk" dan gevoelig geweten, een te sterke nadruk op emotionele ervaringen en het "gezegend" zijn. Het zelf is nooit zijn kinderlijke staat te boven gekomen en tot gezonde rijpheid en morele kracht en verantwoordelijkheid gekomen.

Een zeer interessante en betekenisvolle suggestie wordt gevonden in het Griekse woord dat Paulus gebruikt voor "kinderlijk" in I Corinthiërs. Het woord wordt niet vaak gebruikt, en waarschijnlijk gebruikt Paulus het nooit voor *zoon (uiós)* of *kind (téknon)*. Paulus verkoos *népios*, wat in de context altijd de bijbetekenis heeft van een volwassene die de onverantwoordelijke karakteristieken toont van een kind.

"Kinderachtigheid" zou een beter woord zijn, duidelijk onderscheiden van "als de kinderen", wat Jezus ons opdroeg. De term die hier gebruikt wordt suggereert een geestelijke toestand die beantwoord aan de fysieke en mentale staat die we nu een tot staan gebrachte ontwikkeling noemen. In Ef 4:14 vermaant Paulus hen die "op en neer, heen en weer geslingerd onder invloed van allerlei wind van leer" zijn, mannen te worden, op te groeien tot de volmaakte man, door "zichzelf op te bouwen in de liefde" (wat wil zeggen, het "gehele lichaam van Christus - de Kerk). De manier om dit te bereiken is door "ons aan de waarheid houdende, in liefde in elk opzicht naar Hem toe" te groeien (vers 15), van hieruit wandelende, "niet zoals ook de heidenen wandelen, in de ijdelheid van hun denken" (vers 17). De schrijver van de brief aan de Hebreeën gebruikte hetzelfde woord ter veroordeling van hen die "traag zijn geworden in het horen", die leraars behoorden te zijn maar nog steeds melk nodig hebben - ze zijn "zuigelingen", kinderachtig (Hebr. 5:11-14).

De problematische passage in I Cor. 3:1 gebruikt dit Griekse woord: U bent "onmondigen in Christus", en dan volgt een lijst van dingen die kinderen doen als ze vechten; aan elkaars haren trekken en speelgoed uit elkaars handen trekken. Daar groei je niet zomaar overheen. In I Cor. 13:11 zegt Paulus dat hij ook zo geweest is, maar hij had de kinderachtige manieren *afgelegd* en was een man geworden. Geestelijke "kinderachtigheid" moet afdoende onder handen genomen worden. Het gaat niet zomaar uit zichzelf weg of door het verlopen van de tijd. Het probleem in deze gevallen, en andere, is niet enkel onvolgroeidheid, maar een gebrekkige liefde, en deze twee soorten problemen worden niet op dezelfde wijze opgelost. Het is leerzaam op te merken dat *liefde*, de dynamiek van het wesleyanisme, de sleutel tot de betekenis van heiliging, het geneesmiddel is dat in deze zaken aanbevolen wordt.

Wanneer we zeggen dat de zogenaamde "genadewerken" niet Gods willekeurige beperking van wat Hij genegen is te doen op een bepaald moment voorstellen, maar het psychologisch vermogen van de mens om zich de rijkdommen van Gods genade toe te eigenen, is het dit tweevoudige aspect van de persoonlijkheid dat we in gedachten hebben. Mensen ontvangen genade van God; maar omdat mensen personen, geestelijke wezens zijn, stappen ze tegelijkertijd in een nieuwe wereld van verantwoordelijkheid in relatie met God. Het zelf begint in een nieuwe omgeving te functioneren, en, een zelf zijnde, moet het zich gedragen overeenkomstig zijn eigen natuur als verantwoordelijk persoon of het verbeurt zijn geestelijk bestaan. En *liefde* is de wet van dit nieuwe leven, niet een "hoger niveau" van genade.

Deze twee dingen, vrijheid en verantwoordelijkheid, zijn enerzijds twee afzonderlijke dingen, maar anderzijds in een zeer ware zin twee kanten van hetzelfde. Wanneer een persoon "gered" wordt, wordt hij volledig gered. God redt door Zijn

Mildred Bangs Wynkoop

genade (niet "door genade" los van de persoon van God) de hele mens. De redding is volledig en houdt een persoonlijke handeling en een Persoon die handelt en een persoon die reageert op Gods persoonlijk handelen in, en breidt zich uit tot het geheel van het wezen van een persoon. Maar een gered persoon is een verantwoordelijk persoon, en de wedergeboorte betrekt hem gelijk in een leven van verantwoordelijkheid dat evenredig is aan zijn geestelijk leven en vrijheid en persoonlijke ontwikkeling en psychologische afwijkingen en vooroordelen en aanleg.

Nu zijn er psychologisch gezien twee soorten van menselijke respons in deze enkele ervaring waarin God een persoon redt. Er is het in gemeenschap opgenomen worden. Er is een oprechte overgave, en een verklaring van vertrouwen en liefde, en er is het ganse leven van morele beslissingen betreffende dat nieuwe leven. Het is een betrokkenheid die meer is dan een formeel, getekend contract. De bijbelse analogie van het huwelijk kan waarschijnlijk niet verbeterd worden. Onze relatie met God is even echt en levensveranderend en dynamisch en even vervullend en in staat stellend en persoonlijk - in feite zelfs meer - als het huwelijk waarin liefde de harten samenbindt en ieder facet van het leven verrijkt.

Wij denken dat deze levenslange verantwoordelijkheid die een levende gehoorzaamheid inhoudt in bepaalde keuzemomenten een verklaring is van wat een Wesleyaan bedoelt met een tweede crisis. In geen enkele zin is het ene "genadewerk" beperkt met het doel ruimte te laten voor een ander "genadewerk". God redt niet gedeeltelijk en daarna volledig. Mensen antwoorden niet met een gedeelte van hun persoonlijkheid en dan later met de rest. De zonde wordt niet gedeeltelijk vernietigd op het ene moment en dan volledig vernietigd op een ander moment, en evenmin is er een tweede genadewerk om de gebreken van het eerste te corrigeren. In elk geval is er geen bijbelse grond voor dit soort uitleg. De *"tweede crisis" verschilt van de eerste in soort, niet in mate.* De twee vertegenwoordigen twee essentiële bewegingen van de persoon als persoon. Ze respecteren het dubbele psychologische aspect van het zelf in zijn vrijheid en verantwoordelijkheid.

Drie strengen van de geanalyseerde elementen van het onderwerp dat we bespreken komen op dit punt samen, en beantwoorden de vraag over de relatie van heiliging met de menselijke natuur; leven als dynamiek, rechtvaardiging als het begin van een nieuw geestelijk leven, en heiliging als het ordenen van het leven rond een gepast centrum. Maar wat is nu specifiek het heiligingsproces in de persoonlijkheid?

Rechtvaardiging (de wedergeboorte) is een "geladen" gave. Leven is een "geladen" gave. In het geestelijke zowel als het fysieke gebied moet de gave uitgepakt en gebruikt worden. In beide gevallen moet onrijpheid plaats maken voor rijpheid, rondslingerende interesses voor één beheersende hartstocht, prikkelbaarheid voor doelgerichtheid. Er is discipline nodig om een kind te helpen het leven ten volle te leren leven, zodat het bij wijze van spreken uit de naden barst, en om zichzelf goed te kanaliseren. Een kind moet "leermeesters" hebben en leren is moeilijk. Rijpheid of volwassenheid wordt in bepaalde mate werkelijk bereikt op de dag dat het kind vanuit zichzelf, diep in zijn eigen wezen, ongedwongen, zichzelf toewijdt aan een waardig doel en zich iets van de kosten van die toewijding realiseert. De toewijding is persoonlijk, vrijwillig. Niemand mag daarin delen. Vele rechtmatige verlangens moeten losgelaten worden om het gekoesterde doel te bereiken. In deze vormende beslissing wordt het kind een man, de "knecht" wordt de zoon. Deze analogie gaat bijna helemaal op voor het religieuze leven.

Het is nu nauwelijks noodzakelijk meer toe te voegen aan de betekenis van "volkomen" in verband met heiliging. "Volkomen" refereert aan de totale morele integratie van de persoonlijkheid. Het refereert ook aan het aspect van totale toewijding aan Christus. Het moet iets belangrijks zeggen over de gerijpte, bewuste, persoonlijke beslissing van de bedachtzame, tot het uiterste uitgedaagde persoon. Volkomen betekent niet dat het hele proces van karaktervorming en geestelijke stabilisatie gecompleteerd is. De definitie van de persoonlijkheid als dynamisch sluit dat uit. Maar het betekent wel dat de gehele mens zichzelf verenigd heeft rond Christus. Het refereert aan een crisismoment waarin deze volle maat van toewijding wordt gerealiseerd. Het refereert ook aan een leven van *voortgaande* toewijding. "Volkomen" is de gehele mens in een geestelijke beslissing. "Reiniging" heeft werkelijke betekenis op dit punt, zoals is gesuggereerd.

Volkomen heiligmaking brengt de twee belangrijkste koorden samen tot één sterke kabel.

1. God verlangt dat mensen Hem volkomen liefhebben. Heiliging is de morele atmosfeer van die liefde. Daarin zijn twee bewegingen te onderscheiden: een totale verloochening van het egocentrische leven en een totale toewijding aan God. Alles wat de heiliging vraagt is in overeenstemming met een gezonde persoonlijkheid.
2. God accepteert dit levende offer en vult het "hart" met de Heilige Geest. *Religieus gezien* is dit het liefhebben van God met geheel ons hart, ziel verstand en kracht, *psychologisch* gezien is het een geïntegreerde persoonlijkheid, *theologisch gezien* is het reiniging.

Zowel proces als crisis worden onderkend - crisis op cruciale momenten, proces als een voortdurend leven zowel voor als na de meer vormende momenten van beslissingen.

Mildred Bangs Wynkoop

# 12

# De wisselwerking tussen God en mens

Hoeveel doet God voor onze redding? Wat doet de mens? Deze vragen worden gesteld in iedere wesleyaanse, evangelische presentatie van het evangelie. In sommige theologische tradities is het een kwestie van de voorrang van Gods soevereine wil boven de vrije wil van de mens. De oplossing die God de enige acteur maakt in het reddingsdrama wordt Augustiniaans genoemd, en iedere oplossing die de vrijheid van respons aanneemt wordt pelagiaans genoemd.

Het wesleyanisme staat in principe buiten dit kader van Augustianisme - Pelagianisme; maar de vraag waarmee dit gedeelte begon verraadt de subtiele, hoewel meestal onbewuste, invloed van deze traditie. Het is de augustiniaans/pelagiaanse controverse in een wesleyaans kleed. Met het benadrukken van de morele dimensie van de mens en de volledige verantwoordelijkheid van de mens in iedere stap in de redding wordt vaak de verbazingwekkende vraag in onderwijssituaties aan ons opgedrongen: "Ontkent de menselijke vrijheid niet het bovennatuurlijke?" Achter deze vraag ligt altijd het oude augustiniaanse beeld van de mens als de volkomen ontvanger van genade, nooit in enige zin de medewerker daarin. Grof gezegd veronderstelt de vrager meestal dat voorbij het geloof en de gehoorzaamheid die het correcte evangelische antwoord zijn aan God, er een onderbewuste, fysieke of psychologische verandering is, die op een of andere manier een structurele verandering in hem teweegbrengt. Dit in twijfel te trekken is gelijk aan een ontkenning van het "bovennatuurlijke". De probleem is niet alleen legitiem maar het is er een die niet veronachtzaamd mag worden in een serieuze studie van deze aard.

In het benaderen van dit probleem wordt de bewering aangedurfd dat ieder gebied dat in verband staat met het menselijk leven dat buiten de rationele natuur van de mens ligt niet in ware zin moreel is. Als die gebeurtenis niet kan worden beschreven in begrijpelijke taal, maar enkel benoemd kan worden met een of andere technische term die verstoken is van een existentiële betekenis, is het geen juist moreel of geestelijk - of misschien bijbels - begrip.

Hier treedt direct het fundamentele feit aan het licht dat heiligheid het element in het christelijk geloof is dat de theologie ervan weerhoudt een louter verstandelijk gebeuren te worden. Heiligheid is leven. Zoals de vleeswording van Christus Gods antwoord is op de speculaties over God, zo is heiligheid het antwoord op theologische abstracties met betrekking tot de redding.

De meest directe en verhelderende bewering van onze thesis is dat heiliging diep verbonden is met morele verantwoordelijkheid en op zichzelf al een aspect - wellicht de hoofdzaak - van de verlossing is. Deze overtuiging is gegrond in een begrip van het natuurlijke en het bovennatuurlijke dat morele integriteit toestaat te bestaan in de spanning tussen hen. Ze veronderstelt dat er iets "anders dan het natuurlijke" is en dat in de omgang tussen hen het rationele denken zich "thuis" voelt.

Dat er zowel een natuurlijke wereld als een bovennatuurlijke realiteit zijn is een axioma van het christelijk denken. De mens is geen ontologisch deel van God, noch God een metafysisch deel van de natuur. God bestaat zelfstandig, en de mens en de wereld bestaan in een totale afhankelijkheid van God. De Schepper en de schepping zijn op werkelijke wijze onderscheiden. Maar wanneer dit gezegd wordt, wordt het probleem enkel verwoord, niet opgelost. Wat deze twee "werkelijkheden" zijn en hoe ze aan elkaar gerelateerd zijn is het bredere kader van het probleem. In deze studie wordt alleen de *relatie* tussen de "werkelijkheden" nader beschouwd, niet wat ze op zichzelf zijn.

## 12.1 De werkelijke waarde van de mens

Het wesleyanisme handhaaft krachtig het juiste onderscheid tussen God en het anders-dan-God. Er is tussen hen geen samenvoegen van identiteit, en evenmin poneert het wesleyanisme een goddelijke vonk in de mens die erop wacht ontvlamd te worden. Aan de andere kant wordt de mens in staat geacht door Gods genade in gemeenschap met God te leven. Hij is niet enkel een pion die door God gebruikt wordt, noch een waardeloze aardkluit die zijn waarde enkel ontleend aan het karakter dat hij van een ander geleend heeft. In al zijn zonde, die niet ondergewaardeerd moet worden, is hij toch, krachtens zijn schepping en de voortdurende genade van God, waardevol en redbaar. Op een of andere manier moet een standpunt worden geformuleerd en verdedigd dat recht doet aan de bijbelse openbaring van God en aan de waarde die de Schrift de mens geeft als zijnde geschapen naar Gods beeld.

Mildred Bangs Wynkoop

Om hem verder dan de bijbel gaat te kleineren en in diskrediet te brengen brengt geen eer aan de God die hem maakte en verloste.

Wesley brengt zorgvuldig de weg tussen de gebruikelijke vergissingen in de theologische standpunten in kaart. Bij het verdedigen van de redbaarheid van de mens vermijdt hij hem te ontmenselijken door een te grote nadruk op de genade, zodat de vermogens van de mens als mens verwaarloosd zouden worden. Maar evenmin kan hij het standpunt aanvaarden dat "ieder levend mens een bepaalde mate van natuurlijke vrije wil heeft" zoals de Westminster belijdenis zelfs beweert van de mens in zijn gevallen staat voordat hij Gods genade ontvangt. Wesleys argumenten zijn het waard te worden vastgelegd.

[Het tegengestelde standpunt]: Ik drijf de vrije wil niet zover door: (Ik bedoel, niet in morele zaken) Natuurlijke vrije wil, in de huidige staat van de mensheid, begrijp ik niet: Ik beweer enkel dat er een mate van vrije wil is die op bovennatuurlijke wijze hersteld wordt in de mens, samen met dat licht dat "ieder mens verlicht dat in de wereld kwam". Maar of dat nu natuurlijk is of niet, dat maakt niet uit voor uw tegenwerping (...) aangezien uw bewering is: "Als de mens enige vrije wil heeft, *kan God niet de volle glorie van zijn redding hebben* [cursivering toegevoegd]. (...)

[Wesleys antwoord]: Bedoelt u dit: "Als de mens enige kracht heeft om `zijn eigen behoudenis te bewerken', dat God dan niet de volle glorie kan hebben"? Als dat zo is, moet ik opnieuw vragen, wat bedoelt u met "de volle glorie hebben"? Bedoelt u: "Hij doet al het werk, zonder enige medewerking van de mens"? Als dat zo is, dan is uw bewering: "Als de mens zelfs maar iets `met God samenwerkt' in het `bewerken van zijn eigen behoudenis', dan heeft God niet het hele werk, zonder dat de mens `medewerkt met Hem'". Zeer zeker, zeer waar: Maar kunt u niet zien hoe God evengoed alle glorie kan hebben? Want zelfs de kracht om "mede te werken met Hem" was van God. Daarom is alle glorie aan Hem. (...)

Als u dan zegt, "Wij geven God alleen alle eer voor onze redding" dan antwoord ik dat wij dat ook doen. Als u toevoegt, "Nee, maar wij verzekeren u dat God alleen al het werk doet, zonder dat de mens iets doet" dan zijn wij het daar in bepaalde zin ook mee eens. Wij erkennen dat het enkel Gods werk is om te rechtvaardigen, te heiligen en te verheerlijken, wat de hele inhoud van onze redding is. Maar wij kunnen niet erkennen dat de mens enkel kan weerstaan, en op geen enkele wijze "medewerker van God" kan zijn, of dat God zodanig de enige werker in onze verlossing is dat dat het menselijke werken totaal uitsluit. Dit durf ik niet te zeggen, want ik kan dat niet vanuit de Schrift bewijzen, nee, het is er volkomen mee in strijd, want de Schrift is duidelijk dat (kracht van God ontvangen hebbende) wij "onze behoudenis moeten bewerken" en dat (nadat het werk van God in onze zielen begonnen is) wij "medewerkers van Hem" zijn. (...)

Hoe kan het meer tot Gods glorie zijn de mens onweerstaanbaar te redden dan om hem te redden als vrij handelend persoon, door middel van een genade waarin hij kan medewerken of die hij kan weerstaan? Ik vrees dat u een verward, onschriftuurlijk begrip van "de glorie van God" hebt (*Works*, X, 229-231).

De speculatieve vraag over de relatieve prioriteit van Gods soevereiniteit en de wil van de mens heeft praktisch belang. Ze heeft alles te maken met het wesleyaanse standpunt over heiligheid. In feite liggen in de samenvloeiing van deze tegengestelde gedachtenstromingen de ware theologische en praktische kwesties van het wesleyaanse standpunt. In deze ontmoeting worden de diepste en verst reikende elementen van de heiligheidsleer duidelijk.

Deze bespreking is belangrijk omdat de conclusie ervan te maken heeft met zulke zaken als bijbelse inspiratie en interpretatie, de incarnatie, openbaring in het algemeen en wonderen in het bijzonder, persoonlijkheid en de innerlijke betekenis van morele verantwoordelijkheid, genade, geloof, en werken, heiliging, en de sociale en ethische implicaties van het evangelie. Temidden van de vele andere theologische onderwerpen die door dit probleem beïnvloed worden zijn deze genoemd omdat ze relevant zijn voor deze studie in het bijzonder. Misschien zal het meest controversiële punt in een studie over de heiligingstheologie wel het begrip van heiliging en werken zijn, omdat het misverstaan van het wesleyanisme op dit punt de deur opent tot de aantijging (onterecht, naar we geloven) dat het redding door werken leert, en het is moeilijk de kwestie op dat niveau te verhelderen. We moeten terug tot het niveau van vooronderstellingen en definities formuleren om te kunnen beginnen aan een vruchtbare gesprek op het niveau van theologie en godsdienst.

## 12.2 De betekenis van het bovennatuurlijke

We hebben vaak de kale, vlakke opmerking gehoord: "Ik geloof in het bovennatuurlijke". Deze bewering schijnt met succes een barrière op te werpen tegen alle andere benaderingen van het christelijk geloof die als verkeerd gezien worden. Op het eerste gezicht lijkt deze bewering acceptabel en waar genoeg. Maar een zorgvuldiger onderzoek zou er een verontrustend gedachtekader achter kunnen vinden. Maar wanneer te zeggen, "ik geloof in een *bovennatuurlijke* godsdienst" gelijk staat met de uitspraak, "de werkelijke elementen van mijn godsdienst kunnen niet rationeel besproken worden", dan hebben de vooronderstellingen van iemands geloof in het bovennatuurlijke kritiek nodig.

Mildred Bangs Wynkoop

De vraag in haar meest directe en praktische vorm, in verband met het christelijk leven is, "hoeveel doet God voor mij en hoeveel doe ik voor mijzelf?", of, "hoe en hoeveel helpt God een christen door genade?" In specifiek wesleyaanse kringen zou de vraag zijn, "wat *doet* volkomen heiligmaking voor een gelovige? Wat voor verandering komt eruit voort?" De vragen zijn op deze manier geformuleerd omdat dat de manier is waarop ze meestal gesteld worden. Elk van hen openbaart een onderliggend gedachtekader - een vooronderstelling - die herkend en bekritiseerd moet worden. De hele "Wesleyaanse beweging" in Amerika is verdeeld over de antwoorden op deze vragen - vragen die overigens niet inherent waren aan Wesleys eigen denken. Wesley was veel meer bezorgd over de fundamentele relatie die een christen met God onderhield dan over de subjectieve *verandering* in de structuur van de menselijke persoonlijkheid. In feite nam Wesley dit begrip niet eens in overweging.

Voordat we kritischer ingaan op de betekenis van *bovennatuurlijk* - en *natuurlijk* - is het nuttig de diverse mogelijke relaties tussen die twee aan te geven zoals die gezien zijn en nog gezien worden en aan te geven wat iedere zienswijze voor invloed heeft op de theologie. Dit is geen uitputtend overzicht maar een poging om de zaak voldoende open te breken om grond te vinden voor enige conclusies.

## 12.3 Het bovennatuurlijke versus de natuur

Een complete scheiding tussen de natuur en het bovennatuurlijke wordt benadrukt door het beeld van de *absolute transcendentie* van God. Volgens deze zienswijze is God en waar Hij dan ook woont volkomen anders dan het rijk van de geschapen realiteit. De twee werelden liggen in twee ongelijksoortige dimensies. Niets van wat God is kan omvat of bevat worden door de geschapen wereld. Kennis van God is onmogelijk; dus is openbaring onmogelijk. God doorklieft de natuurlijke wereld in zijn handelen, maar dit feit kan enkel afgeleid worden uit dat wat wordt geobserveerd, niet worden vastgelegd als een openbaringsgegeven. Het onvermogen aan de kant van de natuur om iets van de "bovennatuur" vast te leggen of te meten met haar gereedschap maakt ieder gesprek erover irrationeel. Geloof is irrationeel. Openbaring is een "ervaring" maar geen kennis. Volgens deze kijk kan Christus enkel een symbool zijn, niet de goddelijk-menselijke Persoon van het christelijk geloof, en is de Schrift het verslag van menselijke ervaring, geen gedeelte van de goddelijke communicatie.

## 12.4 De mystiek en het bovennatuurlijke

Aan het andere eind van de schaal bevindt zich het mysticisme. *Filosofisch mysticisme* heeft een aantal vormen maar in de basisvorm beschrijft het een rechtstreeks, direct contact met het bovennatuurlijke dat altijd bereikt wordt ten koste van de integriteit van de menselijke persoonlijkheid. Ofwel het menselijk bewustzijn wordt verlaagd tot aan het punt van vergetelheid ofwel het goddelijk bewustzijn neemt de plaats in van de menselijke wil. In elk geval maakt het verstand ruimte voor het goddelijk verstand, en wordt er voor een moment in opgenomen of wordt er volkomen door omzeild. Bij deze zienswijze wordt de menselijke persoonlijkheid weggevoerd en wordt de rationaliteit vernietigd. De wil wordt overgegeven aan dat wat wordt ingebeeld als zijnde God, en wat de persoon doet wordt gezien als de activiteit van God.

De mystieke godsdiensten neigen naar een ongezonde losmaking van het leven en een verlies van het vermogen om te communiceren met een ander zelf. Er is zelfs vaak een beduidende verslechtering van de persoonlijkheid opgemerkt en een vaag, niet-gericht semi-bewustzijn bedekt de scherpe randen van de verstandelijke vermogens. Het is moeilijk door te dringen tot in de rationele reacties van het geven en nemen van een normaal gesprek. Sociaal bewustzijn en verantwoordelijkheid verdampen in een mist van zelfbeschouwing en emotionalisme en anti-intellectualisme. Zeker, lang niet alle zogenaamde mystici passen in dit patroon, maar de geschiedenis van de Kerk bewijst het gevaar dat altijd potentieel verbonden is met een onbewaakte mystiek.

In het Westen buigt de mystiek voor de activistische westerse mentaliteit. Het is daarom vreemd dat in het Westen theorieën over bijbelse inspiratie floreren die gebaseerd zijn op dit begrip van de relatie tussen God en mens. Niets dan een oude hellenistische gedachte kan het idee ondersteunen dat de Heilige Geest de gedachten van mensen "overnam", los van hun bewuste rationele medewerking, en hen dreef tot schrijven en spreken. Je hoort beweringen als: "Wanneer de profeet zei: 'De Heer legde Zijn woord in mijn mond', dan bedoelde hij dat het woord op zijn tong gelegd werd en buiten zijn verstand om ging". Achter zo'n soort bewering ligt het geloof dat er zo'n kloof is tussen de natuur en de bovennatuur dat God de mens niet kan bereiken dan door voorbij te gaan aan zijn zondige verstand en de daardoor ongecontroleerde vermogens op abnormale wijze te gebruiken.

Dat waarheid voort kon komen uit en herkend kon worden als waarheid door de mens wiens bewustzijn terzijde geschoven was, is het werkelijke mysterie. Er is geen ruimte voor een kritisch oordeel, en we hebben hier gewoon weer een ander irrationalisme. Aangezien waarheid opgelegd wordt aan het verstand zonder haar

Mildred Bangs Wynkoop

eigen medewerking en kritische vermogens, wordt de subjectieve impuls geïnterpreteerd als waarheid. Hoe objectief of subjectief waarheid en openbaring ook mogen zijn, het verstand moet verantwoording nemen voor beslissingen aangaande die waarheid. Als er geen objectieve criteria voor de waarheid geaccepteerd kunnen worden, volgt logischerwijze de veronderstelling van de amorele natuur van de mens, en die is niet in overeenstemming met het idee dat de mens een oordeel aangaande de waarheid velt en moet vellen.

## 12.5 Het christelijk conflict en het bovennatuurlijke

Een andere extreme kijk op het verschil tussen God en mens, en tussen bovennatuur en natuur, wordt aangegeven door de leer van een mogelijke relatie tussen die twee waarvan gezegd wordt dat die resulteert in een levenslang conflict. Volgens deze zienswijze is hun volkomen onverenigbaarheid niet noodzakelijkerwijs reden tot verlies van menselijke identiteit wanneer die in contact met God staat. Daarin ligt het conflict. In de theologie wordt de Heilige Geest gezien als numeriek en substantieel toegevoegd aan de menselijke geest in de "doop van de Heilige Geest". Zo lang als de menselijke wil de Heilige Geest uitnodigt aanwezig te zijn, wordt de goddelijke natuur opgelegd aan de slechte menselijke natuur zodat die beheerst wordt. Onderdrukking is het sleutelbegrip in zo'n standpunt. Het wordt gebruikt ter bescherming tegen de gedachte aan een verlies van menselijke integriteit, maar veronderstelt te zelfder tijd dat de menselijke persoon ten diepste oncorrigeerbaar is. Het christelijk leven is dan een goddelijk knechtschap waarin alle menselijke vermogens moeten worden beteugeld en het ware ik moet worden verloochend. Men is geneigd te vragen hoe dat slechte zelf ertoe kan worden bewogen de Heilige Geest te smeken het te bedwingen. Volgens deze zienswijze is een gespleten persoonlijkheid een noodzakelijk bewijs van het geestelijk leven. De mens zou de wil kunnen, en moeten, hebben de wil van het vlees bestrijden, daarmee een essentieel en ontologisch dualisme erkennende. Heiliging bestaat uit een "bezit zijn van" de Heilige Geest, die dan het zelf bedwingt maar het niet "hervormt" en dat ook niet kan. Deze zienswijze beschrijft geen werkelijke morele relatie tussen God en mens. Het is nauwelijks meer dan een gewapende vrede.

## 12.6 Het onderbewustzijn en het bovennatuurlijke

Een zienswijze die moeilijker te beschrijven is, is enigszins verbonden aan de bovenstaande. Daarin wordt de geestelijke natuur van de mens, of de ziel, gezien als een soort materiaal waaruit zekere impulsen voortkomen die op zichzelf al goed of verkeerd zijn. De genade van God, beschouwd als een van buiten komende bovennatuurlijke kracht die inwerkt op de ziel, werkt onderbewust, of door de verkeerde impuls te veranderen in een goede onder het bewustzijnsniveau. Op de passieve, statische natuur van de ziel wordt ingewerkt door de genade. Het zal duidelijk zijn dat in deze zienswijze het radicale verschil tussen natuur en bovennatuur er nog steeds karakteristiek voor is, ondanks de minder pessimistische kijk op de redbaarheid van de persoon. Maar het niet-rationele element dat het tevens amoreel maakt is toch aanwezig.

Het theologische probleem hier is dat het mogelijk is te concluderen dat, indien op de juiste wijze ontvangen, de genade van de heiliging alle mogelijkheid tot zonde elimineert uit de impulsieve natuur. Het is gebaseerd op dezelfde kijk op de menselijke natuur die de oorzaak is van de overtuiging dat de menselijke natuur zelf al fundamenteel zondig is en niet veranderd kan worden. De zienswijze die wij bespreken bevestigt eenvoudig dat die zondige natuur wel veranderd kan worden. Het is een "ja-nee" argument dat de gedachtenstructuur waaruit het voortkomt niet onderzoekt.

Overeenkomstig deze leer, aangezien zonde in de basisimpuls ligt die niet verbeterd kan worden, moet het karakter van de impuls veranderd worden middels een soort geestelijke operatie door de Heilige Geest wil het weer goed worden. Zij die deze zienswijze aanhangen kunnen geen verklaring geven voor de venijnige en fundamentele verzoekingen die de christen aanvallen, en evenmin voor de behoefte aan voortdurende discipline en geestelijke voeding voor de gehele persoon die voor een goed en getrouw christelijk leven vereist zijn. Velen zien dat als ontrouw aan een theologische standpunt om vergeving te vragen aan God of mens, omdat door dat te doen ze de kracht van de Heilige Geest om zonde praktisch onmogelijk te maken lijken te verloochenen - tenminste zolang als men "geheiligd" is.

Maar aanhangers van andere tradities zijn even verbijsterd door de realiteit van het menselijk leven wanneer de subjectieve "verandering" van de wedergeboorte te materialistisch gezien wordt. Een vraag die door iemand gesteld werd over de herhaalbaarheid van de wedergeboorte wordt door Dr. Billy Graham beantwoord op een wijze die typerend is voor dit standpunt:

> De bijbel zegt: "Zo is dan wie in Christus is een nieuwe schepping; het oude is voorbij gegaan, zie, het nieuwe is gekomen" (II Cor. 5:17). Wanneer een mens moe wordt van zijn bekrompen, egoïstische leven, wanneer hij zijn zonden belijdt en de Vader vraagt hem te vergeven, kan de Heilige Geest in zijn verstand en hart binnenkomen en hem een nieuwe schepping maken. Dan kan hij een nieuwe start maken. Dit zou maar één keer nodig moeten zijn. De bijbel zegt: "Wij weten dat een ieder, die uit God geboren is, niet zondigt"(I Joh 5:18). Een

Mildred Bangs Wynkoop

mens die wederomgeboren is zal "nee" zeggen tegen de verzoeking. Wanneer hij zijn leven aan Christus overgegeven heeft zal hij een nieuwe weg gaan, en niet langer struikelen over de oude struikelblokken. Als u ooit dacht wederomgeboren te zijn, maar nu teruggevallen bent op de oude zondige wegen, dan heeft u geen werkelijke wedergeboorte ervaren. Maar onze godsdienst is er een van tweede kansen. Jezus kwam niet om te veroordelen, maar om te behouden. Geef uw leven volledig over aan Hem en u zult werkelijk wederomgeboren worden. U zult het weten wanneer dit gebeurt want u zult de vreugde van het nieuwe leven in Christus ervaren[96].

Al deze zienswijzen vereisen een radicale, metafysische scheiding tussen natuur en bovennatuur. Het zijn ten diepste irrationalismen, omdat de verbinding tussen de twee dimensies geen werkelijk morele respons aan de kant van de mens toestaat.

## 12.7 Idealismen

Aan de andere kant van het filosofisch spectrum ligt een groep ideeën die de mens zodanig aan het goddelijke verbinden dat ze praktisch de één aan de ander gelijkstellen. Volgens deze zienswijze is de mens een projectie van de Godheid, of de eindige ervaring van de Oneindige, of een brokje van het Goddelijk Al. De mens heeft geen werkelijke, persoonlijke identiteit. Ieder mens is een vonk van de goddelijke natuur. Hij is een "verloren" brokje God wiens "redding" bestaat in een samenvoeging met God, of hij is God die tot zelfbewustzijn komt in de menselijke ervaring.

Religieus gezien zijn de problemen in deze zienswijze niet minder groot dan die hierboven beschreven zijn. Als de mens een element van God is, heeft hij niet echt een eigen morele integriteit. Wat hij is en doet is al onveranderlijk van te voren vastgesteld. Als God beperkt wordt door de ervaring van de mens, is daarmee iets gezegd over God dat een onmogelijk beperking aan Hem oplegt als de christelijke zienswijze als criterium genomen wordt. Openbaring is iedere menselijke gedachte of ervaring. Zonde is geen persoonlijke rebellie tegen God, en kan dat ook niet zijn. Christus is gewoon een beter voorbeeld van God-bewustzijn dan het gemiddelde - en andere Christussen zijn te verwachten. Redding, zoals door de bijbel beschreven, is absurd, omdat zonde louter een verdichtsel van de verbeelding is, en wordt opgelost door eenwording met het goddelijke.

Wanneer een poging wordt gedaan om een of ander filosofisch beeld van de aard van de werkelijkheid in een onlosmakelijke eenheid te verbinden met het christelijk geloof, komen daar een veelvoud van logische en theologische problemen uit voort.

---

96  Billy Graham in zijn column "My Answer", in de *Nashville Banner* van 24 juli 1968.

Vele filosofieën hebben het christelijk geloof begeleid en ondersteund gedurende de geschiedenis, maar het christendom overgroeit en werpt al de menselijke pogingen het onder filosofische slavernij te plaatsen terzijde. Niemand hoeft een of andere specifieke theorie over de werkelijkheid te leren verstaan voordat hij tot Christus kan komen in reddend geloof. Er kan evenmin gezegd worden dat iemand tot Christus komt door de deur van de theorie over de aard van de werkelijkheid als dat hij tot Hem komt via de weg van de Kerk.

De metafysische relatie tussen de natuur en God zal waarschijnlijk altijd wel onderwerp voor een levendige discussie blijven. Maar wat belangrijk *is*, wat dan ook de uitkomst van die discussie moge zijn, is de *morele relatie* tussen God en mens. Morele verbondenheid is een volkomen andere dimensie dan het metafysische. *Diepte* is een passende omschrijving ervan. Het heeft niets te maken met de meeteenheden die van toepassing zijn in de wetenschap noch met de abstracte overwegingen van de filosofie. Het voelt zich in iedere theorie over de aard van de werkelijkheid thuis, behalve die theorie die alle mogelijkheden van menselijke verantwoordelijkheid verwerpt.

## 12.8 Het bijbelse bovennatuurlijke

De Hebreeuwse ideeën scheidden het wezen van God van het wezen van zijn schepping, maar God was geen vreemde in zijn wereld en evenmin was Hij buitengesloten door filosofische abstracties. De aarde was het theater van zijn handelen. In feite wist de Hebreeër niets van wetten der natuur die zodanig tussen God en zijn wereld in stonden dat ze God in zijn vrijheid beperkten. De hele natuur was een directe uitdrukking van Gods heerlijkheid. Deze wisselwerking was rationeel: Adam communiceerde met God. Ze was moreel: ongehoorzaamheid verbrak de communicatie. Ze was persoonlijk: God vergaf zondaren en opende zijn hart opnieuw voor hen. Hij verlangde de gemeenschap met de mens.

G. Campbell Morgan zei, in een bespreking van de aanspraken van Christus: "Bovennatuurlijk is een ongelukkig woord; het raakt in onbruik zodra we meer licht hebben. Als we op konden klimmen tot op die hoogte waar God verblijft zouden de dingen die we bovennatuurlijk noemen volkomen natuurlijk zijn"[97]. Christus verbond in Zijn eigen persoon de beperkingen en begrenzingen van het menselijke bestaan met dat gebied van bestaan dat niet te omschrijven is in termen die op de mens van toepassing zijn - die van de "hoogten waar God verblijft" - en bracht door dat te doen de "bovennatuurlijke" wereld in het bereik van het bevattingsvermogen

---

97  G. Campbell Morgan, *The Teaching of Christ*, blz. 42.

Mildred Bangs Wynkoop

van de mensheid. Wat voor "kloof" er ook mocht hebben bestaan, met de vleeswording eindigde die. Dit is inderdaad ook de betekenis van de incarnatie.

Een wonder was niet iets dat als een hindernis voor het verstand tussen God en mens moest staan of een barrière voor het geloof in Hem moest vormen. Wat voor "wonder" er ook was in de bijbel, het was op zichzelf al bedoeld als een openbaring en een verstandelijke hulp voor het geloof. Openbaring is het communiceren van waarheid. Gebroken wetten communiceren geen waarheid, maar veeleer verwarring, want het verstand duizelt bij de aanwezigheid van het absurde en irrationele. Dat wat Jezus was en deed overtuigde het verstand en het hart.

Het is waarschijnlijk een vergissing het evangelie van Christus te presenteren door middel van die elementen die verstandelijk gezien moeilijk zijn. Als men begint te proberen uit te leggen hoe Christus waarlijk God en waarlijk mens was, twee volmaakte naturen in één lichaam, gaat men ver voorbij het bijbels onderwijs. Veeleer helpen deze "wonderen" ons, als we Christus kennen vanuit een persoonlijke ontmoeting, om het oneindig rijke wezen van God beter te begrijpen. De maagdelijke geboorte is een licht dat geworpen wordt op een anders onbegrijpelijk Persoon. Het *dogma* van de drie-eenheid is een sleutel tot de complexe en intrigerende sociale natuur van die ene God. Deze dogma's zijn zelf geen openbaring, maar proberen de openbaring verstandelijk te benaderen. Er is geen betere bron van informatie over God en Christus dan de Schriften zelf, die geopende ramen naar het licht zijn, en geen afgesloten luiken. De *dogma's* van de maagdelijke geboorte en de drie-eenheid zijn verstandelijk niet te doorgronden, maar de persoon van Christus is te kennen en God is werkelijk in een totale ervaring. Dogma's zijn een bescherming tegen de grillen van het verstand en vergissingen, geen goddelijke proclamaties.

Dit alles is om duidelijk te maken dat, hoewel de relatie tussen natuur en bovennatuur in geheimzinnigheid gehuld moge zijn, het geen irrationalisme is maar de kern van het rationele omdat door haar het morele leven van de mens wakker wordt gehouden. Precies op het kruispunt van natuur en geest begint het morele leven omdat openbaring of goddelijke communicatie daar tot stand gebracht wordt. Jezus stond aan de deur van het hart en klopte. Het oordeel over de ongelovige is niet dat hij *niet kon* begrijpen maar dat hij *niet wilde*.

Wanneer Gods genade in de persoon begint te werken, is het op het punt van de morele verantwoordelijkheid. De genade wekt alles wat *moreel* betekent op tot een scherp bewustzijn. Beide personen, God en mens, staan tegenover elkaar, maar behouden hun persoonlijke integriteit. Geen van hen gaat op in de ander, en evenmin duikt de identiteit onder in een irrationeel schaduwland. De komst van de

Geest veroorzaakt geen zonsverduistering van de menselijke rationaliteit en zijn bewustzijn.

Iedere theologie die morele gevoelloosheid en de verduistering van volledig bewust besef aanmoedigt op het punt van Gods genade bestrijdt de natuur van God en mens. De wil moet ongedwongen werken; het kritisch oordeel moet tot haar uiterste grens verhoogd worden; liefde is geen liefde als men probeert haar te dwingen; de gehele persoon komt in het totale licht van de integriteit. Hoe kan dan gezegd worden dat een gedeelte van de persoon slapend of zelfs vijandelijk blijft tegenover God terwijl het verstand instemt met de waarheid over Christus op het moment van de wedergeboorte? De wisselwerking van het gehele wezen is een absolute vereiste bij de stap in geloof, anders is de immoraliteit van een gespleten loyaliteit het kenmerk van de christen. Als de mens door en door slecht is, hoe kan er dan gezegd worden, zoals sommigen doen, dat God zichzelf blind maakt voor dat feit en de heiligheid van Christus aan hem toeschrijft? Waaraan men zich ook verbonden heeft door middel van een theorie over de aard van de werkelijkheid, met de wisselwerking tussen God en mens moet rekening worden gehouden en uiteindelijk moet iemands fundamentele filosofie erdoor gevormd vormen.

Theorieën met betrekking tot de betekenis van het bovennatuurlijke en het natuurlijke en de wisselwerking tussen die twee, dat wil zeggen, iemands filosofie, neigen ertoe de theologie te domineren en de orthodoxie te bepalen. Een beperkt begrip van de fysica wordt tot het oneindige geprojecteerd en ideeën als "natuurlijke wetten in de geestelijke wereld" worden ontwikkeld. De begrippen openbaring en wonder en menselijke vrijheid, evenals de aard van geloof en genade en heiliging, worden bepaald door een fundamentele vooronderstelling, en de Schrift wordt in het licht daarvan geïnterpreteerd. *Verantwoordelijk denken vereist de onderkenning van dit feit.* We zijn wellicht niet verantwoordelijk voor het hebben van vooronderstellingen in het algemeen of degene die we hebben in het bijzonder, maar dat zijn we wel voor het weten dat we ze *hebben* en hoe ze zijn, en om ze aan de testen die horen bij een gepaste kritiek te onderwerpen. Deze studie heeft niet de bedoeling de ene theorie over de natuur en de bovennatuur te vervangen door een andere. Haar doelstelling is kritisch en vraagt enkel dat de volgende vragen gesteld en beantwoord worden: "Waarom geloof ik op de manier waarop ik geloof?" en, "Vereist mijn overtuiging een interpretatie van de God/mens relatie die de serieuze zienswijze tegenspreekt die het christelijk geloof duidelijk in de Schrift naar voren brengt?"

Het antwoord op de vraag: "Hoeveel doet God voor ons en hoeveel moeten we voor onszelf doen?" is dus geen vraag die de wetenschap of de filosofie kunnen

Mildred Bangs Wynkoop

beantwoorden maar enkel de Schriften, die tot ons spreken op het gebied van morele en geestelijke zaken.

De onlogische zaken, het gebrek aan het praktische en het realistische en aan serieuze moraliteit komen boven, niet omdat de mensen niet serieus of toegewijd zijn of geen christen, maar omdat de bijbel filosofisch is geïnterpreteerd en niet vanuit de ervaring. Het *morele*, indien begrepen, verbindt al die soteriologische waarheden aan het praktische leven. Heiligheid, indien gezien als een morele zaak, is niet iets dat ongerelateerd is aan het leven zodat men of erdoor verbijsterd en ontmoedigd wordt of het in het belang van de eerlijkheid verwerpt. Zonde is niet iets waar zelfs God niets aan kan doen dan het te veroordelen, of uit *de boeken* te wissen, of te herinterpreteren in Christus.

Al deze dingen zijn verbonden met de menselijke ervaring. Ze moeten uitgewerkt worden in het alledaagse leven van alledaagse mensen. Dat onmogelijk maken maakt een farce van het christelijk geloof. Als God in Zijn Woord zegt dat als wij gemeenschap met Hem hebben wij gereinigd worden van alle zonde moet dit feit geaccepteerd worden als iemand beweert bijbels te zijn, maar enkel een bijbelse interpretatie van de zonde kan deze verheven verklaring bewaren voor absurditeit, want de hele feilbaarheid van de menselijke natuur en het tijdelijke van de proeftijd moeten binnen dit begrip bewaard blijven.

# 13

# De functie van geloof

Het onderwerp geloof is door deze titel geïntroduceerd om er twee belangrijke dingen mee voor de geest te roepen. Geloof is een *levende, dynamische oefening*. Het heeft een voortdurende functie in het christelijk leven. Maar, even belangrijk, het *dient*. Het is geen doel in zichzelf maar een middel tot een doel. Op dit punt was Wesley zeer duidelijk, en gebruikte hij soms zeer sterke retoriek. In een preek, "The Law Established Through Faith, II"[98], heeft hij een aantal dingen te zeggen die van groot belang zijn voor onze studie. Geloof zelf, zelfs christelijk geloof, het geloof van Gods uitverkorenen, het geloof waardoor God werkt, is toch enkel de dienstmaagd der liefde. (...) Liefde is het doel van al de geboden van God. Liefde is het doel, het enige doel, van iedere bedeling van God, van het begin van de wereld tot de voleinding aller dingen (*Works*, V, 462).

Wesley vervolgt:

Laten zij die geloof buiten alle proporties verheerlijken om daarmee al het andere op te slokken, en die zo volkomen de aard ervan misverstaan door te denken dat het in de plaats van liefde komt zich bedenken dat zoals liefde zal bestaan als geloof afgedaan heeft (zie I Cor.. 13), zo bestond het lang daarvoor (*Works*, V, 462-463).

Het punt dat Wesley probeerde aan te tonen wanneer hij wet en geloof besprak maakt zijn hele theologie duidelijk.

Geloof dan, was oorspronkelijk ontworpen door God om de wet der liefde te herstellen. (...) Het is het grote middel om die heilige liefde terug te geven

---

98  De wet door het geloof bevestigd (vert).

waarmee de mens oorspronkelijk was geschapen. Hieruit volgt dat hoewel geloof geen waarde in zichzelf heeft, (...) toch, in het leiden tot haar doel, het herstellen van die wet, is het een onuitsprekelijke zegen voor de mens, en van onuitsprekelijke waarde voor God (*Works*, V, 464).

Op geen enkel punt is Wesleys bijdrage aan de theologie duidelijker en specifieker dan hier. Hij stond duidelijk in de reformatorische traditie in zijn verklaring van behoud door geloof alleen als het tegengif voor de rooms-katholieke nadruk op werken. Maar hij was net zo beslist over een essentiële correctie op de reformatorische theologie die hij bijbels achtte: dat liefde het tegengif was voor geloof zonder werken als doel op zich. Dit is Wesleys belangrijke voetnoot bij de geschiedenis van de christelijke leer.

Als we opmerkzaam zijn op de gedachtennuances, wordt het duidelijk dat door Wesleys "voetnoot" bij de reformatorische nadruk op "geloof alleen" hij een nieuwe dimensie van het geloof introduceerde, een nieuwe kwaliteit die net zover reikt als de "geloof versus werken" nadruk van Luther en Calvijn. Geloof als een doel en geloof als een middel zijn twee enorm verschillende begrippen die niet alleen in beide gevallen terugwerken op de betekenis van geloof maar ook zeer verschillende dingen zeggen over de redding waarvan elk spreekt. In de reformatorische gedachtegang moedigt reddend geloof - dat bovennatuurlijk gegeven is - de christen aan om Degene die hem redt te vertrouwen, en in dit vertrouwen wordt liefde gekweekt en ontwikkeld. Liefde is een bijproduct van geloof. Bij Wesley is geloof zelf een element van liefde, omdat in het dagelijks leven liefde en geloof niet gescheiden kunnen worden. Geloof leidt tot liefde, die het doel en de essentie van de redding is.

Niet alleen wordt de betekenis van geloof veranderd door het te relateren aan liefde, zoals Wesley dat zag, maar er ontstaat ook een verandering in de betekenis van liefde. Zorgvuldigheid in het begrijpen hiervan, zoals we proberen te laten zien in dit boek, zal de verdenking dat Wesley kritiekloos de katholieke leer over liefde leent teniet doen, hoewel zijn begrip van liefde daar dichter bij ligt dan bij het reformatorische standpunt.

Nu we een hoofdstuk aan geloof wijden wordt een innerlijke dubbelzinnigheid duidelijk. Geloof is zo enorm essentieel voor alle bijbelse waarheid dat het niet ontlopen kan worden, maar tegelijkertijd wordt het zo overschaduwd door de consequenties ervan dat men het niet scherp genoeg kan onderscheiden om het te onderwerpen aan een geïsoleerd onderzoek. Geloof is geen *ding* dat alleen staat in de menselijke ervaring. Het schuilt achter, of in, geestelijke waarden. Het zoeklicht van de analyse ziet voornamelijk de waarde, niet het geloof. Geloof draagt de kleren van de waarde waarvoor het belangrijk is. Ons wordt verteld dat de kleinste eenheden

Mildred Bangs Wynkoop

van energie die door de apparaten van de nucleaire wetenschap onderscheiden kunnen worden door de mens zelf niet waargenomen kunnen worden. Ze in de dimensie van het waarneembare te brengen is ze te vernietigen. Deze "fundamenten" van de realiteit worden ontdekt door wat ze doen - en ze doen genoeg. Dit is dynamiek in de ware betekenis.

Geloof is ongeveer net zo. Je hoeft alleen maar te vragen wat iemand doet om te geloven om het probleem te ontdekken. Hoe gelooft iemand? Hoe is de handelwijze? In iedere situatie schijnt geloven iets anders te worden. Het criterium van geloven is niet geloven maar betrokkenheid in een raamwerk van openheid tegenover een nieuw stel inzichten en een nieuwe gerichtheid van belangen en waarden. Je kunt de inzichten en waarden en belangen niet onderwerpen aan een voldoende nauwkeurig onderzoek om daarmee te bepalen wat geloof is. Zelfs geloven in intellectuele stellingen of wetenschappelijke theorieën neemt deel aan dat zelfde eigenaardige verschijnsel. Geloven (en liefhebben) heeft geen onafhankelijke psychologische identiteit maar structureert de andere menselijke handelingen.

Bijbels geloof is zo verweven met liefde en gehoorzaamheid (om twee van de grote familie van verwanten te noemen) dat het niet bestaat zonder hen. Wesley begreep dat goed: "Er is nog een ding dat afzonderlijk bekeken kan worden, hoewel het niet werkelijk gescheiden kan worden van het voorafgaande [liefde], dat geïmpliceerd wordt in het *totale christen* zijn, en dat is de grond van alles, geloof" (*Works*, V, 22). Hier wijst Wesley op de essentiële relatie tussen liefde en geloof maar hij begrijpt ook dat, met de kennis van deze relatie, een bespreking van geloof belangrijk is. Maar het is interessant op te merken dat bij een poging om Wesleys kijk op geloof te bepalen het onmogelijk voor hem is om het zuiver te scheiden van liefde en heiligheid. Hier volgt een voorbeeld van één van zijn "gesprekken":

> Wanneer we stellen dat behoud door geloof is bedoelen we dit: (1) Dat vergeving (het begin van redding) wordt ontvangen door geloof dat werken voortbrengt. (2) Dat heiligheid (voortgezette redding) geloof is, door liefde werkende. (3) Dat de hemel (voleindigde redding) de beloning is van dit geloof.
>
> Als u die stelt dat behoud door werken, of door geloof en werken is, hetzelfde bedoelt (als u geloof als de openbaring van Christus in ons en redding als vergeving, heiligheid, heerlijkheid ziet), dan willen wij helemaal niet tegen u strijden (*Works*, VIII, 290).

In een ander "gesprek" wordt de vraag gesteld: "Is geloof de voorwaarde of het instrument van heiliging?" Wesley antwoordt: "Het is zowel de voorwaarde als het instrument. Als we beginnen te geloven, dan begint heiliging. En bij het toenemen van geloof, neemt heiligheid toe, totdat we nieuw geschapen worden" (*Works*, VIII, 279).

Op gelijke wijze spreekt hij op een andere plaats: "Welke wet bevestigen wij door het geloof? Niet de ceremoniële wet. Geenszins, maar de grote, onveranderlijke wet van liefde, de heilige liefde tot God en onze naaste" (*Works*, VIII, 60).

Als onze waarnemingen tot op heden juist zijn, kunnen we ons er steeds meer van verzekerd weten dat liefde de dynamiek van het wesleyanisme *is*. Liefde is het brandpunt van al haar theologie en haar verbinding met het leven. Liefde kan niet bestaan los van een moreel wezen en is dus de sleutel tot een ethisch heiligheidsbegrip. Sommige problemen worden wellicht opgelost door deze benadering, andere worden opgeroepen. Maar de vraag van dit moment heeft te maken met geloof zoals het zich bevindt in de context van liefde en heiligheid. Drie fragmenten uit onze studie werpen wat licht op een nader onderzoek.

1. Het tweezijdige beeld van *moreel* bewaart het voor een louter humanistische "zelfverwezenlijking" (Pelagianisme) aan de ene kant, maar bewaart aan de andere kant werkelijke morele integriteit.

2. Het beeld van de gehele-mens-psychologie waarin alle aspecten van de persoonlijkheid gezien worden als in een eenheid samenwerkend - geloof en wil, hart en verstand, liefde en gehoorzaamheid - bewaart de integriteit van de persoonlijkheid zonder het idee van afhankelijkheid van Gods genade te verliezen.

3. Het beeld van geloof, eerder als een veranderde gerichtheid van vertrouwen en genegenheid, dan het begin van een nieuwe kracht, bewaart de theologie van genade zonder echte menselijke initiatieven en verantwoordelijkheid te verliezen.

Wanneer deze zaken samengehouden worden en geloof gezien wordt als een element daarin, dan wordt geloof correct begrepen. De problemen, zoals we zullen zien, komen naar boven als geloof uit haar de juiste context wordt gelicht.

Er zijn een aantal elementen inherent aan de interrelatie tussen God en mens die in de systematische theologie onderscheiden en geordend worden overeenkomstig een principe als logica, chronologie of psychologie. Elementen als overtuiging, genade, geloof, wedergeboorte, berouw, gehoorzaamheid, heiliging, vergeving, reiniging, liefde, rechtvaardiging, aanneming en andere. Normaal wordt iedere verhandeling bepaald door de onderliggende filosofie van de theoloog. In feite kan het onderscheidende karakter van een theologisch standpunt vrij nauwkeurig bepaald worden door op te merken in welke volgorde deze elementen geplaatst worden en welke relatie ze verondersteld worden te onderhouden met de anderen. Bijvoorbeeld,

Mildred Bangs Wynkoop

reformatorische theologie zal meestal wedergeboorte in tijd voorafgaande aan berouw plaatsen, en het wesleyanisme zal die volgorde omdraaien. De daaruit volgende theologie is in beide gevallen heel verschillend. Systematische theologie is zich zeer bewust van dit feit maar moet haar eigen positie verdedigen op andere dan bijbelse gronden.

Als iemand de Schrift inductief benadert, zoals wij dat proberen te doen, is het niet zo duidelijk dat een chronologische volgorde kan worden ontdekt. Er schijnt veeleer een geestelijk "complex" van onderling verbonden elementen te zijn die zo nauw met elkaar verweven zijn dat het moeilijk is om er één uit te halen en die afzonderlijk te bestuderen. Toch vereisen de vragen van rationeel denken een analyse van deze elementen.

## 13.1 De voorrang van geloof

De onderliggende logica van deze studie wordt beheerst door de fundamentele overtuiging die de wesleyaanse theologie structureert (hoewel die er niet altijd in overeenstemming mee is) dat waarheid ten diepste moreel is en dat verlossing voortgaat langs de lijn van morele integriteit. Het bijzondere belang van deze overtuiging met betrekking tot dit hoofdstuk is dat wanneer de hele mens handelt in overeenstemming met Gods wil (zoals het begrip "moreel" aangeeft) ieder verwant onderdeel mee beweegt. Dus, waar gehoorzaamheid is, bijvoorbeeld, werken geloof en liefde ook. De taak is om niet het element te vinden dat chronologisch het eerste is, maar het element dat het meest fundamenteel is voor het hele complex van waarheid. Geloof schijnt het element te zijn waarop al de andere elementen van de verlossende waarheid rusten. In geloof ligt een begrip dat het geheel in een juist perspectief plaatst.

## 13.2 Geloof en de mens

In het kiezen van het begrip geloof als de gezamenlijke noemer van alle andere aspecten van de redding beperken we bewust deze hele studie tot een bespreking van de menselijke kant van de verlossing. In feite heeft geloof geen betekenis los van genade en liefde. Wesleyanisme is een theologie van genade, zoals Calvinisme, maar het ziet genade in een persoonlijker licht en met handhaving van morele verantwoordelijkheid. De openingsparagraaf van John Wesleys preek "Salvation by Faith"[99] zet zijn kijk op genade uiteen:

---

99  Redding door geloof (vert).

Al de zegeningen die God de mensen heeft verleend komen vanuit louter genade, mildheid of goedgunstigheid; zijn vrije, onverdiende goedgunstigheid, volkomen onverdiend; de mens heeft geen recht op zelfs de minste van zijn zegeningen. Het was vrije genade die "de mens schiep uit het stof, en in hem een levende ziel blies", en op die ziel het beeld van God prentte, en "alle dingen aan zijn voeten bracht". Dezelfde vrije genade geeft ons tot op de dag van vandaag leven en adem en alle dingen. Want er is niets dat we zijn, of hebben, of doen, dat zelfs het minste uit Gods hand kan verdienen. "Al onze werken, o God, hebt gij in ons verricht". Dit zijn dus even zovele voorbeelden van vrije genade, en, welke gerechtigheid er ook in de mens gevonden mag worden, ook die is een gave van God. (...)

Als dan zondige mensen genade bij God vinden, is dat "genade op genade". (...) Genade is de bron van, geloof de voorwaarde voor behoud (*Works*, V, 7).

Het is juist het geloof als de voorwaarde voor behoud waarin we geïnteresseerd zijn. Geen woord of gedachte in het nieuwe testament draagt zoveel bij aan de betekenis van behoud als geloof en de daaraan verwante woorden. Geen woord is dieper verankerd in het hele begrip *moreel* zoals dat zich begint te ontwikkelen in deze studie. Geen woord is belangrijker voor de verlossing als geheel dan dit woord. Weinig theologische woorden zijn meer misbruikt en misverstaan.

## 13.3 De relatie van geloof tot genade

Men wordt, in het bijzonder bij het lezen van het Nieuwe Testament, onmiddellijk geconfronteerd met het feit dat geloof een zeer essentieel aspect van het menselijk leven in haar relatie tot God is. Het schijnt een essentieel element van de persoonlijkheid te zijn. Het is een verstandelijke verbinding tussen het tastbare en het niet-tastbare, tussen het goddelijke en het menselijke, tussen de objectieve en de subjectieve aspecten van de verzoening zowel als tussen alle gebeurtenissen en hun betekenis, tussen feit en interpretatie, in het gehele verstandelijke leven.

Een goed synoniem zou "toe-eigening" zijn. Aan de ene kant van geloof ligt de objectieve verzoening. Met ons beperkte verstand kunnen we niet binnendringen in dat "mystieke" gebied waarin God zoveel voor ons gedaan heeft. De volle waarheid van wat God gedaan heeft zal altijd ons bevattingsvermogen te boven gaan. We hebben beelden en analogieën die helpen het te relateren aan ons voorstellingsvermogen: de rechtszaal, het tempeloffer, oorlogstechnieken, de wijnrank en haar takken, gezinsrelaties en vele andere - geen van alle de volledige waarheid, allen tezamen helpen ze ons te onderkennen dat God van ons houdt en onze verlossing verlangt. Dit alles is genade.

Mildred Bangs Wynkoop

Aan de andere kant van geloof ligt een grote wereld van zonde en verslagenheid en wanhoop en angst en dood. In deze wereld leven mensen wier bekwaamheid tot goed doen en kwaad doen hun unieke *raison d'être*[100] is. De bekwaamheid tot edelheid is op zichzelf al het scherpste oordeel over wat de mens geworden is. Groot kwaad in mensen wordt zonde genoemd omdat die zelfde bekwaamheid gebruikt had kunnen worden voor groot goed. Mensen zijn moreel en dit is hun veroordeling: "Zij hebben de duisternis liever gehad dan het licht".

Gods genade aan de ene kant, de "morele" mens (in de betekenis zoals al eerder is aangeduid) aan de andere. Redding wordt aangeboden aan zondaars die moreel verantwoordelijk zijn. De integriteit van deze beide waarheden te bewaren is het hart van de evangelieboodschap en is ingebed in de woorden "door geloof".

De kerk zag al vroeg het gevaar dat men niet in staat zou zijn deze twee waarheden intact te houden. Men zag dat Gods vergeving te "licht" kon worden gezien, en dus moest het probleem rond zonden die na de doop begaan werden opgelost worden. De vraag rees hoe vaak één zonde vergeven kon worden. Hoe ver reikt vergeving - alleen tot zonden in het verleden? Of ook de zonden in de toekomst? Als Gods vergeving afgesmeekt kon worden voor zonden na de doop, hoe kon men dan weten of het berouw ernstig genoeg geweest was? Met andere woorden, het gevaar dat morele ongevoeligheid zou kruipen in de harten van hen die te gemakkelijk Gods vergeving veronderstelden werd herkend. Wat men ook moge denken over het hele boetedoeningssysteem, zeker is dat het inzicht van de kerkvaders in het menselijk gevaar, aanwezig in de goddelijke rechterlijke vrijspraak, onbeschermd tegen gewetenloze menselijke onverantwoordelijkheid, diep gerespecteerd moet worden. Gemakkelijke, goedkope, prullige ideeën over Gods genade werden diep betreurd. Maar langzamerhand ontstond er een goed georganiseerd en gedetailleerd systeem van boetedoening dat het juiste morele punt van de oude kerk miste en te sterk de nadruk legde op de mogelijkheid en plicht van de boetedoener om zijn oprechtheid te tonen en uiteindelijk iets te verdienen - een gepast equivalent voor zijn zonden. Het vercommercialiseerde aspect hiervan zien we als een vervorming van het ware oogmerk van de oorspronkelijke bedoeling van de Katholieke Kerk. Het idee van geloof raakte verloren in de samenvoeging met werken. De fijne balans tussen Gods initiatief en de menselijke respons raakte verloren ten gunste van een overtrokken nadruk op menselijke verdienste. De kwaliteit van het morele leven - de *persoonlijke* aspecten - degenereerde tot hoeveelheidswaarden, het onpersoonlijke.

---

100 Reden van bestaan (vert).

Wesley was zich goed bewust van deze waarheid en zei in zijn preek "Justification by Faith"[101]:

Nooit was de handhaving van deze leer te rechter tijd dan juist nu. (...) Het is eindeloos om één voor één al de dwalingen van die kerk aan te vallen. Maar behoud door geloof tast de wortel aan, en alle dwalingen vallen waar dit wordt erkend. Het was deze leer die onze kerk terecht de sterke rots en grondslag van de christelijke godsdienst noemt (*Works*, V, 15).

## 13.4 De relatie van geloof tot werken

De term "door geloof" werd een extreme of/of antithese ten opzichte van "werken" ten tijde van de Reformatie. In absoluut contrast tot de misbruiken van het katholieke systeem van menselijke verdienste stond de reformatorische leer van *sola fides*, "door geloof alleen", en geen enkele menselijke prestatie werd erkend als waardevol in enige zin. Zo groot was de tegenstelling tussen geloof en werken dat alle morele relevantie - al het subjectieve verlangen, al het menselijk streven - op zichzelf genomen al geïnterpreteerd werd als zonde. Dit karakteriseert sommige evangelische theologieën van vandaag.

Uiteraard weerspiegelde dit een definitie van geloof die het objectieve aspect van verzoening benadrukte maar tekortschoot in het recht doen aan de morele ervaring van de mens. Het benadrukte enkel de juridische betekenis van gerechtigheid en rechtvaardiging en veronachtzaamde het geestelijke aspect. Ongerechtigheid als toegerekende schuld, en gerechtigheid als de uitwissing van die schuld, onherroepbaar en eeuwig door Gods raadsbesluit, neigde ertoe rechtvaardiging abstract en "los van het leven" te maken. Vanuit dit gezichtspunt wordt Christus' dood aan het kruis enigszins bijkomstig ten opzichte van het goddelijke raadsbesluit, en die dood wordt "vercommercialiseerd" tot een exacte waarde die zo en zoveel zonde moet bedekken - niet meer en niet minder. Het is moeilijk je een minder persoonlijke en relevante denkwijze over redding voor te stellen.

Geloof zou dan, en wordt vaak zo voorgesteld, een verstandelijke goedkeuring of de acceptatie van een idee zijn dat, los van alle subjectieve beschouwing, de "gelovige" permanent plaatst in een positie van absolute veiligheid ten opzichte van Gods toorn en oordeel. Niet alleen logischerwijze, maar ook feitelijk wordt men met deze zienswijze in het riskante gebied van het antinomisme gebracht.

Zo lang als geloof wordt gedefinieerd als enkel een verstandelijke bevestiging die de kloof tussen genade en individuele redding overbrugt, en werken worden gedacht

---

101 Rechtvaardiging door geloof (vert).

te bestaan uit alle menselijke activiteiten, zelfs met inbegrip van "gelovigheid", dan moet het probleem van het antinomisme bestaan en blijven bestaan. Zeker zal een "ingeplant" reddend geloof, volkomen los van menselijke participatie opkomend, volledig het begrip morele integriteit missen.

Als inleiding mag op dit punt gezegd worden dat de bijbel onmiskenbaar duidelijk maakt dat er een "prijs" betaald moet worden voor christelijke integriteit. Dietrich Bonhoeffer gaf hier een hedendaagse uitdrukking van door goedkope en kostbare genade tegenover elkaar te zetten. Het is een oppervlakkige gedachte om dat wat die prijs inhoudt in dezelfde categorie te plaatsen als de "werken" die Paulus zo sterk veroordeelde als de weg tot behoud. Om "werken" alle morele verantwoordelijkheid te laten omvatten gaat ver buiten de leer van de bijbel. De rituele handelingen waarmee zelfrechtvaardiging Gods goedgunstigheid zoekt verschillen zeer van het zichzelf (over)geven, wat de dynamiek van de christelijke integriteit is. In feite is "zichzelf (over)geven" één van de beste definities van geloof die geformuleerd kunnen worden. Het is precies het *einde* van de zelfgenoegzaamheid die betekenis geeft aan reddend geloof. Daar waar morele wezens verwikkeld zijn in dit soort geloof, is "het kruis" of zelfovergave een absolute noodzaak.

Een echte heilige, zegt Oswald Chambers, is nooit bewust een heilige. Een heilige is zich enkel bewust van een toenemende en diepe afhankelijkheid van God. En deze afhankelijkheid houdt gehoorzamen in of is geen afhankelijkheid. Een theologie die een tevredenheid en troost in iets aanmoedigt dat minder is dan deze moment-tot-moment afhankelijkheid van God voor "stand" en "staat", voor reiniging en voor kracht, los van een morele deelname aan Gods wil, is geen bijbelse theologie.

Het is de moeite waard even stil te staan bij een aantal hedendaagse inzichten betreffende dit belangrijke punt. Floyd Filson, in *Eén Heer, één geloof*, zegt:

> Nauwkeurige interpretatie van het Nieuwe Testament is gehinderd door een neiging om vergeving te laten stoppen bij negatieve resultaten. Er is gezorgd voor de schuld van de zonde. (...) Maar dat laat de mens niet achter daar waar het evangelie hem wil brengen. (...) Berouw en vergeving houden in het zich bekeren van de zondaar van zijn kwade wegen, met droefheid en een diep verlangen om vergeven te worden, hersteld in de gemeenschap met God en vernieuwd tot een juiste gerichtheid. Een vergeving die niet een sterk gevoel van morele verplichting geeft, (...) daaraan ontbreekt echtheid"[102].

---

102 Floyd Filson, *One Lord, One Faith*, (Philadelphia: The Westminster Press, 1943), blz. 198.

James Stewart geeft een krachtige uitleg van de betrokkenheid van het leven in het geloof in een hoofdstuk getiteld "Mystiek en moraal" in *Een mens in Christus*. De volgende woorden komen uit dat hoofdstuk:"

> Zichzelf vergeven te weten, en vergeven tegen zulke hoge kosten, is altijd een morele dynamiek van de eerste orde [belang]. Het is een voorname bron van het toegewijde leven. Het schept karakter. (...) Het maakt de vergeven zondaar Christus' mens, lichaam en ziel, voor altijd.

> Want verenigd met Christus te zijn betekent *gelijkgemaakt te worden met Christus' houding ten opzichte van zonde*. Het betekent zonde te zien met Jezus' ogen, en haar bestrijden met iets van dezelfde hartstocht waarmee Jezus op Golgotha haar bestreed. Het betekent een instemmen van de hele mens met het aan het kruis verkondigde goddelijke oordeel over de zonde. (...) Het betekent, zoals Paulus dat kort stelde, de dood. Met dit alles in het achterhoofd is het vinden van een antinomistische houding bij Paulus in feite het tot een karikatuur maken van zijn evangelie[103].

## 13.5 De wesleyaanse interpretatie van geloof

De nadruk die John Wesley en John Fletcher legden op theologie kan los van hun controverse met het antinomisme dat in hun dagen de overhand had niet volledig begrepen worden. Het was niet tegen Calvinisme op zich dat Wesley zich teweer stelde (wat zijn relatie met Whitefield overduidelijk laat zien), maar tegen die aspecten ervan die afgeleid waren van louter haar logica; namelijk, een beperkte verzoening, een onvoorwaardelijke uitverkiezing, en het veronachtzamen van de wet wat voort scheen te komen uit een vertrouwen in onvoorwaardelijke eeuwige zekerheid.

Wesley was bezorgd om het probleem van het handhaven van de balans tussen genade en de morele natuur van de mens. Hij zag dat niet alleen rechtvaardiging maar ook heiliging "door geloof" was. Dit voegde een morele dimensie toe aan rechtvaardiging die de reformatorische theologie over het algemeen niet heeft gehandhaafd. "Door geloof" redde de theologie ook uit de handen van de Pelagianen, die helemaal de behoefte aan genade niet zagen. Wesley maakte dat zeer duidelijk.

Maar "heiliging door geloof" roept andere soorten problemen op dan die opgeroepen werden door Luthers nadruk op rechtvaardiging door geloof, en het zijn deze problemen die we willen onderzoeken in dit hoofdstuk. Het meer formele

---

103 James Stewart, *A Man in Christ* (London: Hodder and Stoughton, 1954), blz. 196.

Mildred Bangs Wynkoop

geloofsbegrip van Luther werd dynamisch wanneer het verenigd werd met heiliging. Dit op zijn beurt werkte bij Wesley terug op de betekenis van geloof zelf. "Wanneer we zeggen 'geloof en u zult behouden worden' bedoelen we niet 'geloof en u zult vanuit de zonde in de hemel stappen, zonder enige heiligheid daartussen'".

"Wij erkennen geen geloof dan dat welke door liefde werkt. (...) Geloof wordt het middel waarvan liefde het doel is" (*Works*, V, 462). "Een christen zijn betekent een geloof hebben dat werkt in liefde" (*Works*, V, 467). Wesleys werken zijn zo vol van dit onderwijs dat het nutteloos is al die passages te noemen.

## 13.6 Geloof en het morele leven

Christelijke rechtvaardigheid is "door geloof". De pseudo-rechtvaardigheid waarvan dit het alternatief is, is zelfrechtvaardiging of behoud door werken. Evangelische christenen blijven bij deze fundamentele verklaring en ze legt de basis voor theologische eenheid. Maar ten aanzien hiervan bestaan er ook verschillen van mening die de reformatorische groepen theologisch gezien duidelijk onderscheiden houden van hen die de "heiligheidsleer" aanhangen. Het is namelijk op dit punt, de betekenis van geloof, dat heiligingstheologie vorm begint te krijgen.

Het nieuwtestamentisch onderwijs over heiligheid vooronderstelt een essentiële relatie tussen geloof en werken. Dat betekent niet dat er geleerd wordt dat enig mens op enige wijze zijn behoud kan verdienen door wat hij doet of denkt. Het betekent wel dat geloof een daad is waarin de mens als geheel betrokken wordt, niet enkel zijn verstandelijke vermogens of zijn emoties of wil, maar de gehele persoonlijkheid, waarvan alle delen op elkaar inwerken als een eenheid. Een passief idee van persoonlijkheid wordt verworpen ten gunste van een dynamisch idee, dat wil zeggen: mensen zijn ten diepste alleen als morele schepsels mens. Dus is geloof, of de afwezigheid ervan, een *moreel* feit. De tegenstelling van reddend geloof is niet geen geloof, of passiviteit, maar een actieve verwerping.

De bijbelse nadruk op geloof voegt aan de juridische betekenis van rechtvaardiging ook een ethische dimensie toe. Dat houdt niet in dat we het in onze macht hebben om onszelf door onze goede werken te hervormen en rechtvaardig te maken. Ook legt het rechtvaardigheid niet in goede werken. Ongerechtigheid is meer dan toegerekende schuld. *Het is een mens die God verwerpt.* Hoe hij tot die verwerping komt is hier niet de vraag. Dat hij dat doet is zowel een bijbels gegeven als een feit vanuit de menselijke ervaring. Gerechtigheid of rechtvaardiging is zeer zeker de verwijdering van schuld en is dus juridisch, maar het heeft ook een subjectief aspect, en dat is het onderwerp van dit hoofdstuk.

Op dit punt is het goed eraan herinnerd te worden dat als *moreel* serieus genomen moet worden, we mogen verwachten te ontdekken dat Gods omgang met de mens de morele integriteit eerder zal versterken dan verzwakken. Dit feit zal op zijn beurt weer van invloed zijn op rechtvaardiging en geloof en de zekerheid van de gelovige. Een mens die een zondaar is en in zonde leeft als rechtvaardig beschouwen zou een ontkenning zijn van alles wat Christus zoveel gekost heeft. God verandert zijn definitie van zonde niet om het daardoor te laten verdwijnen. Hij maakt geen moreel universum en onthult aan de mens de Geest van Waarheid om dan een oogje dicht te doen bij de zonde van de mens en het heiligheid te noemen.

Wesley kon geen grondiger reformatorische overtuiging over rechtvaardiging hebben verkondigd. Zijn hele preek over "Justification by Faith" (*Works*, V, 53) zou nauwkeurig gelezen moeten worden. Hierin zet hij woord voor woord het onderscheid tussen rechtvaardiging, het objectieve aspect van bekering, en het subjectieve, heiliging, uiteen. Maar hij is nog omzichtiger om de valse begrippen van het reformatorisch onderwijs te omzeilen.

> Wat is het te worden *gerechtvaardigd?* (...) Het is niet het werkelijk goed en rechtvaardig worden. Dat is *heiliging*, (...) de onmiddellijke vrucht van rechtvaardiging. (...) Het ene houdt dat wat God voor ons doet door zijn Zoon in, het andere, dat wat hij in ons werkt door zijn Geest. (...)

> In geen geval houdt rechtvaardiging in dat God wordt misleid met betrekking tot hen die hij rechtvaardigt, dat hij ze denkt te zijn wat ze in feite niet zijn, dat hij ze beschouwt als anders dan ze zijn, dat hij ons hoger schat dan we werkelijk zijn, of ons rechtvaardig acht als we onrechtvaardig zijn. (...) Evenmin kan het ooit overeenstemmen met zijn onfeilbare wijsheid dat hij zou denken dat ik onschuldig ben (...) omdat een ander dat is. Hij kan mij op deze wijze evenmin verwarren met Christus als met David of Abraham. (...)

> Het duidelijke schriftuurlijke rechtvaardigingsbegrip is gratie, de vergeving van zonden (*Works*, V, 56-57).

Wanneer de Wesleyaan in overeenstemming met zijn fundamentele vooronderstellingen wil zijn, moet hij zich houden aan het eenheidsbegrip van persoonlijkheid. Hij moet niet verleid worden tot een soort dualisme door scheiding te brengen tussen zijn objectieve en subjectieve relaties. We maken God oneerlijk door te zeggen dat de mens objectief rechtvaardig is en subjectief onrechtvaardig, zelfs door de verdienste van Christus' verzoening. De verzoening, of Christus' gehoorzaamheid, verandert niet de kwaliteit van de zonde in enig moreel wezen zodat werkelijke zonde in een zondaar en in een gelovige op enigerlei wijze verschillend zijn. Als integriteit iets betekent in de wereld van morele wezens, daarbij

Mildred Bangs Wynkoop

God, de Bron van alle Waarheid, ingesloten, moet iets van die fundamentele integriteit een deel zijn van de christelijke ervaring.

Het is om de extremiteit van de menselijke logica te voorkomen dat het misleidend simpele zinnetje "door geloof" zo vaak verschijnt. Het staat als een alomtegenwoordige bewaker voor al te gemakkelijke antwoorden. Het is een bescherming tegen de ideeën waarin de mens rechtvaardiging kan bereiken door zijn eigen, zonder hulp uitgevoerde inspanningen. Maar ook, daarbij ingesloten, als herinnering dat de *gehele mens* betrokken is in zijn geloof.

## 13.7 Wat is geloof?

Wij worden behouden "door geloof", maar wat betekent het te geloven? En wat is het dat wordt geloofd? Is geloof dat behoudt anders van vorm dan de andere geloofservaringen waarin ieder mens participeert? Is het geloof zelf dat behoudt? Is geloof een gave of is het een vermogen waarover een moreel persoon een verantwoordelijk beheer heeft? Deze en andere factoren in het probleem liggen voor ons.

We hebben geloof gerelateerd aan toe-eigening. Er kan minimaal gezegd worden dat geloof de verbinding is tussen Gods genade en de nood van de mens, en in de ervaring van toe-eigening vanaf het eerste zwakke Godsbesef tot aan het einddoel van het rationele leven wordt deze verbinding geëerbiedigd.

Nu is geloof een duidelijk menselijk respons, dat wil zeggen, het is iets wat mensen doen. Het is veelbetekenend dat gerechtigheid (of rechtvaardiging) "door geloof" is. Dat betekent dat Gods goedkeuring van ons op één of andere wijze wacht op onze toe-eigening van Zijn goedkeuring. Blijkbaar blijft de (voor ons) objectieve handeling van God in Christus waardoor de verzoening een feit werd een voorlopig en potentieel feit totdat geloof die in de ervaring verwezenlijkt.

Of geloof dat behoudt anders van soort of bron (Gods gave) is dan andere uitdrukkingen van geloven is op dit punt de vraag niet. Het feit blijft dat, in zoverre het mensen betreft, behoud niet door het goddelijk raadsbesluit is of zelfs onvoorwaardelijk door het werk van Christus (hoewel het enkel door Christus mogelijk is) zodat voor wie Hij dan ook stierf diegene onontkomenlijk behouden zou worden (onvoorwaardelijke verzoening). Het is "door geloof". Dit brengt het in de geschiedenis waarin mensen leven.

Dit maakt de mens daadwerkelijk een partij in de transactie tussen hemzelf en God. Het is een "wisselwerking tussen ik en Gij, een soort gemeenschappelijke `stroom' tussen God en mens"[104].

Behoud kan dus niet louter objectief zijn, niet gerelateerd aan het menselijk karakter of de persoonlijke respons. Dat betekent dat in het beoefenen van geloof tot behoud er iets begint te gebeuren met het karakter. Behoud wordt niet verdient door enige menselijke uitmuntendheid, maar het is onmogelijk het te ontvangen zonder de morele integriteit in ogenschouw te nemen. "Door geloof" is het begin van Godgerichtheid in tegenstelling tot zelfgerichtheid. Het is een *morele* betrokkenheid en het heeft morele gevolgen in het leven. Men kan niet in God geloven in het verstandelijke gebied van de persoonlijkheid zonder *alle* delen van je wezen in die ervaring in beeld te brengen. "Door geloof" is de verwisseling van de ene fundamentele vooronderstelling voor de andere - van het zelf als god naar God als volkomen Heer. Leven en denken komen voort uit de nieuwe vooronderstellingen en krijgen er karakter door. Met andere woorden, "door geloof" is dynamisch, niet formeel en statisch. En het is logischerwijze traumatisch, want het verlegt het gehele gewicht van het leven van het zelf naar God. Het is een *radicale*[105] (vanuit de wortel) revolutie.

In zijn *Earnest Appeal* gaf Wesley het hart van zijn begrip van het christelijk geloof weer. Hij zei dat hij jarenlang zocht wat hij uiteindelijk door geloof vond. Maar wat is dat geloof? Het is Wesleys bedoeling licht op deze materie te werpen. Hij wenste anderen te "profiteren van onze verlies, opdat ze rechtstreeks konden gaan naar de godsdienst der liefde, door geloof". Maar geloof is dynamisch. Hij voegt toe: "Geloof is het oog van de nieuwgeboren ziel. (...) Het is het oor van de ziel. (...) Het is de smaak (als ik het zo mag uitdrukken) van de ziel. (...) Het is het gevoel van de ziel (voelt de liefde van God) (*Works*, VIII, 4).

## 13.8 Genade door geloof verwezenlijkt

Geloof *is* dynamisch. Jezus vroeg vaak geloof van de zieke voor zijn eigen genezing, bijvoorbeeld: "Uw geloof heeft u genezen". Rechtvaardiging is door geloof, en de rechtvaardige zal door geloof leven, niet door de werken der wet. Het hart wordt gezuiverd door geloof, niet door rituele besnijdenis (Hand 15:9). Heiliging is door geloof in Jezus (Hand 26:18). Verzoening is door geloof in Christus' bloed (Rom. 3:25). Onze toegang tot "deze genade" waarin wij staan is door geloof (Rom.

---

104 Claude Tresmontant, blz. 125.
105 Radix betekent "wortel" in het Latijn (vert).

Mildred Bangs Wynkoop

5:2). Door geloof staan we (2 Cor. 1:24). We wandelen door geloof (2 Cor. 5:7). We ontvangen de belofte van de Geest door geloof (Gal 3:14). We zijn kinderen van God door geloof in Christus Jezus (Gal 3:26). Christus woont in het hart door geloof (Ef 3:17). Geloof beschermt ons tegen de vurige pijlen van de vijand (Ef 6:16). Dit zijn een paar van de genadegaven die door geloof verwezenlijkt worden. Het is exegetisch onmogelijk om deze en andere passages enkel eschatologisch te interpreteren, wat geloof zou definiëren in termen van hoop en de gaven ervan uitstelt tot een ander leven. Geloof en hoop zijn gerelateerd maar worden in de Schrift nooit verward. Geloof is niet een louter verstandelijke bevestiging. Het is een morele betrokkenheid met morele consequenties. Het is een zaak van dit leven.

> Dit is dan de redding die door geloof is, juist in deze huidige wereld: een redding van de zonde, en de consequenties van de zonde, beide vaak uitgedrukt in het woord *rechtvaardiging*, wat, in haar breedste betekenis, een bevrijding van schuld en straf impliceert, door de verzoening van Christus die werkelijk wordt toegepast voor de ziel van de zondaar die nu in Hem gelooft, en een bevrijding van de kracht der zonde, door Christus *die in zijn hart gestalte krijgt* (*Works*, V, 11-12).

## 13.9 Het geloof - werkensyndroom

Werken en geloof vertegenwoordigen twee wegen - en tegengestelde wegen zoals die in de christelijke geschiedenis verstaan zijn - om een legitieme (en noodzakelijke) acceptatie door God te bereiken (wat rechtvaardiging of gerechtigheid in feite is). Als we de centrale gedachte achter al die verschillende beeldspraken in de Schrift die met verlossing te maken hebben in gedachten houden kunnen we zeggen dat het beoogde doel gemeenschap met God is, het eind van vervreemding, gerealiseerd in het leven, stap voor stap, door het reinigende bloed van Christus (1 Joh 1:7).

"Werken" is één weg om te proberen deze goede relatie met God te bereiken. Geloof is een andere weg. De vraag rijst of één van beide, alleen, voldoende is, aangenomen dat ze werkelijk gescheiden kunnen worden. Dat wil zeggen, is de één zonder de ander werkelijk wat ze beweert te zijn? Is het mogelijk geloof te beoefenen los van de volledige betrokkenheid van de persoon en alles wat hij is en doet?

## 13.10 Geloof of werken?

De filosofische achtergrond van "verlossing door werken" is gebouwd op de vooronderstelling dat de vervreemding tussen God en mens juridisch is en niet moreel. Het kan niet zien dat zonde een ontaarding van morele integriteit is die de mogelijkheid van geestelijke verwantschap vernietigt. Liefde voor God als een persoonlijke relatie is kortgesloten ten gunste van een afhankelijkheid van de wet en de onpersoonlijke en oppervlakkige toevallige goedkeuring van de wet door het geweten. Men kan zeggen dat moraliteit een doel op zich geworden is - een god - in plaats van een middel tot een doel, namelijk, het recht staan voor God. Dit is een subtiel verschil maar een zeer reëel verschil. In geen enkel geval laat Paulus - of Jezus - ooit doorschemeren dat de morele wet verkeerd is of dat die terzijde kan worden geschoven. Het is de vorm, de structuur, het patroon van kennis en waarheid (Rom. 2:20). Er wordt nooit gesuggereerd dat gehoorzamen daaraan veronachtzaamd of afgeschaft mag worden. Wat geleerd wordt is dat het houden van de wet alléén geen gerechtigheid kan bewerken - of de persoonlijke goedkeuring van God en de reinigende gemeenschap met Hem.

## 13.11 Werken-moralisme

Kort gezegd gaat de werkenfilosofie uit van de veronderstelling dat wettelijke onberispelijkheid in de plaats kan staan van een morele relatie. Ze is door en door objectief. Ze houdt geen rekening met subjectieve, geestelijke overwegingen en leeft op een niveau beneden het persoonlijke. Ze verheft het onpersoonlijke tot de status van plicht. De wet wordt "Heer". Het is makkelijk de wet te "besturen" door menselijke interpretatie en dus menselijke standaarden van goedkeuring. De oude Joden deden dat, en wij doen evenzo. De Heer van de wet, die alleen de wet kan en moet interpreteren in de innerlijke ervaring, is door onze onbeschaamdheid gevangen in Zijn wet en dus verlaagd tot dienstbaarheid. "Werken", zoals door Paulus in Romeinen betreurt, hebben van de wet een god gemaakt, en God de dienstknecht van de wet - vaak onze wet - of onze interpretatie van Gods wet.

> Onze godsdienst ligt niet in het doen van wat God niet heeft voorgeschreven, of zich onthouden van wat Hij niet heeft verboden. Het ligt niet in de vorm van onze kleding, in de houding van ons lichaam, of het bedekken van onze hoofden, en evenmin in het zich onthouden van het huwelijk of eten en drinken, wat allemaal goed is mits met dankzegging ontvangen. Daarom zal geen enkel mens die weet waarover hij praat hier het kenmerk van een Methodist plaatsen - in enige handelingen of gewoonten die onbelangrijk zijn, niet bepaald door Gods woord.
>
> Noch, ten leste, wordt hij onderscheiden door de hele nadruk van godsdienst te leggen op een enkel onderdeel daarvan. Wanneer u zegt: "Toch wel, want hij denkt dat 'we worden behouden door geloof alleen'" dan antwoord ik: U begrijpt die woorden niet. Met behoud bedoelt hij heiligheid van hart en leven. En dat, verzekert hij, komt enkel voort uit geloof. Kan zelfs een naamchristen dat

ontkennen? Is dat een gedeelte van godsdienst in de plaats van het geheel stellen? "Stellen wij dan door het geloof de wet buiten werking? Volstrekt niet; veeleer bevestigen wij de wet"(Rom. 3:31). Wij leggen niet het geheel van godsdienst (wat velen doen, God weet het) ofwel in geen kwaad doen, of in goed doen, of in het gebruiken van Gods instellingen. Nee, zelfs niet in die alle tezamen, want we weten uit ervaring dat een mens vele jaren kan werken, en uiteindelijk helemaal geen godsdienst heeft, niet meer dan hij tevoren had. Zoveel te minder in één van deze, of, om zo te zeggen, in een brokje ervan. Zoals zij die zichzelf een deugdzame vrouw vindt, enkel omdat ze geen prostitué is, of hij die droomt dat hij een eerlijk man is, louter omdat hij niet rooft of steelt. Moge de God mijner vaderen mij bewaren voor zulk een arme, verkommerde godsdienst als deze! Als dat het kenmerk van een Methodist zou zijn, dan zou ik eerder kiezen een oprechte Jood, Turk of heiden te zijn (*Works*, VIII, 341).

## 13.12 Geloof - moraal

Geloof, aan de andere kant, verwijst naar een houding ten opzichte van God die de "werken"-filosofie heeft teruggewezen of verworpen. Het zoekt dezelfde goedkeuring van God, dezelfde gemeenschap met Hem, maar het werkt op een persoonlijk en niet op een onpersoonlijk niveau. Geloof is door en door persoonlijk. De filosofie van geloof vertegenwoordigt een volkomen verschillende benadering van waarheid dan die van werken. Zij ziet de wetgever achter de wet. Of als er geen objectieve wet is, dan ziet zij de persoon en respecteert de integriteit van die persoon in de zin van respons op Hem. Geloof, geïnterpreteerd als louter een verstandelijke acceptatie van een voorstelling of idee, voldoet niet aan de bijbelse leer daarvan.

Abraham, de "vader der gelovigen", had geen voorstelling om te accepteren. Hij had geen geopenbaarde wet om te onderhouden. Hij vertrouwde God en dat vertrouwen had niet alleen gehoorzaamheid tot gevolg maar werd er ook in uitgedrukt. Geloof en gehoorzaamheid waren voor hem onscheidbaar. Geloof dat eindigt bij ideeën en niet bij handelen was niet het soort geloof dat Abraham had, dat het model van rechtvaardigheid voor zowel Jood als heiden voor het christelijk tijdperk geworden is. Abrahams voorbeeld wijst het intellectuele niet af ten gunste van het handelen maar voegt het morele element toe aan het intellectuele om het waarlijk rationeel te maken.

## 13.13 Geloof en werken

Een klassiek voorbeeld van bijbels geloof als de weg naar gerechtigheid is Abraham. Dus is een korte studie van de inhoud van gerechtigheid en geloof met betrekking tot hem van belang. In Romeinen 2-4 wordt de absolute tegenstelling getekend tussen rituele gerechtigheid, die volkomen uitwendig en moralistisch was, en de geestelijke natuur van gerechtigheid, die voornamelijk aan de geest - of de innerlijke mens - behoorde. De ene was een afhankelijkheid van gehoorzamen aan de letter van de wet, zonder acht te slaan op geestelijke kwaliteiten, de andere was een gedrag ten opzichte van God dat voortkomt uit een juist hart, zelfs bij de afwezigheid van een geschreven wet. De ene beperkte de mogelijkheid van aanvaarding door God tot een uitverkoren volk op cultische gronden. De andere opende die mogelijkheid voor iedereen. Het voordeel een Jood te zijn werd teniet gedaan door de verantwoordelijkheid die dat met zich meebracht vanwege kennis en mogelijkheden. Het nadeel om een heiden te zijn werd teniet gedaan door de fundamentele wet van gerechtigheid, die, ten diepste, zowel voor Jood als heiden gold. Met of zonder wet, gerechtigheid is slechts mogelijk door geloof in God. En Abraham, voordat er een Jood of een wet was, werd rechtvaardig in Gods ogen door God te geloven. Dit brengt alle mensen overal op hetzelfde niveau van verantwoordelijkheid en dezelfde mogelijkheden tot verlossing. Dit is de boodschap van Paulus' brief aan de Romeinen (11:32).

Het is fout deze passage in Romeinen (2:5) voornamelijk te zien als een *filosofie* van de zonde. Het is, ten diepste, een aanbieding van Gods genade in Christus Jezus die voor ieder mens door geloof verkrijgbaar is. Het feit dat allen hebben gezondigd is eenvoudigweg om te tonen dat er verzoening is door Christus voor alle zonden en dat de algemene voorwaarde voor het ontvangen van de genadegaven geloof in God is, en niet de werken. *Niemand* wordt behouden door werken. Allen kunnen door geloof behouden worden.

Nu is het ook een vergissing op basis van deze tekst alle menselijke krachtsinspanning en medewerking gelijk te stellen aan "werken" en die tegenover geloof te zetten. De kleinering van werken in dit gedeelte is niet een verwerping van menselijke activiteit en respons als zodanig, maar een polemiek tegen een *vertrouwen* daarop zonder geloof en alles wat geloof betekent. Het is niet overeenkomstig de bijbelse feiten om geloof, in tegenstelling tot werken, als een beëindiging van alle activiteit of passieve "acceptatie" te definiëren. Dat is een valse vergelijking. De schrijver aan de Hebreeën, die een ander doel in gedachten had om over ditzelfde geloof te spreken, geeft ons waar Paulus in Romeinen geen gelegenheid voor had om te zeggen: "Door het geloof is Abraham, toen hij geroepen werd, in gehoorzaamheid getrokken, (...) zonder te weten waar hij komen zou" (Hebr. 11:8). Gehoorzaamheid bepaalde zijn geloof. Jacobus "verwart" de zaak ook, totdat we dieper kijken naar de achterliggende bedoelingen van deze drie schrijvers. Luister naar Jacobus: "Is onze vader Abraham niet uit werken gerechtvaardigd, toen hij zijn zoon Izaäk op het

Mildred Bangs Wynkoop

altaar legde? Daaruit kunt gij zien, dat zijn geloof samenwerkte met zijn werken, en dat dit geloof pas volkomen werd uit de werken" (Jac. 2:21-22).

Wesley spreekt over dit punt met zijn gebruikelijk onderscheidingsvermogen, en zijn antwoord is onze overdenking waard.

V. 14. Paulus zegt, Abraham is niet gerechtvaardigd door werken, Jacobus, hij is gerechtvaardigd door werken. Spreken ze elkaar niet tegen?

A. Nee: (1) Omdat ze niet spreken over dezelfde rechtvaardiging. Paulus spreekt over de rechtvaardiging toen Abraham 75 jaar oud was, meer dan 20 jaar voordat Izaäk geboren werd, Jacobus, over de rechtvaardiging toen hij Izaäk offerde op het altaar.

(2) Omdat ze niet over dezelfde werken spreken: Paulus over de werken die voorafgaan aan geloof, Jacobus over de werken die eruit voortkomen (*Works*, VIII, 277).

Het is even onhoudbaar geloof zo nadrukkelijk te isoleren van haar bestanddelen dat het een doel in zichzelf wordt. Er kan zo veel vertrouwen in geloof gelegd worden dat het geloof in geloof - ons geloof - lijkt te zijn waar de rechtvaardiging op rust. Als er dan tegenstrijdigheden zijn in ons christelijk leven zouden we concluderen: "Ik Heb niet genoeg geloof" of "Mijn geloof is te zwak om behouden te worden". Rechtvaardiging is geen *geloof in geloof*, maar *geloof in God* - een groot verschil. Geloof is een kwaliteit, niet een hoeveelheid ergens van. Het is maar al te makkelijk onopzettelijk af te glijden naar "werken", zelfs tijdens het bespreken van geloof.

## 13.14 Liefde, de dynamiek van geloof

Wesley is voorzichtig genoeg om geloof in de juiste relatie tot het hele complex van de christelijke dynamiek te plaatsen en voorkomt zo zelfs geloof te vervormen tot een object voor aanbidding.

We prediken geloof in Christus zodanig dat we heiligheid niet overstijgen, maar juist voortbrengen. (...) Om dit te bereiken, spreken wij er voortdurend over (...) dat geloof zelf, zelfs christelijk geloof, het geloof van Gods uitverkorenen, het geloof waardoor God werkt, toch enkel de dienstmaagd der liefde is. Zo heerlijk en eerbiedwaardig als het is, het is niet het doel van het gebod. God heeft die eer aan liefde alleen gegeven. (...)

Geloof (...) is het grote middel om die heilige liefde terug te geven waarmee de mens oorspronkelijk was geschapen. Hieruit volgt dat hoewel geloof geen waarde in zichzelf heeft (evenmin als ieder ander middel) toch, in het leiden tot haar doel, het herstellen van de wet van liefde in onze harten, (...) is het een onuitsprekelijke zegen voor de mens, en van onuitsprekelijke waarde voor God (*Works*, V, 462-464).

Voor Wesley is het de taak van de dynamiek van geloof om de wet der liefde in onze harten en levens te vestigen. Zonder dat is christelijk geloof "een schallend koper" (I Cor. 13:1). Wanneer we door geloof wandelen "gaan we snel voort op de weg naar heiligheid." En door haar invloed kunnen we niet anders dan groeien in liefde tot God, en "evenmin kunnen we vermijden onze naaste lief te hebben."

Opmerkelijk genoeg geeft geen enkele nieuwtestamentische passage ook maar de zwakste hint dat we Christus of "wat Hij voor ons gedaan heeft" zouden moeten "accepteren". We worden aangespoord *in Hem te geloven* met alles wat dat betekent. In plaats van een louter passieve houding wordt er veeleer een actieve deelname vereist in de verzoeningsprocedure, wat tweerichtingsverkeer is. De geweldige aansporing van Rom. 12:1 heeft als doel dat wij ons *aanbieden* als *heilig en Gode welgevallig.* In 14:18 wordt gezegd dat hij die op bepaalde wijze Christus dient *welgevallig* is bij God. Petrus zegt dat onze taak als levende stenen in een geestelijk huis, of (het beeld veranderend zoals Petrus) als een heilig priesterschap is om geestelijke offers te brengen die *Gode welgevallig* zijn (I Petr 2:5). De schrijver aan de Hebreeën vermaant ons (12:28), "Laten wij dankbaar zijn en hierdoor God vereren op een Hem welbehagelijke wijze".

In geen van de meerdere plaatsen wordt de zondaar ooit gevraagd Christus te *accepteren* op een louter verstandelijke manier (II Cor. 5:10, Ef 1:6, Fil 4:18). Het zou tamelijk onnauwkeurig zijn om "accepteren" gelijk te stellen met "geloven". Door dat te doen worden vragen opgeroepen als: Wat betekent het Christus te accepteren? Is dat eenvoudig te geloven in de historische Christus en dat Hij voor de mensen stierf? Hoe kan *ons accepteren* van Hem een bepalende factor in onze redding zijn? Is dat geen "werken"? Als wij slechts het vonnis "Vrijgesproken" hebben te accepteren, en daaruit volgend de gelovige mens "aan de hemelse kant van de dag des oordeels staat" en "wanneer God naar beneden kijkt en het Lam Gods over mij ziet, dan ben ik rechtvaardig in Zijn ogen", waarom zijn dan de meest morele vermaningen in het Nieuwe Testament gericht aan gelovigen? Ligt "acceptatietheologie" niet gevaarlijk dicht bij perfectionisme? In elk geval kan het dat worden - en wordt het dat soms - wanneer er geen zorgvuldige wachters rondom het idee geplaatst worden.

Tussen haakjes, het is waar dat er een gedachtekader bestaat waarin de menselijke "acceptatie" een juist woord is. Het ligt daar waar gesteld wordt dat de verzoening in principe ieder mens omvat. Vergeving kan alleen maar worden aangeboden door God, niet worden opgeëist door mensen. Anders zou dat de menselijke

Mildred Bangs Wynkoop

verantwoordelijkheid voor zijn redding duidelijk bij hemzelf leggen - niet door het te verdienen door wat hij doet, maar door zijn morele verantwoordelijkheid te beoefenen door zijn trotse hart aan God over te geven.

## 13.15 Het geloof/gehoorzaamheid/liefde-syndroom

De morele structuur van geloof wordt aangeduid door twee kernwoorden, gehoorzaamheid en liefde. Het is duidelijk dat gehoorzaamheid op zichzelf geen semantisch of moreel synoniem is voor het geloof dat voor rechtvaardiging noodzakelijk is. Gehoorzaamheid moet het ingrediënt geloof in zich hebben om zich rechtvaardiging toe te eigenen. Omgekeerd, geloof moet gehoorzaamheid inhouden wil het reddend geloof zijn. Jacobus' levendige en aangrijpende onderwijs dat "geloof zonder werken dood is" is niet tegengesteld aan Paulus' theologie. Aan de kerk in Rome schrijft Paulus (6:16) dat gerechtigheid op het pad van de gehoorzaamheid ligt, en hij dankt God dat zij "van harte gehoorzaam zijn geworden" (6:17). "Gehoorzaamheid des geloofs" wordt tweemaal genoemd in dezelfde brief, eenmaal van Paulus zelf (1:5) en eenmaal van de evangelieboodschap (16:26). Paulus diepste zorg voor de Corinthiërs was dat elke gedachte onder de gehoorzaamheid aan Christus gebracht zou worden (II Cor. 10:5). De schrijver aan de Hebreeën stelt geloof en gehoorzaamheid zo goed als gelijk aan elkaar in 5:8-9: "(...) en zo heeft Hij, hoewel Hij de Zoon was, de gehoorzaamheid geleerd uit hetgeen Hij heeft geleden, en toen Hij het einde had bereikt, is Hij voor allen, *die Hem gehoorzamen*, een oorzaak van eeuwig heil geworden (...)". Om gehoorzamen te vervangen door "die in Hem geloven" zou zeker in het verband van het hele Nieuwe Testament passen, maar het is zeer veelzeggend dat *gehoorzaamheid* het woord is dat in deze belangrijke passage is gebruikt.

Dat geloof moreel georiënteerd is en niet een soort magische, moreel scheidende methode om onszelf van redding te verzekeren wordt verder aangeduid door een andere overweging met betrekking tot menselijke houdingen. We bedoelen met "magie" enig vertrouwen in de kracht van een woord, gedachte of handeling die resulteert in iets bovenhistorisch, of enige poging om die resultaten te bereiken zonder een gepaste oorzaak. Als iemand zegt dat "de toekomst geen veroordeling kan brengen" voor degene die "het werk van Christus aan het kruis ontvangen heeft en wandelt in reddend geloof omdat voor hem *het toekomstig oordeel al heeft plaatsgevonden*", dan interpreteert hij geloof als magie, in die zin dat daarmee morele mensen verondersteld worden morele verantwoordelijkheid terzijde te stellen.

Magie is altijd amoreel en niet-oorzakelijk, of het nu religieus of anders is. Sommige critici van het evangelicalisme hebben het bovennatuurlijk geloof in magie genoemd. Deze aantijging kan onder wetenschappelijk onderzoek geen staande houden, maar de leer van het bovennatuurlijke die veronderstelt dat de morele dimensie van de menselijke ervaring terzijde gesteld kan worden is inderdaad geloof in magie. De bijbel staat recht tegenover zulke verdraaiingen van de waarheid. Haar leer van het bovennatuurlijke wordt precies bewaard voor de amoraliteit van de speculatie door de vleeswording van Christus en de betrokkenheid van de menselijke ervaring in de waarheid. Geloof zoals onderwezen in de Schrift is geen lichtgelovigheid maar is verstandelijk en moreel ter zake doende. Het bovennatuurlijke is niet "bovenhistorisch", maar is Gods genade, ontmoet door menselijk geloof.

## 13.16 Het hart en geloof

De morele structuur van geloof wordt ook aangeduid door de relatie met *hart* en *liefde*. Het hart is het gebruikelijke symbool voor het morele centrum van de persoonlijkheid. Het hart wordt in de bijbel nooit onderscheiden van de zetel der gedachten door nadruk te leggen op louter gevoel. Het is de "innerlijke mens" waar de morele overwegingen worden getoetst en waar de "atmosfeer" van de hele persoon wordt bepaald. Het is de zetel van moreel oordeel en de arbiter van de handelingen. God doet alle morele oproepen tot het hart. Jezus zei dat uit het *hart* alle kwaad voortkomt en het was het *hart* dat God volkomen moest liefhebben. Paulus spreekt over het *hart* als verduisterd en dwaas en hartstochtelijk en hard en onboetvaardig (Rom. 1-2), en het *hart* waarin de Heilige Geest liefde uitstort (Rom. 5). Voor hem is het het *hart* dat gelooft tot gerechtigheid (10:9). Moge Christus door het geloof in de *harten* van de Efeziërs woning maken, was Paulus' gebed (3:17), en dit wordt gerelateerd aan een wortelen en gronden "in de liefde". Aan de Galaten schreef Paulus dat het niet de uitwendige dingen waren, besneden of onbesneden, maar geloof door liefde werkende (5:6) dat voor God waarde had. Geloof wordt in de context van liefde geplaatst in I Cor. 13, en niet andersom. Liefde is de enige onvergankelijke "deugd".

Eén van de meest opmerkelijke en veelzeggende leerstellingen over het christelijk leven is dat het niet het geloof is dat aan de wet voldoet, maar het is de *liefde* die de vervulling van de gehele wet is. Dat betekent uiteraard niet dat men kan liefhebben zonder geloof, maar dat geloof zijn morele betekenis krijgt in de liefde. Het is opmerkelijk hoe vaak die twee woorden met elkaar verbonden worden. Paulus had met vreugde gehoord over het geloof van de Efeziërs in Christus en hun liefde voor de heiligen (1:15), en zijn afscheidszegen is "vrede zij de broeders en liefde met geloof, van God (...)" (6:23). De Thessalonicenzen moesten het "harnas van geloof en liefde" aandoen (I Thes. 5:8). Aan Timothëus schreef Paulus dat de genade van Christus in hem overvloedig was geworden in geloof en liefde (I Tim 1:14) en dat Timothëus moest jagen naar "gerechtigheid, godsvrucht, geloof, liefde, volharding en zachtzinnigheid" (I Tim 6:11). Filemon werd zeer geprezen voor zijn geloof en liefde tot Christus en al de heiligen (5).

Als geloof een morele daad is en het onderhouden ervan een morele zorg, dan is de gerechtigheid die het brengt zeer direct gerelateerd aan het morele leven. Men zegt gewoonlijk dat gerechtigheid, of rechtvaardiging, een puur juridische en eschatologische zaak is. Dat wil zeggen, (1) verzoening is enkel objectief en op geen enkele wijze verbonden met menselijke vernieuwing of feitelijke zonde of menselijke wil of daden. Dit standpunt wordt verwoord door Donald Barnhouse in *Eternity*, (januari 1958): "God kan de menselijke natuur niet vervolmaken. (...) God zal de oude zondige natuur van de mens niet vervolmaken. God is nooit geïnteresseerd geweest in morele hervorming" (p 26). En (2) het toekomstig oordeel is voor hem die "Christus accepteert" verleden tijd, zodat hij van niets beschuldigd kan worden, onafhankelijk van wat hij doet, en dat in het volgende leven de volle verlossing zal worden ervaren. Om het met een moderne beeldspraak te omschrijven: Een gelovige gaat een soort voortijdige hemel in waar de kracht van de verzoeking verdwijnt door een herwaardering van de zonde. Zoals een ander heeft gezegd: "Het is alsof we de hemel al zijn binnengegaan". Dit is het soort perfectionisme waartegen Wesley zich verweerde.

*De aard van de rechtvaardiging.* Het betekent soms onze vrijspraak op de laatste dag (Matt. 12:37). Maar het is buiten kijf dat de rechtvaardiging waarover onze artikelen en leerredenen spreken de vergeving nu inhouden, de vergeving van zonden en, daaruit volgend, aanvaarding door God, die daarin "zijn rechtvaardigheid toont" (of genade, door of) "voor de vergeving van zonden die tevoren gepleegd waren", (Rom. 3:25) zeggende, "Want Ik zal genadig zijn over hun ongerechtigheden, en hun zonden zal ik niet meer gedenken" (Heb. 8:12).

Ik geloof dat de voorwaarde hiervoor geloof is (Rom. 4:5 e.v.), ik bedoel, niet alleen dat we zonder geloof niet gerechtvaardigd kunnen worden, maar ook dat zodra iemand waarlijk gelooft hij op dat moment gerechtvaardigd wordt.

Goede werken volgen dit geloof, maar kunnen er niet aan voorafgaan (Luc. 6:43): en zoveel te minder heiliging, wat een continue stroom van goede werken impliceert, voortkomende uit de heiligheid van het hart. Maar we erkennen dat volkomen heiligmaking voor onze rechtvaardiging op de laatste dag komt (Heb. 12:14) (*Works*, VIII, 46-47).

## 13.17 Geloof handhaven

De morele relevantie wordt op diverse manieren aangeduid, geen van alle zo interessant als de bijbelse grammatica en werkwoordsvormen. De noodzaak geloof te handhaven wordt aangeduid door de overstelpende voorkeur voor de tegenwoordige aantonende wijs of het deelwoord dat verwijst naar geloven. Dit geeft het dynamische karakter van geloof aan in tegenstelling tot een statisch idee. Een paar voorbeelden hiervan zullen voldoende zijn. Johannes' evangelie is bekend vanwege het onderwijs over geloven in Jezus. Joh 1:12 zegt dat de macht om kinderen Gods te zijn is gegeven aan hen die *blijven geloven*. Het derde hoofdstuk heeft meerdere van deze passages (bijvoorbeeld de verzen 15 en 36), met het bekende zestiende vers als frappant voorbeeld. Opdat een ieder die in Hem *blijft geloven* .... niet, "eeuwig leven zal hebben", maar (aanvoegende wijs) eeuwig leven *hebbe*. Dat wil zeggen, eeuwig leven is afhankelijk van het voortduren van geloof. Het Grieks maakt aangrijpend duidelijk wat het Engels[106] niet lukt om volledig duidelijk te maken.

Dit gevolg dat afhankelijk is van geloof als een voortdurend iets wordt uitgedrukt in een aantal passages (bijvoorbeeld Joh. 6:35, 40, 20:31). In Handelingen wordt ons verteld dat de *gelovigen* uit de besnijdenis verbaasd stonden dat de Heilige Geest aan Cornelius gegeven was (10:45), en Paulus, sprekende in Antiochië in Pisidië (Hand 13:39), verklaart duidelijk dat ieder die gelooft gerechtvaardigd wordt. Paulus zegt in Rom. 1:16 dat het evangelie een kracht Gods is tot behoud van *ieder die gelooft* (zie ook 3:20-26), en die zelfde tijd wordt gebruikt in Rom. 4:5 en 24. Het tiende hoofdstuk is een commentaar op de geloof/werken spanning, en maakt duidelijk dat het een blijvend gelovig hart is dat als rechtvaardig wordt beschouwd. In dit hoofdstuk wordt geen waarde toegekend aan gehoorzaamheid die niet "het hart dat gelooft" (en dat blijft doen) in zich heeft.

## 13.18 Geloof en de wandel van heiliging

Het hele nieuwtestamentische onderwijs versterkt het begrip van de noodzaak tot een "wandel" van geloof en ontmoedigt iedere vertrouwen op een amorele, verstandelijkte definitie van geloof. Wat er ook betrokken is in geloof, het maakt zeker een verschil in het leven. Het is dit verschil waarin heiligingstheologie geïnteresseerd is.

De mogelijkheid van geloof bepaalt de voortduring van de christelijke wandel. Dit wordt duidelijk onderwezen in het Nieuwe Testament. Johannes' "indien" (15:7) kan niet ondergewaardeerd worden. Als een mens niet in Christus blijft, is hij afgesneden

---

106 En ook het Nederlands (vert).

van de Wijnstok. Geen enkele interpretatie van Paulus' "indien" in Romeinen 8 en 11 die het ziet als eenvoudig een retorische hypothese doet werkelijk recht aan de morele ernst van deze passages. "Want indien gij naar het vlees leeft, zult gij sterven; maar indien gij door de Geest de werkingen des lichaams [blijft] doden, zult gij leven." (Rom. 8:13). "Want indien God de natuurlijke takken niet gespaard heeft, Hij zal ook u niet sparen. Let dan op de goedertierenheid Gods en zijn gestrengheid: over de gevallenen gestrengheid, maar over u de goedertierenheid Gods, indien gij bij de goedertierenheid blijft (...) (Rom. 11:21-22). Opnieuw, "Ook u (...) heeft Hij thans weder verzoend, in het lichaam zijns vlezes, door de dood, om u heilig en onbesmet en onberispelijk vóór Zich te stellen, indien gij slechts gegrond en standvastig blijft in het geloof" (Col. 1:21-22).

Geen enkele bijbelse passage in zijn context bekeken geeft maar de lichtste grond om aan te nemen dat door een enkele handeling van geloof (die niet dieper gegaan is dan een verstandelijke instemming) eeuwig heil verzekerd is. Geloven moet zowel een morele daad als een voortdurende morele betrokkenheid zijn. Dat wil zeggen, geloof is een manier van leven, niet louter een bevestiging. Het is moeilijk te begrijpen hoe Barnhouse kan zeggen "Gods beloften aan een gelovige zijn onvoorwaardelijk" (Eternity, jan. 1958). Gehoorzaamheid volgt niet eenvoudigweg uit rechtvaardiging als een bewijs van iemands staat van genade; het is zelf een element van het geloof waardoor rechtvaardiging wordt gerealiseerd en het christelijke leven wordt begonnen.

Als u dan zegt "Wij geven God alleen alle eer voor onze redding", dan antwoord ik dat wij dat ook doen. Als u toevoegt "Nee, maar wij verzekeren u dat God alleen al het werk doet, zonder dat de mens iets doet" dan zijn wij het daar in bepaalde zin ook mee eens. Wij erkennen dat rechtvaardigen, heiligen en verheerlijken, wat de hele inhoud van onze redding is, enkel Gods werk is. Maar wij kunnen niet erkennen dat de mens enkel kan weerstaan, en op geen enkele wijze "medewerker van God" kan zijn, of dat God zodanig de enige werker in onze verlossing is dat dat het menselijke werken totaal uitsluit. Dit durf ik niet te zeggen, want ik kan dat niet vanuit de Schrift bewijzen, nee, het is er volkomen mee in strijd want de Schrift is duidelijk dat (kracht van God ontvangen hebbende) wij "onze behoudenis moeten bewerken" en dat (nadat het werk van God in onze zielen begonnen is) wij "medewerkers van Hem" zijn (*Works*, X, 230-231).

## 13.19 Samenvattende opmerkingen

Geloof is niet het einde van alle inspanningen of het ontspannen van alle morele spanningen, of het verlies van enige morele integriteit. Geloof is een ommekeer van alle afhankelijkheid van anderen dan God naar God zelf. Het brengt gehoorzaamheid met zich mee, niet in eerste instantie aan de wet, maar aan God, wiens Geest de wet geestelijk interpreteert in het inwendige hart. "Door geloof" is een nieuwe gerichtheid van alle levensactiviteiten en liefde. Het maakt een begin met de levenslange, ja eeuwige dienst aan God. Geloof is niet de overgave van morele verantwoordelijkheid maar het begin van werkelijke morele rijpheid. Het is niet *noodzakelijkerwijs* een verandering van activiteit, maar het is een verandering in de morele atmosfeer van de persoon - een verandering van het object van genegenheid. Het betekent dat in plaats van te leven voor de waardering van anderen, of het zelf, of trots of persoonlijke integriteit gemeten door de letter van de wet, we voorbij deze dingen kijken - niet om ze te verachten, want op hun plaats zijn ze goed - naar God, die Heer van het hele leven gemaakt is. Er is een groeiende gevoeligheid van zijn goedkeuring of afkeuring. We "nemen orders aan van God", zonder ons voordeel te doen met de schijnbare vrijheid van de uiterlijke beperkingen.

Orders aannemen van God maakt ons niet vrij van sociale verplichtingen en bijbels onderwijs en normale menselijke verantwoordelijkheden. Het staat ons niet toe onszelf te ontworstelen aan de in elkaar sluitende menselijke relaties die de normale en gezonde mensheid vormen. Het zet ons in feite op de kruispunten van het leven. We kunnen niet vluchten in het aangezicht van conventies en de handen wegduwen die ons grijpen om hulp en kracht. "Orders aannemen van God" in het geloofsleven betekent dat al onze gedachten, woorden en handelingen onder het constante oordeel van God staan voor wat betreft motivatie, intentie en de morele kwaliteit van onze gehoorzaamheid. Paulus beschreef het geloofsleven op een heldere en krachtige wijze (I Cor. 4:1-5) toen hij zei dat het een vereiste is voor een beheerder om betrouwbaar te blijken. Die betrouwbaarheid was niet ter beoordeling van een ander, positief of negatief. Het was zelfs niet aan het eigen geweten om te oordelen. Het laatste woord moet door de Heer gesproken worden.

"Door geloof" is de morele verbinding tussen hetgeen op Golgotha verricht is en de zondige mens. Het maakt de juridische term "rechtvaardiging" tot de ware grond voor het verloste leven. Het voorkomt morele zelfingenomenheid door morele relevantie te verdedigen. Het ondergraaft alle mogelijkheden tot geestelijk trots of een religieuze aristocratie. Het verbiedt afzondering van de wereld en noodzaakt tot volledige deelname erin. Het berooft van iedere troost vanuit verbale symbolen of intellectualisme, en dwingt ons tot een voortdurend, trouw, geduldig, aanbiddend, gevoelig, groeiend besef van Gods Geest en Zijn leiding in het dagelijks leven. Een vorm van afgoderij is het enige alternatief voor de heerschappij van Christus, en afgoderij is de essentie van de zonde. Rechtvaardiging is een leugen als het

Mildred Bangs Wynkoop

toegeschreven wordt aan een afgodendienaar. Geen enkele afgodendienaar kan zeggen "Ik aanvaard Christus als mijn Redder en Heer". De reddende Christus is niet een voorstel dat aanvaard kan worden, maar een Persoon waarvan je moet houden en die je moet gehoorzamen.

Geloof is niet de grens rond de christen die hem apart zet en definieert. Het is de openstaande "groeiende rand" die hem bewaart voor louter definitie en hem een overstromend mens maakt, een dynamo van liefde.

Geloof is dan de voortdurende atmosfeer waarin al de genadegaven en stappen in verlossing mogelijk worden. We zouden kunnen zeggen dat de gelovige alles in principe heeft, maar niets werkelijk totdat hij het zich door geloof toeeigent. En die toe-eigening is moreel gestructureerd. Het is de essentie van gehoorzaamheid en liefde. Geloof grijpt in de morele ervaring en "liefde, de dynamiek van heiligheid", is door en door ethisch.

# Het gereinigde hart

> Almachtige God, aan wie alle verlangens bekend zijn, voor wie alle harten open zijn, en geen geheimen verborgen; reinig de gedachten van onze harten door de inademing van Uw Heilige Geest, opdat wij U volmaakt lief mogen hebben, en waardig Uw Heilige Naam groot mogen maken; door Christus, onze Heer, amen (*Book of Common Prayer*, 1695)[107].

Het gebed om reiniging is sinds het begin van de Kerk op haar lippen geweest. De specifieke bewoording hierboven was degene die Wesley gebruikte bij het heilig avondmaal zo vaak als hij deelnam aan dit genademiddel. Men zegt dat hij wel vier of vijf keer per week deelnam als hij in staat was naar een behoorlijke gewijde kerk te gaan. Het gereinigde hart was een deel van de geestelijke speurtocht die zijn leven karakteriseerde. Wesleys geestelijke kinderen hebben de reiniging tot een hoofdpunt gemaakt van de heiligingsleer, zoals dat ook gepast is voor een "bijbelse" nadruk. Het betekenis van deze nadruk is belangrijk voor deze studie.

"Reiniging" kan een technisch, theologisch woord zijn dat weinig betekenis overdraagt aan de leek of het kan een rijke, warme, zeer betekenisvolle religieuze term zijn.

Zoals rechtvaardiging hét belangrijke woord is bij de objectieve verzoening, zo vertegenwoordigen reiniging en zuiverheid de centrale karakteristiek van de subjectieve aspecten van de relatie van de mens met God. Reiniging (als het middel) en zuiverheid (als het resultaat) zijn goede bijbelse termen en worden erkend als gepaste theologische begrippen door alle christelijke tradities. Maar de betekenis van

---

107 Liturgieboek der Anglicaanse Kerk (vert).

*reiniging* wordt in een grote diversiteit gerelateerd aan religieus geloof en het praktiseren ervan.

Voor de heiligingstheologie heeft reiniging een bijzondere betekenis omdat het deelt in de zware nadruk op de "ervaring" in deze traditie. Men zegt dat het verbonden is met heiliging op een manier die niet algemeen gezien wordt als zijnde essentieel voor de betekenis van die term. De heiligingstheologie maakt er traditioneel een punt van de twee aspecten van heiliging als verschillende zaken van gelijk belang te benadrukken, namelijk het *apart zetten* of toewijden, en het *zuiveren*. Wanneer deze tweevoudige nadruk wordt gelegd, rijzen er onmiddellijk vragen op over de specifieke betekenis van zuiverheid als onderscheiden van toewijding.

Reiniging of zuiverheid van hart is even moeilijk uit haar context te lichten als geloof of volmaaktheid of liefde of gehoorzaamheid omdat ze evenals de anderen zo innig deelneemt in hen allen dat een uit haar context halen haar berooft van precies datgene wat ze is.

Het wordt duidelijk dat het probleem van wat reiniging is een diep gezetelde zienswijze met betrekking tot de natuur van de mens openbaart die terugwerkt op iemands interpretatie ervan. Fundamentele interpretaties gaan als volgt:

Men raakt de kern van de zaak van wat gebeurt in de "daad" van de reiniging. Het is een probleem van "geestelijke ontologie". Aangezien het verstaan wordt als een subjectieve vernieuwing en niet enkel een veranderde status voor God, komt de vraag boven: Waaruit bestaat die vernieuwing of reiniging? De problemen met betrekking tot het verwoorden van het zondebegrip en de "verwijdering" ervan in termen van substantie zijn hierin verweven. Is het zo dat God iets doet aan de ziel om haar zuiver te maken? Reinigen de mensen zichzelf? Wat is er eigenlijk onrein? Hoe is dat onrein? Wat is zuiverheid?

Het tweede probleem volgt uit het eerste en komt er in die zin uit voort dat het gaat over subjectieve heiligheid. Het heeft te maken met de aard van de zuiverheid en de voorwaarden waarop zij gehandhaafd wordt. Het vraagt: Is zuiverheid een staat? Is het iets dat een "bestaan" heeft? Is het een karakter dat in de ziel is ingeplant? Iets van de aard van het probleem wordt gesuggereerd door het commentaar dat een eminente wesleyaanse predikant leverde op een wesleyaanse theoloog die zei dat men I John 1:7 zou moeten lezen als "het bloed van Jezus, zijn Zoon, *reinigt* ons *voortdurend* van alle zonden". "Als", vroeg de predikant, "het *voortdurend reinigt*, is er dan niet iets overgebleven waarvan men gereinigd moet worden? Bedoelt u dat men steeds reiner wordt?" Dit is een vreemde vraag in het licht van de Griekse tekst, want die zegt duidelijk door haar grammaticale vorm "reinigt voortdurend". Blijkbaar kwam de meer correcte vertaling in conflict met een

Mildred Bangs Wynkoop

theologisch beeld. Misschien ging de predikant er vanuit dat zonde een soort substantie in de ziel was die kon worden *verwijderd*, en nadat die verwijderd was, werd en blijft de ziel zuiver. Met andere woorden, voor hem was zuiverheid een eenheid of veeleer een karakteristiek die inherent is aan een eenheid die in staat is op zichzelf te bestaan. Zijn commentaar is een belangrijk commentaar op één van de onderliggende zienswijzen van wat de ziel is en hoe de genade ten opzichte daarvan handelt. De taal staat tenminste, indien onafgeschermd, de interpretatie toe dat de ziel en de zonde "dingen" zijn die men heeft of kwijt kan raken.

Ten grondslag aan al deze vragen ligt vaak het idee dat op een of andere manier onreinheid lust is, dat lust seks is, en dat seks onrein is.

De christelijke kerk heeft zuiverheid op een aantal manieren geïnterpreteerd. Twee tegengestelde ideeën schetsen het geheel. Aan de ene kant wordt zuiverheid enkel in termen van status gezien. Het zou een juridische verklaring van vrijspraak zijn of bestaan uit rituele praktijken of eruit voortkomen. Persoonlijke waardigheid heeft geen essentieel belang in deze zienswijze. Aan de andere kant is status dienstbaar aan persoonlijke zuiverheid met betrekking tot het morele leven. De zuiverheid als toestand kan door een daad van God tot stand komen of door gehoorzaamheid aan een morele wet. Zuiverheid refereert volgens dit laatste standpunt meestal aan een bepaalde mate van verwerping van menselijke verlangens en smaak en soms alle esthetische genoegens.

Ze is moralistisch van toon. De ene is een cultische zuiverheid, de ander een moralisme. De een benadrukt het objectieve aspect van de verzoening, de ander het subjectieve, volvoert door ofwel bovennatuurlijke middelen ofwel door zelfverloochening of gehoorzaamheid aan de wet. Tussen deze twee extremen liggen vele variaties op de een of de ander.

## 14.1 Wesleys begrip van zuiverheid

Hier, evenals elders, vermeed Wesley de extremen en predikte een zeer evenwichtig evangelie, daar waar anderen in de vele valkuilen aan beide zijden van het pad vielen. Hij en degenen die hem interpreteerden stonden op een zeer praktisch en bijbels verstaan van zuiverheid. In antwoord op de tegenwerping dat zuiverheid, als het een daad van God zou zijn, de behoefte aan de priesterlijke dienst van Christus onderving, zei Wesley:

> Verre daarvan. Niemand voelt de behoefte aan Christus zoals zij, zelfs de meest volmaakten, niemand is zo volkomen afhankelijk van Hem. Want Christus geeft geen leven aan de ziel die van Hem gescheiden is, maar aan degene die in en met

Hem is. Dus zijn Zijn woorden op gelijke wijze waar voor alle mensen, in welke staat van genade ze ook zijn: `Zonder (of gescheiden van) Mij kunt gij niets doen' (*Works*, XI, 395).

Thomas Cook, een latere Engelse schrijver uit de heiligingsbeweging, sprak zelfs nog directer op dit punt: "Wij leren geen *staat van zuiverheid*, maar een *gehandhaafde toestand* van zuiverheid, een gehoorzaamheid en vertrouwen van moment tot moment. Het bloed van Jezus Christus reinigt ons *voortdurend* door ons ieder *Nu* te reinigen"[108].

Zuiverheid was voor Wesley niets anders dan het "enkelvoudige hart" of integriteit. Hij was zeer onder de indruk van bisschop Taylors *Regels voor een heilig leven en sterven*, speciaal daar waar hij zegt: "Eenvoud en zuiverheid zijn de twee vleugels die de ziel opheffen tot in de hemel: Eenvoud in intentie, en zuiverheid in genegenheid" (*Works*, VII, 297). Zuiverheid is het enkelvoudig oog dat het volle licht van God toelaat in het hart, en onreinheid is de consequentie van het boze oog, of "het hart dat niet enkelvoudig is" (bladzijde 299) en daardoor de duisternis in het hart handhaaft. Wesley zei: "Het is zeker dat er geen middenweg kan zijn tussen een enkelvoudig en een boos oog, want wanneer we ons niet richten op God, zoeken we het geluk in een schepsel, en dat is niets anders dan afgoderij".

Het is duidelijk dat Wesley zuiverheid op geen enkele wijze scheidde van het laagste niveau van christelijk leven en hij associeerde het met de enkelvoudige "gerichtheid" op God. Het tegenovergestelde, de zonde, was geen lust, zoals Augustinus zei, maar verdorven liefde - wat Augustinus in zijn bijbelser momenten toegaf.

In één van Wesleys preken over de bergrede benadrukte hij de relatie tussen reinheid en liefde. In feite is reinheid van hart op zichzelf het liefhebben van God met het gehele hart, met het gehele verstand, met de gehele ziel en met geheel de kracht. Het is niet de onderdrukking van menselijke impulsen, maar het richten van het gehele hart en leven en handelen op God (*Works*, V, 298).

Kijk er nog eens naar, onderzoek het van alle kanten, en dat met de grootste aandacht; aan de ene kant is het de zuiverheid van intentie die heel het leven aan God toewijdt. Het is het aan God geven van ons gehele hart, het is een verlangen, een bedoeling die onze houding beheerst. Het is het zich toewijden van niet slechts een gedeelte maar het geheel van onze ziel, ons lichaam en ons wezen aan God. Aan de andere kant is het de gezindheid die in Christus was, die ons in staat stelt te wandelen zoals Christus wandelde. Het is de besnijdenis van

---

108 Thomas Cook, *New Testament Holiness* (London: The Epworth Press, 14e druk, 1950), blz. 43.

Mildred Bangs Wynkoop

het hart van alle vuilheid, alle inwendige zowel als uitwendige verontreiniging. Het is de vernieuwing van het hart naar het gehele beeld van God, de volheid van Hem die het schiep. Van nog een andere kant is het het liefhebben van God met geheel ons hart, en onze naaste als onszelf (*Works*, X, 444).

## 14.2 Studie van nieuwtestamentische woorden

Het is leerzaam en noodzakelijk te kijken naar de bijbelse betekenis van de woorden *reiniging* en *zuiverheid* voordat we hun theologische betekenis overdenken. De relevante zaken die uit de etymologische en culturele achtergrond van de woorden naar voren komen zullen worden toegevoegd, maar het belangrijkste is in ieder gedeelte de meest voor de hand liggende bedoeling van de auteur te achterhalen. Deze bijbelstudie moet nauwkeurig onderscheiden worden van de opmerkingen en conclusies die uit de studie voortkomen en van de theologische toepassing aan het eind van dit hoofdstuk en elders in dit boek.

In het Nieuwe Testament worden de Nederlandse woorden zuiver, zuiverheid, zuiveren, rein, reinigen en dergelijke gebruikt om een aantal aan elkaar verwante Griekse woorden te vertalen. Het Nieuwe Testament leende uit het klassieke Grieks de term *rein* en paste die aan haar specifieke behoeften aan. Het Griekse woord refereerde aan fysieke reinheid, aan zaken die niets hadden wat er niet in hoorde, zoals schoon water, schone lucht, heldere zonneschijn, en aan metaal en voedsel dat gezuiverd was. Deze betekenis drong binnen in de analogie van een goede menselijke relatie, het vrij zijn van schuld, eerlijkheid, en oprechtheid. Het betekende ook echtheid, zoals het onvermengde bloed van een bepaald ras of een authentieke verklaring die gecorrigeerd is zoals men nu een eerste drukproef leest.

Het had ook een religieuze betekenis. Het refereerde aan ieder ding of persoon, geschikt of bevoegd om op een plaats voor een eredienst te komen. Het impliceert een ceremoniële voorbereiding. In het geval van een vereerder moesten zijn handen en gedachten rein zijn in de zin van het zich niet bezighouden met iets dat tegen het geweten in gaat of dat over het dagelijks leven gaat zoals een zakenreis of plannen voor een uitje. Deze moesten tijdelijk uit het hoofd gezet worden.

Er zijn twee zelfstandige naamwoorden, *katharós* en *hagnós*, die van bijzonder belang zijn voor deze studie, evenals de werkwoorden *katharídzo* en *ekkathaíro*, die worden gebruikt in het Nieuwe Testament.

Het zelfstandig naamwoord *katharós* wordt vertaald met "zuiverheid" of "reiniging" of gelijkwaardige termen. De standaardvertalingen van het Nieuwe Testament verschillen in hun keuze van deze woorden. Onze analyse zal de King

James Version[109] volgen omwille van de bekendheid ervan en de organisatie, niet omdat die juister of minder juist is dan de anderen.

De gedeelten die met "rein" vertaald zijn refereren aan: (1) Fysieke objecten, zoals een gereinigde beker (Matt. 23:26), een zuiver linnen (Matt. 27:59), en een smetteloos fijn linnen (metaforisch, Openb. 19:8 en 14). (2) Morele kwaliteiten, in welke zin het driemaal gevonden wordt (Luc. 11:41, Hand 18:6 en 20:26). Elk van deze gedeelten spreekt over een verplichting waaraan volkomen voldaan is of een verklaring van onschuld met betrekking tot een misdaad. (3) Om te scheiden van het gewone, in welke zin Jezus het woord tweemaal gebruikte. In Joh 13:10-11 zei Hij dat de discipelen rein waren. Hij had zojuist hun voeten gewassen en dit ritueel duidde de volledige identificatie in gemeenschap tussen hemzelf als de Meester en Zijn discipelen als vrienden aan. De woorden "doch niet allen" verwezen naar één van hen, Judas, die (hoewel zijn voeten waarschijnlijk ook waren gewassen) niet met hen in gemeenschap verenigd was omdat zijn hart niet bij hen was. Hij bleef onrein. Ook in de analogie van de wijnstok en de ranken (Joh 15) verwijst reinheid naar de essentiële eenheid van de gelovige met zijn Heer. Wesley gaf op dit gedeelte het volgende commentaar:

> Wij hebben deze genade niet enkel van Christus, maar in Hem. Want onze volmaaktheid is niet als die van een boom, die bloeit door het sap van zijn eigen wortels, maar die van een rank, die verbonden met de wijnstok vrucht draagt, maar die gescheiden ervan verdroogt en verwelkt (*Works*, XI, 395-396).

Wat er dan dus ook betrokken is in het "aan de wijnstok" zijn, en daar blijven, is de atmosfeer waarin reiniging betekenis heeft en realiteit is.

Paulus zegt (in Rom. 14:20) dat "alles wel rein is", *kathará*, maar een reden tot zonde kan worden wanneer een broeder wiens intenties egoïstisch zijn ze op een manier gebruikt die voor anderen een oorzaak van hun struikelen wordt.

In Paulus' brief aan Timotheüs verenigt hij *katharós* met *hart* en *geweten* en associeert hij zuiverheid iedere keer met geloof. (1) I Tim 1:5 spreekt over liefde "uit een rein hart, uit een goed geweten" en ongeveinsd geloof als zijnde de vervulling der gehele wet. (2) De diaken moet het geloof bewaren "in een rein geweten" (I Tim 3:9). (3) Paulus' "reine geweten" beveelt zichzelf aan bij Timotheüs (II Tim 1:3); en (4) zijn aansporing voor de jonge Timotheüs is dat ook hij moet "jagen naar gerechtigheid, naar trouw, naar liefde en vrede met hen, die de Here aanroepen uit

---

109 Wij volgen om dezelfde reden de NBG-vertaling, hoewel daardoor inderdaad problemen ontstaan vanwege een niet parallel lopende vertaling. De systematiek raakt zo enigszins verloren maar de gedachten blijven uiteraard overeind. Het leek niet wijs om op basis van de NBG-vertaling het geheel opnieuw op te zetten (vert).

Mildred Bangs Wynkoop

een rein hart" (II Tim 2:22). De betekenis die uit de context volgt is duidelijk een open, serieuze, oprechte motivatie voor Gods aangezicht.

De tekst uit Romeinen, evenals die in verband met Timotheüs, helpt licht te werpen op de betekenis van Titus 1:15. De "reine" man is de man die in waarheid wandelt. Voor hem is alles rein. Maar daartegenover zijn voor de man die besmet en ongelovig en onbetrouwbaar is alle dingen slecht. Beiden belijden God te kennen. De reine man leeft in overeenstemming met zijn belijdenis; de onreine man ontkent zijn bewering door ongehoorzaamheid.

Jacobus zegt (1:27) dat zuivere en onbevlekte godsdienst (vroomheid, aanbidding) praktisch beleefd wordt en voor de belijder ervan integriteit inhoudt. Hij ziet om naar weduwen en wezen en bewaart zichzelf onbesmet van de wereld.

Petrus spoort hen die hun zielen gereinigd hebben door gehoorzaamheid aan de waarheid aan door de Geest "elkander van harte en bestendig" lief te hebben (I Petr 1:22). Opnieuw wordt reinheid aan waarheid verbonden. De hulp is van de Geest, maar de daad is moreel - gehoorzaamheid - en moet uitvloeien in bewust gegeven liefde. Dat wil zeggen dat reinheid ervaren wordt in gehoorzaamheid aan de waarheid, en vanuit de sfeer van die gehoorzaamheid is liefde, van harte en bestendig, mogelijk.

Wellicht is het belangrijkste voorbeeld van het woord Jezus' gebruik ervan in de zaligspreking "Zalig de reinen van hart, want zij zullen God zien" (Matt. 5:8). Los van de zeer praktische en morele betekenis die overal in het Nieuwe Testament gevonden wordt zouden vanuit dit gedeelte geen theologische ideeën afgeleid mogen worden. De veeleer morele dan rituele of ceremoniële betekenis wordt aangegeven door de verwijzing naar het "hart", die het onmiddellijk in het gebied van het persoonlijke brengt. Zuivere motieven, serieuze en oprechte liefde, en persoonlijke integriteit, dat zal hier zeker de betekenis van *rein* zijn. Alleen zodanigen konden in de aanwezigheid van God komen en erdoor gezegend worden.

Ceremoniële reiniging wordt aangeduid door *katharótes* en spreekt over boetedoening of de verdiensten van Christus' verzoening (Hebr. 9:13-14).

Een analogie vanuit het Oude Testament verlicht de parallel maar het nieuwtestamentisch onderwijs is door méér ontwikkeld. Als het bloed en het as van offerdieren de reiniging van onrein vlees heiligde, hoeveel meer zal dan het bloed van Christus ons bewustzijn reinigen of heiligen? Dit is de tegenstelling tussen de oude weg van de werken en de nieuwe weg van het geloof.

*Katharismós* wordt vertaald met zuivering of reiniging. Christus heeft, na "de reiniging der zonden tot stand gebracht te hebben" (Hebr. 1:3), zich gezet aan de rechterhand van God - ofwel op de plaats van autoriteit en macht. De reiniging is eenmaal voor allen gedaan, en het was een boetedoening of een objectieve goddelijke daad die de schuld wegnam. Petrus refereert aan deze reiniging van zonden (II Petr 1:9) door te zeggen dat onze God en Heiland ons begiftigd heeft met alles wat tot leven en godsvrucht strekt en de belofte dat wij deel zouden hebben aan de goddelijke natuur (v 3-4). Dat nieuwe leven moeten we schragen met geloof, deugd, zelfbeheersing, volharding, godsvrucht, en broederliefde. En hierin tekort te schieten is het vergeten van de *reiniging van vroegere zonden*, en dat vergeten en het daaropvolgende falen om ons aandeel te "schragen" zou onze "roeping en verkiezing" kunnen verspelen (v 5-10).

Tweemaal wordt in het evangelie dit woord gebruikt voor de ceremoniële reiniging die melaatsen moesten verrichten in de tempel (Marc. 1:44 en Luc. 5:14).

De grondvorm van "zuiver", "ingetogen" *(hagnós)* wordt vier maal gevonden.

In Fil 4:8 vermaant Paulus de lezer selectief te zijn in de keuze van zijn gedachten. Een stabiel karakter vereist een gedisciplineerd gedachteleven. Naast andere zaken waaraan gedacht mag worden zoals al wat waar, waardig, rechtvaardig, beminnelijk is, wat deugd heet en lof verdient, staat "al wat rein" is, wat een bewust toegelaten en vrijwillig gekozen onderwerp van gedachten is, dat overeenstemt met de norm van heiligheid.

Paulus' raad aan Timotheüs in een bekende "opdracht" aan hem was "houd u rein" (I Tim 5:22). Dit is uiteraard een vermaning tot een moreel gedisciplineerd leven en geeft de noodzaak aan van een voortdurende handhaving van iemands integriteit.

Jacobus definieert zuiverheid en legt die uit door middel van een grote tegenstelling (3:13-18). Hij zegt dat wijsheid "van boven" zuiver en vreedzaam is in tegenstelling tot de zogenaamde wijsheid van hen wier tongen hun bitterheid en duivelsheid en naijver verraden. In zijn zo karakteristieke gespierde stijl zet Jacobus kracht bij een aantal morele eisen. De handen moeten gereinigd worden door *katharídzo*, en het hart zuiver door *hagnísate*, wat de betekenis heeft van een diepe innerlijke oprechtheid in tegenstelling tot een "innerlijke verdeeldheid" (4:8).

Tijdens een bespreking van de kwestie van het zuivere hart in zijn preek getiteld "On a Single Eye"[110], gebruikt Wesley deze illustratie:

> Stel, er is een vader die een betrekking zoekt voor zijn zoon. Als zijn oog niet
> enkelvoudig is, als hij niet enkel gericht is op de heerlijkheid van God in de

---

110 Over het enkelvoudige oog (vert).

Mildred Bangs Wynkoop

redding van zijn ziel, als dit niet zijn enige overweging is, de roeping die hem verzekerd van de hoogste plaats in de hemel; niet het grootste aandeel in aardse schatten, of het hoogste ambt in de Kerk - dan is het licht dat in hem is blijkbaar duisternis. En hoe groot is die duisternis! De vergissing die hij maakt is niet klein, maar onuitsprekelijk groot. Wat! Heeft u niet liever dat hij een schoenlapper op aarde en een glorierijke heilige in de hemel is, dan een lord op aarde en een vervloekte geest in de hel? (...) Wat een dwaas, wat een uilskuiken, wat een krankzinnige is hij! (*Works*, VII, 302).

Dit is ongetwijfeld wat Jacobus in gedachten had. En het verhelpen van het probleem is de verantwoordelijkheid van hen wier handen onrein en wier harten innerlijk verdeeld zijn.

Johannes (I Joh 3:3) gebruikt dit woord om de toenemende gelijkenis aan Christus aan te duiden die in de gelovige aangewakkerd wordt door de levende hoop Christus te zien. Opmerkelijk genoeg benadrukt dit aspect van zuiverheid, in overeenstemming met de drie andere plaatsen waar het woord wordt gebruikt, niet enkel de verantwoordelijkheid van de christen hierin maar ook de progressieve ontwikkeling in de zuivering.

*Hagnismós* wordt eenmaal gevonden (Hand 21:26) en is de "heiliging" die Paulus door ceremoniële handelingen verrichtte waardoor hij zichzelf evenals alle goede Joden voorbereidde voor bepaalde gebeurtenissen in de tempel.

Het werkwoord "reinigen", of rein maken of zuiver *(katharídzo)* wordt ongeveer twintig keer aangetroffen.

(1) De reiniging van melaatsen neemt een aantal voorbeelden ervan voor zijn rekening. Het is opmerkelijk dat dit woord moest worden gebruikt in verband met het herstel van de gezondheid van een melaatse in tegenstelling tot de genezing of heelmaking wanneer andere ziekten werden vermeld. Een blinde of verlamde wordt genezen, maar een melaatse gereinigd.

(2) Het was ceremoniële reinheid waaraan de engel refereerde toen Petrus onwillig was om dieren te eten die de Jood verboden waren: "Wat God rein verklaard heeft, moogt gij niet voor onheilig houden", sprak de stem.

(3) Jezus droeg hen die hun kwade bedoelingen verborgen achter uitwendige vroomheid op de binnenkant van de beker te reinigen. Dit heeft een duidelijke morele betekenis en geeft helder aan dat mensen een verplichting hebben tot morele zuiverheid. Morele zuiverheid wordt bepaald door de doelstelling van het hart. Geen enkele *daad* is beter dan de *intentie* waaruit zij voortkomt. Beide moeten in volkomen harmonie zijn. Integriteit is zuiverheid. Innerlijke verdeeldheid getuigt van onzuiverheid.

(4) De laatste vijf gedeelten zijn duidelijke vermaningen tot morele keuzen.

*(a)* Paulus vermaant de Corinthiërs (in II Cor. 7:1) zich te "reinigen [aoristus bedrijvende aanvoegende wijs] van alle bezoedeling des vlezes en des geestes, en zo onze heiligheid volmaken [tegenwoordig deelwoord] in de vreze Gods." Er is hier een erkenning van een persoonlijke verantwoordelijkheid voor Gods genade. De aanvoegende wijs geeft een mogelijkheid aan die nog niet gerealiseerd is en het gevaar dat die niet gerealiseerd wordt als gevolg van menselijk falen. De aoristus geeft de noodzaak voor een morele beslissing aan in tegenstelling tot louter groei. Het volmaken van of rijpen in heiligheid wordt bereikt door deze bewuste verwerping van dat wat onrein is. De hele vermaning staat in relatie met het *procesmatige* aspect van heiligheid, wat aangegeven wordt door de tegenwoordige tijd van het deelwoord. Reiniging heeft in dit gedeelte te maken met een juist gebruik van het lichaam als tempel, of heiligdom, van de Heilige Geest, waardoor God verheerlijkt moet worden (I Cor. 6:15-20).

Paulus bouwt deze analogie uit in I Corinthiërs 12, waar het vestigen en onderhouden van de gemeenschap en de eenheid van de Kerk worden beschreven als het "lichaam" van Christus. Deze gemeenschappelijke integriteit wordt aangeduid in I Cor. 3:16. "Weet gij niet, dat gij [meervoud] Gods tempel zijt?" vraagt Paulus en hij verklaart ernstig: "Zo iemand Gods tempel schendt, God zal hem schenden". De zuiverheid waarover in dit verband gesproken wordt heeft te maken met de integriteit van het christelijk getuigenis in de wereld. De Corinthiërs moesten zich niet afscheiden van hun cultuur, want dan hadden ze uit de wereld moeten gaan. In plaats daarvan moesten ze een dusdanige atmosfeer van zuiverheid van lichaam en geest en christelijke gemeenschap onderhouden dat de geestelijke band zelf al een barrière voor zonden in hun midden zou zijn. Hoewel de vermaning ook persoonlijk toegepast kan worden, mag de gemeenschappelijke betekenis niet verloren gaan, want dat is Paulus' grootste zorg in zijn correspondentie met de Corinthiërs.

*(b)* In Ef 5:26 zegt Paulus dat Christus kwam om de Kerk te heiligen, na haar gereinigd te hebben. "Heiligen" is hier een aoristus aanvoegende wijs, die aangeeft dat het doel van Christus' komst de heiliging van de Kerk was. De American Revised en Revised Standard vertalingen komen met hun vertaling waarschijnlijk het dichtst mogelijk bij de Griekse betekenis. Christus gaf zichzelf "opdat Hij, haar gereinigd hebbende, zou kunnen heiligen".

In deze tekst in Efeziërs komt het objectieve aspect van de verzoening duidelijk naar voren. De tekst beschrijft in termen van de Hebreeuwse tempeldienst wat Christus kwam doen voor Zijn lichaam, de Kerk. Er is hier geen aanduiding van de individuele deelneming in de subjectieve reiniging. Hij heeft te maken met de status en de afhankelijke relatie die de Kerk tijdens haar

Mildred Bangs Wynkoop

beproeving onderhoudt met Christus. Hieruit kan individuele verantwoordelijkheid worden afgeleid, en dat moet misschien ook wel, maar het specifieke onderwijs heeft te maken met het grote doel dat God met de Kerk voor heeft. Hij gaat voorbij aan ieder *individueel* aspect wat betreft het naar buiten treden van het lichaam van Christus als organisme.

*(c)* De brief van Johannes (I Joh 1:7) spreekt over reinigen. In de gemeenschapsrelatie blijft (tegenwoordige aantonende wijs) het bloed van Christus reinigen van alle zonde. Dat wil zeggen, reiniging wordt gehandhaafd zo lang als de gemeenschap wordt gehandhaafd, en de gemeenschap is afhankelijk van het wandelen in het licht. Het is in dit gedeelte duidelijk dat zonde een breuk in de gemeenschap is, duisternis wordt genoemd, en duisternis wordt gedefinieerd als vijandschap. Die vijandschap op haar beurt verbreekt de wet der liefde, waarvan het houden bestaat uit het wandelen in het licht, wat de gemeenschap handhaaft - en reiniging. Reiniging wordt dus gedefinieerd in termen van gemeenschap.

Bovendien is reiniging niet iets statisch, iets passiefs, dat los van de dynamische persoonlijke ontmoeting bestaat. Evenmin wordt reiniging in toenemende mate bereikt, dat wil zeggen, "een reiner en reiner worden". Het is niet iets onpersoonlijks, dat wil zeggen, een karakter dat op de substantie van de ziel gedrukt wordt, een metafysische realiteit die een objectief bestaan heeft los van een morele relatie. Ze is verwant aan de liefde, als het al geen liefde is - een atmosfeer waarin wederzijdse liefde aan beide zijden binnendringt en de integriteit bewaart. Dit is het *principe* van heiliging, namelijk een volkomen afhankelijkheid van Christus van moment tot moment. Dit was wat Wesley leerde. "Zelfs de beste mensen (...) hebben het verzoenende bloed nodig".

*(d)* Verder vinden we in I Joh 1:9 de woorden: "Indien wij onze zonden belijden, Hij is getrouw en rechtvaardig, om ons de zonden te vergeven en ons te reinigen van alle ongerechtigheid". Zowel "vergeven" als "reinigen" staan in dit vers in de aoristus aanvoegende wijs, wat in grammaticale vorm overeenkomt met de mogelijkheid van het "indien", maar het beslissende van de morele verandering benadrukt. Het is God die vergeeft en reinigt indien wij onze zonden belijden. Of de vergeving en de reiniging gelijktijdig zijn of gescheiden worden in twee handelingen en tijdstippen is niet hetgeen het Johannes hier om gaat en zou ook geen theologisch discussiepunt mogen worden. In elk geval kunnen de eisen van de grammatica geen dogmatische grond vormen voor een van beide standpunten voor wat betreft dit gedeelte. De exegese van dit gedeelte vereist een begrip van de zich ontwikkelende gnostische ketterij waarop dit gedeelte een antwoord is. Zonde is reëel en verzoening is noodzakelijk. Alleen Christus kan voor deze verzoening zorgen, en hetgeen zij bereikt kan enkel toegeëigend worden door

een erkenning van zonden, een belijdenis van zonden, en een voortdurend handhaven van deze houding - wandelen in het licht.

*(e)* Jacobus vermaant zondaren hun handen te reinigen en innerlijk verdeelden hun harten te zuiveren (4:8). Beide termen verwijzen duidelijk aan daden en motieven die niet oprecht waren en die tot integriteit gebracht moesten worden. Bovendien is deze reiniging beslissend (aoristus) en moet die door de persoon verricht worden. De handen worden gereinigd door *katharídzo*, maar het hart wordt gezuiverd door *hagnísate*, wat een meer innerlijk en geestelijk begrip aanduidt - onschuld, onberispelijkheid, wat te maken heeft met oprechtheid. Hier vinden we opnieuw een stilzwijgende definitie van *reiniging* en een commentaar erop.

In Handelingen 15 staat een discussie waarin reinheid van hart wordt genoemd, die zeer belangrijk is voor een juist begrip van de term. De vraag die voor de vergadering in Jeruzalem lag kwam naar voren door twee gebeurtenissen. "Sommigen, uit Judea gekomen", verontrustten de heidenen die door Paulus onderwezen waren, zeggende dat niemand gered kon worden zonder de besnijdenis overeenkomstig de wet van Mozes. Daarop, tijdens de vergadering, bevestigden sommige gelovigen uit de Farizeeën dit. Het probleem had te maken met de reden van acceptatie van de mens door God: Hoe wordt men gered? Dit was een zeer cruciale zaak voor de groeiende kerk.

Redding of zuiverheid was het doel van de Jood en de christen-heiden. De christen-Jood had echter, hoewel hij de meer geestelijke betekenis van het christelijk geloof begreep, moeite zichzelf los te maken van een vertrouwen op de uitwendige rituelen van de mozaïsche wet. De raad was echter minder bezorgd over de praktische aspecten van het probleem als wel over de fundamentele gedachtegang rond de redding. Petrus droeg een overweging bij aan de discussie die voor hem overtuigend was. Hij vertelde de vergadering dat de Heilige Geest onder zijn dienst aan de heidenen was gegeven toen zij het evangelie hadden gehoord en geloofd (v 7-8). De komst van de Heilige Geest was voor hem een getuigenis van de aanvaardbaarheid van hun geloof in Gods ogen.

Aangezien zowel heiden als Jood de Geest hadden ontvangen, was Petrus ervan overtuigd dat beiden aan Gods voorwaarden voldaan hadden. De situatie die voor beiden gelijk was, was geloof. Geloof had geresulteerd in de reinheid waaraan de Heilige Geest getuigenis gaf. Petrus zag dat het de reinheid van het hart was - en niet van het vlees: "En God, die de *harten* kent, heeft getuigd door hun de Heilige Geest te geven, (...) door het geloof hun *hart* reinigende" (cursivering van mij). En de Heilige Geest bevestigde de geldigheid van deze voorbereiding van het hart.

Mildred Bangs Wynkoop

Petrus' uiteindelijke conclusie brengt, samen met de centrale vraag, de hele discussie in een juist licht. Het te bespreken onderwerp ligt duidelijk voor hen. Een interpretatie van de hele gedeelte moet hierom draaien. Petrus beantwoordt de theologische uitspraak "Indien gij u niet besnijden laat naar het gebruik van Mozes, kunt gij niet behouden worden" op basis van het gegeven bewijs. "Maar door de genade van de Here Jezus geloven wij [die Joden zijn] behouden te worden op dezelfde wijze als zij [de heidenen]". De redding bestond uit iets veel diepers dan zij zich tevoren hadden voorgesteld. Petrus zei dat Gods "uitverkoren volk" onderworpen was aan dezelfde regels als de heidenen. Waarin lag dan voor een Jood het voordeel van zijn Jood-zijn?

Petrus conclusie had niet zozeer te maken met wat de Jood zou verlangen van de heiden, maar meer met de basis van zijn eigen redding. Het belangrijkste punt was niet dat de heiden niet hoefde te voldoen aan de rituele eis van de wet van Mozes, maar dat de Jood dat ook niet hoefde. Hij moet aan dezelfde eis voldoen als de heiden. Alle redding was door genade, niet door rituele werken. Geloof was de poort tot reinheid omdat reinheid in het hart lag, niet in het vlees. Het zegel van de goedkeuring was dus voor de heiden los van de mozaïsche wet, en voor de Jood op Pinksteren *in* de wet, de komst van de Heilige Geest, die zelf de Getuige was van een rein hart.

Deze gewijzigde nadruk was een veel grotere schok voor de Jood, die nu zijn eigen religieuze beperkingen moest erkennen, dan enkel het feit dat de heiden voor God aanvaardbaar was. Hier was een norm die de heidenen toeliet volledig door God aanvaard te worden *waaronder de Jood zich ook moest voegen*. Deze waarheid was soortgelijk aan de mogelijke verontrusting die een Quaker zou hebben als hij toe zou moeten geven dat de volwassendoop niet enkel goed was voor een Baptist maar ook van een Quaker geëist werd, of omgekeerd, een Baptist die toegeeft dat de kijk op geestelijke omgang van de Quakers voldoende zou zijn voor een Quaker en dat hijzelf op die wijze omgang met God moet hebben en nooit meer met behulp van symbolen. Petrus zei in dit gedeelte: "God toont ons Joden iets over onze eigen redding door middel van de heidenen die we hebben veracht".

Wat voor onderwijs zich ook in dit gedeelte moge bevinden betreffende de relatie van Pinksteren met de Heilige Geest, en de Heilige Geest met reiniging, het centrale probleem waar het in Petrus' betoog over gaat moet helder in het vizier worden gehouden. Het zou exegetisch niet juist zijn om, *louter op basis van dit gedeelte*, te zeggen dat de komst van de Heilige Geest reinheid van hart *veroorzaakte*. De grammaticale tijden plaatsen reinheid vóór de komst van de Geest. Hij is het Zegel van het feit van de reinheid. Volgens de tekst kwam reinheid van God, op voorwaarde van geloof.

Een theologie van de liefde                                                          265

Reinheid wordt gedefinieerd door de betekenis van het hele gedeelte. Het "geloof" waarvan reinheid afhankelijk is spreekt alles tegen wat menselijke verdienste zou kunnen bereiken en wijst naar de gehoorzaamheid van een totale overgave aan en afhankelijkheid van God - een enkelvoudig hart.

Titus 2:14 geeft een verdere definitie van reinheid. Midden in een stuk ethisch onderwijs dat Paulus aan Titus geeft - "Spreek hiervan, vermaan en weerleg met alle nadruk" (v 15) "om de leer van God, onze Heiland, in alles tot sieraad te strekken" (v 10) - introduceert Paulus de reddende Christus, zoals hij zovaak doet. Hij is Degene "die Zichzelf voor ons heeft gegeven om ons vrij te maken (...) en voor Zich te reinigen [beide aoristus aanvoegende wijs] een eigen volk, volijverig in goede werken". De reinheid benadrukt hier een zich afscheiden van de ongerechtigheid en toewijden aan goede werken die, indien wij de "goddeloosheid" verzaken en "bezadigd, rechtvaardig en godvruchtig in deze wereld leven", ons *Zijn* eigen bezit zou maken. Christus' bezit te zijn is reinheid, en die reinheid houdt "goede werken" in. *Zelfs reinheid is dynamisch.*

"Uitzuiveren" *(ekkathaíro)* is een andere vorm van het werkwoord. De kerk van Corinthe had een incestueuze man geherbergd binnen de gemeenschap (I Cor. 15) en daardoor de tempel van God geschonden (I Cor. 3:17). Het niet opnemen van de verantwoordelijkheid om de zonde te berispen was een zuurdesem dat verwijderd moest worden opdat het getuigenis van Christus onbevlekt zou zijn. "Verwijder", of "doet weg" van u het zuurdesem der kwaadaardigheid en boosheid (of een slecht gedrag en een kwade instelling), zodat het avondmaal (want dat is de achterliggende gedachte) in oprechtheid en waarheid gevierd kan worden, zegt Paulus. De vermaning heeft zeker te maken met de zondaar zelf, maar men zou het hele belang van dit gedeelte missen wanneer deze persoonlijke zaak de hoofdbetekenis gaat overschaduwen of zelfs verduisteren.

Paulus beschuldigt de kerk zelf van ongehoorzaamheid. "Weg doen" is hier veel meer dan de dwalende man te straffen. Het is veeleer het rechtzetten van het hart van de kerk van een kwade onverantwoordelijkheid tot een gerijpte en geheiligde en verantwoordelijke houding ten opzichte van de waarheid zelf. De zuivering is persoonlijk, zeker, maar een zuivering van de individuen waaruit de kerk bestond - van egoïsme tot moedige oprechtheid voor God - was noodzakelijk. Op soortgelijke wijze wordt Timotheüs vermaand zijn mensen te vertellen dat ze zich van de "onheilige, holle klanken" en nutteloze strijdpunten moesten reinigen, opdat zij "voorwerpen met eervolle bestemming, geheiligd, bruikbaar voor de eigenaar" mochten zijn (II Tim 2). Het belang van dit woord zoals dat wordt gebruikt in deze twee gedeelten is gericht op een persoonlijke, morele rechtschapenheid waarin

Mildred Bangs Wynkoop

persoonlijke verantwoordelijkheid wordt verondersteld en het besef ervan wordt versterkt. In deze twee gevallen moet de actieve deelname van de mensen in de kerk worden herkend als zijnde van vitaal belang.

## 14.3 Samenvattende opmerkingen

Het gebruik dat het Nieuwe Testament maakt van het woord *reiniging* overziend, zijn er een aantal opmerkingen relevant.

1. Het heeft altijd een positieve, heldere, en vaak beeldende en/of ceremoniële betekenis. Het is nooit mystiek of abstract. Het verwijst daarom naar een specifieke daad of houding die kan worden gedefinieerd en geïdentificeerd. De vraag: "Is het rein?" of "Zijn zij gereinigd?" had een concreet antwoord: ja of nee. Zuiverheid of onreinheid was niet zozeer een toestand als wel een respons.

2. De verwijzingen vallen uiteen in twee categorieën, objectief en subjectief. Er is een ceremoniële reiniging waarvoor het oudtestamentische ritualisme de begrippen levert. Die gedeelten die spreken over de objectieve verzoening door Christus verricht vallen in deze categorie. Het suggereert een verandering van relatie. Gewone of niet-geheiligde voorwerpen zijn, indien op juiste wijze gereedgemaakt, geschikt voor de tempeldienst en, volgens de analogie, voor de dienst aan God.

3. Jezus' offer was om de reiniging van zonden tot stand te brengen. Dit deed Hij eens voor allen. Het is absoluut en definitief, maar provisioneel. Het is misschien nuttig de andere aspecten van het doel van Christus' dood in herinnering te brengen, want het zijn allemaal delen van een geheel: "om zijn volk te redden van hun zonden" (Matt. 1:21); om verzoening te bewerken (II Cor. 5, Ef 2); "ten einde zijn volk door zijn eigen bloed te heiligen" (Hebr. 13:12); Hij was "overgeleverd om onze overtredingen en opgewekt om onze rechtvaardiging" (Rom. 4:25); onze "oude mens" is gekruisigd met Christus opdat wij de zonde niet langer zouden moeten dienen (Rom. 6:6); om de reiniging der zonden tot stand te brengen (Hebr. 1:3); om "ons vrij te maken van alle ongerechtigheid, en voor Zich te reinigen een eigen volk" (Titus 2:14). Er is een objectieve of juridische reiniging die betekent dat onze zondigheid niet langer een belemmering is voor Gods aanwezigheid.

   Er is ook een subjectief aspect van reiniging. De melaatse, tijdens de ceremoniële reiniging, waste zichzelf letterlijk met water om zijn feitelijke reinheid te symboliseren. Wanneer reiniging op een of andere manier met personen in verband staat beschrijft het veeleer een realiteit dan iets dat fictief of opgelegd is. In het geval van de waarheid van de verlossing was het objectieve element afhankelijk van de individuele, subjectieve toe-eigening. Dus moet een ding of persoon, fysiek of moreel, deelnemen in datgene dat reiniging impliceert, wil het rein genoemd worden.

Zowel de objectieve als de subjectieve aspecten van de reiniging duiden een *afscheiden van* en een *toewijden aan* iets aan. De ceremoniële reiniging wordt een beeldend symbool van de geestelijke reiniging. Zoals reeds opgemerkt is de geestelijke reiniging niet mystiek maar wordt verwezenlijkt in een werkelijk scheiden van het kwaad in het vlees en in het verstand en in het hart. Het oudtestamentische begrip, dat nooit volledig vrij was van morele implicaties, wordt duidelijk een moreel begrip in het Nieuwe Testament, met diepgaande praktische implicaties.

4. De ceremoniële en morele betekenissen worden samengebracht in het religieuze aspect van reiniging. Dit komt nergens duidelijker naar voren dan in I Johannes, waar het voortduren van de reiniging door Christus' bloed afhankelijk is van het wandelen in het licht.

5. Tot op dit punt hebben we vanuit een aantal hoeken licht geworpen op het woord "reiniging" om er betekenis aan te geven. Nu werpt het op haar beurt licht op een aantal aspecten van de verlossing die nauwkeurig van elkaar moeten worden onderscheiden. Deze toepassingen van het woord veranderen de betekenis niet maar staan op verschillende wijze met het onderwerp in verband. (1) De reiniging waarin de discipelen deelden toen Jezus hun voeten waste stelt het scheiden van de wereld en de toewijding aan God voor, welke mogelijkheid voor zondige mensen geopend wordt door God, op Zijn initiatief. Dit is niet zonder de bescherming die inherent is aan morele verantwoordelijkheid, zoals wordt aangeduid door het falen van Judas om bij de "reinen" te horen, maar wijst op het objectieve aspect. (2) Dan worden heiliging en reiniging gebruikt om hetzelfde idee uit te drukken, zoals het geval is in II Tim 2:21: "Indien iemand zich nu hiervan gereinigd heeft, zal hij een voorwerp zijn met een eervolle bestemming, geheiligd, bruikbaar voor de eigenaar". (3) En er zijn die referenties die spreken over de noodzaak voor mensen om zich te reinigen en zich rein te houden. Er is een voortdurende eis dat mensen zich reinigen, wat blijkbaar betekent dat morele integriteit gehandhaafd moet worden, en dat zijn de persoonlijke kosten van het vervolmaakt worden in heiligheid. Deze reiniging is "door geloof". Dat wil zeggen, alles dat aangeduid wordt door geloof - namelijk, een nieuw centrum van de morele gerichtheid, God en Zijn wil, in tegenstelling tot zelfrechtvaardiging - reiniging is. Dit geloof is de toe-eigening van de

Mildred Bangs Wynkoop

reiniging die hiervoor genoemd is en vertrouwt de gehele persoon existentieel toe aan Christus.

6. Het reine of zuivere hart is noodzakelijk. Soms is deze zuivering de taak van de mens. "Zuivert uw harten, gij, die innerlijk verdeeld zijt", waarmee een daad bedoeld wordt die de toestand van een oprecht hart voortbrengt. De toestand van zuiverheid van hart wordt vaak genoemd, meestal om een "grond" voor de liefde aan te duiden. Dat wil zeggen, enkel een zuiver hart kan werkelijk liefhebben. Liefde komt voort uit een zuiver hart. Liefde beschrijft het karakter van een zuiver hart in tegenstelling tot een onrein hart.

7. De nadruk op een zuiver *hart* is betekenisvol. Zuiverheid is een kwaliteit van "harten". Kort gesteld mag men zeggen dat het betekent dat de hele mens moreel gesproken integer is. Zuiverheid van het lichaam of het verstand is een tot integratie brengen van alle delen van de persoonlijkheid, en ieder deel leidt zuiverheid af van deze centrale gerichtheid. Zuiverheid bestaat uit gehoorzaamheid aan de waarheid. Een zuiver hart is er een welks diepste doel gericht is op Christus. Het is nodig op te merken dat nooit het lichaam als zodanig als onrein of slecht beschouwd wordt. Zuiverheid, volgens het Nieuwe Testament, is niet het voorrecht van hen die zich terugtrokken uit seculair werk en de seks. Het is precies de grond van een leven dat volkomen geleefd wordt in de dienst aan Christus.

8. Zuiverheid of reiniging is een morele relatie met God en mens, niet een kwaliteit in de substantie van de ziel. Reiniging is in de gemeenschap en beide zijn afhankelijk van het wandelen in het licht. Het is geen onafhankelijke realiteit die zijn karakter kan handhaven los van deze relatie. Reiniging wordt van "moment op moment" gehandhaafd, evenals gemeenschap wordt gehandhaafd door gehoorzaamheid. Het is niet passief maar dynamisch. Het is niet abstract maar in morele verbondenheid. Het kan niet geschonken worden maar enkel toegeëigend. Op geen enkel punt wordt reiniging gezien als een staat, los van gehoorzaamheid en liefde. Het zou onjuist zijn te zeggen: "Ik ben gereinigd" en te veronderstellen dat hierop aanspraak gemaakt kon worden los van actieve gehoorzaamheid en voortdurende gemeenschap met God. Veeleer zou iemand kunnen zeggen: "Het bloed van Christus reinigt mij voortdurend", als zo'n getuigenis ooit ter zake zou zijn.

9. Hoewel er in het Nieuwe Testament niets rechtstreeks gezegd wordt over het reinigen van het hart door de Heilige Geest, is het niet misplaatst te zeggen dat door de inwoning van de Heilige Geest de reiniging wordt gehandhaafd, omdat de Heilige Geest de aanwezigheid van God in het hart is. Om nog eens te herhalen; een rein hart is een enkelvoudig hart, en dat is liefde, en

liefde is gemeenschap, die beschermd en gevoed wordt door de Heilige Geest. Onzuiverheid is een schending van de morele integriteit die de Heilige Geest bedroeft, en de gemeenschap verbreekt, en liefde verandert in begeerte, wat de kern is van dubbelhartigheid ofwel innerlijke verdeeldheid ofwel zonde.

In de context van morele relevantie en heiligheid kan zuiverheid geen subrationeel, onpersoonlijk "iets" zijn dat met de substantie van de ziel gebeurt. Het moet altijd een juiste morele relatie zijn die liefde voortbrengt waarin gehoorzaamheid de vreugde van het hart en waarheid de atmosfeer is. Reiniging is niet iets statisch maar een voortdurende relatie. Reiniging is verbonden en in overeenstemming met alles wat gezegd is over "moraal". In het gebruik van de term suggereert niets iets anders dan een volkomen morele verbondenheid. Het beschrijft morele integriteit en wordt beschreven door integriteit. Het is de kwaliteit van de persoon. Oprechtheid is haar fundamentele karakteristiek. Reinheid wordt enkel geschonden door dubbelhartigheid en bedrieglijkheid.

En verder is het duidelijk dat reiniging (of zuiverheid) niet een geïsoleerde of los te waarderen kwaliteit is. Het behoort tot de andere elementen van de genade en de persoonlijkheid. Het beschrijft heiliging zowel als rechtvaardiging en legt uit waarom Jezus stierf. Het wordt gelijkgesteld aan liefde en is afhankelijk van het wandelen in het licht en het belijden van zonde. Met andere woorden, wat het inhoudt is vrijwel niet te onderscheiden van deze andere zaken. Dit is een zeer belangrijk punt, zoals later duidelijk zal worden.

Mildred Bangs Wynkoop

# 15

# Christelijke volmaaktheid

Eén van de meest kenmerkende wesleyaanse termen is *volmaaktheid*. Het is een woord dat op diverse wijzen geïnterpreteerd is en bijgevolg in brede kringen verkeerd begrepen. Hoewel *volmaaktheid* een bijbels woord is, neigen de Engelse woorden die gebruikt worden om de diverse Griekse woorden voor het begrip te vertalen ertoe de rijke betekenis van het bijbels gebruik te verduisteren. In Wesleys dagen, evenals de onze, gaf het woord "volmaaktheid" problemen. Er kleeft de implicatie van iets absoluuts aan. Toch moet iedere theologie die bijbels probeert te zijn (speciaal één die refereert aan John Wesley) tot een deugdelijk begrip zien te komen van de relatie tussen bijbelse volmaaktheid en de theologie. In dit hoofdstuk proberen we allereerst Wesleys gebruik van de term te onderzoeken. Daarna volgt een kort historisch overzicht van hetgeen de kerk begreep (en niet begreep) van volmaaktheid. Een bijbels onderzoek naar al de plaatsen waar het gebruikt wordt in het Nieuwe Testament en een aantal conclusie op basis van deze studie sluiten het hoofdstuk af.

## 15.1 Wesley en de christelijke volmaaktheid

In de spanning tussen theologie/logica en leven/ervaring liggen de problemen die aanzienlijke meningsverschillen veroorzaken, zoals te verwachten is, en die Wesley het soort problemen gaven die het moeilijk maken in hem "het antwoord" te vinden van wat nu "Wesleyaans" is. Wanneer we evenwel werkelijk Wesleyaans willen zijn, zullen we geen absolute antwoorden construeren die verder gaan dan hetgeen in Schrift en leven "gegeven" is. Als het principe, tot zover in dit boek geschetst, juist is, en als de interpretatie van Wesley en de Schrift consistent geweest is, zou er ook op dit gebied een richtlijn moeten zijn.

Het principe waardoor we Wesleys leer kunnen begrijpen is liefde tot God en mens, in de bijbelse zin. Liefde is de dynamiek van de theologie en de ervaring. Liefde, gestructureerd door heiligheid, verbindt alles wat we over de mens weten. Liefde is het einde der wet. Liefde is het doel van iedere stap in genade en de norm voor het christelijke leven in deze wereld.

Tegen deze achtergrond willen we proberen een weg door het duistere conflictgebied van de betekenis van *volmaaktheid* en van het belang van crisis en proces in het christelijk leven voor te stellen. Deze twee gebieden zijn volledig met elkaar verbonden. Volmaaktheid is geïnterpreteerd in termen van crisis of proces overeenkomstig de hele achtergrond van vooronderstellingen die aan het onderwerp gekoppeld werden. Sommigen stellen heiliging volkomen gelijk aan het crisis/volmaaktheid syndroom. Anderen, met een volkomen ander beeld van de mogelijkheden, relateren proces en volmaaktheid, en maken daarbij ofwel een zodanig onderscheid tussen heiliging en volmaaktheid dat de crisis in de relatie met heiliging bewaard blijft, of stellen heiliging en volmaaktheid aan elkaar gelijk en wijzen de crisis als een levensvatbare theologische categorie af, en maken daardoor alle vooruitgang geleidelijk en natuurlijk. Dit is een van de punten waar een "magisch" soort supernaturalisme, een bijbels supernaturalisme, en een aantal interpretaties van het naturalisme de degens kruisen.

We kunnen zeggen dat Wesley weinig hulp geeft bij het oplossen van het probleem in absolute zin omdat bij hem een gelijkwaardige argumentatie voor elk van deze, en andere meningen, gevonden kan worden. Maar is Wesley hierin inderdaad zozeer de mislukkeling zoals uit zo'n haastig oordeel zou blijken? Was hij niet, hier evengoed als elders, trouw aan de geest van zijn totale benadering? Daar waar de Schriften ondubbelzinnig uitspraak deden, deed hij dat ook. Waar ze dat niet deden zocht Wesley antwoorden die gerelateerd waren aan de manier waarop de wisselwerking tussen Gods genade en de menselijke ervaring plaatsvindt terwijl hij zorgvuldig verslagen verzamelde van voorbeelden die zich onder zijn bediening en bij zijn weten hadden voorgedaan.

Wesley is waarschijnlijk wel enigszins schuldig aan dit dilemma. Daar waar Wesley volkomen heiligmaking en christelijke volmaaktheid gelijkstelde had hij de meeste problemen. Alle *praktische* adviezen die hij gaf verzwakten zijn eigen positie op dit punt. Dat wil zeggen, wanneer hij volmaaktheid relateerde aan de menselijke situatie, was het "absolute" van de heiliging niet langer "volmaakt". Bij deze gelijkstelling hing het groeiaspect van het leven losjes en dubbelzinnig (hoewel essentieel en

Mildred Bangs Wynkoop

blijvend) aan de rand van de christelijke heiligheid, meelopend maar er niet aan verbonden. Toch was het zijn diepste overtuiging dat de mens van zonden gered kon worden op deze aarde en in dit leven, en kon leven in de sfeer van liefde tot God en mens. Wanneer echter de verbinding tussen leven en genade de overhand had in zijn gedachten, scheen een herinterpretatie van volmaaktheid nodig te zijn, in elk geval vanwege de logica, wat ook een opnieuw definiëren van heiliging inhield.

Goed, daar zijn we dan. We durven niet dogmatischer te zijn, theologisch gesproken, dan Wesley was, als we op zijn fundamenten willen blijven staan. En dat willen we. Zowel heiliging als volmaaktheid hebben wat verderop in deze studie een bijbels onderzoek nodig. Dit is in elk geval nodig. We gaan te weinig naar de Schriften als een kind dat de Auteur vraagt om te helpen om de betekenis te ontdekken. De lastige problemen over wat crisis voor het volle christelijke leven kan zijn en bereiken, en hoe proces in het geheel past, komen daar logisch uit voort.

De klassieke verhandeling over dit onderwerp is uiteraard John Wesleys eigen overzicht van zijn zich ontwikkelende denkbeelden in *A Plain Account of Christian Perfection*, en zou nauwkeurig bestudeerd moeten worden. (Het is momenteel verkrijgbaar als paperback bij Beacon Hill Press of Kansas City.) Hierin kan de bron van zijn denkbeelden over de christelijke volmaaktheid teruggevonden worden vanuit zijn eigen ervaring en die van anderen, zoals bisschop Taylors *Heilig leven en sterven*, Thomas à Kempis' *Navolging van Christus*, en *Christelijke volmaaktheid* en *Waarachtige roeping* van William Law. Wesley concludeert dat vernieuwd worden naar het verloren beeld van God, wat betekent "liefde tot God en mens" (zoals reeds eerder opgemerkt), uitgedrukt in Christusgelijkvormigheid, zijn definitie van christelijke volmaaktheid is. Maar de volgende gedeelten uit zijn *Plain Account* onthullen iets van de problemen die hij had bij het uitleggen van hetgeen hij bedoelde.

V. Hoe zullen wij voorkomen, dat wij de volmaaktheid te hoog of te laag plaatsen?

A. Door ons aan de Bijbel te houden, en het juist zo hoog te stellen als de Schrift dat doet. Het is niet hoger en niet lager dan dit - de zuivere liefde tot God en mens; het liefhebben van God met geheel ons hart en onze ziel en onze naaste als onszelf. Het is liefde die hart en leven beheerst, die door al onze gemoedsgesteldheden, door al onze woorden en daden stroomt.

V. Gesteld dat iemand dit verkregen heeft, zoudt u hem dan aanraden hierover te spreken?

A. Misschien zou hij in het begin nauwelijks in staat zijn zich in te houden, wanneer het vuur zo heet in hem placht te zijn; zijn verlangen om de liefdevolle goedheid van de Heer bekend te maken voert hem mee als in een stroom. Maar naderhand zou hij het kunnen doen; en dan zou het raadzaam zijn hierover niet te spreken tot hen, die God niet kennen (het is zeer waarschijnlijk, dat het hen alleen maar zou prikkelen tot tegenspraak en spot); ook niet tot anderen, tenzij er een bijzondere reden is, tenzij er iets goeds in het vooruitzicht ligt. En dan behoort hij er in het bijzonder op te letten, dat alle schijn van roem vermeden wordt; dat hij zal spreken met de diepste nederigheid en ootmoedigheid, alle eer aan God gevende (*Works*, XI, 397).

V. Maar wat doet hij die volmaakt is meer dan anderen? Meer dan de gewone gelovigen?

A. Misschien niets; indien de voorzienigheid van God hem ommuurd moge hebben door uitwendige omstandigheden. Misschien niet zoveel; ofschoon hij wenst en verlangt om voor God te branden en verteerd te worden, althans niet in uitwendige zin; spreekt hij noch zoveel woorden, noch doet hij zoveel werken. Zo sprak ook onze Heer Zelf niet zoveel woorden, noch deed Hij zoveel, nee ook niet zulke grote werken, als sommige van Zijn apostelen (Joh 14:12). Maar wat dan? Dit is geen bewijs dat hij niet meer genade heeft; en dat hiermee bewezen is dat God het uitwendige werk meet. Hoor naar Hem: "Voorwaar Ik zeg u, deze arme weduwe heeft meer dan allen daarin geworpen". Waarlijk, deze arme man, met zijn weinige gebroken woorden, heeft meer dan allen gesproken. Waarlijk, deze arme vrouw, die een beker koud water gegeven heeft, heeft meer gedaan dan allen. O, houd ermee op om te "oordelen naar het aanzien, maar oordeelt met een rechtvaardig oordeel" (*Works*, XI, 400).

"Maar hij beantwoordt niet aan mijn idee omtrent een volmaakt christen". En misschien dat hij bij niemand daaraan beantwoordde, of ooit zal doen. Want uw idee kan te hoog gaan, of tenminste naast de Schriftuurlijke verklaring gaan. Hij kan meer inhouden dan de bijbel daaronder verstaat. Schriftuurlijke volmaaktheid is zuivere liefde die het hart vult en alle woorden en daden bestuurt. Indien uw idee iets meer of iets minder inhoudt, is het niet Schriftuurlijk, en dan is het geen wonder dat een Schriftuurlijk volmaakt christen hieraan niet beantwoordt.

Ik vrees dat velen over deze steen des aanstoots struikelen. Zij rekenen daaronder zoveel bestanddelen als zij zelf wensen, die niet in overeenstemming zijn met de Schrift, maar met hun eigen voorstelling, over hun idee van iemand die volmaakt is; en dan zijn zij klaar om iedereen als zodanig af te wijzen die niet aan dat ingebeelde idee beantwoordt.

Mildred Bangs Wynkoop

Zoveel zorgvuldiger zullen wij moeten zijn om de eenvoudige Schriftuurlijke verklaring voortdurend voor ogen te houden. Zuivere liefde die alleen regeert in hart en leven - dat is de gehele Schriftuurlijke volmaaktheid" (*Works*, XI, 401).

Aan hen die een "bewijs" wilden van een "volmaakt mens" antwoordde Wesley: "Er zijn vele redenen waarom, zo er al enige onbetwistbare voorbeelden zouden zijn, het er weinigen zouden zijn. Wat een lasten zou dit voor de persoon zelf meebrengen, om voor allen als een doelwit gesteld te worden om op te schieten!" (*Works*, XI, 391).

## 15.2 Christelijke volmaaktheid en de kerk

Men moet in gedachten houden dat heiliging en volmaaktheid leerstellingen zijn die aan de gehele Kerk behoren. Wesleys bijdrage aan het christelijk denken ligt niet in het creëren van deze termen, of in het brede gebruik ervan. Hij, als zelfbewust en gewetensvol lid van de staatskerk, zou iedere verdenking van nieuwigheid in de theologie verworpen hebben (en deed dat ook), en inderdaad *is christelijke volmaaktheid niets nieuws.*

Wesleys bijdrage was zijn vermogen om leven en leer te verbinden - de kloof tussen gedachte en daad te dichten. Over de dwalingen aangaande volmaaktheid in de ervaring van de Kerk gedurende de geschiedenis moet opgemerkt worden dat in die allen een opdelen van het leven in hokjes karakteristiek is voor de foute zienswijze. Wesleys standpunt is dat naarmate men sterker aan volmaaktheid vasthoudt, in die mate de opdeling verbroken wordt en het leven verenigd en versterkt wordt.

In hokjes opdelen doet zich voor wanneer enig deel van de persoon - zijn sociale relaties, zijn zakelijke bezigheden, zijn religieuze activiteiten, zijn morele leven - een autonoom onderdeel van zijn persoonlijkheid wordt, elk afzonderlijk toegewijd aan een andere "god", zijn eigen regels maakt en eigen doelen stelt. Studie botst met devotie. Seksuele belangen botsen met het geestelijk leven. Bedrog bij examens of in zaken wordt op andere gronden gerechtvaardigd dan in huiselijke relaties. Ieder onderdeel van het complexe leven van de mens wordt beheerst door een aparte morele norm, die elk op basis van hun eigen vooropstellingen hun eigen gebied oordelen. Het was het soort christelijk leven waarvan Wesley vond dat het de bijbelse belofte over liefde en heelheid en heiligheid verraadde. Heiligheid is één liefde die het hele innerlijke leven en alle uiterlijke normen van handelen verenigt. Christus moet Heer van alles zijn, of mag helemaal geen Heer genoemd worden.

De wesleyaanse opwekking was ten diepste een herleving van de subjectieve of de "ervaren" volmaaktheid. Onder invloed van de evangelische piëtisten had Wesley ernstig naar volmaaktheid gezocht. Toen hij ervaarde dat "zijn hart op vreemde wijze verwarmd" werd, geloofde hij dat hij een verloren of vergeten waarheid hervonden had die het rechtmatig eigendom van de algemene Kerk was. Charismatische groepen zoeken ook volmaaktheid maar op zo'n mystieke en individuele manier dat al het essentiële contact met de Schrift en de christelijke geschiedenis en het leven wordt verloren. Wesley staat in zoverre in de mystieke traditie dat hij het persoonlijke ervaren van de genade benadrukte. Maar dat is alles wat over hem als mysticus gezegd kan worden. Zijn voeten stonden stevig geplant in de grond van sociale relaties en hij was een uitgesproken tegenstander van het erotische in leven, prediking, getuigenis, liederen, of in religieuze emoties. Volmaaktheid moest wat hem betreft rationeel, bijbels, ethisch en sociaal gedefinieerd worden.

## 15.3 Christelijke volmaaktheid versus perfectionisme

Het is gebruikelijk alle theologische standpunten die het subjectieve aspect van de genade benadrukken te classificeren als "perfectionismen". Maar er is een werkelijk en zeer belangrijk theologisch en praktisch verschil tussen een volmaaktheid die christelijk genoemd kan worden en een die we perfectionisme zouden kunnen noemen. Dit verschil wordt niet aangeduid door de definities van het woordenboek, maar de betekenissen die erin verweven zijn kunnen "door een eigenmachtig besluit" gebruikt worden om te dienen tot onderscheiding van twee zeer verschillende manieren om het christelijk onderwijs over dit onderwerp te benaderen. De voornaamste problemen, voortkomend uit een theologisch of religieus gebruik van de term volmaaktheid, verschijnen omdat dit onderscheid niet herkend wordt en er dus geen rekening mee wordt gehouden.

*Perfectionisme* zal gebruikt worden als een term die een typische filosofische benadering van denken beschrijft. Steeds wanneer volmaaktheid in absolute zin wordt begrepen - voorbij welk punt geen verdere ontwikkeling mogelijk is - kan het perfectionisme genoemd worden. De nieuwtestamentische schrijvers wisten niets van dit soort denken. Ze refereren allemaal aan de mens zowel als de natuur, in persoonlijke en dynamische termen. Zelfs de volmaaktheid van God die "soevereiniteit" genoemd wordt maakt Hem niet onbeweeglijk. Hij is niet het slachtoffer van Zijn eigen aard. Zijn absoluutheid berooft Hem niet van flexibiliteit en van het vermogen om in relatie te staan met mensen die door Hem met echte, zij het beperkte, vrijheid zijn begiftigd.

Dit dynamische element in "bijbelse volmaaktheid" goed te begrijpen is essentieel voor een deugdelijke hermeneutiek en een theologie die er maar enigszins recht op heeft bijbels genoemd te worden.

Mildred Bangs Wynkoop

Zoals dat waar is voor de andere theologische sleutelbegrippen die de wesleyaanse theologie (of enig andere) karakteriseren, is het zo dat volmaaktheid alléén geen recht doet aan haar evangelische betekenis. Het is geen abstracte term die een onafhankelijke theologische status heeft. Het is één facet van de grotere waarheid die de christelijke theologie systematisch probeert de rationaliseren en die beschouwd moet worden in verband met het geheel.

## 15.4 De geschiedenis van "volmaaktheid"

Volmaaktheid als religieus doel heeft een lange en nobele historie, vooral in de joods-christelijke traditie, en heeft zowel orthodoxe als heterodoxe richtingen van deze religieuze overtuiging gekarakteriseerd.

De Joden geloofden in een volmaakte maatschappij die nog moest komen. Zij zou worden geschapen door de volmaakte God en worden geregeerd door een volmaakte Messias. Er zouden in haar geen "zondaren" zijn, enkel rechtvaardige personen. Het vroegchristelijke idee was meer specifiek. Rechtvaardigheid, of heiligheid, was Christusgelijkvormigheid. Heiligheid was een juiste balans tussen geloof en gedrag - "de gezindheid van Christus". De Geest zou ieder persoon vullen en leiden. Vandaar de vraag: "Hebt gij de Heilige Geest ontvangen, toen gij tot geloof kwaamt?" Liefde zou de wet van de nieuwe maatschappij zijn. Verlossing van zonden en overwinning daarover en eenwording met God in persoonlijke gemeenschap werden verwacht. Deze mogelijkheden zijn nu realiseerbaar. Dit was het apostolisch onderwijs.

Het gnosticisme (of het beginnende gnostische denken) introduceerde een nieuw element in het canonieke onderwijs, en werd de bron voor de voornaamste ketterijen in de christelijke Kerk. De fundamentele dwaling kwam voort uit de hellenistische filosofieën die een kosmisch dualisme leerden dat de werkelijkheid zag als twee tegengestelde soorten van "zijn", materie (de schaduw) en werkelijkheid (of geest), en deze twee konden zich niet vermengen omdat materie ten diepste slecht was en geest ten diepste goed. Redding was dan geen verlossing van zonden maar een verlossing van de materie. Een gevolg van het dualisme was het idee van de *gnosis* waarin kennis gelijkgesteld werd met goedheid, en onkunde met het slechte. Dus kon Socrates' uitspraak "kennis is deugd" ingepast worden in de christelijke (subapostolische) speurtocht naar volmaaktheid. Het resultaat was dat kennis hoger geschat werd dan deugd, en godsdienst een filosofie werd. De mensheid werd verdeeld in drie klassen: de vleselijke mensen *(sarx)* of ongelovigen (diegenen die niet in staat waren te leven boven het dierlijke niveau), de mensen met een ziel *(psyche)* of gelovigen (zij die geen ware kennis hadden maar die lichtgelovig of in staat om te geloven waren en hoger stonden dan de lagere klasse), en de geestelijke mensen *(pneuma)* of hen die volmaakte kennis hadden (de intellectuele aristocraten die "gered" waren door de *gnosis*). De voorafschaduwing van dit probleem kan gezien worden als de achtergrond van sommige nieuwtestamentische brieven, in het bijzonder die aan de Corinthiërs en aan de Colossenzen. (Lees I Cor. 2:3-4 met dit in gedachten).

Godsdienst als filosofie in het algemeen en gnosticisme als filosofie in het bijzonder werden consequent verworpen door de christelijke Kerk, maar de schaduw van het gnosticisme werd op verscheidene wijzen over de daaropvolgende geschiedenis van de Kerk geworpen. Het verraderlijke idee van een geestelijke aristocratie die een noodzakelijk onderdeel van de veronderstelde hogere niveaus van geestelijke vermogens zou zijn, werd voorafschaduwd in het gnosticisme. Het is niet bijbels.

Maar de meest objectieve vorm van ketterij kwam voort uit haar dualistische wereldbeeld. Het lichaam te onderwerpen of zelfs te vernietigen omwille van heiligheid was een idee dat ten grondslag lag aan de ascetische praktijken die naar boven kwamen in de postapostolische Kerk. Harnack heeft terecht gezegd dat de kloosterbeweging "de grootste georganiseerde speurtocht naar volmaaktheid in de geschiedenis" was. Aangezien het lichaam en haar functies deelnamen in de zonde, werd het ontsnappen aan het lichaam dé religieuze speurtocht. Het positieve nieuwtestamentische beeld van volmaaktheid als naar buiten tredende liefde werd omgedraaid en een negatief begrip van een geleidelijke vernietiging van het "lichaam der zonde", gezien als het menselijk lichaam, kreeg de overhand. Het idee van heiligheid veranderde van gemeenschap tot een zelfgericht individualisme. Het belang van deze beweging kan niet overgewaardeerd worden bij een begrijpen van onze eigen problemen.

## 15.5 Perfectionisme en subjectivisme

Op deze manier verviel bijbelse heiligheid tot perfectionisme. Tatianus predikte verzaking als noodzakelijk voor en de essentie van heiligheid, maar zijn idee was letterlijk *alles* te verzaken, goed en kwaad, rijkdom, thuis, vrienden, alles. Groepen mensen verzamelden zich om te streven naar volmaaktheid door middel van bepaalde methodes van discipline - waaronder de meest strenge zelfbeheersing. Te zijner tijd begon Montanus het afgescheiden en *Geestvervulde* leven te beklemtonen, met een grote nadruk op mystieke ervaring. In plaats van discipline als middel om tot heiligheid te komen, werd extatische ervaring het middel tot en de toetssteen van heiligheid. Tatianus bepleitte externe conformiteit, Montanus non-conformiteit.

Mildred Bangs Wynkoop

Beide liepen het gevaar de werkelijk persoonlijke identiteit en geestelijke en morele integriteit te verliezen.

Drie ideeën over heiligheid vormden de basis van de drie voornaamste ketterijen. Als kennis deugd is, is filosofie redding, zei de een. Als materie slecht is, leidt zelfdiscipline, en zelfs ontmanning, tot heiligheid, zei de ander. Als het persoonlijk ervaren van Christus het hart van de nieuwtestamentische godsdienst is, is de extatische, door de Geest ingegeven mystieke en emotionele ervaring heiligheid, verklaarde de derde. Kennis, zelfdiscipline, persoonlijke ervaring worden allen in een bepaalde vorm gevonden in het Nieuwe Testament maar in een gezond evenwicht. Maar sindsdien hebben in de Kerk overdrijvingen van één of meer van hen het gezonde verstand in verwarring gebracht en grote problemen in de Kerk geschapen.

De reactie tussen objectieve en subjectieve methoden om volmaaktheid te bereiken, in de vorm van sacerdotalisme[111] en mysticisme, verklaart veel van de theologische ontwikkelingen in de middeleeuwen. De nadruk van de reformatoren op genade en geloof was een reactie op beiden, maar zij bewaarden onvoldoende het belang van innerlijke rechtvaardigheid en persoonlijke heiligheid, en openden opnieuw de weg voor extremiteiten als reactie daarop, in charismatische en mystieke wegen van religieuze ervaringen.

Wellicht is deze achtergrond voldoende als voorbereiding op een zinnige bespreking van "perfectionisme". We maken onderscheid tussen *volmaaktheid* en *perfectionisme*. Het bekende begrip van deze termen is goed genoeg om de kritiek mee te beginnen. Een filosofisch absolutisme karakteriseert het perfectionisme, dat wil zeggen, het suggereert een statische volmaaktheid waarin geen verdere ontwikkeling mogelijk is. Wanneer dit in de context van het religieuze leven geplaatst wordt, scheppen de duidelijke onvolmaaktheid en veranderlijkheid van het menselijk leven moeilijke en soms onaangename problemen. Bij iedere gedachtegang waarin volmaaktheid uit een solide bijbelse context gehaald wordt en toch tot een verplichte of wenselijke speurtocht voor mensen gemaakt wordt volgt daaruit een vervorming op een of ander gebied. Ofwel de menselijke natuur wordt geschonden om aan een onmogelijke norm te voldoen, of de morele integriteit wordt opgeofferd, of beide. Zelfrechtvaardiging, trots, antinomisme, en een verliezen van morele gevoeligheid liggen in deze afwijkingen.

---

111 Leer die teveel steunt op de priester en diens handelingen (vert).

## 15.6 Hedendaagse evangelische theorieën over volmaaktheid

Evangelische volmaaktheid, gedefinieerd zoals deze bijbelstudie dat heeft pogen te doen, staat in scherpe tegenstelling tot perfectionisme. Bijbelse volmaaktheid weet niets van een filosofisch absolutisme. Het is een fundamentele morele integriteit en is consistent met de voorwaardelijke menselijke status. Het ligt in de context van morele verantwoordelijkheid en gaat voort in het menselijk leven naarmate het morele vermogen wast of afneemt. Het offert nimmer moreel en rationeel besef op aan irrationele en emotionele staten. Er is reeds duidelijk gemaakt dat dit geen ethisch relativisme is of een humanistische concessie aan de zonde. Het is een nadruk op morele integriteit, bepaald door liefde.

Perfectionisme daarentegen, is een soort verstandelijke, moralistische of emotionele wapenstilstand met de waarheid die te kort schiet in morele integriteit. Het kan overal gevonden worden, zelfs in theologische kringen waarvan men meestal denkt dat ze vrij zijn van iedere zweem van subjectivisme. De klassieke fouten zijn op zeer verschillende wijzen getooid. Heftige ontkenning van volmaaktheid kan ongewild een geloof in perfectionisme bedekken, zoals we zullen zien.

Perfectionisme bevindt zich in iedere kijk op verlossing die op een of andere manier het persoonlijke morele element omzeilt. Er zijn diverse vormen en elk ervan is rechtstreeks verbonden met één van de theorieën die reeds besproken zijn over de relatie van het bovennatuurlijke tot het natuurlijke in het menselijk leven.

1. De meest duidelijke dwaling wordt gevonden in de religieuze praktijk die ertoe neigt het duidelijke onderscheid tussen de goddelijke Geest en de menselijke geest op te geven. Vervuld zijn met de Geest betekent volgens deze zienswijze dat *de wil van de Geest samensmelt met de menselijke wil*. Dus is alles wat de persoon verlangt een goed verlangen. Iedere impuls is een door de Geest geleide impuls. Perfectionisme keurt de overgave aan blinde impulsen goed. Men hoeft, ja mag zelfs de indrukken niet in twijfel trekken maar moet zich haasten hen te gehoorzamen. Er is een blinde slavernij die emotionele dwanghandelingen door moet geven en een irrationele trouw aan hen, hoewel ze kunnen leiden tot absurde en zelfs immorele handelingen. Men acht het een "bedroeven van de Heilige Geest" om de waarde van de impulsen te onderzoeken. Grote waarde wordt gehecht aan antisociale en onconventionele, grillige daden in het belang van religieuze "vrijheid". Deze denkwijze wordt ondersteund door één van de ideeën die beschreven zijn in de "wisselwerking tussen God en mens", en die werd door Wesley verworpen.

Mildred Bangs Wynkoop

2. Een *materialistisch idee* van geestelijke waarden veroorzaakt een andere vorm van perfectionisme. Het volmaakte wordt gedefinieerd in termen van *vrijheid van natuurlijk kwaad*. Dit is een subtiele vorm van determinisme. Het verlaagt morele onderwerpen in waarde door te veronderstellen dat een geheiligde omgeving personen kan heiligen. Als iemand gered is, zegt men, kan er geen enkele vorm van ziekte, armoede, of behoefte meer zijn. De aanwezigheid van deze dingen betekent dat men niet is gered. Deze zienswijze kan zo ver doorgetrokken worden dat de normale zorg voor het menselijk lichaam, verantwoordelijkheid voor het gezin, en zeker de ontwikkeling van het menselijk verstand worden verwaarloosd of verworpen. De logica concludeert dat als iemand heilig is hij geen behoefte zou mogen hebben aan aardse menselijke ondersteuning en niet beperkt mag worden door zorgen daarover.

3. Perfectionisme kan zichzelf manifesteren in *moralisme. Uitwendige gehoorzaamheid aan de wet is van het hoogste belang.* Iedere daad wordt geregeld door de wet. De wet wordt dermate complex en ingewikkeld dat kledingstijlen en kleuren voor zowel mannen als vrouwen, ontspanningsmogelijkheden, en iedere kleinigheid van het persoonlijke en gemeenschapsleven nauwkeurig worden voorgeschreven. Heiligheid wordt gemeten aan conformiteit hieraan. Dat een zeer onplezierige en strenge geest met deze conformiteit kan samengaan is geen argument ertegen. In feite, zegt men, is gestrengheid noodzakelijk om het te handhaven en wordt uiteindelijk gezien als een teken en verzekering van volmaaktheid en heiligheid. Wanneer menselijke wezens de taak van de Heilige Geest overnemen om iemands naaste zuiver te houden, is dat werk te groot en komt dwang in plaats van overreding, en wordt dwang een deugd.

4. Een verkeerd begrip van volkomen heiligmaking kan leiden tot perfectionisme, hoewel we geloven dat dat niet onvermijdelijk zo gebeurt, of in de aard van de zaak ligt. Als de indruk achterblijft in iemands gedachten dat er iets letterlijk en lichamelijk uit hem genomen wordt dat de dingen verlangt die hij niet zou mogen verlangen, of wanneer hij gaat begrijpen dat hij niet langer persoonlijk verantwoordelijk is voor zijn eigen motieven, komt daaruit perfectionisme voort. Als zijn "ervaring" niet zorgvuldig gerelateerd wordt aan ieder aspect van het dagelijks leven en het *idee* van heiligheid niet wordt vertaald in een *praktisch leven* van heiligheid, ligt perfectionisme maar al te zeer voor de hand. Als de norm van het morele oordeel in het persoonlijk geweten minder veeleisend is na de religieuze ervaring dan ervoor, en iemand zichzelf verexcuseert en daden en houdingen van zichzelf toestaat die hij niet

kan goedkeuren in anderen of waarvoor hij zich voor zijn eigen geweten niet kan verdedigen, is de beschuldiging van perfectionisme onvermijdelijk en juist.

Wanneer er geen rationele normen zijn waarmee iemand zijn eigen *motieven* kan beoordelen, volgt daaruit dat iemands gedrag louter bepaald wordt op basis van persoonlijke verlangens. De immorele excessen en zelfrechtvaardigingen voor allerlei onethisch gedrag dat soms voorkomt zijn geen fraai gezicht. Het is echter de overtuiging van de heiligingstheoloog dat deze perfectionistische dwalingen diametraal tegenover de positieve inhoud staan van dat wat christelijke of bijbelse volmaaktheid is, namelijk liefde.

5. Maar er is nog een andere en minder duidelijke vorm van perfectionisme waarop gewezen moet worden. Het heeft evenzeer deel aan een dualisme als aan één van de bovenstaande zienswijzen. *Het maakt scheiding tussen de ideale volmaaktheid van een juridische positie en de praktische mogelijkheid van menselijke vervolmaking.* Het kan geen verbinding leggen tussen de geestelijke feiten en de capaciteiten van de menselijke natuur. Het leert dat karakter van de ene persoon aan de andere overgedragen kan worden - in dit geval Christus' karakter en het onze. Het definieert de zonde opnieuw en verbergt die dan achter juridische vrijspraak en veronderstelt dat mensen voort kunnen gaan in zonde, en toch Christus' eigen gerechtigheid kunnen belijden als hun eigen gerechtigheid. Het dualisme tussen feit en fictie is een ernstige zorg voor hen die morele integriteit serieus nemen.

Dit soort perfectionisme zegt dat de ziel voor eeuwig veilig is ongeacht haar betrokkenheid in de zonde omdat de juridische status van de mens in Gods gedachten veranderd is vanwege Christus. In feite schaft het de wet en de morele verplichtingen af voor wat betreft de soteriologie. Hoewel gewoonlijk een goed moreel leven wordt aangemoedigd, wordt dat niet noodzakelijk geacht voor de redding.

Op deze manier beëindigt de redding onze proeftijd. Vanwege een "serieuze kijk op de zonde" betrekt het alle mogelijke afwijkingen van de volmaaktheid in haar zondebegrip. Volgens deze zienswijze is de wil volkomen krachteloos. Redding is dus daarin amoreel dat de Heilige Geest de wil van de mens activeert en gedurende de verlossing de gevolgen van de zonde bij de mens "verwijdert", zodat zijn zondige daden niet langer onder het oordeel over de zonde vallen.

De gevolgtrekkingen volgen op meer of minder logische wijze. Als God iets doet, doet Hij dat volmaakt. Er is geen plaats voor ontwikkeling of vooruitgang in Gods werk, aangezien Hij enkel volmaakt werk aflevert.

Mildred Bangs Wynkoop

Aangezien mensen niet volmaakt zijn, stellen ze zich bloot aan Gods toorn. Christus' rechtvaardigheid komt in de plaats van die der mensen en dus is de wet afgeschaft. Dit lijdt uiteraard verstandelijk, of wellicht zelfs praktisch, tot antinomisme. De ontspanning van het geweten voor wat betreft de consequenties van persoonlijke zonden neigt ertoe de morele spanning en ethische beslissingen te verzwakken.

Volgens deze zienswijze kan niets wat de mens doet iets veranderen aan hetgeen God voor ons doet. We kunnen voortgaan in zonde (hoewel we dat niet zouden moeten doen), maar Gods belofte om ons te redden kan niet worden veranderd: "God kan zichzelf niet verloochen". We zijn eeuwig veilig. Dus zijn we niet langer schuldig om onze zonden. Manning Pattillo zegt in *Christianity Today:*

Indien wij geloof in Jezus Christus hebben, accepteert God Christus' rechtvaardigheid als ware het de onze; of, anders gezegd, wij delen in Christus' rechtvaardigheid door geloof in Hem. Indien wij in Hem geloven deelt Hij zijn rechtvaardigheid met ons, en wij kunnen het God aanbieden in plaats van onze eigen rechtvaardigheid"[112].

Perfectionisme kan niet duidelijker gesteld worden dan zo.

We weten dat deze mensen, en anderen, te verantwoordelijk zijn om een regelrecht antinomisme te leren, maar we houden vol dat er een antinomisme aan dat standpunt inherent is, dat dit standpunt in verlegenheid brengt. Daarin ligt het perfectionisme dicht bij de kern van haar logica, aangezien datgene wat gemist wordt in het morele karakter van de mensen gezegd wordt volledig en absoluut aangevuld te worden door het morele karakter van een ander. Daarom wordt wat de zondaar doet in de boeken gerekend als volmaakte persoonlijke heiligheid, omdat het de volmaakte heiligheid van Christus is.

Zowel de subjectivist als de objectivist lopen in de perfectionistische val omdat geen van beide de twee aspecten zorgvuldig in balans gebracht heeft met de bijbelse norm. Door de een of de ander te veronachtzamen raakt de ware morele dimensie verloren. Geen van beide groepen heeft feitelijk de bijbel nodig als objectieve levensregel voor het christelijk leven en geloof. De tweede groep is veilig en heeft geen wet nodig. De eerste heeft de Schrift vervangen door de "leiding van de Heilige Geest". De bijbel wordt in beide gevallen voornamelijk gelezen om eschatologische informatie. Geen van twee

---

112 Manning Pattillo, "Good News to a Harassed World", *Christianity Today*, 10 november 1958.

is daarom vatbaar voor de morele wet. Beiden vinden dat het houden van de wet, of wat daarvoor in de plaats kan komen, iets is dat automatisch de genade vergezelt, of een herinterpretatie van gedrag in het licht van de genade is. Geen van beide heeft enig werkelijk besef van persoonlijke verantwoordelijkheid tegenover God of mens omdat de verlossing begrepen wordt in termen van privileges en vrijheid en niet van morele verantwoordelijkheid.

6. Er zijn grillige variaties op het perfectionisme die slechts genoemd behoeven te worden. Het *kloosterleven* met zijn ascetische nadruk, waar dan ook gevonden, volgt het gnostisch dualisme. Als de mens in staat is de menselijke impulsen te verloochenen en uit te roeien, wordt de geest vrijer gemaakt om heiligheid na te jagen, wat zijn natuurlijke toestand is. Iedere theologie die zich een voorstelling maakt van de mogelijkheid van zondeloosheid in de geest vergezelt van zondigheid in het vlees heeft deel aan het gnostisch perfectionisme.

Extreme nadruk op genezing en vrijheid van economische behoeften als men "in de genade" staat is perfectionisme, evenals de tendens zich terug te trekken uit de wereld om zuiver te blijven. Het is perfectionisme dat een veronachtzamen van de gevoeligheid voor sociale situaties aanmoedigt en de tong weerhoudt van het belijden van fouten en verkeerde dingen en het nederig vragen om vergeving.

Perfectionisme stelt uitwendig en amoreel vertoon in plaats van inwendige genade. Het kan fanatieke filantropie of moralisme zijn, zoals een overdreven zorg voor kleding en versiering en een soberheid van leven. Het zoekt gretig naar vervolging omwille van iemands "normen". Of het kan een voortdurend bezig zijn met emotioneel vertoon en ervaringen zoals juichen, tongen, visioenen en extatische trances zijn dat in plaats komt van de minder spectaculaire wandel in de liefde in het dagelijks leven.

Men kan alles dat als "bewijs" van genade voorgesteld wordt en dat door menselijk vermogen gedupliceerd kan worden in twijfel trekken. *Alles waar "perfectionisme" op aandringt kan op een andere manier gedupliceerd worden. Niets dat "christelijke volmaaktheid" is kan nagebootst worden.*

Perfectionisme ontkent zonde in alles wat iemand doet of acht alles wat iemand doet zondig en verschuilt zich achter de plaatsvervangende gehoorzaamheid van Christus. Beide extremen hechten weinig geloof aan de morele ernst van de zonde en zijn praktische perfectionismen. Geestelijke trots is de kern van perfectionisme in elk van de bovengenoemde gevallen. De een beroemt zich op zijn zondeloosheid en persoonlijke gerechtigheid; de ander beroemt zich op zijn nederigheid en zonde. Beiden zijn even afwijzend tegenover en tegenstrijdig met dat wat de christelijke volmaaktheid leert.

Met een enkel woord; perfectionisme is amoreel en maakt zich een voorstelling van verlossing in niet-historische termen. Christelijke volmaaktheid daarentegen is door en door moreel en ziet heiligheid als zijnde terdege relevant voor elk gebied van het leven en niet in tegenspraak met de mogelijkheden van een op Christus gerichte menselijke natuur.

John Fletcher waarschuwt:

> Vermijd alle extremen. Terwijl u aan de ene kant vrij blijft van het zelfbedrog van de Farizeeën dat Christus versmaadt, en de zogenaamde verdiensten van een onvolmaakte gehoorzaamheid maakt tot hetgeen het eeuwig leven moet bewerken; zorg er aan de andere kant voor dat u niet neigt tot de antinomistische vergissing die, bewerende Christus te verheerlijken, minachtend spreekt over de gehoorzaamheid en "de wet buiten werking stelt door een geloof dat *niet* door liefde werkt". (...) Velen van hen die een oppervlakkige kennis hebben van de christelijke ervaring spreken over een *voleindigde redding* in Christus, (...) terwijl ze weinig van zichzelf en nog minder van Christus weten[113].

Misschien is een karakterisering van de evangelische volmaaktheid zoals uit diverse bronnen gedistilleerd kan worden op dit moment voldoende, aangezien er nog een bijbelstudie over die term zal volgen. Christelijke volmaaktheid, of volmaakte liefde, staat eerder voor een volledige persoonlijke verplichting ten opzichte van de wil van God dan voor het accepteren van een christelijke status zonder de daaraan verbonden evenredige verantwoordelijkheid. Ze staat eerder voor "een van harte gehoorzaam zijn" dan voor een afschaffing van de wet. Ze vereist eerder de hoogste morele integriteit en rationele verantwoordelijkheid dan een afstompen van het geweten, een herinterpretatie van de zonde, een overgave aan blinde impulsen en een onverantwoordelijk individualisme.

Christelijke volmaaktheid komt voort uit het hart en werd door John Wesley volmaakte liefde genoemd. Hij prefereerde die term maar werd vaak gedwongen andere te gebruiken omdat zijn vijanden de betekenis die hij er aan gaf verwrongen. In plaats van voorbij te gaan aan het morele, is christelijke volmaaktheid door en door moreel. In plaats van de wet af te schaffen, is het diepgaande gehoorzaamheid aan de wet. In plaats van te refereren aan de uitmuntendheid van het zelf, rust ze volledig in God en heeft Hem lief met haar gehele hart, verstand, ziel en kracht. Ze

---

113 John Fletcher, *Checks to Antinomianism* (Kansas City, Beacon Hill Press, ingekort, 1948), blz. 22.

verlangt ernaar God te behagen in alle dingen. Dit verlangen mondt uit in een oprecht gevolg geven aan de door ons begrepen wil van God. Ze staat vast in twijfels en onwetendheid en duisternis, onvermurwbaar jagend naar meer licht en leiding, in een sfeer van acceptatie van discipline en een nederig zoeken naar waarheid.

Christelijke volmaaktheid is eerder een bescherming tegen perfectionisme dan dat ze gevaar loopt perfectionisme te worden. Alles wat christelijke volmaaktheid is staat in absolute tegenstelling met perfectionisme.

## 15.7 Bijbels overzicht van "volmaaktheid"[114]

Om helder te kunnen denken inzake volmaaktheid zijn twee overwegingen noodzakelijk. De eerste is zich te herinneren dat het bijbels onderwijs over volmaaktheid niet beladen is met hellenistische filosofie. Haar verbondenheid met de morele ervaring (zoals beschreven in het hoofdstuk "De betekenis van *moreel*") karakteriseert haar en voorkomt de introductie van filosofische abstracties in een serieuze bestudering van haar. De tweede overweging is de opmerking dat het in een bijbelstudie al snel duidelijk wordt dat de betekenis van het Engelse woord "perfect" ertoe neigt de diverse zorgvuldig onderscheiden betekenissen te verduisteren zoals die in het Grieks door verschillende woorden geschetst worden. Ook verhindert de rechtmatige vervanging door de vertaler van andere meer geschikte Engelse woorden voor dezelfde Griekse woorden de lezer die beperkt is tot de Engelse taal om de oorspronkelijke betekenisnuances te vatten.

In dit korte onderzoek en de analyse van al de relevante plaatsen waar de term volmaaktheid gebruikt wordt, zullen de contextuele implicaties als van cruciaal belang worden beschouwd. Vaak werpt de context licht op de speciale en bijzondere manier waarop een woord door de auteur is gevormd vanwege een specifieke behoefte. Theologische dogmatiek moet voortkomen uit de betekenis van een tekst, en niet die betekenis tevoren bepalen.

Er zijn diverse Griekse woorden die gewoonlijk met "volmaakt" of "volmaaktheid" vertaald worden.

*Akribós* wordt in de King James-vertaling met "perfectly" vertaald[115], en heeft de betekenis van naarstig, of accuraat, en verwijst niet naar waarheden rond de

---

114 (Op basis van de Engelse term "perfection", zoals de King James vertaling die gebruikt. Uiteraard loopt dat niet parallel met de term "volmaakt" of "volkomen" in de NBG vertaling, vert).

115 In de NBG met "nauwkeurig(er)" (vert).

Mildred Bangs Wynkoop

verlossing. Apollos werd "nauwkeuriger" uitgelegd hoe de weg was (Hand 18:26), en dit gebruik is typerend voor alle voorbeelden (Luc. 1:3, Hand 23:15, 23:20).

*Artios*, wat "geschikt" of "bekwaam" betekent, is de term die Paulus gebruikt in II Tim 3:17 om het doel te beschrijven dat de "mens Gods" dient te bereiken en dat gedeeltelijk wordt gerealiseerd door een juiste houding tegenover het gebruik van de Heilige Schrift. Dit verwijst duidelijk naar persoonlijke geschiktheid en onderwijs en niet naar redding. "Elk van God ingegeven schriftwoord is ook nuttig (...) opdat de mens Gods volkomen zij, tot alle goed werk volkomen toegerust".

*Pleróo*, "compleet" of "vol gemaakt", wordt enkel gevonden in Openb 3:2. De werken van de gemeente te Sardes werden niet *pepléromena* bevonden, "vol" bevonden voor God.

*Katartízo* betekent goed aangepast of goed samen passend. In I Cor. 1:10 en II Cor. 13:11 wordt dit woord gebruikt op een bijzonder toepasselijke manier, gezien het specifieke probleem van de gemeente. Paulus begint door de mensen te vermanen "allen eenstemmig" te zijn, en sluit met dezelfde bede af: "Weest eensgezind", wat wil zeggen dat deze onderlinge verbondenheid die ene deugd was die men miste.

Petrus gebruikt het woord op dezelfde manier (I Petr 5:10) in een zegenbede "Doch de God van alle genade (...) zal u (...) na een korte tijd van lijden, volmaken, bevestigen, sterken en grondvesten". Paulus' zorg voor de gemeente in Thessalonica was dat hij hen opnieuw mocht bezoeken om die dingen in hun geloof te verduidelijken die onvolmaakt of uit balans waren (I Thess 3:10-13). Een zegenbede uit de brief aan de Hebreeën gebruikt het woord: "De God nu des vredes (...) bevestige u in alle goed" met dezelfde betekenis. *Katartismón*, een andere vorm van hetzelfde woord, wordt gebruikt in Ef 4:11-12: "En Hij heeft zowel apostelen als profeten gegeven (...) om de heiligen toe te rusten tot dienstbetoon", met de gedachte hen in geestelijke zin volledig te voorzien van hetgeen nodig is voor de taak van de christen in de wereld waarin zijn getuigenis moet worden gegeven.

De overige woorden in het Nieuwe Testament voor *perfection* zijn die van de familie van *téleios* (afgeleid van *télos*). Het zijn *teleióo, teleíos, teleíosis*, en *teleiotés*.

*Télos* betekent "rijpheid" of "voltooiing". Het wordt meestal vertaald met "doel" en betekent de rijpheid van tijd, situaties of karakter.

*Téleios* en de daaraan verwante vormen dragen de kernbetekenis van *télos* maar zonder het filosofische idee dat het over kan dragen.

*Téleios* is datgene dat een voltooiing bereikt heeft die overeenkomt met het gestelde doel. Wanneer het gebruikt wordt voor personen heeft het te maken met fysieke ontwikkeling, ethische rijping, en werkelijke goedheid die niet gerelateerd is aan rijpheid.

B. F. Westcott zegt over dit woord:

> In de boeken van het N.T. wordt dit bijvoeglijk naamwoord gebruikt om datgene te beschrijven dat de hoogste volmaaktheid bereikt heeft in de sfeer die wordt beschouwd wordt als tegengesteld aan dat wat onvolkomen is (I Cor. 13:9), of onvolmaakt (Jac. 1:4), of tijdelijk (Jac. 1:25) of incompleet (Rom. 12:2, Jac. 1:17, I Joh 4:18) en in het bijzonder voor christenen die de volle wasdom bereikt hebben in tegenstelling tot hen die onrijp of onderontwikkeld zijn (Ef 4:13, Col. 1:28, 4:12), ofwel in het algemeen (Matt. 5:48, 19:21, I Cor. 2:6, Fil 3:15, Jac. 3:2), ofwel in een bepaald aspect (I Cor. 14:20)[116].

Jezus' gebruikte dit woord voor "volmaakt" *(téleios)* in de bergrede (Matt. 5:48). Hij zei dat de discipelen volmaakt moesten zijn (toekomende tijd) zoals hun hemelse Vader volmaakt is. Dit vreemde vers heeft vele serieuze lezers problemen bezorgd vanwege zijn schijnbaar onmogelijke betekenissen. Wanneer echter de betekenis van *volmaakt* gezocht wordt in relatie met de directe context, verdwijnt het probleem grotendeels.

Allereerst moet opgemerkt worden dat de Griekse toekomende tijd vaak een bevel of een vermaning is en als zodanig in sommige vertalingen ook zo vertaald is. Dit legt een morele kwaliteit in de vermaning. De algemene toon van het hele gedeelte benadrukt eerder een juiste houding als zijnde aanvaardbaar voor God dan enkel een juist gedrag. Het is een karakteristiek van kwaliteit, niet een mate van vervulling. God houdt van alle mensen en zorgt voor allen, goed en kwaad. Onze liefde zou even onpartijdig moeten zijn als God zich toont te zijn.

In de directe context is een onpartijdige goodwill onderwerp van discussie. Christelijke liefde moet qua geest aselectief en allesomvattend zijn. Een goede instelling enkel ten gunste van hen die goed voor u kunnen zijn en een veronachtzamen van hen die niet kunnen bijdragen aan ons prestige is niet de christelijke weg. Het is "uw hemelse *Vader*" die vaderlijke liefde toont aan de gehele mensheid - en zodoende het voorbeeld van juiste motieven en juist gedrag voor het christelijke kind geeft - waar het om gaat.

Dit vers kan niet gescheiden worden van het voorgaande gedeelte (v 43-47), waarin de betekenis van deze volmaaktheid nauwkeurig omschreven wordt, namelijk, het uitbreiden van onze liefde en goodwill tot hen die ons vervolgen *"opdat gij*

---

116 B.F. Westcott, *The Epistle to the Hebrews* (Grand Rapids, Mich.: Wm.B. Eerdmans Publishing Co., ongedateerd), blz. 64.

Mildred Bangs Wynkoop

*kinderen moogt zijn van uw Vader*, die in de hemelen is". Zoals een vader van het goede en het slechte kind houdt, zo moeten wij onze liefde uitbreiden tot allen. De nadruk ligt op God als *Vader* en de mensen als *zonen* van God. Naarmate zijn Vaderschap in ons onthuld wordt, wordt aan ons zoonschap model gegeven. En dat model is liefde - een nieuwe dimensie in menselijke relaties die Jezus ons kwam openbaren en normatief maken voor de christenen. Wesleys denken werd gevormd en bezield door dit beeld van liefde als de norm voor het christelijk leven.

Het staat ons niet vrij het woord "volmaakt" in de sfeer van de filosofie te brengen om het te definiëren naar menselijk oordeel en het dan terug te brengen om er vervolgens vreselijk mee huis te houden in de bijbelse exegese en de theologie. *Het commentaar ligt in de context.* Het is niet zonder betekenis in herinnering te brengen dat Lucas in de paralleltekst zegt: "Weest *barmhartig*, gelijk uw Vader barmhartig is", en de ethische implicaties worden dan gelijk duidelijk. Volmaaktheid en barmhartigheid vullen elkaar aan en geven elkaar betekenis.

In Matt. 19:16-21 wordt ons verteld van een jonge man die naar de weg ten eeuwige leven vroeg. Het antwoord ging niet voorbij aan de Tien Geboden maar stootte dieper door naar de geest van de wet. "Indien gij volmaakt wilt zijn, ga heen, verkoop uw bezit en geef het aan de armen (...) en kom hier, volg Mij". Het houden van de geboden is de weg ten leven, zei Jezus. Gehoorzaamheid was niet verkeerd, en evenmin moest de nieuwe weg de factor gehoorzaamheid verachten. Maar het houden van de geboden betekende een zeer praktische levensbetrokkenheid die wetsonderhouding kon veranderen in evangelische "volmaaktheid". In dit gedeelte wordt volmaaktheid gedefinieerd als actieve gehoorzaamheid aan Christus, een kwaliteit van moreel leven die toegevoegd diende te worden aan een reeds uitwendig volmaakte gehoorzaamheid aan de wet. Het werd een gepersonaliseerde en leefbare goedheid, een geest ten grondslag aan de daad.

De bijbelse context bevrijdt het woord *volmaakt* van iedere abstractie. Paulus speelt met het idee en voegt er in de brief aan de Corinthiërs een betekenis aan toe door het tegenover *népios* (niet *kinderlijk* maar *kinderachtig*) te stellen. Tegen de ijdele Corinthiërs die zich erop beroemden geestelijk te zijn (waarmee ze religieus gerijpt, volwassen, "op leeftijd gekomen" bedoelden) zei Paulus: "En ik, broeders, kon niet tot u spreken als tot geestelijke mensen, maar slechts als tot vleselijke, nog *onmondigen* in Christus" (I Cor. 3:1). De pointe hiervan is duidelijk wanneer dit vers tegenover I Cor. 2:6 geplaatst wordt waar Paulus zei: "Toch spreken wij van wijsheid bij hen, die daarvoor rijp zijn" maar "ik (...) kon tot u niet spreken als tot geestelijke mensen". Hier wordt *geestelijk* gelijkgesteld met rijp, en *vleselijk* met kinderachtig (bij hen die geen fysieke kinderen meer zijn).

Een ander punt, verloren geraakt in de Nederlandse bewoording, wordt door Paulus aangeduid door het woord *népios* te gebruiken. Het is een woord voor "kind", dat Paulus altijd gebruikt om te refereren aan morele onrijpheid en ontoereikendheid. Het had een *onplezierige bijbetekenis*. Het beschrijft het beeld van een persoon die volwassen geworden is maar wiens lichaam en geest niet zijn ontwikkeld. Paulus zei: Openbaart uw ruziën niet uw kinderachtigheid? Dat was een rake opmerking.

In I Cor. 13 spreekt Paulus hier weer over. "Toen ik een *népios* was, sprak ik als een kind, voelde ik als een kind, overlegde ik als een kind. Nu ik een man geworden ben, Heb ik afgelegd wat kinderlijk was". Normale groei geneest dit soort geblokkeerde ontwikkeling niet.

Paulus prent nog eenmaal dit beeld diep in de gedachten van de Corinthiërs in 14:20. De KJV is dubbelzinnig in haar vertaling: "Weest geen kinderen in het verstaan: veeleer, weest kinderen in de boosheid, maar weest mannen in het verstaan." Paulus leert hier geen dualisme. De tegenstelling is die tussen het *begrip* van een kind en een man. Het Griekse werkwoord dat vertaald is met "weest kinderen" kan evengoed vertaald worden met "u bent kinderachtig" *(nepiádzete)* en dit op zijn beurt staat dan in tegenstelling tot de ware kinderlijkheid die aangeduid wordt door het gebruik van *paidía* in de eerste tegenstelling. Dan wordt de kinderlijkheid, altijd geassocieerd met een onderwijsbare geest, in tegenstelling geplaatst met de kinderachtigheid die in het geval van de Corinthiërs een "hartstocht voor en een overwaardering van het spreken in tongen was, werkelijk een soort kinderachtige pronkerij. Het resultaat van het verlangen zich uit te sloven als een wijsneuzig kind"[117]. Op deze manier benadrukt Paulus voortdurend de belangrijkste gedachte van de hele correspondentie met de Corinthiërs, namelijk, dat gemeenschap de bepalende sfeer is van de "gemeente Gods", en dat verdeeldheid een teken is, niet van enkel jeugdige onrijpheid, maar van morele onverantwoordelijkheid - en erger.

Paulus gebruikt dezelfde tegenstelling met hetzelfde doel in Ef 4:13-14. In dit gedeelte wordt de "mannelijke rijpheid" *(téleion)*, die "de maat van de wasdom der volheid van Christus" is waardoor wij allen tot de "eenheid des geloofs" komen tegenover de "onmondigen" *(népios)* gesteld, die "op en neer, heen en weder geslingerd" worden "onder invloed van allerlei wind van leer".

En ook in de brief aan de Hebreeën (5:11-14) wordt deze sprekende tegenstelling gevonden met dezelfde sterke reprimande: "Gij zijt traag geworden in het horen. Want hoewel gij, naar de tijd gerekend, leraars behoordet te zijn, hebt gij weer nodig,

---

117 William Barclay, *Letters to the Corinthians* (Philadelphia: The Westminster Press, 1956), blz. 146.

Mildred Bangs Wynkoop

dat men u de eerste beginselen van de uitspraken Gods leert, en gij hebt nog melk nodig (en) geen vaste spijs. Want ieder, die nog van de melk leeft (...) is nog een zuigeling *[népios]*. Maar de vaste spijs is voor de volwassenen *[teleíon*, volmaakten], die door het gebruik hun zinnen geoefend hebben in het onderscheiden van goed en kwaad".

In al deze gevallen is de volmaakte man verantwoordelijk, betrouwbaar, evenwichtig, en over het algemeen zich gedragend als een man met karakter. De tegenstelling is niet een kind dat normaal opgroeit, maar een met een geblokkeerde ontwikkeling, met "kinderachtigheid". Het is een kind dat weigert op te groeien, dat zich verschuilt achter moeders rokken, dat nog uit de fles drinkt als het vast voedsel zou moeten eten. De moderne psychologie noemt deze geblokkeerde ontwikkeling infantilisme, moederfixatie, schizofrenie e.d.. In de context van de morele vermogens van de mens gebracht wordt het een enorm verontrustende uitdaging aan geestelijke onverantwoordelijkheid. Deze kindertijd is niet het soort waar men bovenuit groeit. Het is niet de te verontschuldigen onrijpheid van een verrukkelijk, aantrekkelijk, uitbundig kind. De kinderachtigheid waar *volmaakt* de antithese van is, is pathetisch, laakbaar. Ze moet "afgelegd" worden en afgelegd blijven door ijver en geestelijke rijping.

Maar tegelijkertijd is de volmaaktheid of rijpheid waarvan gesproken wordt niet in tegenspraak met de onrijpheid van een normale jeugd. Met een enkel woord, het is morele integriteit, in welk levensstadium de bezitter ervan zich ook moge bevinden.

Een nader onderzoek naar Paulus' gebruik van het woord *téleios*, of aanverwante woorden, voegt een aantal leerzame facetten toe aan de betekenis van het woord. Paulus' vermaning in Rom. 12:1-2 is om aan te tonen "wat de wil van God is, het goede, welgevallige en *volkomene*"[118]. In dit geval is het de wil van God die volmaakt is en die duidelijk verwijst naar het plan en doel dat God heeft voor de gelovige in dit leven. De mens "moet zich stellen" (aoristus) en "hervormd worden" (tegenwoordige tijd, wat een lange, getrouwe toewijding aan het vernieuwen van de gedachten inhoudt) om aan te tonen, of door ervaring te ondervinden, dat Gods wil zeer begeerlijk is - volmaakt. Het blijkt dat Gods wil de diepste verwachtingen van het menselijk hart bevredigt. De manier om deze wil te ontdekken is door God het centrum van ons leven te maken in genegenheid en gehoorzaamheid.

In Ef 4:12-13 refereert Paulus aan het volkomen gerijpte "lichaam van Christus", ofwel de Kerk. Paulus' vermaning heeft deze gerijptheid tot doel. De inhoud ervan is eenheid en wederzijdse hulpverlening. God heeft ieder mens een bepaalde mate van

---

118 KJV: "wat de goede, welgevallige en volmaakte wil van God is" (vert).

genade gegeven (4:7), en plaatst sommigen op leidinggevende plaatsen (4:11), "om de heiligen *toe te rusten tot dienstbetoon*[119], tot opbouw van het lichaam van Christus, totdat wij allen de eenheid des geloofs en der volle kennis van de Zoon Gods bereikt hebben, de mannelijke *rijpheid*[120], de maat van de wasdom der volheid van Christus. *Dan zijn wij niet meer* onmondig *[népioi]*" (4:12-14).

"Vervolmaken" (vers 12) is *katartídzo*, en betekent "samenvlechten, volledig verenigen" en verwijst naar de gemeenschap der "heiligen", of geheiligden, naar elkeen afzonderlijk en naar allen tezamen als een goede uitdrukking van Christus, die ze in de wereld vertegenwoordigen. De "volmaakte man" is hier enkelvoud en refereert niet aan individuen als zodanig, en evenmin is het samenvlechten het werk van een moment, maar het doel waarheen Paulus hen die in de Kerk zijn probeerde te brengen in hun verantwoordelijkheid als Kerk.

Nogmaals, de definitie is duidelijk gegeven in de context door middel van een tegenstelling: "Dan zijn we niet meer onmondig", en duidt een rijpheid aan die "in liefde in elk opzicht naar Hem toe" groeit, "die het hoofd is, Christus" (4:15). De persoonlijke toepassing kijkt uit naar de gemeenschap in de Kerk. *Dit is heiligheid in haar interpersoonlijke dimensie.* De "volmaakte man" (KJV, vert.) wordt gemaakt door de heiligen "samen te vlechten" tot een eenheid van gemeenschap (Joh 17).

Paulus geeft in Filipenzen 3 een nuttige suggestie voor wat betreft de betekenis van volmaaktheid ondanks - of wellicht dankzij - het klaarblijkelijk dubbelzinnige gebruik van het woord. In dit hoofdstuk hebben we een prachtig voorbeeld van het ontbreken van gebondenheid aan statische woordbetekenissen dat Paulus' taalgebruik karakteriseerde. Tweemaal worden vormen van *téleios* gebruikt. Hij ontkent volmaaktheid in vers 12, en plaatst zichzelf tussen hen die reeds volmaakt zijn in vers 15. In het eerste geval heeft hij het opstandingslichaam, of de toekomstige verlossing van alle dingen, in gedachten. In het tweede wordt persoonlijke geestelijke rijpheid bedoeld. In geen van beide gevallen spreekt Paulus over soteriologische zaken.

In deze gemeente, evenals in de vele jonge gemeenten die beïnvloed waren door de omringende Griekse filosofieën, waren de Filipenzen geneigd onsterfelijkheid en opstanding te verwarren. De Grieken leerden dat de ziel onsterfelijk was; en de Filipenzen, gered zijnde, veronderstelden dat ze nu verzekerd waren van eeuwige zaligheid. Een verkeerd soort perfectionisme had daarin de overhand dat ze niet langer de noodzaak voor ethische verantwoordelijkheid of geestelijke ontwikkeling

---

119 KJV: "te vervolmaken" (vert).
120 KJV: "de volmaakte man" (vert).

Mildred Bangs Wynkoop

zagen. Paulus weerlegde dit ten sterkste. Zorgen rond de dood waren niet nodig. Dat we Christus mochten winnen en "de kracht *zijner* opstanding" is "de prijs der roeping Gods, die van boven is." De nadruk van het christelijk geloof is niet enkel een eindeloos bestaan, maar het gelijkvormig worden aan Christus' dood en zo door Hem de opstanding te verkrijgen. Paulus was nog niet in die opstandingsvolmaaktheid binnengetreden, en evenmin kon hij dat in dit leven, maar hij jaagde naar dat doel. En dat is de *gezindheid* van allen die gerijpt zijn.

*Téleios*, als een voleindigd iets en in bepaalde zin gelijk aan dit gedeelte uit Filipenzen, wordt in I Cor. 2:6 aangeduid. Evenwel, in het licht van de hele bespreking, zou de zinsnede "wij spreken wijsheid bij hen, die volmaakt zijn" (KJV, vert.), ook kunnen betekenen, zoals de NBG het zegt "hen, die daarvoor rijp zijn". Dit kan ons helpen het gedeelte in Filipenzen te begrijpen en geeft aan dat Paulus rijpheid zowel als een bezit zag als iets waarnaar gejaagd wordt. Men kan niet enkel gerijpt worden maar moet daar ook in voortgaan. Het is juist om te zeggen: "Hij is een gerijpt persoon", maar rijpheid vervliegt tot seniliteit op het moment dat het niet langer vooruit gaat. Er is geen enkel punt waar rijpheid bereikt wordt als een soort staat. *Rijpheid is een dynamische relatie met een zich veranderende omgeving.* Het handelt op verantwoordelijke wijze ten opzichte van veranderende en uitdagende omstandigheden. Zodra de veranderingen stoppen, begint de dood.

Ook in Col. 1:25 en 4:12 geeft Paulus' gebruik van de term een goede aanduiding van haar betekenis. Het is omwille van de volledige realisatie van de wil van God in de levens die hen toevertrouwd zijn dat Paulus en Epafras werken, prediken, waarschuwen, leren, en bidden. Men zou niet kunnen concluderen dat deze rijpheid zelfs maar iets minder is dan geestelijk en moreel, maar het blijkt duidelijk in het licht van de context en de betekenis van dit gedeelte dat het niet een specifieke ervaring is die Paulus bedoelt maar een christelijk leven dat succesvol bewaakt en gedisciplineerd wordt. Hij doelt op een stevig christelijk karakter.

De schrijver van de brief aan de Hebreeën maakt veel gebruik van de diverse vormen van *téleios*, met de algemene gedachte van voltooiing, of tot volmaaktheid brengen - een centrale gedachte in de boodschap van de hele brief. Alle vormen van het woord die in het Nieuwe Testament gebruikt worden vindt men in de brief aan de Hebreeën. Van de diverse nieuwtestamentische toepassingen komt één overheersende betekenis naar voren: Degene die volmaakt is heeft de doelen die hem gesteld zijn bereikt, zoals rijpheid, ontwikkeling, voorrechten, kennis. In de brief aan de Hebreeën wordt het gedeeltelijke volkomen, het onvolmaakte volmaakt, en wordt het onontwikkelde kind tot rijpheid gebracht. Christus wordt vervolmaakt door lijden en gehoorzaamheid (Hebr. 2:10, 5:8-9). De offers voor de zonde, voorbijgaand en voorlopig, worden vervolmaakt in Christus (hoofdstuk 9). De mens wordt gewaarschuwd voort te gaan tot volmaaktheid (6:1, KJV) of "zich te bevestigen" (H.O. Wiley), en een schitterende lijst van hen die dat deden wordt in het elfde hoofdstuk geschetst. Het is Christus die mensen tot volmaaktheid brengt. Volmaaktheid is een speurtocht, ongehinderd door de beperkingen van het oude verbond, de oude offers, het oude priesterschap. In Christus is de weg geopend tot de volmaaktheid waarheen het Oude Testament wees.

Het meest treffende gebruik is in verhouding met Christus, en hierin worden een groot aantal toegestane toepassingen gesuggereerd, evenals een hint in de richting van een juiste christologie. "Want het voegde Hem, om wie en door wie alle dingen bestaan, dat Hij, om vele zonen tot heerlijkheid te brengen, de Leidsman hunner behoudenis door lijden heen zou volmaken" (2:10). Als een mens werd Hij tot volmaaktheid gebracht door een normale ontwikkeling. In een volkomen delen in de ervaringen van de mensheid, tot zelfs in de dood en de angst ervoor, overwon Hij de dood en de angst. Als "God/mens" vervolmaakte Hij door lijden en dood hun behoudenis en maakte Zijn volk "volmaakt". Dus is alles wat Christus was geweest en was door zijn delen in al onze ervaringen een belofte voor Zijn vermogen ons te sterken in al onze menselijke behoeften.

Jacobus gebruikt het woord om te refereren aan het doel van de geestelijke discipline. In 1:3-4 zegt hij dat volharding door "de beproefdheid van uw geloof" is, en dat die twee samen u "volkomen en onberispelijk, en in niets tekortschietend" mogen (aanvoegende wijs) maken. Het doel van de volmaaktheid is hier volharding; en het middel is de beproeving van het geloof. In 1:17 is het de gave van God die volmaakt genoemd wordt, en de toe-eigening ervan door de mens (vers 25) is afhankelijk van zijn getrouwheid. Een definitie van een volmaakt man wordt in 3:2 gegeven als iemand die in zijn spreken niet struikelt. En het hele hoofdstuk is een verhandeling over de zonden der tong. De volmaakte man is de waarlijk wijze man, die dat "bewijst door een deugdzaam leven en door daden die getuigen van eenvoud en wijsheid" (Groot Nieuws). Volmaaktheid is dus verbonden met ethische zaken die voortkomen uit een juiste relatie met God.

Johannes brengt de liefde in de sfeer van de volmaaktheid in I Joh 4:15-21. Door in God te blijven, en God in ons, is de liefde volmaakt geworden en in hen wier liefde niet volmaakt geworden is wordt dat geopenbaard door de innerlijke kwelling van de angst voor het oordeel. Met andere woorden, volmaaktheid wordt in dit gedeelte gerelateerd aan een kwaliteit van liefde die op haar beurt de relatie met God weerspiegelt. Als er geen belemmering voor de liefde is, - geen verkeerde geest of verborgen vijandschap of trots - is de liefde volmaakt en wordt de angst voor Gods

Mildred Bangs Wynkoop

oordeel volledig uitgedreven. Het praktische element is de liefde voor "de broeder". De liefde voor God wordt weerspiegeld in de liefde voor de ander. Dit is een goed voorbeeld van de verbondenheid van volmaaktheid met liefde, en liefde voor God wordt gedefinieerd in termen van liefde voor de mensheid.

*Epiteléo*, of "in praktijk brengen", wordt tweemaal gebruikt. Paulus vermaant de Corinthiërs (II Cor. 7:1) hun "heiligheid te volmaken in de vreze Gods", wat betekent dat we heiligheid in praktijk moeten brengen - in het dagelijks leven. *Volmaken* is hier geen aoristus zoals men zou verwachten, maar staat in de Griekse tegenwoordige tijd, die een levenshouding als gewoonte aanduidt die in het verleden begonnen is en voortduurt in het heden. Aan de Galaten stelt Paulus de vraag: "Begonnen zijnde in de Geest, wordt gij nu volmaakt door het vlees?" (3:3, KJV). Ook hier staat "volmaakt" als werkwoord in de tegenwoordige tijd, een uitwerken van een principe aanduidend, niet het einde van een handeling. Met andere woorden, hij vraagt of het geestelijk leven door ongeestelijke middelen tot rijpheid gebracht kan worden.

We moeten opmerken dat een aantal van dezelfde gedeelten die het werkwoord *teleióo*, "vervolmaken" of "voltooien", benadrukken, hetzelfde algemene betekenispatroon volgen. Jezus vertelde de Farizeeën dat hij na drie dagen gereed zou zijn (Luc. 13:32), wat de voltooiing van Zijn aardse werk betekende. In Joh 17:23 bidt Jezus dat zijn discipelen "volmaakt tot één" zouden zijn, met de duidelijke betekenis van een hechte gemeenschap. Paulus' kracht werd in zijn zwakheid vervolmaakt, of tot de grootste doeltreffendheid gebracht, door de kracht van Christus die op hem ruste (II Cor. 12:9). Hebr. 2:10 vertelt ons dat Christus, als Leidsman van onze behoudenis, "door lijden heen volmaakt zou worden". "En toen Hij het einde had bereikt, is Hij voor allen, die Hem gehoorzamen, een oorzaak van eeuwig heil geworden" (5:9). Dit betekent niet dat lijden morele uitmuntendheid veroorzaakt, maar dat in Zijn lijden Jezus zich tot in alles met de mensheid identificeerde.

Enkele passages verder in Hebreeën wordt ons de volmaaktheid van het nieuwe verbond tegenover het oude getoond. Het jaarlijkse offer kon hen, die "toetreden", niet volmaken (10:1), maar door "het offer van het lichaam van Jezus Christus" (10:10) heeft God "voor altijd hen volmaakt, die geheiligd worden" (10:14). "Volmaakt" staat in de voltooid tegenwoordige tijd, ofwel een handeling die in het verleden voltooid is en ononderbroken in het heden voortduurt; "voor altijd", ofwel altijddurend, doorlopend; en "geheiligd" is een tegenwoordig deelwoord, waardoor de zin in feite luidt: "Jezus' zelfoffer, eenmalig [in tegenstelling tot het vaak herhaalde, niet effectieve dierlijke offer], is altijd krachtig werkzaam in het tot volmaaktheid brengen van hen die geheiligd worden".

I Joh 2:5 zegt dat de vervolmaking of rijping van de liefde Gods die in ons is getoetst wordt aan ons bewaren van Gods woord (zie ook I Joh 4:12). *Teleiótes*, dat tweemaal wordt gebruikt, helpt ons in onze speurtocht naar specifieke betekenissen. Paulus zegt in Col. 3:14, temidden van andere praktische instructies voor de gelovigen: "En doet bij dit alles de liefde aan, als de band der volmaaktheid". Het werkwoord "aandoen" is toegevoegd als een uitbreiding van het belangrijkste werkwoord van dit gedeelte. De aard van deze volmaaktheid wordt nauwkeurig bepaald door hetgeen dicht aan haar hart ligt, namelijk, de liefde. En opnieuw wordt de onderlinge gemeenschap van de gelovigen als het lichaam van Christus benadrukt en wordt de liefde als hét belangrijke bestanddeel van "volmaaktheid" genoemd.

"Laten wij daarom het eerste onderwijs aangaande Christus laten rusten en ons richten op het volkomene" (Hebr. 6:1). Het brede verband van de context toont ons dat de schrijver zijn lezers wilde overtuigen van de absolute noodzaak dat te voltooien wat in hen door genade begonnen was. Het doel is volmaaktheid; de weg er naartoe een zwoegend, getrouw, vastbesloten, voortdurend "jagen". De *Amplified Bible* zegt: "Gedurig voortgaand tot de compleetheid en volmaaktheid die bij de geestelijke rijpheid hoort". De Hebreeën liepen het gevaar terug te keren tot de uiterlijkheden van de joodse godsdienst. Ze moesten juist voortgaan in het geestelijk leven waar het christelijk geloof voor staat en waartoe het oproept.

In dit geval is "jagen" geen aoristus, maar subjunctief tegenwoordige tijd, die geen kortstondige stap aanduidt, maar een "voorwaartse beweging naar" het doel, bepaald door hun eigen toewijding aan hun taak. Niet jagen is zo ernstig dat afval het resultaat is; de verplichting voort te jagen is urgent. Vrucht, zegt de schrijver, wordt verwacht door degene die geplant en de grond bebouwd heeft (6:7), en een falen op dit punt verhaast de vernietiging door verbranding, wat het normale einde is van nutteloze planten. Geestelijke rijpheid, verantwoordelijkheid, dienst, "iets beters, waaraan uw heil hangt" (6:9), zijn een aantal van de elementen van het doel. Deze vermaning om te jagen naar de volmaaktheid of rijpheid, en de waarschuwing voor het gevaar Gods verlossende genade te verliezen, is één van de meest ernstige waarschuwingen voor geestelijke zelfvoldaanheid die in de Schrift gevonden kan worden.

## 15.8 Opmerkingen ten aanzien van volmaaktheid

1. *Volmaaktheid is teleologisch.* We stellen allereerst dat evangelische volmaaktheid zeer verschillend is van filosofische volmaaktheid. Volmaaktheid is nooit

Mildred Bangs Wynkoop

absoluut in abstracte zin maar altijd gerelateerd aan het doel dat past bij een bepaalde zaak, dat wil zeggen, ten aanzien van een bepaalde norm. Maar het is evenzo waar dat het doel als doel in overeenstemming is met de aard en mogelijkheden van datgene dat tot volmaaktheid gebracht moet worden. Volmaaktheid is iets dat *een toestand moet zijn*, in iedere bepaalde situatie, *en dat door genade kan worden*. Dat wat in de mens als volmaaktheid beschouwd moet worden was begiftigd met het vermogen volmaakt te worden en moet voortgaan naar dat doel wil men de genade die hiertoe gegeven is niet verwerpen. Dit betekent gewoon dat evangelische volmaaktheid niet alleen in overeenstemming is met de mens als zijnde in zijn proeftijd, maar er daarin essentieel voor is dat het het doel van de proeftijd aanduidt. Delbert Rose, in een analytische studie van een recente leider van de heiligingsbeweging, Joseph H. Smith, had het volgende te zeggen over en door zijn bedachtzame leraar.

Hij gaf zich moeite om duidelijk te maken wat zijn begrip van wat wel en wat niet de *aard* van de christelijke heiligheid of christelijke volmaaktheid in de Schrift was. (...) "Het is een *volmaakte aanvaarding van en aanpassing aan het proeftijdelijke dat is ingesloten in de onvolmaaktheden die ons deel zijn. (...) Het is "een door Zijn Geest naar de innerlijke mens versterkt worden*", zodat men geestelijk kan triomferen over alle aardse of lichamelijke handicaps". Het is een volmaaktheid beperkt tot *"dat wat het christendom beoogt voor de mens zolang hij op aarde en in het lichaam is"*[121].

Het is even correct te zeggen dat een christen verplicht is om tot volmaaktheid te komen met de middelen die hij bij de hand heeft als te zeggen dat een kind een volwassene moet worden. Beide verplichtingen zijn inherent aan het leven. Deze volmaaktheid is anders van dimensie dan die van tijdelijke duur. Wanneer een christelijke dienaar des Woords of leraar spreekt over volmaaktheid, zal hij er goed aan doen de zaak duidelijk te maken, opdat hij niet terecht van onlogica beschuldigd moge worden door de vraag: "Hoe kan volmaaktheid relatief zijn?" Wesleys woorden hierover zijn wijs:

Wandel in alle goede werken waartoe gij zijt geschapen in Christus Jezus. En, "laten we daarom het eerste onderwijs aangaande Christus laten rusten, en ons richten op het volkomene, zonder opnieuw het fundament te leggen van bekering van dode werken en van geloof in God". Ja, en wanneer gij een bepaalde mate van volmaakte liefde bereikt hebt, wanneer God uw harten besneden heeft en u in staat gesteld heeft Hem met geheel uw hart en geheel uw ziel lief te hebben, denk er dan niet aan daarin te rusten. Dat is onmogelijk. U kunt niet stil staan, u moet of stijgen of vallen, hoger stijgen of lager vallen.

---

121 Delbert Rose, *The Theology of Experience*, ongepubliceerd manuscript.

Daarom is de stem van God voor de kinderen Israëls, voor de kinderen Gods: "Ga voorwaarts". "Vergetende hetgeen achter mij ligt, en mij uitstrekkende naar hetgeen voor mij ligt, jaag ik naar het doel, om de prijs der roeping Gods, die van boven is, in Christus Jezus" (*Works*, VII, 202).

2. Volmaaktheid is in de bijbel een absoluut vereiste in die zin dat de christelijke status een speurtocht ernaar impliceert. De verlossing leidt tot dit doel. Het woord ligt bij Paulus voor in de mond. Het kan niet worden veronachtzaamd bij een serieuze bijbelse nadruk op het christelijke leven. Het doel van iedere serieuze onderneming is volmaaktheid. Doelen worden niet aangepast aan het falen van hen die het spel proberen te spelen of een bepaalde mate van uitmuntendheid proberen te bereiken.

3. Volmaaktheid heeft twee aspecten. Zoals H. Orton Wiley aanduidt in *De brief aan de Hebreeën* (pag. 203 e.v.), heeft het zowel een juridische als een geestelijke betekenis. Geestelijk heeft het te maken met rijpen in ervaring. Dit is de speurtocht. Maar geestelijke rijpheid is niet beperkt tot louter programma's. Het heeft ook juridische aspecten. Er is een punt in het groeiproces waarop iemand een juridische volwassene wordt met al de rechten en verantwoordelijkheden van het burgerschap. Christelijke volmaaktheid is het binnentreden in een verbond met God, dat wil zeggen, het bereiken van de meerderjarigheid of geestelijke volwassenheid. Wiley citeert Andrew Murray uit zijn *Holiest of All*:

De volgroeide, gerijpte, volmaakte man komt niet zoals in de natuur met de jaren, maar bestaat uit een oprechtheid waarmee de gelovige zichzelf volledig overgeeft aan God. Het is het volmaakte hart dat de volmaakte mens maakt. (...) Er is inderdaad een gerijptheid en een mildheid die vanuit een jarenlange ervaring komt. Maar zelfs een jong christen kan volmaakt zijn, (...) met een hart dat geheel en al dorst naar de diepere en meer geestelijke waarheid die het kan bevatten, en een wil die uiteindelijk gebroken heeft met de zonde[122].

4. Dit wijst naar de nog duidelijker opmerking dat er een absolute en een relatieve betekenis van de evangelische volmaaktheid is. Dit betekent dat de *kwaliteit* van de integriteit in staat is tot een onvermengde oprechtheid waarvan de diepte en uitdrukking in het leven *afhankelijk zijn van de vermogens*. *Absoluut gezien* verwijst het naar een relatie van het hart met God die volkomen bevredigend is; dat wil zeggen, ze heeft de voorwaarde bereikt die relatief gezien voor integriteit vereist is. Het is een absolute morele kwaliteit die naarstig en getrouw moet worden ingepast in levenssituaties. Het wordt

---

122 H. Orton Wiley, *The Epistle to the Hebrews* (Kansas City: Beacon Hill Press, 1959), blz. 205.

Mildred Bangs Wynkoop

bewaard voor de vernietigende invallen van trots, zelfvoldaanheid en perfectionisme door de levende eis dat de implicaties van deze houding van het hart in het leven van alledag uitgewerkt moeten worden - zowel richting God als richting anderen. Een volmaakt zaad dat niet ontkiemt en groeit verliest zijn recht om zaad te zijn.

Wat is dan die volmaaktheid waartoe de mens in staat is terwijl hij in een vergankelijk lichaam woont? Het is het zich voegen naar dat vriendelijk bevel: "Mijn zoon, geef mij uw hart". Het is het "liefhebben van de Heer zijn God met geheel zijn hart, en met geheel zijn ziel, en met geheel zijn verstand". Dit is de kern van de christelijke volmaaktheid: Het is allemaal samengevat in dat ene woord: liefde. De eerste rank ervan is de liefde voor God. En hij die God liefheeft heeft ook zijn broeder lief, aangezien dat onverbrekelijk verbonden is met de tweede: "Gij zult uw naaste liefhebben als uzelf". Gij zult ieder mens liefhebben als uw eigen ziel, zoals Christus ons liefhad. "Aan deze twee geboden hangt de ganse wet en de profeten". Deze bevatten het geheel van de christelijke volmaaktheid (*Works*, VI, 413).

Dr. Wiley zegt in het bovengenoemde werk dat "christelijke volmaaktheid de noodzaak van de verlossing niet buiten werking stelt. (...) Het verzoenend bloed houdt een staat van reinheid staande in de ziel van hem die wandelt in het licht"[123]. Bovendien, christelijke volmaaktheid sluit geen verdere groei uit en moet niet geïnterpreteerd worden als een bepaalde mate van rijpheid. Wesley schrijft:

Er is geen graduele volmaaktheid, zoals dat genoemd wordt; niets dat niet een voortdurende groei toelaat, zodat hoeveel een mens ook bereikt heeft, of in welke mate hij ook volmaakt is, hij toch "in genade" moet "groeien" en dagelijks toenemen in de kennis en de liefde van God, zijn Heiland (*Works*, VI, 5-6).

5.  Dit leidt tot een verdere opmerking dat, volgens de inhoud van de betekenis die uit de bijbelgedeelten voortvloeit, geen abnormaal, absurd, onmogelijk of ontmenselijkend iets ooit door volmaaktheid in de Schrift aangeduid wordt. Volmaakt zijn betekent geen stagnatie, verwrongen fysieke smaak, ongezonde psychologie, of een van de grillige afwijkingen die sommige van de onzorgvuldige critici van het christelijk geloof zich inbeelden. Een aanspraak op zondeloze volmaaktheid, vrijheid van ziekten en economische behoeften, of een directe en onfeilbare toegang tot God, ofwel door veronderstelde directe leiding of een amorele veronachtzaming van middelen (zoals de Kerk

---

123     Idem, blz. 209.

en de Schrift) mag niet worden gelijkgesteld aan of geassocieerd met bijbelse volmaaktheid. Wesley heeft hier wat te zeggen:

Is het dus niet redelijk dat, als we de gelegenheid hebben, we goed moeten doen aan alle mensen; niet enkel vrienden, maar ook vijanden; niet enkel aan hen die het verdienen, maar evenzo aan de slechten en ondankbaren? Is het niet juist dat geheel ons leven een voortdurend liefdewerk zou moeten zijn? (...)

Wel, dit is de kern van onze prediking en ons leven, en onze vijanden zelf zijn onze rechters. Als u het er mee eens bent dat het redelijk is om God lief te hebben, de mensheid lief te hebben, en goed te doen aan allen, dan kunt u niet anders dan ermee instemmen dat de godsdienst die wij prediken en leven, overeenstemt met alle redelijkheid (*Works*, VIII, 9).

6. Evangelische volmaaktheid heeft geen schriftuurlijke betekenis los van een begrip van haar relevantie voor dit leven. Geen exegese kan een bijbelse fundering vinden voor het uitstellen van het bijbels onderwijs over volmaaktheid tot een ander leven. Haar voorwaarden, of de normen die haar bepalen, hebben te maken met de vermogens, relaties, en mogelijkheden van de genade die men in "deze huidige wereld" tegenkomt.

Wesleys standpunt in deze is zo centraal in zijn totale boodschap dat iedere pagina getuigt van zijn "dit-leven" godsdienst. Dit is niet in de minste mate een aanduiding voor een gebrek aan perspectief voor wat betreft het volgende leven. Maar het was de neiging van het christendom in zijn tijd om de implicaties van het christelijk leven in het nu te veronachtzamen die hem ertoe aanspoorde heiligheid te schetsen als liefde - praktisch, werkelijk, hier en nu. "Velen denken aan het gelukkig zijn met God in de hemel", zei hij, "maar gelukkig zijn met God op aarde kwam nooit in hun gedachten op" (*Works*, VII, 267).

7. Volmaaktheid, zoals reeds benadrukt, heeft een morele bijbetekenis, en heeft dus geen relatie met een leven dat is vrijgesteld van het menselijke in al haar vertakkingen, zwakheid, onwetendheid, gebrekkig oordelen, verzoekingen, tucht. Het heeft hier betekenis in relatie met onze communicatie met personen - zowel God als mens. Het is precies in deze relaties die alle menselijke vermogens en motieven die we geërfd hebben in zich hebben dat volmaaktheid betekenis heeft.

In welke zin zijn christenen dan volmaakt? (...) We moeten vooropstellen dat er, evenals in het natuurlijke leven, diverse stadia zijn in het christelijke leven - sommige kinderen van God zijn slechts pasgeboren baby's, anderen hebben een grotere rijpheid bereikt. En dienovereenkomstig richt Johannes zich in zijn eerste brief (2:12 e.v.) tot elk van hen afzonderlijk; tot hen die hij kinderkens noemt, hen die hij beschrijft als jongelingen, en hen die hij vaders noemt. "Ik schrijf u, kinderkens," zei de apostel, "want de zonden zijn u vergeven": omdat u tot hiertoe gekomen bent - "gerechtvaardigd uit het geloof", hebt u "vrede met God door onze Here Jezus Christus"124. "Ik schrijf u, jongelingen, want gij hebt de boze overwonnen", of (zoals hij later toevoegde) "want gij zijt sterk en het woord Gods blijft in u".

Gij hebt de vurige pijlen van de boze gedoofd, de twijfels en angsten waarmee hij uw eerste vrede verstoorde; en het getuigenis van God, dat uw zonden zijn vergeven, woont nu in uw hart. "Ik schrijf u, vaders, want gij kent Hem, die van den beginne is". Gij hebt zowel de Vader en de Zoon als de Geest van Christus gekend in uw binnenste ziel. Gij zijt "rijpe mannen", opgegroeid tot "de maat van de wasdom der volheid van Christus"125.

Het is voornamelijk over hen dat ik spreek in het laatste gedeelte van deze verhandeling, want enkel zij zijn volmaakte christenen. Maar zelfs kinderkens in Christus zijn in die zin volmaakt, of uit God geboren (in de diverse betekenissen) dat ze niet zondigen. Als iemand twijfelt aan dit privilege van de zonen Gods, mag deze vraag niet beantwoord worden door abstracte redeneringen, en vervolgens daar gelaten worden waar ze tevoren was. Evenmin mag het antwoord bepaald worden door de ervaring van deze of gene persoon in het bijzonder. Velen mogen veronderstellen dat ze niet zondigen, terwijl ze dat toch doen; maar dat bewijst noch het een noch het ander (*Works*, VI, 6).

8. Het is nodig *expliciet* het heldere onderscheid op te merken dat al in deze opmerkingen gemaakt wordt - en dat *impliciet* in de Schrift wordt aangegeven - tussen bijbelse volmaaktheid en perfectionisme. Vanwege gebrek aan zorgvuldige wetenschappelijke degelijkheid en in sommige gevallen de pure afwezigheid van eerlijkheid, zijn zij die het bijbelse gebod met betrekking tot volmaaktheid serieus nemen geclassificeerd onder hen die perfectionisten zijn - een volkomen ander standpunt. In feite is het een standpunt *dat op ieder punt tegengesteld* is aan de bijbelse visie op volmaaktheid.

9. De meest belangrijke karakteristiek van de bijbelse betekenis van volmaaktheid is haar positieve aard. Volmaaktheid is in principe niet de afwezigheid van alles wat minder dan volmaakt is, maar de aanwezigheid van liefde met de gehele dynamische betekenis van liefde. Bijbelse volmaaktheid isoleert iemand niet van de normale en ingewikkelde relaties van de menselijke wezens; ze kan enkel "vervolmaakt" worden *in* hen. In alle gevallen wordt de bijbelse inhoud van volmaaktheid gedefinieerd in termen van communicatie en gemeenschap. Niets vernietigt "volmaaktheid" sneller

---

124 Romeinen 5:1 (vert).
125 Efeze 4:13 (vert).

en beslissender dan een breuk in de gemeenschap met God en/of mens. Maar in deze buitengewoon menselijke context zijn alle subtiele variëteiten en mogelijkheden van groei en verdieping binnen de individuele en totale gemeenschap in overeenstemming met de evangelische volmaaktheid.

In het jaar 1764, na een opnieuw overzien van het gehele onderwerp, schreef ik de kern van hetgeen ik had waargenomen op in de volgende korte stellingen: -

(1) Er is zoiets als volmaaktheid, want het wordt keer op keer in de Schrift genoemd.

(2) Het is niet bij de rechtvaardiging, want gerechtvaardigde mensen moeten "voortgaan tot volmaaktheid" (Hebr. 6:1, KJV).

(3) Het is niet pas bij het sterven, want Paulus spreekt over levende mensen die volmaakt waren (Fil 3:15).

(4) Het is niet absoluut. Absolute volmaaktheid behoort niet aan mensen of aan engelen, maar slechts aan God alleen.

(5) Het maakt de mens niet onfeilbaar: Niemand is onfeilbaar zolang hij in het lichaam verblijft.

(6) Is het zondeloos? Het is nutteloos om te strijden om een woord. Het is "verlossing van de zonde".

(7) Het is "volmaakte liefde" (I Joh 4:18). Dit is de kern ervan, de eigenschappen, of de onscheidbare vruchten, zijn het zich te allen tijde verblijden, bidden zonder ophouden, en dankzeggen onder alles (I Thess 5:16 e.v.).

(8) Het is te verbeteren. Het ligt niet in een ondeelbaar ogenblik, aangezien het kan groeien, en iemand die in liefde volmaakt is kan sneller groeien in de genade dan hij tevoren deed.

(9) Het kan verloren worden, waarvan we talloze voorbeelden hebben. Maar hiervan waren we niet grondig overtuigd tot voor vijf of zes jaar geleden.

(10) Het wordt voortdurend zowel gevolgd als voorafgegaan door een geleidelijk werk (*Works*, XI, 441-442)

\* \* \* \* \*

V. Is liefde de vervulling van deze wet [de wet van Christus]?

A. Ongetwijfeld. De gehele wet waaronder wij nu zijn wordt vervuld door liefde (Rom. 13:9-10). Geloof werkende of bezield door liefde is alles wat God nu van de mens verlangt. Hij heeft (niet oprechtheid, maar) liefde in de plaats gezet van de volmaaktheid der engelen.

V. In welke zin is "liefde het doel van alle vermaning?" (I Tim 1:5).

A. Het is het doel van ieder gebod van God. Het is het punt waarop gedoeld wordt door het geheel en ieder deel van het christelijk instituut. Het fundament is geloof, het hart zuiverende; het doel is liefde, een goed geweten bewarende.

V. Wat voor liefde is dit?

A. Het liefhebben van de Heer onze God met geheel ons hart, onze ziel, en onze kracht; en het liefhebben van onze naaste, iedereen, als onszelf, als onze eigen zielen (*Works*, XI, 415-416).

10.       Bij het opmerken van het bijbels gebruik van de term volmaaktheid, en het zich verdiepen in Wesleys veelheid van referenties eraan, zouden we terecht kunnen concluderen dat het niet echt correct is de volledige heiligmaking gelijk te stellen met de christelijke volmaaktheid. In elk geval roept dat de soort vragen op die evengoed op een of twee tegenstrijdige en onnauwkeurige manieren opgelost zouden kunnen worden.

a. Het definitieve van de "tweede crisis" zou zowel heiliging als christelijke volmaaktheid in een onveranderlijke staat kunnen brengen waarin het procesmatige geen belang meer heeft of te verdedigen is.

b. Of het procesmatige van de volmaaktheid zou de heiliging van haar beslissende crisis beroven.

Wesley gaf zich niet over aan ofwel het dynamische van de volmaaktheid, of het beslissende van de volledige heiligmaking. B.T. Roberts, een invloedrijke negentiende-eeuwse schrijver uit de heiligingsbeweging, suggereerde in zijn studie over deze zaak, genaamd *Holiness Teachings*[126], dat de dynamische volmaaktheid zoals besproken in het Nieuwe Testament en de christelijke volmaaktheid als theologische term zorgvuldig onderscheiden moeten worden. Hij zei:

We lezen nergens in de bijbel dat iemand volmaakt werd door geloof. We lezen over mensen die worden "gerechtvaardigd door geloof" (Rom. 5:1; 9:30; Gal 3:24), "geheiligd door geloof" (Hand 15:9; 26:18), maar geen enkele keer over een persoon die volmaakt wordt door geloof, er wordt een heel ander element genoemd dat de heiligen volmaakt. (...) De volmaaktheid die het evangelie de heiligen op het hart drukt kan enkel worden bereikt door getrouwheid in het doen van de wil van God en volharding in het lijden daardoor. Een symmetrisch, uitgebalanceerd, onweerlegbaar christelijk karakter

---

126 Heiligheids leerstellingen (vert).

wordt niet ineens bereikt. We moeten de volmaaktheid die het evangelie vereist niet verwarren met volmaakte liefde of volkomen heiligmaking. De Schriften gebruiken deze termen niet als synoniemen[127].

Samenvattend kunnen we zeggen dat, zorgvuldig lezen en interpreteren van het Nieuwe Testament een prachtige balans zal onthullen tussen de volmaaktheid in liefde die spreekt van een kwaliteit en terecht aan volledige heiligmaking verbonden mag worden, en het proces van volmaken dat begint in de jongste christen en voortgaat, of dat zou moeten, tot aan het einde van het leven. Wanneer deze twee worden verward leidt dat tot onnodige en ernstige problemen. Volmaaktheid is integriteit op ieder punt van de weg der rijping. Het is het proces van rijp worden van het christelijke karakter. Het begint met de genesis van het christelijk leven en gaat voort zolang als integriteit essentieel is voor liefde.

---

127 B.T. Roberts, *Holiness Teachings* (North Chili, N.Y.: "Earnest Christian" Publishing House, 1893), blz. 211-212.

Mildred Bangs Wynkoop

# 16

# Heiliging - het wezen

Christelijke volmaaktheid impliceert niet (zoals sommigen schijnen te denken) een vrijgesteld zijn van onwetendheid, fouten, ziekten of verzoekingen. Het is inderdaad enkel een andere term voor heiligheid. Het zijn twee namen voor hetzelfde. Dus is iedereen die heilig is, in Schriftuurlijke zin volmaakt. Toch mogen we ook ten opzichte hiervan opmerken dat er geen absolute volmaaktheid op aarde is. Er is geen graduele volmaaktheid, zoals dat genoemd wordt; niets dat geen voortdurende groei toelaat, zodat hoeveel een mens ook bereikt heeft, of in welke mate hij ook volmaakt is, hij toch "in genade" moet "groeien" en dagelijks toenemen in de kennis en de liefde van God, zijn Heiland (*Works*, VI, 5-6)

Dit citaat kan goed dienen om het hoofdstuk over heiliging te verbinden met het geheel van de onderwerpen die besproken worden. Heiliging in haar religieuze zin staat zodanig in relatie met al de verwante termen dat het moeilijk te vermijden is, zo niet onmogelijk is, af en toe van de een naar de ander over te springen, zoals Wesley dat in de bovenstaande passage deed. Wesley prefereerde andere termen en het abstraheren van een theologische of religieuze term uit de kern van zijn gedachten - *liefde tot God en mens* - is als het proberen te ontsnappen aan de wet van de zwaartekracht. Wanneer hij het onderwerp heiligheid besprak maakte hij zorgvuldig onderscheid tussen wat hij het *wezen* en de *omstandigheid* van die waarheid noemde. Het wezen verwees naar de inhoud van de waarheid; de omstandigheid naar de middelen tot dat doel. Het wezen moet bijbels zijn, de omstandigheid moet gerelateerd zijn aan de menselijke toe-eigening van de genade (die niet hetzelfde gezag kan hebben als het wezen).

Voor Wesley verenigde de definitie van heiliging deze twee aspecten niet op gelijkwaardige wijze. Het ene was Gods Woord, het andere "de manier waarop het gebeurde bij de Methodisten". Als Wesleys volgelingen heiliging welhaast gelijkstellen met een of andere geordende methodologie van menselijke toe-eigening, zijn ze ver van hun mentor afgedwaald. Wij geloven dat het in het belang is van de duidelijkheid en de wetenschap op zoek te gaan naar een gezonder wesleyaans accent. Het is waar dat Wesley "heiliging" en "heiligheid" veel gebruikte, maar enkel als *één van de vele woorden*. Hij was niet "woordgebonden". Hij was veel te conservatief om een nieuw woord te verzinnen, enkel om anders of opzichtig te zijn. Maar er was zoveel leven in de transformerende kracht van de LIEFDE, en ze scheen in zoveel verschillende kleuren in zoveel gebieden van het menselijk bestaan, dat geen enkel woord ooit alles ervan kon bevatten. Evenmin kon ze zozeer vastgeprikt worden in een bepaald taalgebruik. Hij gebruikte woorden die in elke afzonderlijke situatie van toepassing waren, zoals levendige christenen dat altijd al gedaan hebben. Dit goddelijke leven wordt in een caleidoscopische variëteit van nieuwe en creatieve verwondering in levens gegoten die anders kleurloos en verslagen waren. Dit vereiste toen, net als altijd, gewoonweg een flexibele terminologie.

## 16.1 Een beperkte terminologie

Misschien zou iets van de problemen die men tegenkomt bij het gebruik van de woorden die we bespreken moeten voorafgaan aan de wesleyaanse studies en de bijbelstudies die zullen volgen.

1. In de loop van de jaren na Wesley zijn de twee woorden, "heiligheid" en "heiliging", op vreemde wijze veranderd. Ze zijn veranderd van een rijke betekenis in de Schrift en bij Wesley tot een zeer beperkte betekenis, en zijn de volledige verantwoordelijkheid gaan dragen voor het grootste gedeelte van de bijbelse en existentiële betekenis van volledige redding. In sommige kringen wordt een niet gebruiken van "heiliging" in gesprekken, prediking en getuigenis ten gunste van andere wesleyaanse en bijbelse woorden gezien als een compromis. In mijn eigen jeugd was het ons "kruis", en onze verdienste, te getuigen met dit woord, of dat nu begrepen werd of niet. Wanneer alle rijke nuances van een vol, Geest-vervuld leven in een of twee woorden geperst moeten worden, is het onontkoombaar dat allereerst dat wat door je leven heen zichtbaar wordt geweld aangedaan wordt, en uiteindelijk het leven zelf wordt verzwakt. Het wonder van de LIEFDE wordt zeer beperkt door een armzalige woordenschat. Woorden hebben met betekenis te maken. Laat

Mildred Bangs Wynkoop

de kleurrijke, dichterlijke manieren van verwoorden van het onuitsprekelijke vallen, en de communicatie lijdt daaronder, om het zachtjes te zeggen.

2.  Misschien is een van de meer serieuze beperkingen wel de beperking van de betekenis van deze twee woorden tot één aspect van de totale bijbelse betekenis, namelijk tot een tweede genadewerk. Het zou goed zijn Wesleys vroegere ervaringen in deze op te merken. Hij en zijn predikanten identificeerden de tweede ervaring met "heiliging" ter *onderscheiding* van rechtvaardiging. Hun toehoorders herinnerden hun eraan dat alle christelijke gelovigen in het Nieuwe Testament heiligen of geheiligden genoemd werden. Wesley gaf toe dat dit waar was en dus besloten hij en zijn predikanten gewoon de term "volkomen" toe te voegen om onderscheid te maken tussen de twee aspecten van heiliging in het christelijk leven (*Works*, XI, 388, verwijzend naar de predikantenconferentie van 16 juni 1747). De term was niet ontleend aan het Nieuwe Testament, maar werd gekozen om redenen van geschiktheid.

3.  Het meest ernstige gevolg van deze toenemende begripsvernauwing is dat de bloedarme, "abstracte" betekenis van dit eens zo levendige, dramatische, dynamische woord ook weer de enige betekenis van het woord in de Schrift ging worden. Er zijn er die vinden dat geen enkel schriftgedeelte dat niet het woord "heiliging" of "heiligheid" gebruikt beschouwd mag worden als gedeelte dat over heiliging gaat. En erger, hierdoor wordt de stem van het Woord de mond gesnoerd.

4.  De laatste stap in het abstraherende proces is heiliging compleet uit de context van rechtvaardiging te halen, zowel *feitelijk* als in gedachte, zodat de grote strijdvraag wordt: "Wie *is* een christen - enkel de geheiligden (waarmee men degenen die een tweede genadewerk ontvangen hebben bedoelt), of kan iemand die "enkel gerechtvaardigd" is ook gered worden?" Alle sporen van de essentiële persoonlijke relatie die volledig bij de betekenis van het woord hoort zijn nu verdwenen en enkel het methodologisch omhulsel is overgebleven om de hongerige mens te achtervolgen en bespotten.

"Heiliging" kan niet alleen staan in de theologie. Het kan niet uit het complex van theologische leerstellingen gehaald worden om ervan gescheiden te worden. De in elkaar grijpende relaties van alle christelijke leerstellingen zijn essentieel voor het leven en de betekenis van elk van hen. Geloof, liefde, reiniging, rechtvaardiging, heiliging, crisis, of proces (enz) uit het complex halen is een "abstraheren" ervan, en de leerstelling wordt dan abstract genoemd. Het zou zijn alsof je het hart uit een mens haalt en dan verwacht dat alles wat de mens is in dat hart zit. Het hart is niet de mens, maar de mens leeft niet lang meer zonder die bijzonder intrigerende spier die zo essentieel met hem verbonden is. De mens *heeft* een hart; het hart is niet de mens.

Veel misverstanden hebben heiliging in haar weg door de geschiedenis verduisterd. We zullen het wagen er vanuit te gaan dat de vreemde negatieve herwaardering die plaats vindt wanneer iets uit zijn context gehaald wordt ook plaats vindt in de theologie met betrekking tot dit woord. Ontdaan van haar natuurlijke omgeving beginnen zich andere elementen die vreemd aan haar eigen natuur en betekenis zijn zich hier en daar aan haar te hechten en wordt de oorspronkelijke betekenis omgedraaid. Wanneer "heiliging" uit haar bijbelse context gelicht wordt en aan andere termen verbonden die ook uit hun context gelicht zijn, ziet het uiteindelijke resultaat er soms wat kunstmatig uit en is minder bruikbaar in het leven. Ze wordt bijvoorbeeld soms verbonden met bepaalde emotionele toestanden, standaard uitdrukkingen, kledingstijlen, sociale gebruiken, of persoonlijke eigenaardigheden. Dit kan gebeuren wanneer een bijbels leerstuk wordt samengesteld door een aantal verzen te verzamelen die een woord bevatten dat gedefinieerd moet worden, en, los van de context, door een quasi logische constructie met elkaar verbonden worden. Bijna alles kan door deze methode "bewezen" worden.

Wanneer de onderlinge verbondenheid van rechtvaardiging en heiliging verbroken wordt en rechtvaardiging onder heiliging geplaatst wordt als een soort armzalig kelderverblijf onder luxueuze appartementen, of als merkteken voor het onderscheid tussen eerste- en tweedeklas christenen gebruikt wordt, is er iets essentieels van de betekenis van beide termen verloren geraakt.

Mogen we opmerken dat we bij het zoeken naar de bijbelse betekenis van het *woord* heiliging nog niet bij het hart van de wesleyaanse of bijbelse waarheid zijn. Het hart ervan is volgens Wesley liefde tot God en mens, met al de onderlinge verbondenheid van de liefde. Maar we zijn *wel* bij het hart van het *probleem* in de gedachten van serieuze mannen en vrouwen die proberen de kunstmatig beperkte betekenis van het woord aan de bijbel op te leggen en daarna oprecht proberen hun leven te conformeren aan een dogma dat de christelijke ervaring beperkt tot het kunstmatig moralisme van een woord dat uit haar context gelicht is en daarna schriftuurlijk genoemd wordt.

De taak die in dit hoofdstuk voor ons ligt is het terugroepen van de bijbelse betekenis en de onderlinge verbondenheid ervan met het geheel van theologie en leven. *Dit verzwakt de heiligingsboodschap niet.* Het brengt de liefde veeleer daar waar ze hoort - in het hart van theologie en leven. We moeten ook dat wat al aangeduid is in gedachten houden, namelijk dat het soort liefde waarover hier gesproken wordt niet gescheiden kan worden van heiligheid. Liefde en heiligheid zijn niet twee dingen die

Mildred Bangs Wynkoop

met elkaar in balans gebracht moeten worden terwijl de nadruk eigenlijk op heiligheid ligt. Liefde en heiligheid zijn niet enkel met elkaar verbonden of elkaar vergezellende verschijnselen. Het zijn twee kanten van hetzelfde. De heiligheidsboodschap, bezield door het Woord van God, wordt dus opnieuw bekleed met de kracht van de Geest. Het is Gods Woord, niet het woord van een mens. Het is liefde, gemeenschap, vreugde, vrede, kracht, dienstbaarheid, discipelschap, leven, en al het andere dat betrokken is in Gods genade.

## 16.2 Heiliging, het wezen

Dit hoofdstuk draagt de titel "Heiliging - het wezen". Dit erkent een wesleyaans onderscheid tussen dat wat *theologisch essentieel* is bij het gebruik van dit woord en de omstandigheid (het volgende hoofdstuk) die verwijst naar de verschillende vormen van menselijke toe-eigening van Gods genade. Het "wezen" moet een bespreking zijn van Wesleys gebruik van de term en een bijbelstudie over haar inhoud.

Wesleys heiligingstheologie onderscheidt zich op een bijzonder punt - de morele relevantie van heiliging voor dit leven. Deze overtuiging kleurt ieder aspect van haar theologie en wordt de grond voor het hele scala van haar accenten. Dit is geen fundamenteel afscheid van de hoofdrichting van de christelijke leer, maar een verenigen van haar diverse elementen in een systematisch geheel. In het Wesleyanisme is heiliging zowel Gods werk in ons als Gods werken met ons. Het heeft elementen van crisis en proces in zich. Het is zowel een scheiding als een vereniging, een reiniging en een discipelschap. Het is objectief en subjectief. Het is een theologische en een persoonlijke ervaring, een theorie en een leven. En toch is het een eenheid van ervaring en een verenigende ervaring.

Het verenigen van deze schijnbare tegenstellingen in één rationeel systeem schept logische problemen. Hoewel de tegenstellingen zich oplossen in de omstandigheden van het leven omdat het leven rijker is dan de logica, is het onvermijdelijk dat er in de leerstellige uitdrukkingen en theologische verhandelingen spanning ontstaat tussen leven en logica. Sommigen prefereren de ene benadering boven de andere, waarmee duidelijke verschillen tussen de theologische standpunten naar voren komen.

Er zijn twee belangrijke redenen voor de verschillen in gezichtspunten onder Wesleyanen. De ene komt voort uit de aard van het wesleyaanse accent. Het is veeleer een leven dan een formele leer, en dus is en wordt het uitgedrukt in de dichterlijke en minder wetenschappelijke taal van de godsdienst en devotie. Er is een enorme hoeveelheid literatuur die geschreven is vanuit deze benadering, en velen lijkt het toe dat een kritischer en objectiever benadering profaan is.

De andere reden komt voort uit een feit dat al opgemerkt is, namelijk dat er twee onderscheiden bewegingen in de wesleyaanse leer zijn, binnen het totale raamwerk van deze traditie. De beste verwoording komt van Wesley zelf. In de inleiding van een oude Beacon Hill Press uitgave van *A Plain Account of Christian Perfection* maakt hij zorgvuldig onderscheid tussen het "wezen" en de "omstandigheid" van zijn leer. Dat waarover "wij het allen eens zijn" is de "redding van alle zonde, terecht zo genoemd, door de liefde tot God en mens die ons hart vult."

Sommigen zeggen: "Dit kan niet bereikt worden tot we gelouterd zijn in het vagevuur". Anderen: "Nee, het wordt bereikt zodra lichaam en ziel van elkaar scheiden". Maar weer anderen zeggen: "Het kan bereikt worden voordat we sterven: een moment later is al te laat". Is dat zo, of niet? We zijn het er allemaal over eens, *dat we voor het sterven van alle zonden gered kunnen worden; dat wil zeggen, van alle zondige geaardheden en verlangens.* Het wezen staat dus vast[128]. (cursivering van mij)

De "omstandigheid" heeft te maken met de manier waarop de verandering plaats vindt. Is dat geleidelijk of onmiddellijk? Hij zei dat het "zowel het een als het ander" is. Moeten beide aspecten in de prediking benadrukt worden? Hij antwoordde:

> Zeker moeten we vurig en voortdurend aandringen op een geleidelijke verandering. Zijn er geen redenen waarom we zouden moeten aandringen op een onmiddellijke verandering? (...) De voortdurende ervaring leert ons dat zoveel te vuriger ze het verwachten, zoveel te sneller en gestadiger het geleidelijke werk van God in hun zielen voortgaat (...) terwijl men juist het tegenovergestelde ziet wanneer deze verwachting ophoudt te bestaan. Ze worden gered door de hoop, (...) vernietig deze hoop en de redding staat stil, of liever, neemt dagelijks af. Daarom, wie de geleidelijke verandering in de gelovigen wil verhaasten, zou sterk moeten aandringen op het onmiddellijke[129].

Het "wezen", vond Wesley, was schriftuurlijk en hem was geen moeite teveel om aan te tonen waarom hij geloofde dat dit zo was. De "omstandigheid" was een andere zaak, en een die op een andere manier door hem behandeld werd. Aangezien het te maken heeft met de subjectieve toe-eigening van de genade in de ervaring, was de ervaring de enige bron van informatie hierover. Wesley was hierover nooit dogmatisch. Hij beriep zich op de "voortdurende ervaring". In feite voorzagen Wesleys bijzonder nauwgezet bijgehouden verslagen van honderden mensen wier religieuze ervaringen hij door de jaren heen bestudeerde, hem van een schat aan informatie die hem zowel een kenmerkend algemeen patroon opleverde als wel de

---

128 John Wesley, *A Plain Account of Christian Perfection* (Kansas City: Beacon Hill Press, 1950), blz. 3.
129 Idem.

Mildred Bangs Wynkoop

kenmerkende afwijkingen van dat patroon. Dit stelde hem in staat zinnige adviezen te geven aan allen die dat nodig hadden. (Een bestudering van zijn brieven bevestigt deze mening.) Hij liep vooruit op de methoden van de moderne wetenschap, vooral op het terrein van de psychologische research.

Wesley, als een opmerkelijk kundige "arts", gekoppeld aan zijn kennis als psycholoog, was in staat door het complex van menselijke gegevens "heen te kijken" om het kenmerkende van iedere situatie te bepalen. Hij bestreed vaak de plaatselijke artsen door te wijzen op het schijnbare van de relatie tussen oorzaak en symptoom, die volgens hen wel degelijk bestond. Hij stelde een aantal gezonde, theologische principes vast, omdat hij in staat was onderscheid te maken tussen de belangrijke en de incidentele factoren in de religieuze ervaring, en het verschil zag tussen de leer zelf en de ervaring van datgene wat geleerd werd.

Zijn conclusie: "Op deze manier gebeurt het met de Methodisten" was geen theologisch dogma. Wesley verwarde deze twee niveaus van waarheid nooit. Een bijbels leerstuk was één ding; de menselijke toe-eigening van de genade die hij predikte was een ander. Zijn grote zorg was de één met de ander te verbinden in een diepe geestelijke werkelijkheid en innerlijkheid, maar hij kende het verschil tussen de eeuwige waarheid en de bijna oneindige variaties in de ontvangst daarvan door mensen die onderworpen zijn aan de complexiteit en zwakheid en onwetendheid waarvan wij erfgenamen zijn.

Echter in de loop van de tijd neigden zij, die Wesleys theologie volgden, ertoe, hoewel ze het met elkaar eens waren over het centrale punt ofwel het "wezen", hun wegen te scheiden omtrent het zojuist besproken punt. Velen zijn wesleyaans op dezelfde manier als Wesley dat was, dat wil zeggen, zij benadrukken de diepe morele verplichting van de gelovigen ten opzichte van God en jagen naar de volledige toewijding aan God, die door de volmaakte liefde gesuggereerd wordt. Anderen benadrukken het psychologische patroon van de ervaring als zijnde de kern van de leer. De eerste groep zal ertoe neigen meer bijbelse taal te gebruiken en stereotype termen te vermijden. De laatste groep heeft sommige psychologische uitdrukkingen gestandaardiseerd en vindt dat het verlies daarvan een ontkenning is van alles waar de wesleyaanse theologie voor staat. Op deze manier wordt het psychologisch syndroom belangrijker dan de diep persoonlijke relatie met Christus die uitmondt in Christusgelijkvormigheid. "Ervaring" maakt aanspraak op de troon, die door Christus zelf bezet zou moeten worden.

## 16.3 Wesley en de heiliging

Een aantal korte citaten uit Wesleys werken karakteriseren zijn standpunt.

Door de rechtvaardiging worden we gered van de schuld van de zonde, en komen we weer in de goedgunstigheid van God; door heiliging worden we gered van de kracht en de wortel der zonde, en hersteld naar het beeld Gods. De ervaring en de Schrift tonen beide aan, dat deze redding èn onmiddellijk èn geleidelijk is. Ze begint op het moment dat we worden gerechtvaardigd in de heilige, nederige, zachtmoedige, geduldige liefde van God en mens. Ze neemt geleidelijk toe vanaf dat moment, zoals het mosterdzaadje dat eerst de minste is van alle zaden, maar daarna grote takken voortbrengt en een grote boom wordt; totdat, op een ander moment, het hart wordt gereinigd van alle zonde, en gevuld met de zuivere liefde tot God en mens. Maar zelfs die liefde neemt meer en meer toe, totdat we "in elk opzicht naar Hem, die het hoofd is, Christus, toegroeien"; totdat we "de maat van de wasdom der volheid van Christus" bereiken" (*Works*, VII, 507).

Wanneer we wedergeboren worden begint onze in- en uitwendige heiliging, en vanaf dat punt moeten we geleidelijk "naar Hem, die het hoofd is", toegroeien. Deze uitdrukking van de apostel illustreert prachtig (...) de analogie tussen de natuurlijke en de geestelijke dingen. Een kind wordt in een enkel moment uit een vrouw geboren, of in elk geval in korte tijd: Daarna groeit het langzaam en geleidelijk op, tot het de wasdom van een man bereikt. Op gelijke wijze wordt een kind van God geboren in een korte tijd, zoal niet in een moment. Maar door geleidelijke toename groeit het daarna op tot de maat van de wasdom der volheid van Christus. Dezelfde relatie die er is tussen onze natuurlijke geboorte en onze groei, bestaat dus ook tussen onze wedergeboorte en onze heiliging (*Works*, VI, 74-75).

De kern van Wesleys godsdienst lag in de persoonlijke relatie die tussen God en mens tot stand gebracht werd. Rechtvaardiging is de open deur van Gods hart die de zondige mens in Zijn gemeenschap binnenlaat. Geloof en berouw en blijde gehoorzaamheid waren het respons van de mens op deze uitnodiging van God aan hem. De theologische beschrijving in evangelische kringen is de bijbelse uitdrukking "in Christus". Heiliging is hiermee verbonden maar verwijst naar een andere fase in de christelijke ervaring. Wesley was zorgvuldiger dan men gewoonlijk was in het duidelijk en nadrukkelijk onderscheiden van rechtvaardiging en heiliging. Deze studie staat ons niet toe om rechtvaardiging meer dan terloops te noemen, maar wanneer men niet ziet dat die relatie en dat onderscheid met heiliging in Wesleys gedachten zowel als in de protestantse theologie bestond, zou men de volledige betekenis van heiliging kunnen ondergraven en vervormen, zo niet vernietigen.

Wesley was zich wel bewust van het feit dat hij het gevaar liep het verschil tussen rechtvaardiging en heiliging zo sterk te benadrukken dat hun diepe geestelijke verbondenheid verloren raakte. Rechtvaardiging neigt er op deze manier toe minder

Mildred Bangs Wynkoop

waardevol te worden om plaats te maken voor heiliging. Het feit is echter dat een verzwakte rechtvaardiging helemaal niet meer tot heiliging kan leiden.

V. Stellen wij de rechtvaardige staat gewoonlijk wel zo groots en gelukkig voor als ze is?

A. Misschien niet. Een gelovige die wandelt in het licht is onuitsprekelijk groots en gelukkig.

V. Zouden we er niet voor moeten waken rechtvaardiging onder te waarderen om daardoor de staat van volledige heiligmaking te verheerlijken?

A. Ongetwijfeld moeten we ons daarvoor in acht nemen; want men kan daarheen onbewust afglijden.

V. Hoe kunnen we dit praktisch vermijden?

A. Door, wanneer we gaan spreken over volkomen heiligmaking, allereerst de zegeningen van de rechtvaardige staat te beschrijven, zo krachtig als mogelijk (*Works*, VIII, 298).

Wesleys beeld van rechtvaardiging is even zozeer een uitdaging voor de Calvinist als voor de Arminiaan en "brengt een slag toe" (zoals hij zo vaak zegt) aan de zwakheid in beiden. Zijn hoge opvatting van rechtvaardiging maakt het een plicht voor iedere christen om heiliging als belangrijk te beschouwen.

Nu zegt het Woord van God duidelijk dat zelfs zij die gerechtvaardigd zijn, die wedergeboren zijn in de meest gebruikelijke zin, "niet voortgaan in zonde" (KJV, vert.), dat ze "daarin niet kunnen leven" (Rom. 6:1-2); dat ze "samengegroeid zijn met hetgeen gelijk is aan zijn dood", de dood van Christus (v 5); dat hun "oude mens medegekruisigd is", het lichaam der zonde vernietigd, zodat ze vanaf nu de zonde niet meer dienen; dat, gestorven zijnde met Christus, ze vrij van zonde zijn (6-7); dat ze "dood voor de zonde, maar levend voor God" zijn (v 11); dat "de zonde over hen geen heerschappij zal voeren", over hen, die "niet onder de wet, maar onder de genade zijn"; maar dat zij "vrijgemaakt van de zonde, in dienst zijn gekomen van de gerechtigheid" (14,18) (*Works*, VI, 6-7).

V. 22. Is het de gelovigen leren om voortdurend over hun aangeboren zonden te peinzen niet de snelste weg om ze te laten vergeten dat ze gereinigd zijn van hun vroegere zonden?

A. Door ervaring hebben we geleerd dat dat zo is; of dat ze het daardoor als een kleinigheid gaan beschouwen; terwijl het inderdaad (hoewel er nog grotere gaven wachten) onuitsprekelijk groots en heerlijk is (*Works*, VIII, 298).

Wesley acht rechtvaardiging zeer hoog - zo hoog dat het sommigen inderdaad toeschijnt dat hij het verwart met heiliging. MAAR DAT IS NU JUIST HET PUNT. Wesley beweerde nadrukkelijk dat heiliging begon met rechtvaardiging - Christus is niet enkel *voor* ons, maar Hij is ook *in* ons. Dit verheft de hele verlossing tot een nieuw niveau van betekenis. Met de rechtvaardiging begint er iets dat geen plafond heeft. Ze leidt de nieuwe christen in een relatie met Christus die een manier van leven met zich meebrengt. Ze opent nieuwe diepten en nieuwe vergezichten van betekenis en nieuwe niveaus van persoonlijke relatie met onze Heer. De nieuwe christen is geen tweede klas burger des hemels maar een werkelijk deel van Christus. Rechtvaardiging en heiliging zijn niet twee *soorten* genade, maar twee *dimensies* van de ervaring van Gods liefde en genade.

## 16.4 U in Christus en Christus in u

Het absolute onderscheid tussen hen die "in Christus" zijn en zij die dat niet zijn is de onderscheidende karakteristiek van een christen dat hij bewoond wordt door de Heilige Geest - soms verwoord als Christus die in het hart woont. Er is geen onderscheid tussen de "gelovige" en de "geheiligde". Geen enkel verschil in die richting wordt door bijbelse uitdrukkingen bedoeld zoals "Gij daarentegen zijt niet in het vlees, maar in de Geest, althans, *indien de Geest Gods in u woont. Indien iemand echter de Geest van Christus niet heeft, die behoort Hem niet toe*" (Rom. 8:9). Het bewijs van het in Christus zijn is *Christus in u*. "En indien de Geest van Hem, die Jezus uit de doden heeft opgewekt, in u woont, dan zal Hij, die Christus uit de doden opgewekt heeft, ook uw sterfelijke lichamen levend maken door zijn Geest, die in u woont" (Rom. 8:11). (Zie ook Gal 2:20, Ef 3:14-19, I Joh 3:23-24, 4:4, 12-13, 15-16, en nog veel meer).

In dit korte overzicht, en zoveel te meer in een uitgebreidere studie, begint het heerlijke feit boven te komen dat rechtvaardiging gewoon de deur tot een persoonlijke relatie met God door Christus is die in het werkelijke leven niet "geabstraheerd" kan worden van het hele complex van een levende relatie met God. Luister naar Wesleys uitleg in deze, die een levende dimensie toevoegt aan een bestudering van heiliging. Merk zijn zorgvuldige onderscheidingen op.

> [Rechtvaardiging] is niet het werkelijk goed en rechtvaardig gemaakt worden. Dat is heiliging, wat inderdaad, tot bepaalde hoogte, de onmiddellijke vrucht van een natuur is. Het ene houdt dat wat God voor ons doet door zijn Zoon in, het andere, dat wat hij in ons werkt door zijn Geest. Zodat, hoewel er een aantal zeldzame gevallen gevonden zouden kunnen worden waarin de termen *gerechtvaardigd* of *rechtvaardiging* in een zodanig ruime betekenis gebruikt worden

dat ze ook *heiliging* insluiten, toch, in het algemeen, ze voldoende van elkaar worden onderscheiden, zowel door Paulus als door de andere geïnspireerde schrijvers (*Works*, V, 56).

V. 7. Is ieder mens, zodra hij gelooft, een nieuwe schepping, geheiligd, zuiver van hart? Heeft hij dan een nieuw hart? Woont Christus daarin? En is hij een tempel van de Heilige Geest?

A. Al deze dingen kunnen in ware zin van iedere gelovige gezegd worden. Laten we daarom hen die dit staande houden niet tegenspreken. Waarom zouden we twisten over woorden? (*Works*, VIII, 291).

Zodra hij het getuigenis door de Heilige Geest ontvangt van zijn vergeving ofwel rechtvaardiging is hij gered. Hij heeft God en de hele mensheid lief. Hij heeft de gezindheid die was in Christus, en de macht om te wandelen zoals Hij wandelde. Vanaf die tijd (tenzij zijn geloof schipbreuk lijdt) neemt de redding geleidelijk toe in zijn ziel. Want "Alzo is het Koninkrijk Gods, als een mens, die zaad werpt in de aarde (...) en het zaad komt op en groeit; (...) eerst een halm, daarna een aar, daarna het volle koren in de aar" (*Works*, VIII, 48).

(Zie ook Wesleys preek "The End of Christ's Coming"[130], *Works*, VI, 275).

V. Wanneer begint de innerlijke heiliging?

A. Op het moment dat een mens wordt gerechtvaardigd. (Toch blijft er zonde in hem, ja, de wortel der zonde, totdat hij volledig geheiligd wordt.) Vanaf dat moment sterft de gelovige geleidelijk aan voor de zonde, en groeit hij in de genade (*Works*, XI, 387).

Ik geloof dat het [de wedergeboorte] een innerlijk iets is; een verandering van innerlijke slechtheid naar innerlijke goedheid; een volkomen verandering van onze binnenste natuur van het beeld van de duivel (waarnaar we geboren zijn) naar het beeld van God, een verandering van de liefde tot het schepsel naar de liefde tot de Schepper; van het aardse en zinnelijke naar de hemelse en heilige genegenheden; - met een enkel woord, een verandering van de geaardheid van de geest der duisternis naar die der engelen van God in de hemel (*Works*, I, 225).

In "The First Fruits of the Spirit"[131] (*Works*, V, 897), spreekt Wesley duidelijk over de radicale aard van de verandering van het christelijk leven. (1) Zij wonen in Christus en Christus in hen. (2) Zij worden samengevoegd met de Heer in één Geest. (3) Ze worden ingeplant in Hem. (4) Ze zijn verenigd, als leden onder hun Hoofd. (5) Met betrekking tot Gal 5:16-19, waar Paulus zegt: "Wandelt door de Geest en

---

130 Het doel van Christus' komst (vert).
131 De eerste vruchten van de Geest (vert).

voldoet niet aan het begeren van het vlees", en hij onmiddellijk toevoegt: "Want het begeren van het vlees gaat in tegen de Geest en dat van de Geest tegen het vlees - want deze staan tegenover elkander - zodat gij niet doet wat gij maar wenst", zegt Wesley:

> De woorden zijn letterlijk vertaald, niet, "zodat gij niet *kunt* doen wat gij maar wenst", alsof het vlees de Geest overwon: een vertaling die niet alleen niets te maken heeft met de oorspronkelijke tekst van de apostel, maar evenzo het hele argument van zijn waarde berooft; ja, zelfs het tegenovergestelde beweert van wat hij aantoont (*Works*, V, 88).

Wesley gaat verder:

> (6) "Zij die in Christus zijn hebben het vlees en zijn hartstochten gekruisigd". (7) Hoewel de wortel van de bitterheid in hen gevoeld wordt, wordt hun "de kracht uit den hoge" gegeven om "het voortdurend onder hun voeten te vertrappen". (8) Ze "wandelen door de Geest" in hart en leven. (9) Zij hebben God en hun naaste lief. (10) De echte vruchten van de Geest tonen zich in hun levens omdat ze "vervuld zijn met de Heilige Geest". (11) En verder, zij die in Christus zijn *(a)* vallen niet onder het oordeel voor zonden uit het verleden; *(b)* voor zonden in het heden; *(c)* voor de innerlijke zonde (hoewel die nu blijft en ze er zich steeds meer van bewust zijn, maar zich er niet aan overgeven); *(d)* voor zonden vanuit ziekten of zwakheden132; of *(e)* voor iets wat ze niet kunnen helpen (zie *Works*, V, 88-93).

Dit zijn slechts voorbeelden van Wesleys denken, grotendeels gekozen uit werken die hij speciaal bestemde om uitdrukking van de meest essentiële christelijke waarheden te geven. We hebben dit om de volgende redenen genoemd:

1. Om op de hoge dunk die Wesley van rechtvaardiging had te wijzen.
2. Om de essentiële en nauwe relatie tussen rechtvaardiging en heiliging aan te tonen, en de relatie van beide met liefde en christelijke volmaaktheid.
3. Om de buitengewone, bijna saaie, zorgvuldigheid te laten zien waarmee hij onderwerpen behandelde die gemakkelijk verward konden worden.
4. Om de positieve benadering tot volledige heiligmaking te onthullen. (Wesley dreef mensen nooit op maar leidde hen. Hij veroordeelde de mensen niet vanwege de "aangeboren zonde" maar moedigde hen aan in hun innerlijke worstelingen God te vertrouwen en dichter naar Hem toe te gaan die hen liefhad.)

---

132 Inherent aan het mens-zijn (vert).

Mildred Bangs Wynkoop

5. Om de wesleyaanse hermeneutiek te benadrukken - liefde. De oproep van God aan de mens is niet om te vrezen maar om lief te hebben - om Gods dienaar in de wereld te zijn.

6. Om de weg te wijzen naar het gedachtekader waarin crisis en proces betekenis hebben, en ten slotte het fundament te leggen voor de betekenis van de "tweede zegen".

Dit vat in het kort Wesleys begrip van de termen heiligheid en heiliging samen. Als iemand scherpe, heldere, dogmatische definities bij Wesley zoekt, zou hij teleurgesteld kunnen zijn. Maar als hij goed naar Wesley luistert, zal hij in hem het sterke ritme van de dynamiek van de liefde in de woorden over het christelijk leven horen en de noodzaak gewaarworden van Gods uitnodiging tot een persoonlijke ontmoeting met Hem.

\*   \*   \*   \*   \*

We gaan nu over tot een bespreking van het bijbels onderwijs betreffende het gebruik van de termen heiliging en heiligheid. Het gebruik ervan speciaal in het Nieuwe Testament zal volledig onder de loep genomen worden. Een bestudering van iedere plaats waar deze termen gevonden worden is noodzakelijk voor de conclusies die essentieel zijn voor deze studie. Wesley kon nooit beschuldigd worden van een willekeurig uitkiezen of verwerpen van bepaalde bijbelgedeelten of van het uit hun verband halen van gedeelten om een theologisch standpunt te verdedigen.

## 16.5 Heiliging in het Oude Testament

Kort gezegd was heiliging in het Oude Testament het middel waardoor bepaalde voorwerpen, individuen, en een natie heilig gemaakt werden. De zonde had de mens van God gescheiden. God was heilig, afgescheiden, stralend, ongenaakbaar, angstaanjagend. Hij moest een vreselijk oordeel geven over de zonde van de mens. De vervreemding tussen God en mens was volledig. De mens was vervreemd van het leven van God. Maar God voorzag in een manier waarop de wederzijdse gemeenschap hersteld kon worden. Het kostte eeuwen van goddelijk onderwijs om begrippen in woorden te leggen die gebruikt konden en zouden worden om de morele betekenis van de verlossing over te brengen die de communicatie tussen God en mens mogelijk moest maken.

Aanvankelijk was een fysieke scheiding van het gewone, bereikt door strakke regels, de manier waarop dingen en dagen en mensen en een natie heilig konden worden. Bepaalde rituele handelingen stonden de mensen toe om voor Zijn aangezicht te komen en door Hem geaccepteerd te worden. Het ritueel was echter nooit volkomen gescheiden van ethische en morele overwegingen.

Onder de wet werd de gehoorzaamheid benadrukt. Volmaaktheid werd gedefinieerd in termen van fysiek en ethisch gedrag. Reinheid bestond uit een totale scheiding van verboden zaken en een totale toewijding aan God en Zijn dienst. Dit was heiliging. Dat wil niet zeggen dat de morele betekenis afwezig was, want die speelde op de achtergrond altijd mee, maar de naleving van ceremonieën was het meest in het oog lopende en belangrijke accent.

De profeten benadrukten een goede houding, die van meer belang geacht werd dan de rituele handelingen zonder de juiste geest. "Gehoorzaamheid", zei de profeet Samuël, "is beter dan slachtoffers". Volmaaktheid lag in het motief, de intentie. Job was "volmaakt" omdat zijn integriteit ten opzichte van God intact bleef. Hij durfde op God te vertrouwen in het donkerste uur van Gods schijnbare toorn. Een goed vasten is niet enkel het zonder voedsel doen, zei Jesaja, maar is ook dit voedsel en die kleding aan de hongerigen geven. Heiliging begon ook persoonlijke gehoorzaamheid en sociale verplichtingen in te sluiten, wat belangrijke ethische overwegingen waren.

George A. Turner vatte het oudtestamentisch onderwijs samen door te zeggen dat het in essentie een religieus begrip was, met als centrale gedachte een zich afscheiden van het onreine en toewijden aan God. Heiligheid was de Godgelijkvormigheid die van Gods volk geëist werd. Het was een afgeleide, en geen natuurlijke deugd. De voorwaarde was gehoorzaamheid; het kon dus worden verspeeld. Turner voegt daaraan toe: "Heiligheid staat gelijk aan vroomheid; vroomheid is verwant aan goedheid; een mens kan worden als God; dus, de heiligheid die van de mens geëist wordt is ten diepste vroomheid ofwel goedheid"[133].

## 16.6 Het nieuwtestamentische gebruik van heiliging

Een algemene bestudering van de context zal voorafgaan aan een meer kritische analyse en de conclusie. Het wijdverbreide gebruik van de termen geeft de rijke inhoud van de betekenis ervan aan.

1. *Ceremoniële en voornamelijk onpersoonlijke betekenissen* worden gevonden in gedeelten als Matteus 23, waar Jezus spreekt over de tempel die de dingen erin en het altaar dat de dingen erop heiligt; I Corinthe 7, waar het huwelijk en de kinderen geheiligd worden door de trouw van de gelovige partner; en I Timotheüs 4, waar voedsel dat met dankzegging wordt aanvaard geheiligd wordt.

---

133 George Allen Turner, *The More Excellent Way* (Winona Lake, Ind.: Ligth and Life Press, 1952) blz. 31.

Mildred Bangs Wynkoop

2. *Het hoofddoel van Jezus' bediening en dood was de heiliging van de Kerk.* Alle andere elementen van de verlossing zijn in die zin bijkomstig dat ze dit ene ondersteunen. Vergeving bijvoorbeeld, is om heiliging mogelijk te maken en moet niet worden gezien als een doel op zichzelf. Paulus zei in Ef 5:25-26 dat Christus zichzelf gegeven heeft voor de Kerk "om haar te heiligen, haar reinigende door het waterbad met het woord". De Griekse tijden komen niet volledig in het Nederlands over. Hoe raar dat ook moge klinken, in het Grieks staat er zoiets als dit: "Christus had de gemeente lief [aoristus] en gaf zichzelf ervoor over [aoristus], opdat hij haar mocht heiligen [de aanvoegende wijs geeft een doel en een mogelijkheid aan], haar reeds [of eerst] gereinigd hebbende door het wassen met water middels het woord [aoristus deelwoord]". Aan welk bepaald gebruik deze beeldspraak ook refereert, het bereiden van de Kerk als een bruid is de algemene en fundamentele gedachte, en volmaakte geschiktheid als bruid is het doel. Om zonder "vlek of rimpel" te zijn staat op één lijn met "heilig en onbesmet" [onberispelijk] in de negatief-positieve relatie, en toont de morele betekenis waarop Paulus doelde.

Twee belangrijke punten komen naar voren: (1) Het ging Christus om een lichaam, een gemeenschap. Deze gedachte over de eenheid van de Kerk is de centrale gedachte van de brief aan de Efeziërs. (2) Christus gaf zichzelf voor de heiliging van dit lichaam. Hij keek verder dan het individu, keek naar het totale lichaam van de gelovigen. Dit maakt het individu niet minder belangrijk, maar het maakt duidelijk in welke context een individu datgene ervaart waartoe Christus stierf.

In Hebr. 13:12 wordt dezelfde gedachte uitgedrukt als de climax van de hele brief. Zoals er in het Oude Testament de jaarlijkse offers waren om het volk te heiligen in de verwachting van de komst van de Messias, zo heeft nu eens voor altijd "Jezus, ten einde zijn eigen volk door zijn eigen bloed te heiligen, buiten de poort geleden." Het hoofddoel van het kruis was om het *volk* te heiligen, de nadruk lag op het geheel, niet op het individu los van de groep. Deze twee gedeelten betrekken veel meer in de betekenis van heiliging dan vaak wordt gedaan. In feite behoort het geheel van hetgeen de verlossing bewerkt tot de term heiliging, ofwel als begeleidende verschijnselen ervan, ofwel als specifieke details in het geheel.

Deze gedeelten werpen licht op Jezus' gebed in Joh 17. Het gebed in het algemeen is voor de kern van gelovigen, *en hen, die door hun woord in Hem zouden geloven*, dat zij zodanig één gemaakt zouden worden in hun eenheid met Christus en met elkaar en samen met God dat hun getuigenis Christus op aarde zou verheerlijken. Diepgaand één zijn maakt de mens daartoe geschikt en wordt diverse malen herhaald in dit gebed. Geestelijke eenheid is het karakteristiek ervan. Effectief getuigen is het doel: "opdat de wereld gelove." Jezus had geen klachten te melden over hen voor wie Hij bad. Ze hadden niet gefaald of Hem teleurgesteld. Veeleer het tegenovergestelde was waar. Zijn lofuiting over hen was onverdeeld. Het was niet om iets te corrigeren dat fout bij hen was dat Hij bad, *voor zover er in dit gedeelte staat*, maar het was de enorme verantwoordelijkheid waarmee Hij hen achterliet waar het Hem om ging.

De heiliging van hemzelf, in vers 19, was een persoonlijke bekrachtiging van de heiliging die Hij van de Vader ontvangen had ter voorbereiding op Zijn verlossende bediening. "Zegt gij dan tot hem," vroeg Jezus, "die *de Vader geheiligd heeft* en in de wereld gezonden: Gij lastert?" (Joh 10:36). In Joh 17:18 zegt Jezus: "Gelijk Gij Mij gezonden hebt in de wereld, Heb ook Ik hen gezonden in de wereld"; en dit commentaar, dat tussen de verzen 17 en 19 staat, verbindt heiliging met de genoemde goddelijke opdracht. Zijn deel van de taak is beëindigd. Hij draagt Zijn discipelen op hun eigen deel uit te voeren. *De Vader die Hem heiligde voor deze taak wordt gevraagd hen te heiligen voor de hunne ofwel hen Zijn eigendom te maken en hen apart te zetten en te zalven voor hun taak.* Jezus berispte de Joden in één van de meest ernstige gedeelten in het Nieuwe Testament omdat ze zeiden dat Hij, *geheiligd door God*, een godslasteraar was. Zijn werken zouden hen overtuigd moeten hebben. Nu, in het zeventiende hoofdstuk, werd het werk om de wereld te overtuigen op de schouders gelegd van hen die Jezus verliet. Het offer van zichzelf aan het kruis was de samenvatting van Zijn voorbereiding omwille van hen. Voorbereide mensen moesten geestelijke bouwers worden voor Christus: "De werken die Ik doe, zal hij ook doen, en nog grotere dan deze" (Joh 14:12). Het is volkomen onmogelijk uit dit gedeelte het idee af te leiden dat de wereld overtuigd zou worden van Gods liefde door gelovigen wier enige aanspraak op het unieke van hun christen zijn een geheime positie voor Gods aangezicht is. Het is precies deze aanspraak zonder het daarbij behorende concrete bewijs van morele geschiktheid die het geloof van de wereld verhindert. De gemeenschap waarin de heiliging hen bracht was moreel en geestelijk gestructureerd.

Er schijnt geen exegetische eis te zijn dat de betekenis van heiliging van vers tot vers zou moeten veranderen, dat wil zeggen, van de ene betekenis in verband met Jezus tot een andere in verband met de discipelen. Het is juist de analogie die van de één op de ander overgedragen wordt die betekenis geeft aan dit gedeelte. In plaats van een formele betekenis aan het woord op te leggen en dan de tekst daaraan aan te passen, zou een bijbelse exegese gevormd moeten worden door de betekenis en nadruk van de tekst. Er ligt een rijke betekenis in dit woord hier als deze benadering toegestaan wordt. Merk de parallellen op:

Mildred Bangs Wynkoop

*Dat zij één zijn zoals Wij* (v. 11). Dit wordt herhaald in de vers 21 en 22.

Gelijk Gij, Vader, in Mij, en Ik in U, dat ook zij in Ons zijn (21).

Zij zijn niet uit de wereld, gelijk ik niet uit de wereld ben. Dit wordt tweemaal genoemd, vers 14 en 16.

Gelijk Gij Mij gezonden hebt in de wereld, Heb ook Ik hen gezonden in de wereld (18).

*Ik heilig Mijzelf* (...) opdat ook zij geheiligd mogen zijn (19).

En de heerlijkheid, die Gij Mij gegeven hebt, Heb Ik hen gegeven (22).

Ik in hen en Gij in Mij (23).

Gij hen liefgehad hebt, gelijk Gij Mij liefgehad hebt (23).

Opdat de liefde, waarmee Gij Mij liefgehad hebt, *in hen zij en Ik in hen* (26).

In geen enkel geval wordt er een tegenstelling uitgedrukt of geïmpliceerd tussen wat zij waren en wat zij moreel gesproken zouden moeten zijn, of tussen Hemzelf en hen ten aanzien van morele integriteit. In ieder geval is de vergelijking positief en dynamisch.

Dit alles geeft concrete betekenis aan het woord heiliging zoals Jezus dat bedoelde in dit gedeelte. Dat het meer dan ceremonieel is, is duidelijk. Ze hoorden al bij een "heilige" natie. Niets kon aan deze kwalificatie toegevoegd worden. Ze hadden zichzelf al van de wereld afgescheiden tot God. Het gebed was niet om hen uit de wereld weg te nemen, maar om hen te bewaren voor het kwaad in de wereld. Het gebed was niet voor de discipelen alleen, maar voor allen die door hun woord in Christus zouden geloven. En dat het niet louter voor een bovenaardse ervaring was, wordt aangeduid door het doel: "opdat de wereld gelove".

Iets van de betekenis van heiliging kan dus afgeleid worden uit een analyse van dit gedeelte.

a. Wat heiliging voor Jezus betekende, moet het voor ons betekenen.

b. Het hield ook een door God ingestelde opdracht in - Gods keuze van personen die toegerust zijn tot een bepaald doel. God heiligt. Het is objectief.

c. Het hield tevens een antwoord van persoonlijke toewijding aan God en Zijn wil in van hen die geheiligd zijn. Er is een subjectief aspect.

d. Deze toewijding is een zeer krachtig woord - niet de goedkope, populaire betekenis die het gekregen heeft. Het houdt een werkelijke overgave van het zelf aan God in zodat er geen tegengesteld doel in het hart meer is. Het is een morele éénwording. Dit gedeelte is speciaal sterk op dit punt.

e. Zoals Christus één was met God in morele betrekking en enkelvoudigheid van liefde en doel, zo bestaat ons één-zijn met Christus en elkaar uit de morele integriteit die de heiliging structureert.

f. Evenals bij Christus is heiliging voor ons meer dan een ordinantie Gods, of intern geluk binnen de gemeenschap. Het was ook een naar buiten gerichte uitdrukking die altijd aan de betekenis van liefde vorm moet geven. Om te bestaan moet liefde geuit worden in gehoorzaamheid aan God. De kern van haar aard maakt dit een absolute vereiste. Heiliging betekent naar buiten stromend leven, nooit louter een vijver van bevrediging. De komst van de Geest zou zijn als het naar buiten stromen van levend water, zei Jezus (Joh 7:38).

Kortom, de betekenis van het woord heiliging wordt afgeleid uit de *parallelle* elementen in dit hoofdstuk, niet uit enig verschil tussen Christus' ervaring en de onze die de theologie van buiten af in de interpretatie legt. Als erop gestaan wordt dat "zuiver maken" - een toegevoegde theologische zinsnede - hier in de betekenis van *heiliging* moet worden opgenomen, en dat dit element moet worden weggelaten als het enkel op Christus betrekking heeft, en moet worden toegevoegd als het op mensen slaat, dan moet gezegd worden dat deze gedachte een beeld van zuiverheid verraad dat niet door de context ondersteund wordt.

*Dit gedeelte is een definitie van zuiverheid.* Door de tekst wordt aan reiniging existentiële en concrete betekenis gegeven. Wat zuiverheid voor Christus betekende moet het voor ons betekenen, namelijk, een enkelvoudig hart, en dat is precies wat heiliging betekent als subjectieve ervaring. De objectieve en subjectieve aspecten van heiliging zijn niet twee dingen maar één, bekeken van verschillende kanten. Het ceremoniële, voorafschaduwd in het Oude Testament, werd gepersonaliseerd in Christus, in wie wij geheiligd worden. Als wij "in Christus" zijn, is subjectieve morele vernieuwing even noodzakelijk als er morele gerechtigheid in Christus is.

Heiliging is in *waarheid*, niet in de leugen. In de sfeer van de waarheid wordt ieder afgodsbeeld geslecht, ieder gebied van de persoonlijkheid op Christus gericht. Deze morele gemeenschap *is* zuiverheid. In deze gemeenschap *is* er reiniging van zonde. Johannes 17 staat noch door grammatica noch door betekenis enkel een formeel opgelegde heiliging als "positie" toe. Geen enkele onpersoonlijke, amorele interpretatie kan recht doen aan Jezus' bedoeling in Zijn gebed. Morele relevantie spreekt uit iedere zin. Heiliging is niet abstract en onmogelijk, maar existentieel en ethisch relevant. Het is niet een streven naar zuiverheid maar een relatie waarin zuiverheid wordt ervaren. Het is een relatie die door Jezus' middelaarswerk is geschapen maar afhankelijk is van het respons van de mens (zoals aangeduid wordt door de tijden van de Griekse werkwoorden).

Johannes 17 is een opmerkelijke parallel met het gedeelte in Efeziërs. (1) Jezus had een geestelijk verenigd lichaam van gelovigen in gedachte, (2) dat Hem zou verheerlijken. (3) Hij stierf om *hen* te heiligen. Alle andere elementen van de verlossing waren daarbij ingesloten maar zijn ten opzichte hiervan bijkomstig. (4) Heiliging was *in het woord* en *in waarheid*. Dit "woord" was blijkbaar niet in eerste instantie de Schrift, maar werd gevonden in de vertrouwelijke omgang met het levende Woord, dat zelf de Waarheid is. (5) De opdracht werd begeleid door een morele geschiktheid - want de eenheid van geest die in beide gedeelten aangegeven wordt is duidelijk moreel.

Omwille van de duidelijkheid is het goed op te merken dat Jezus in Johannes 17 niet de manier aangaf waarop de heiliging plaats zou vinden. Hij stelde het niet gelijk aan de komst van de Heilige Geest; die wordt zelfs in het gebed niet genoemd. Hoewel de theologie geneigd is die met elkaar te verbinden, is het belangrijk op te merken dat *er geen enkel schriftgedeelte is*, waar gezegd wordt dat het Pinkstergebeuren het antwoord op Jezus' gebed in Johannes 17 is. Johannes stelt echter wel Jezus' blazen op hen gelijk aan de komst van de Heilige Geest. In feite wordt heiliging als zodanig nergens rechtstreeks gelijkgesteld met de komst van de Geest op die dag. Dat wil niet zeggen dat deze drie dingen *niet* verbonden zijn, maar wel dat die schakel niet gelegd kan worden *op basis van de genoemde gedeelten.* De grote overstelpende en overkoepelende waarheid schijnt te zijn dat de heiliging zoals die in Johannes 17 naar voren komt alles inhield wat Jezus was en voor ons deed, en dat het doel een Kerk was, volmaakt toegerust tot haar opgedragen taak. Deze centrale waarheden moeten goed in gedachten gehouden worden, hoewel we er in een systematische theologie andere waarheden aan toe mogen voegen.

Paulus laat in de brieven aan de Corinthiërs verder zien dat de bron van heiliging het *in Christus* zijn is. De idealen die zowel de Griek als de Jood vruchteloos probeerden te bereiken werden in Christus gevonden - wijsheid, gerechtigheid, heiliging, verlossing (I Cor. 1:30). Dit wil niet zeggen dat de elementen van de verlossing enkel deze vier dingen zijn en dat in chronologische volgorde, maar het is een samenvatting van de deugden die de mens zoekt in de filosofie en de godsdienst en die hij niet uit zichzelf kan vinden en die in en door Christus worden gevonden. In 6:11 stelt Paulus de christenen in Corinthe tegenover wie ze waren als heidenen om te laten zien hoezeer hun scheiding brengende geest en daden niet te verontschuldigen waren. Hij herinnerde hen eraan: "Maar gij hebt u laten afwassen, maar gij zijt geheiligd, maar gij zijt gerechtvaardigd door de naam van de Here Jezus Christus en door de Geest van onze God". Alles wat zij door hun geestelijk leven hadden, hadden zij ontvangen van en in Christus. Dit compliceert het al zo moeilijke theologische probleem in Corinthiërs, namelijk, dat zij zowel geheiligd als vleselijk genoemd worden, als men de betekenis van heiliging hier tenminste beperkt tot een "tweede genadewerk" (I Cor. 1:2 en 3:1-4).

3. *Gods plan van voor de schepping voor de verlossing van de mens "in heiliging door de Geest* en geloof in de waarheid", stond in sterk contrast met de toename van de zonde (ongerechtigheid) vanwege de verwerping van de waarheid (II Thess 2:13). Petrus maakt gebruik van dezelfde ongebruikelijke uitdrukking (I Petr 1:2): "uitverkorenen (...) *in heiliging door de Geest*, tot gehoorzaamheid en besprenging met het bloed van Jezus Christus". In beide gevallen wordt gerefereerd aan het goddelijk verlossingsplan, wat aan de ene kant heiliging door de dienst van de Geest was, en aan de andere kant het ethisch respons van het volk in gehoorzaamheid en een juiste relatie met de waarheid.

"Heiliging door de Geest" hield gehoorzaamheid en "gesprenkeld bloed" in en *leidde daar naar toe*. Het werd er volgens dit gedeelte niet door bepaald. Het is ook toegestaan en waarschijnlijk juister om "de geest" zodanig te vertalen dat het de geest van de gelovige betekent, aangezien de context zo'n interpretatie ondersteunt (W.R. Nicoll, *The Expositor's Greek Testament)*. Dit plaatst de goddelijke methode van redding, namelijk, geloof in en liefde tot de waarheid, in een absolute tegenstelling tot alles wat tegenover de waarheid staat. Heiliging wordt hier in beide gevallen rechtstreeks verbonden met de waarheid, en *dat is het punt* en de bredere betekenis van heiliging. De juiste interpretatie van deze gedeelten omvat het hele verlossingsproces.

4. *Alle gelovigen worden in het Nieuwe Testament heilig genoemd*, of geheiligd, of heiligen, ongeacht hun geestelijke rijpheid of enig andere kwalificatie. Voorbeelden worden gevonden in I Cor. 1:2, II Cor. 1:1 en 13:13, Ef 1:1, en vele andere. Er wordt nooit gerefereerd aan niet-geheiligde gelovigen in tegenstelling tot geheiligde gelovigen voor wat betreft de directe uitspraken van de Schrift. Alle gelovigen zijn op bepaalde wijze geheiligd. Dit onderwees Wesley.

5. Door goddelijke voorbeschikking *moesten de heidenen onder de geheiligden worden opgenomen*, zoals aangeduid wordt in Hand 20:32, 26:18, en Rom. 15:16. Dit is hetgeen in al die gevallen ter discussie stond. Het erfgoed van de geheiligden werd universeel gemaakt om ook hen die buiten de joodse natie stonden te omvatten. Dit verwijst naar de belofte die Israël als de heilige natie gegeven was, maar maakt zowel Israël als haar heiliging tot een geestelijke zaak waarin niet-Joden konden delen. In al deze gedeelten is dit universele van Gods

verlossing van de mensheid het centrale punt. In twee gedeelten wordt Paulus' persoonlijke, goddelijke opdracht aangaande de heidenen benadrukt. Hij brengt de boodschap van Gods genade en liefde. Eén gedeelte spreekt over het erfgoed onder hen die geheiligd zijn als een gave van Gods genade. Een ander spreekt van het erfgoed dat ontvangen wordt door geloof in God. De derde zegt dat deze heiliging in de Heilige Geest plaatsvindt. In allen is het centrale punt het opgenomen zijn in Gods goedgunstigheid en gemeenschap en het ontvanger zijn van Zijn verlossende genade.

Dit is niet iets dat de heidenen zoeken, maar iets dat ze ontvangen. Heiliging wordt enkel ontvangen door de dienst van de Heilige Geest. Toch is een juiste houding van de kant van de ontvanger noodzakelijk voor een persoonlijke toe-eigening. Geen van deze gedeelten spreekt specifiek over het subjectieve aspect van heiliging. Heiliging in deze gedeelten "zou in haar meest brede zin gezien moeten worden, als van toepassing zijnde op alle `heiligen' als degenen die apart gezet zijn voor God"[134].

6. *Van de twee gebeden om heiliging* die in het Nieuwe Testament zijn opgenomen waren beide verzoeken ten bate van anderen en niet voor degene die bad (Joh 17:17 e.v. en I Thess 5:23). Beide waren gebeden ten bate van een verenigd lichaam. Beide vroegen of God dit lichaam van personen wilde heiligen en beide waren gebeden voor groepen die eerst bijzonder geprezen werden in geestelijke zaken en daarin smetteloos waren. In verband met de gemeente der Thessalonicenzen lijkt het onwaarschijnlijk dat een verwijzen naar een onvolledig geloof iets anders zou kunnen betekenen dan onrijpheid.

*a.* Jezus' gebed in Johannes 17 is reeds besproken, en de betekenis van heiliging in die context is aangegeven.

*b.* Paulus' gebed in I Thess 5:23 is het gedeelte waaruit de term "volkomen heiligmaking" is afgeleid en het enige gedeelte waarin zelfs de Engelse taal enig idee geeft van *gedeeltelijk* of *volledig* als graduele wijzigingen in de heiliging. De volgende tekstanalyse is niet een verwerping van het theologisch gebruik van de term "volkomen heiligmaking" (wat een *idee* is dat, als het goed begrepen wordt, diep geworteld is in de Schrift), maar een onderzoek naar het gedeelte zelf om te kijken wat dat bijdraagt aan de betekenis van het woord heiliging.

Het woord "volkomen", zoals de heiligingstheologie dat gebruikt, heeft wat problemen gegeven wanneer het toegevoegd wordt aan "heiliging". Sommigen schenen te zeggen dat het de heiliging is die is afgerond, wat het idee gaf dat het

---

134 Charles W. Carter en Ralph Earle, *The Acts of the Apostles* "Evangelical Commentary on the Bible" (Grand Rapids, Mich.: Zondervan Publishing House, 1959), blz. 312.

doel is bereikt en alles wat heiliging betekent (in haar algemene zin) is verwezenlijkt. Logischerwijze is er dan in het leven daarna geen procesmatig aspect meer aanwezig. Dit zou in tegenspraak zijn met het voorafgaande gebed in deze brief (3:12-13) dat een voortdurende toename en overvloedig worden in de liefde nodig was "om uw harten te versterken, zodat zij onberispelijk zijn in heiligheid." Dit was het waar Paulus voor bad als zijnde het *versterkt* worden in heiligheid dat de Thessalonicenzen nodig hadden.

Het zou ook moeilijk zijn deze voleindigde aard van de heiliging overeen te laten stemmen met de vermaning aan de Corinthiërs (II Cor. 7:1): "Laten wij ons reinigen (...) en zo [voortdurend] onze heiligheid volmaken [tegenwoordige tijd]", die, zoals we hebben gezien, spreekt over rijping. Het is veeleer zo dat de persoon verandert ten opzichte van heiligheid, dan dat er diverse gradaties of hoeveelheden van heiliging worden ontvangen of geschonken. Heiliging, of heiligheid, als zodanig schijnt nooit een zaak te zijn die kan worden beschreven in termen van gradaties. Nimmer heeft iemand een beetje heiliging, wat meer, of alles ervan. In elk geval lijkt dit gedeelte zo'n soort interpretatie niet toe te staan.

I Thess 5:23 kan nauwelijks begrepen worden los van het vierde hoofdstuk, dat een tweevoudige vermaning is. Beide volgen uit het derde hoofdstuk, dat zegt dat heiligheid versterkt moet worden door een toename van de liefde. Allereerst moesten ze "nog meer wandelen" op een manier die God zou "behagen". Heiligheid is niet statisch. Vervolgens moesten ze elkaar "nog veel meer" liefhebben (4:9-11). Maar aangezien Paulus zei dat hij over dit laatste niet hoefde te schrijven omdat ze daarin uitblonken (v 10) en daarin zelf van God geleerd werden (v 9), is de uitwerking van de "wandel" in heiligheid, waarover Paulus sprak in v 3-8, van belang voor ons. Het is de bijbelse filosofie van heiligheid. Er worden een aantal elementen in deze filosofie genoemd en geïmpliceerd:

(1) *Heiligheid heeft te maken met de praktijk van alle dag.* De "wandel" is de kwaliteit van het dagelijks gedrag. De Thessalonicenzen werd niet gevraagd hun begrip van de leer te verdiepen. Hun onverdeelde aanvaarding *daarvan* wordt diverse malen genoemd. Toch *waren* er sommige punten in hun *levens* die aandacht nodig hadden.

(2) *Heiligheid en morele onreinheid waren tegenpolen.* In feite wordt morele reinheid bepaald door heiligheid, en is onreinheid de afwezigheid van morele integriteit, of heiligheid. Voortkomend uit de Griekse cultuur brachten sommige christenen in Thessaloniki de gedachte in de christelijke godsdienst binnen dat ofwel fysieke zonden noodzakelijk waren voor een volledig leven en dus geen zonden, of dat het lichaam niet deelnam en kon deelnemen aan geestelijke heiligheid. De conclusie van die redenering was dat fysieke zonden de genade niet konden verhinderen. Deze gnostische (of voor-gnostische) ketterij was de vloek van de

eerste christelijke leiders. Heiligheid als een ontvangen van genade was volgens dit gedeelte (of enig ander) niet noodzakelijk om seksuele zonden te voorkomen, maar het liet zien dat deze zonden volkomen vijandig stonden ten opzichte van de christelijke wandel. Ze moesten door alle christenen, afzonderlijk en tezamen, afgelegd worden. Een consistent christelijk leven hield de deelname van de gehele mens in. Het Griekse dualisme werd verworpen.

(3) *Heiligheid is Gods wil.* Hiertoe worden mensen opgeroepen. De oproep van het evangelie is niet louter tot vergeving, maar tot heiligheid. De Heilige Geest is aan christenen gegeven om heiligheid mogelijk te maken. De weigering om consequent te wandelen is een verachten van God, die ons de Heilige Geest gegeven heeft. Er is geen acceptabel alternatief voor Gods oproep tot heiligheid. Onreinheid is een morele opstand tegen God. Nu is Paulus tegelijkertijd zowel onvermurwbaar als geduldig op dit punt. Sommigen waren inderdaad geheiligd maar onwetend en bezig met onreinheid. Paulus gaf hen instructie op dit punt, en voor hem maakte het *weten* van de waarheid hen volkomen verantwoordelijk voor een verder gaan met zondigen. Hij kon onwetendheid vergeven, maar verwerping niet. De waarheid verwerpen, zei hij, was God verwerpen met al de ernstige gevolgen van dien. De oproep in deze brief is niet abstract, maar is tot een praktische standvastigheid in heiligheid - namelijk, reinheid. En reinheid betekent het in harmonie brengen van ieder vermogen van het lichaam met Gods wil en doel met de mens.

Wanneer we nu komen tot I Thess 5:23, waarin Paulus opnieuw bidt, is iets van deze achtergrond nodig om tot een goed verstaan te komen. Het gebed is tweevoudig. Het ene verzoek is om heiliging, het andere om behoud van morele integriteit. Hij bidt dat elk van hen geheiligd zal worden en dat iedereen ongeschonden in die heilige staat zal blijven.

7. *Er is een menselijke verplichting aan deze relatie.* Wij moeten in onze harten Christus als Heer heiligen (I Petr 3:15). Dit benadrukt de eis dat een christen niet enkel een gelovige wordt maar ook zeer bewust Christus Heer moet maken. De *Heiland* moet *Heer* voor hem worden, en dat kan Hij alleen worden door een bewuste bekrachtiging van Zijn heerschappij. Een effectieve dienst, "goede werken", is enkel mogelijk als iemand "zichzelf reinigt" van de onwaardige en verstikkende dingen die Paulus specificeert in II Timotheüs 2. Evenals in de analogie van de eervolle voorwerpen in een groot huis, zal hij apart gezet worden als een voorwerp met een eervolle bestemming, "geheiligd, bruikbaar voor de eigenaar." In deze beeldspraak wordt de "eigenaar" tegenover de keukenhulp of een van de dienstknechten geplaatst. Het is voor Gods "gebruik" dat we onzelf moeten toewijden, in tegenstelling tot enige andere toewijding. Alleen hij die zichzelf gereinigd

heeft, dat wil zeggen, alle andere loyaliteiten heeft geëlimineerd, is geschikt om geheiligd te worden, of (zoals bij Jezus) aangesteld te worden in Gods dienst. In dit geval, opnieuw, krijgt het ceremoniële beeld voor ons waarde als we de geestelijke betekenis naar voren zien komen en de diepe morele relevantie zich zien aftekenen.

De Corinthiërs (II Cor. 7:1) werden aangespoord hun "heiligheid" te "volmaken [ofwel tot rijpheid te brengen] in de vreze Gods" door zichzelf te reinigen "van alle bezoedeling des vlezes en des geestes." In het licht van de beloften die gespecificeerd worden in I Corinthiërs 6, was het reinigen (aoristus) van het zelf het morele minimum dat vereist werd in het leven van de gelovigen om hun "heiligheid" te "volmaken [tegenwoordige tijd, voortdurende handeling] in de vreze Gods." De Thessalonicenzen werden aangespoord overvloedig te worden in de liefde opdat de Heer hun harten zou versterken, zodat zij "onberispelijk zijn in heiligheid" (I Thess 3:12-13). In Romeinen 6 geeft Paulus aan dat een in gehoorzaamheid aan God gegeven zelf tot rechtvaardigheid leidt en heiliging als vrucht heeft. In geen enkele zin wordt heiliging bereikt door persoonlijke inspanning, maar door een voortdurende houding van zichzelf dood achten voor de zonde en levend voor God, en door de vaste houding van overgave aan God door een leven van gehoorzaamheid vanuit het hart. De vruchten hiervan zijn heiligheid en een eeuwig leven.

8. Heiligheid is een kwaliteit van leven - de teleologie, ofwel het doel, van heiliging. Iets van een nadere definitie van heiligheid wordt gegeven in Ef 1:4, waar Paulus ons het model van Gods doel met de schepping van de mens toont: "opdat wij heilig en onberispelijk zouden zijn voor hem [God] in liefde" (KJV). De abstracte soberheid van "heilig" wordt verpersoonlijkt in de onberispelijkheid van de liefde. Ze vullen elkaar aan. De filosofische abstractie die vaak de evangelische betekenis vertroebelt wordt opgelost in de woorden "voor hem". Dit neemt ons iedere definitie en elk oordeel uit handen en legt ze in Gods handen. "Onberispelijk" is ook zo'n existentieel woord. "Foutloos" zou de taal van het perfectionisme zijn, maar "onberispelijk" is een moreel woord en door en door christelijk. Het is geen onmogelijke en buitenhistorische norm. Ze heeft enkel betekenis in dit leven als proeftijd. Onberispelijk is, wanneer het samengevoegd wordt met liefde, niet een bepaalde gedragsregel of een kwantitatieve uitmuntendheid; het is een geest, een kwaliteit van toewijding die "volmaakt" is op elk niveau van haar ontwikkeling. Heiligheid en liefde gaan samen voort. Heiligheid wordt verdiept door liefde. Liefde is dé essentie van heiligheid. Geen van beide is statisch of louter positioneel, maar even verplicht om te groeien als de persoonlijkheid waarmee ze onafscheidelijk verbonden zijn.

Mildred Bangs Wynkoop

Dat de Kerk heilig en onberispelijk zou zijn (Ef 5:27), is Christus' doel met de verlossing. Dezelfde woorden worden gebruikt in Col. 1:22; "om u heilig en (...) onberispelijk vóór Zich te stellen". Paulus bad voor de Thessalonicenzen dat ze "onberispelijk bewaard" zouden blijven (I Thess 5:23). Dit is een vaak herhaalde gedachte in de Schrift. Petrus roept uit in zijn eerste brief (1:15-16), temidden van diverse aansporingen tot een juist christelijk gedrag: "maar gelijk Hij, die u geroepen heeft, heilig is, wordt (zo) ook gijzelt heilig in al uw wandel". Dit is geen abstract, mystiek idee van heiligheid; Petrus geeft geen reden tot speculatie. Het is een tegenstelling ten opzichte van hun vroegere slechte leven. Gehoorzaamheid en christelijke soberheid moeten hun gedrag karakteriseren in overeenstemming met hun geloof en hoop. Het is een vergissing "heilig" in Petrus' bespreking te theologiseren, los van het zeer specifieke gebied van de menselijke ervaring dat de betekenis kwalificeert. De context maakt van *liefde* de toetssteen van heiligheid.

Dit is een bestudering geweest van de woorden in het licht van de context, zonder poging de woorden kritischer te analyseren. Een bestudering van de woorden zelf zal echter de gedane uitspraken bevestigen.

Nog een interessant feit wordt duidelijk als deze woorden bestudeerd worden in hun directe context, namelijk, dat ze geen vragen oproepen wat betreft het aantal genadewerken, "genadeniveaus", chronologische opeenvolging van "zegeningen", een bepaalde mate van toegestane zonde gedurende enige fase in het proces, classificatie van een christelijk status door het onderzoeken van psychologische reacties, of iets van dien aard. De morele, persoonlijke, praktische verplichting ten opzichte van God dringt al deze randverschijnselen naar de achtergrond. *De morele noodzaak komt op ieder punt duidelijk naar voren.*

Het hele gebied van het bijbels onderwijs aangaande heiliging draait om één belangrijk punt - de praktische relatie van de mens tot God en zijn medemens. Heiliging vooronderstelt Gods initiatief in de redding en de voorziening die Hij daarin getroffen heeft. Niets dat de mens zelf zou kunnen doen zou hem bij God kunnen aanbevelen. Heiliging heeft te maken met elk aspect van de verantwoordelijkheid van de mens ten opzichte van God in het licht van Gods initiatief, voorziening, en uitnodiging. Heiliging is Gods antwoord op abstracties en antinomisme ten aanzien van de redding. In de meest volledige zin van het woord beschrijft het het hele maat van de menselijke verantwoordelijkheid. Het is dat ene woord dat alles in zich heeft waarvoor een mens aan God, aan zichzelf, en aan anderen verantwoording verschuldigd is. Godsdienst is niet iets dat in hokjes opdeelt, iets theoretisch en abstract. Het dringt binnen in heel het leven en biedt het hoofd aan ieder moment van verantwoordelijkheid.

Het woord heiliging is dus rijker van betekenis dan een of ander beperkte theologische term. Het is geen abstract woord, of filosofisch in de zin van abstract en "schools". Het is zeer praktisch en religieus. *De fundamentele betekenis is scheiding van de zonde en een volkomen toewijding aan God. Haar sfeer is liefde. Haar leven is dienen ofwel een expressie van liefde.*

Let eens op het complexe gebruik ervan in het Nieuwe Testament. Soms is heiliging de verkorte weergave van het hele reddingsplan, soms is het er een gedeelte van. Het is voor de Kerk als verenigd lichaam; Christus stierf om de Kerk te heiligen. Soms wordt heiliging gezien als het enige doel van de verlossing - een heilig volk. Soms is het de methode waarmee het moreel geschikt moet worden gemaakt. Vaak is het één facet van de methode, maar wanneer het als zodanig gespecificeerd wordt, gebeurt dat niet op uniforme wijze. Het is soms een staat die wordt geschonken; het is soms een leven dat moet worden ontwikkeld en volmaakt. Een mens *bereikt nooit heiliging door prestatie*. Het wordt altijd door God gegeven maar moet worden toegeëigend door de mens en nauwkeurig worden geleefd. Er is morele integriteit nodig om het te handhaven - "Reinig uzelf", en een groei en verdieping van liefde om *daarin* vorderingen te maken. Het is objectief en subjectief. Het is een staat en een leven. Het is een gave en een proces. Het is de antithese van de zonde en past toch in het menselijk kader met al haar feilbaarheid en onvolmaaktheid.

Bij een zorgvuldige analyse van het gebruik van dit ene woord in het licht van haar context worden we ons ervan bewust dat weinig of geen van de rationele problemen die we genoemd hebben worden opgeroepen door het bijbelse gebruik van "heiliging". In elk geval, behalve wanneer het duidelijk een niet-theologische betekenis heeft (zoals een heilig huwelijk), wordt aan het originele woord een specifieke betekenis gegeven - een betekenis die verschil maakt in iemands dagelijkse leven. Het is, met andere woorden, een geestelijke relatie. Het gaat *naar binnen* en bestookt het geweten en eist een moreel respons. De vermaningen in verband met het gebruik van heiliging hebben te maken met de morele verplichtingen die men heeft tegenover God. Nooit zijn die vermaningen onpersoonlijk, dat wil zeggen, in relatie met een psychologische ervaring als zodanig, of een formele theologische overtuiging. Ze zijn door en door persoonlijk. De verplichtingen die men heeft tegenover God in de heiliging zijn morele verplichtingen en vereisen dus een afdoend en moreel respons, waarin alles begrepen is.

In het algemeen is heiliging dus een juiste relatie tussen personen, dat wil zeggen, tussen God en mens. Binnen die relatie zijn er belangrijke gebeurtenissen aan Gods kant en aan de kant van de mens die de relatie inleiden en onderhouden. Het relateert Gods voorziening in de redding met de persoonlijkheid van de mens. Het is

Mildred Bangs Wynkoop

het hele proces waardoor het abstracte en theoretische werkelijk en levend gemaakt wordt. Heiliging houdt in het bijzonder iedere stap van onze kant in die richting God en Zijn wil gemaakt wordt, en de goedkeuring en innerlijke vernieuwing van Gods kant. Heiliging is nodig als beveiliging tegen antinomisme, dat onvermijdelijk daar naar boven komt waar de menselijke verantwoordelijkheid buiten beschouwing wordt gelaten of waar de genade op een of andere manier wordt beperkt tot enkel *Gods* handelen. Redding is niet een andere manier van naar de zonde kijken van Gods kant, maar een andere houding tegenover de zonde van de kant van de mens. Morele onderscheidingen worden veeleer behouden en versterkt dan verzwakt. Heiliging is niet enkel een bezit in het heden maar een speurtocht, en die twee zaken moeten gerelateerd en onderscheiden blijven, en in volmaakte balans gehouden worden.

## 16.7 Opmerkingen ten aanzien van heiliging

1. Heiliging is dat ene woord dat als tegenstelling zeer passend het "ontzagwekkende" van Christus' dood uitlegt. Enkel daarin kan een juist perspectief worden gehandhaafd betreffende Gods doel met de verlossing. Er kan niet gezegd worden dat Christus louter stierf om de vergeving van zonden mogelijk te maken of enkel voor onze rechtvaardiging. Niets minder dan onze heiliging is voldoende om het mysterie van de dood van Christus aan het kruis te vatten. "Daarom ook heeft Jezus, ten einde zijn volk door zijn eigen bloed te heiligen, buiten de poort geleden"[135]. "Christus heeft zijn gemeente liefgehad en gaf Zichzelf voor haar, opdat hij haar mocht heiligen en reinigen"[136]. Een misverstaan van heiliging of het op een te lichte of onbijbelse manier te beschouwen slaat ons los van het centrale punt van het christelijk geloof. De rechtvaardiging put de betekenis van de verzoening niet uit.

2. Jezus' interesse in onze heiliging wordt verder bewezen door de woorden van Zijn gebed dat ons in Johannes 17 overgeleverd is. Het is niet afgezaagd te zeggen dat in dit gebed de meest dringende en diepe inzichten in Jezus' bedoeling worden onthuld. Het is heilige grond. Het volledige doel van Jezus' offer is dat de wereld in Hem mocht geloven, en zelfs meer - dat de wereld mocht geloven dat God haar heeft liefgehad. Door iedere zin in dat gebed heen schijnt als een zonnestraal het hoogste doel - het samenbrengen van God en mens in een reinigende gemeenschap. Het vertrouwen van de wereld

---

135 Hebreeën 13:12 (vert).
136 Efeze 5:25-26 (vert).

in ons (geïnspireerd door onze eenheid onderling) moet leiden tot de liefde van Christus, die op haar beurt eindigt in God. Hier is genoeg theologie om de geest versteld te laten staan. Hier is de voortgang in het denken. Jezus moest zichzelf heiligen opdat zijn discipelen geheiligd mochten worden, zodat de daaruit voortvloeiende eenheid met God en mens de wereld zou overtuigen van Gods liefde in Christus. De majesteit en omvang van deze doelstelling werpt ons terug in de diepste nederigheid en eist van ons de meest diepgaande gehoorzaamheid. In het licht van Johannes 17 is er geen plaats voor een oppervlakkige, onbeduidende kijk op het christelijk leven of voor enig excuus voor minder dan Gods volledig eigendom van en heerschappij over onze levens. Individuen worden tot heiliging gebracht, maar heiliging is geen individualisme of een aristocratisch isolationisme. Heiliging is nooit een deugd die gedragen kan worden als een stralenkrans of onderscheidend kledingstuk. Het eindigt nooit in zichzelf. Heiliging is een gemeenschap waarin het individuele geweten zich feitelijk bewust wordt van haar verantwoordelijkheid om Christus te verheerlijken, de Ene in wiens gemeenschap heiliging bestaat.

3. De derde opmerking volgt uit deze twee. Er is een dubbele dimensie aan heiliging. (1) Het is verbonden met God en de voorziening in genade die Hij aan ons betuigt via de verzoening. Het lijkt duidelijk het tegenovergestelde te zijn van de situatie waarin de mens zich bevindt vanwege de zonde. Het is, in Christus, alles wat de oudtestamentische offers typeerde door middel van de verzoening voor de zonde. Het is Gods herstellen van Zijn aanwezigheid in en gemeenschap met de mens. (2) Maar in heiliging is, vanuit morele noodzaak, ook een eis dat die gemeenschap moreel moet zijn - dat die eenheid een realiteit zou zijn, en niet fictief. In de verlossing biedt God alle mensen redding aan, maar dat alles moet worden toegeëigend door de meest volledige maat van moreel respons van de kant van de mens. De diep persoonlijke aard van de heiliging tekent de diep geestelijke aard van deze relatie. Gemeenschap is onmogelijk, los van een zichzelf geven van elk persoon. Dit geven kan niet worden geforceerd; het moet vrijwillig en blijmoedig zijn. Gods gave kan niet worden ontvangen totdat de mens zich onderwerpt aan de voorwaarden voor gemeenschap. Al de zegeningen van de genade worden toegeëigend *door geloof* in God en enkel in die mate toegeëigend als het geloof het zich toeeigent.

4. Er is niets in de relatie met God waaraan heiliging refereert dat kan worden verdiend, waarvoor kan worden gewerkt, of wat bereikt kan worden door onze daden. Te stellen dat de stappen er naar toe een wegnemen van morele

Mildred Bangs Wynkoop

hindernissen insluiten, en dat de stappen erin een toenemende verwerkelijking betekent van de implicaties ervan in alle relaties van het leven, komt dichter bij de waarheid. Heiliging zelf lijkt een voor ons openstaande relatie met God te zijn waarin we worden ontvangen zodra God ons in zijn "gezin" opneemt. *Het is niet echt een staat, maar een levende, essentiële relatie met God.* De crisis en het proces verwijzen naar onze kant van dit verbond. Wanneer we ons toewijden en door God geaccepteerd worden is dat een crisis in het leven. Binnen deze heilige gemeenschap ontwikkelen we ons en groeien overeenkomstig de wetten van het geestelijk leven. De volledige, persoonlijke toewijding aan Christus, de kruisiging met Christus, en het in ons wonen van de Heilige Geest verlopen van nature volgens een climax met een bepaalde abruptheid. Het kan tijd kosten om ons zelf op één lijn te brengen met Gods wil, maar wanneer dat gedaan is heeft een crisis, niet noodzakelijkerwijs in één ondeelbaar moment, plaatsgevonden. Het is een cruciale en vormende daad, en heeft zijn weerslag in heel het leven. Maar het is niet de heiliging die opnieuw, of op een dieper niveau, wordt ervaren. Het is veeleer een conformeren van onszelf aan de morele verplichtingen die inherent zijn aan de goddelijke gemeenschap.

5. Als we op de goede manier de implicaties van heiliging bestuderen, moet een verklaring worden afgelegd, die nog specifieker is. In al Gods omgaan met ons, in alles wat Hij van ons verwacht, handelt Hij in het belang van morele integriteit. Met andere woorden, wij moeten beantwoorden aan de nieuwe morele omgeving van een christen. Er is geen neutraal "niemandsland" in de morele ervaring. We zijn niet vrij om niet toegewijd te zijn, want toewijding is de noodzakelijke daad van morele personen. Het staan in de geheiligde relatie met God, zoals het Nieuwe Testament het woord "heilig" gebruikt, is het staan in de verplichting zichzelf actief toe te wijden aan Christus als onze Heer. Christus is Heer, aangesteld door God, onafhankelijk van onze erkenning van dat feit. Wij maken Hem geen Heer; we treden het koninkrijk binnen waar Hij Heer is. Dit is kort gezegd "de wet van het land". Er is geen christelijk alternatief voor een persoonlijke bekrachtiging van deze heerschappij, en deze heerschappij betekent dat we ervoor capituleren in daad en in waarheid. Het lijkt juist Rom. 12:1-2 in dit licht te interpreteren. Deze toewijding is *redelijk*. En *redelijk* betekende voor Paulus niet enkel een acceptabele gedachte, maar de conclusie waarheen al het rechte denken iemand leidt. Een andere manier om het te zeggen zou zijn dat in de christelijke gemeenschap Christus Heer is, en aangezien wij personen zijn en geen automaten, worden we opgeroepen tot een actieve, persoonlijke

acceptatie van dit feit. Dit niet te doen is in een bepaalde werkelijke zin een trotseren van die heerschappij. Deze heerschappij is niet afhankelijk van onze acceptatie; het is een feit dat onze relatie met Christus moet motiveren of ons uitsluit van het koninkrijk.

Paulus' vermaning in Rom. 12:1-2 dat de "broeders" hun lichamen moesten stellen tot levende offers voor God is niet een aan de rechtvaardiging toegevoegde "bovenverdieping", en evenmin een christelijk alternatief voor hogere of lagere niveaus van genade, of een luxe die enkel de bovenmatig toegewijde en welhaast fanatieke randenthousiasteling bezit. Het is veeleer het theologische punt van zijn hele argumentatie. *Het beschikbaar stellen van het gehele lichaam is niet het maximale dat als christen te bereiken is, maar de minimale christelijke toewijding.* En terwijl de brief aan de Romeinen verder gaat, wordt duidelijk dat het hele christelijk leven, met al haar problemen en wederwaardigheden, voorbij dit specifieke punt ligt.

Heiliging begint in de rechtvaardiging en gaat voort in de christelijke ervaring. Iedere fase op de weg is gerelateerd aan iedere andere fase. Het Wesleyanisme leert, omdat ze denkt dat dat bijbels beter te verdedigen is, dat *genade een bepaalde mate is waarin God zichzelf geeft.* De Calvinist spreekt over twee soorten genade, algemene en reddende genade (of vergelijkbare termen). Algemene genade leidt niet tot reddende genade, en kan dat ook niet. Die twee zijn gescheiden. Het Wesleyanisme ziet geen bewijs van deze scheiding in het bijbels onderwijs. Gods genade leidt tot berouw en geloof en redding wanneer ze op de juiste wijze ontvangen wordt. *Maar het Wesleyanisme neigt ertoe haar fundamentele vooropstellingen te vergeten wanneer ze een te scherp onderscheid maakt tussen "reddende" en "heiligende" genade alsof dat twee soorten genade waren.* Zo'n standpunt roept onmogelijke logische problemen op. Het kan de vraag niet ontvluchten: Wanneer is iemand dan gered? Kan iemand gerechtvaardigd zijn en niet gered? En ook, als heiliging begint met rechtvaardiging en iemand gered wordt in die relatie, hoe kan er dan gezegd worden dat er nog een ander soort heiliging nodig is om de ziel *werkelijk* te redden? Paulus stond zichzelf nooit toe in deze val te lopen. Paulus erkende geen legitieme genadeniveaus. Hij erkende *wel* het feit dat niet alle christenen zich de genade die voor hen beschikbaar was toegeëigend hadden, en dat ze niet allen in gehoorzaamheid hadden geantwoord zoals christenen dat zouden moeten doen. Hij wist dat diepe geestelijke vijandschap in het hart de christelijke staat bedreigt en dat het gevaar van afval voor de deur staat, totdat zich een volledige en diepe toewijding heeft voltrokken, die ook onderhouden wordt. *Er is een voortdurend samengaan van genade* en morele verplichting van mensen in genade die door heiliging wordt bewaard wordt en niet verbroken wordt.

Mildred Bangs Wynkoop

6.  Het wordt niet duidelijk uit een bestudering van het Nieuwe Testament dat heiliging een ander *soort* genade is dan de andere verlossende voorzieningen. We zouden zeggen dat al de "baten" van de verzoening, door Christus' bloed bewerkt, door ons veeleer toegeëigend worden overeenkomstig onze psychologische mogelijkheden dan dat er bepaalde essentiële beperkingen aan Gods kant zijn op de toepassing ervan in de diverse fasen van de ervaring.

Aan ieder aanbod van genade van Gods kant moet van de kant van de mens worden tegemoetgekomen met de grootst mogelijke mate van morele aanpassing. De uiteindelijke betekenis van de verlossing is het herstel van de gemeenschap met God die enkel kan bestaan in heiligheid. In gemeenschap is reiniging, zegt Johannes, en beide zijn afhankelijk van een wandelen in het licht. De voorzieningen van genade in de redding zijn een eenheid, en geen niveaus van genade. Maar de toe-eigening van deze genade die van de mens geëist wordt past zich aan bij het vermogen dat hij heeft om zich moreel toe te wijden. Van de eerste roerselen van een overtuiging van zonden tot de laatste ademtocht op aarde, is de morele verplichting in de menselijke persoonlijkheid van kracht. Er kunnen terecht twee cruciale momenten onderscheiden worden, maar niet omdat God de redding op die manier gestructureerd heeft, maar omdat Hij de mens gemaakt heeft als een moreel schepsel.

De eerste waarlijk morele daad is een erkenning van de zonde en een bede om vergeving - het omkeren van het hele zelf naar God. Al Gods genade is op dat moment verkrijgbaar omdat God *zichzelf* aan ons "zelf" geeft. Niets wordt van Gods kant achtergehouden, maar men kan wel zeggen dat de toe-eigening van de genade op dat moment door ieder persoon anders wordt ervaren. Sommigen zijn zwak, in de slavernij van gewoonten gebleven, en hebben heel veel goddelijke hulp nodig. Anderen schijnen tot een veel rijkere maat van geestelijk leven te komen. Beiden moeten de verantwoordelijkheid van het proeftijdelijke accepteren.

Het moet altijd voor mogelijk worden gehouden dat het geestelijk inzicht van sommigen groot genoeg is om op dat moment zich zo totaal toe te wijden als de morele ervaring vereist, en daarmee de tweede onderscheiden daad verrichtten. Wesley leerde dit, hoewel hij geen enkel geval kende dat als voorbeeld kon dienen. In elk geval wordt ze, door de diep persoonlijke aard van deze totale toewijding, meestal langzamer en pijnlijker gerealiseerd. Met andere woorden, de genadegaven en onze eigen plaats in het Koninkrijk als daadwerkelijk aangestelde ambassadeurs volgen niet automatisch uit de rechtvaardiging. Genade en geloof zijn persoonlijke zaken, en dus sterk moreel, en vereisen de grootste mate van morele respons waartoe wij op enig moment in staat zijn.

7. De benadering van deze genade in de prediking moet in overeenstemming zijn met de nieuwtestamentische benadering. De centrale waarheid schijnt in de noodzaak te liggen van een diepe morele aanpassing aan God die de hele mens tot eenheid brengt. Het Nieuwe Testament onderscheidt geen legitieme niveaus van geestelijk leven. Slecht één weg is goed, en dat is het wandelen in het licht. We zijn niet achtergelaten om vertroost te worden "in Christus" of "in de Geest", maar enkel om te *wandelen* in de Geest, met al de grondige aanpassingen die uit deze "wandel" voortvloeien.

Niemand zal zich afvragen in welke "staat van genade" hij mag zijn als dit doel duidelijk is geworden. Er zal geen breuk zijn in de gemeenschap rond het tellen van "zegeningen"; er zullen geen onbijbelse barrières opgericht worden over de methodologie wanneer de volledige maat van de verantwoordelijkheid tegenover God en de naaste wordt getoond. Het verborgen bolwerk van zelfrechtvaardiging moet opengebroken worden in de meest theologisch gewapende persoon. Mensen aansporen tot "heiliging" als zodanig is maar al te vaak te abstract. Het kan het concrete morele punt dat het Nieuwe Testament altijd benadrukt verduisteren.

Het spreken over staten van genade en in het bijzonder over heiliging als een staat van genade waarop men steunt, onderscheiden van rechtvaardiging, is niet bijbels. Het lijkt het meest verstandig de term niet te gebruiken, tenzij onder speciale voorwaarden. Het gevaar is dat men heiliging gaat beperken tot een bezit en vergeet dat het ook een speurtocht is. Dat wat in een enkel moment gedaan is heeft de voortdurende afhankelijkheid van Gods barmhartigheid nodig. Wesley gebruikte deze term zeer zorgvuldig om te voorkomen dat hij een statische kijk op heiliging zou impliceren. Hierover zei hij: "Ieder moment behagen of mishagen we God, *overeenkomstig onze werken*, overeenkomstig het geheel van ons huidige inwendige temperament en uitwendig gedrag" (*Works*, VIII, 338). John Fletcher sprak hier met vuur over. Hij zei:

Mr. Wesley heeft vele personen in zijn societies die belijden dat ze in een enkel moment gerechtvaardigd of geheiligd werden; maar in plaats van te vertrouwen op de levende God, vertrouwen zij zodanig op wat op dat moment gedaan is, dat ze het "dagelijks opnemen van hun kruis, en met volharding waken in gebed" opgeven. De gevolgen zijn bedroevend[137].

"Misschien heeft u bezwaar tegen de woorden "ieder moment", zei hij over Wesleys uitspraak, maar "als het niet *ieder moment* is, is het *nooit*".

In een andere context zei hij:

---

137 John Fletcher, *Checks*, blz. 61.

Mildred Bangs Wynkoop

Hij [Wesley] schrijft zijn volgelingen om hen voor antinomisme te bewaren voor, niet zo onvoorzichtig over een rechtvaardige of heiligde staat te spreken als sommigen, zelfs Arminianen, doen; wat ertoe neigt mensen te misleiden, en hun waakzame aandacht voor hun inwendige en uitwendige werken te verslappen, dat wil zeggen, het geheel van hun inwendig temperament en uitwendig gedrag138.

Hannah Whitall Smith, predikante, en schrijfster, die de heiligmaking leerde en wier interpretatie van het wesleyanisme alom aanvaard werd, sprak hierover:

Wij verkondigen geen *staat*, maar een *wandel*. De grote weg van de heiligheid is geen *plaats*, maar een *weg*. Heiliging is geen ding dat opgepakt wordt in een bepaalde fase van onze ervaring, en daarna voor altijd in bezit blijft, maar het is een leven dat dag aan dag, uur voor uur geleefd moet worden[139].

Een hedendaagse heiligingsschrijver denkt, bij het analyseren van Wesleys standpunt, dat het woord "uitroeiing" wanneer het in dit verband gebruikt wordt, zwak is omdat het een kijk op heiliging "als een staat in plaats van een speurtocht" toestaat. Hij zei: "De nadruk op geestelijke crisissen en overwinningen maakte van godsdienst veeleer een staat van genade dan een kwaliteit van genade"[140].

In het Nieuwe Testament wordt het onderscheid tussen crisis en proces en de balans ertussen zorgvuldig bewaard zodat de logische problemen die volgen uit een onjuiste gerelateerdheid nooit naar voren komen. De prediking mag deze subtiele balans nooit schenden.

8.  En zo houden we het probleem van de tijd over. Wanneer hoort men tot deze reinigende relatie met God te komen? Opmerkelijk genoeg wordt deze materie niet rechtstreeks behandeld in het Nieuwe Testament, behalve door implicatie. Het is tekenend dat deze vraag gesteld noch beantwoord wordt. Het belang ervan wordt duidelijke wanneer we de absoluut morele aard van het vereiste weer in ons geheugen roepen. In het Nieuwe Testament wordt geen troost gevonden bij iets dat minder is dan de uiterste conformiteit aan Gods wil op elk moment. Men kan zich niet verschuilen achter dingen als methode, tijdsvolgorde, genadeniveaus enz. Er is geen spoor van een dubbele norm voor een christen - of voor *welk* persoon dan ook. Er is niet meer toegestaan aan een jonge christen inzake morele verantwoordelijkheid dan aan een rijpere en meer volmaakte christen. Hij heeft niet dezelfde

---

138 Idem, blz. 26.
139 Hannah Whitall Smith, *The Christian's Secret of a Happy Life* (Westwood, N.J.: Fleming H, Revell Co., herdruk, 1968), blz. 130.
140 Turner, blz. 249 en 256.

vermogens of hetzelfde inzicht of begrip, maar hij *moet* alles gebruiken wat hij heeft. Tijd is de vraag niet. Morele oprechtheid weet niets van tijd. De beslissing is altijd nu.

Mildred Bangs Wynkoop

# Heiliging - de omstandigheid

Ieder spoor in het onderzoek heeft geleid tot het punt dat we nu gaan bespreken. Het *wezen* van de leer ondergaat de vuurproef van het leven en moet haar abstracties aanpassen aan de stromende dynamiek van het leven. De wesleyaanse theologie stelt: (1) dat heiliging een ervaring in dit leven is, (2) dat het een relatie met God is die logischerwijze onderscheiden wordt van "rechtvaardiging" en moreel van een volkomen andere dimensie is, (3) dat het volgt op de wedergeboorte, (4) dat het zowel crisisgeoriënteerd is als levengeoriënteerd, en (5) dat het in ware zin een "tweede crisis" genoemd kan worden.

Een leer in het leven kan lijken op een rechte staaf in een bak met water - gebogen en wankelend in de rusteloze vloeistof en van perspectief veranderend. Wesley wist dat de simpele logica van de theologie altijd een wijziging ondergaat wanneer ze de complexiteit van het menselijk leven ontmoet. Hij kon niet zo dogmatisch zijn over de reactie van de menselijk psyche op de genade als hij was over genade zelf. Wesley is ervan overtuigd geraakt dat het correct is op bepaalde wijze te spreken over een tweede crisis in verband met heiliging. Is er een te verdedigen basis voor deze "omstandigheid" van heiliging? Zes elementen die reeds besproken zijn zullen kort worden samengevat en gerelateerd aan het antwoord dat we zoeken.

## 17.7 Zes fundamentele elementen samengevat

### 17.1.1 Moreel

De analyse van het woord *moreel*, een woord dat "heiligheid" structureert, toont ons dat (1) "moreel" in verband staat en moet staan met dit leven; (2) moreel leven voortgaat op basis van crisis/beslissing momenten; (3) morele ervaring niet statisch is maar even levend en dynamisch als het leven zelf; (4) morele verantwoordelijkheid wordt gerespecteerd en verondersteld in alle stappen in de verlossing, en (5) alles wat de Heilige Geest is en doet het leven en de theologie van het christelijk geloof ondersteunt.

### 17.1.2 De dienst van de Heilige Geest

De dienst van de Heilige Geest wordt mogelijk gemaakt door en werkt in het belang van morele integriteit met alles dat wordt geïmpliceerd door het morele besef van personen. Door Zijn dienst worden termen als geloof, reiniging, volmaaktheid, en heiliging verbonden in een dynamische geestelijke werkelijkheid. *Geloof* is een morele ervaring en verbindt de genade met het leven. De bijbelse waarheid is ingekleed in de taal van de morele ervaring en haar oproep aan het geweten is in termen van morele verantwoordelijkheid. *Reiniging* refereert aan het proces van het tot eenheid brengen van de gehele mens - het gehele zelf, rondom de heerschappij van Christus. *Hij* is het feitelijke centrum. Het is morele integriteit met Christus als de integrerende factor.

### 17.1.3 Zuiverheid

Het is een enkelvoudige, onvermengde liefde voor God. *Zonde*, aan de andere kant, is de afwezigheid van deze integriteit, of disintegratie vanwege het moreel vernietigende centrum van iemands liefde. Zonde is vijandschap tegen God en een buitensporige liefde voor het zelf. *Volmaaktheid* is daarin verwant aan reiniging dat het de positieve kant is van dat waar reiniging de negatieve kant van is. Het is de beschrijving van een leven dat geleefd wordt vanuit een geïntegreerd hart. Het is niet afgerond en statisch maar groeit naar en in morele rijpheid. *Heiliging* is het gehele complex van de verlossingsprocedure, gestructureerd door beslissende stappen onder leiding van de Heilige Geest en Zijn directe aanwezigheid.

### 17.1.4 Psychologie

De menselijke persoonlijkheid, zoals gezien door de bijbelse psychologie en bevestigd door de persoonlijke ervaring, is door en door moreel. Ze is een eenheid, niet een onopgelost dualisme van vlees en geest, en ze handelt als een eenheid. De genade vernietigt die eenheid niet maar schept haar en sterkt haar, niet om een zichzelf onderhoudende, autonome eenheid te worden, maar als een werkelijke morele integratie die primair God binnensluit en noodzakelijkerwijs ook andere personen. Maar de persoonlijkheid is niet statisch. Ze groeit, stelt prioriteiten, komt met nieuwe perspectieven, breidt zich uit, rijpt, legt dingen terzijde, en verdiept zich. Het leven heeft discipline nodig; onrijpheid moet tot volwassenheid komen, kinderachtigheid moet veranderen in verantwoordelijkheid; onwetendheid moet overwonnen worden, en kleinheid moet worden uitgestrekt tot een groot hart. Bekrompenheid kan niet tevreden blijven met zichzelf maar moet ruimte maken voor een groter wordende visie en een groeiend begrip, liefhebben, en invoelingsvermogen. Geestelijke en culturele bekrompenheden hebben de verruimende therapie van de liefde nodig. En het samensmeltende effect van een grootse liefde en zelfgerichtheid moet uitgroeien tot een zorg voor anderen zonder de eigen identiteit en integriteit te verliezen. Alleen een sterk zelf kan beantwoorden aan de eisen van een grootse liefde.

### 17.1.5 Bijbelse vermaningen

Het bijbels onderwijs benadrukt de morele eisen die God aan de mens stelt. De zondaar moet zich bekeren en geloven, en de gelovige moet gehoorzamen en zich reinigen, zijn kruis opnemen, en in de Geest wandelen. Hij moet de oude mens afleggen, en de nieuwe mens aandoen, toenemen in liefde, en rijpen in heiligheid. Hij moet zichzelf aan God aanbieden als een levend offer, en niet beter van zichzelf denken dan hij zou moeten. Hij moet bidden zonder ophouden, hervormd worden door de vernieuwing van zijn denken, en in zijn denken vernieuwd worden naar de geest. Hij moet de leugen wegdoen, en nog een hele lijst van andere zaken die teveel zijn om hier te noemen.

### 17.1.6 De christelijke ervaring

Niet alleen moeten de bovengenoemde morele elementen overwogen worden, maar ook de praktische menselijke ervaring mengt haar stem in de vragen die voor ons liggen.

De christelijke ervaring geeft ons overvloedige bewijzen van een ervaring na de bekering die, hoe die dan ook genoemd mag worden - of niet genoemd wordt - de deur geopend heeft naar een nieuw rijk van geestelijke levenskracht. Ontoereikendheid, veroorzaakt door een morbide interesse in zichzelf en een "neiging tot dwalen", heeft plaats gemaakt voor een fris en vitaal leven vanwege de bewuste aanwezigheid van de Heilige Geest. Een afnemende geestelijke stemming is hersteld om weer een levend, onvergankelijk, en hartstochtelijk vuur te worden. Plicht is tot de dynamiek van de liefde geworden, moreel onvermogen tot een overwinning waar geen persoonlijke wilskracht aan ten grondslag kon liggen, en kinderachtige weifelingen tot een heilige standvastigheid. Lamme voeten verkrijgen gevleugelde hielen, en doffe ogen beginnen te gloeien.

Geen enkele theologische traditie mist getuigenissen op dit punt. Het is een verschijnsel in het christelijk leven dat overal herkend wordt. In plaats van geestelijke trots te laten toenemen, is deze nieuwe levenskracht veeleer haar antithese en krijgen een Christusgelijkvormige geest en gevoeligheid en kracht de overhand. Kleurloos dienen begint te vonken en vaak komt er een ontwaken van geestelijke interessen uit voort.

Wanneer gevraagd deze verandering te verklaren, zal de betrokken persoon vrijwel steeds een periode noemen van een toenemende geestelijke spanning vanwege het falen in de dingen waar het in het leven om gaat en vaak in verband met zijn dienst en getuigenis als christen. Hij herinnert zich een wakker geschud bewustzijn dat een innerlijke weerzin toonde met betrekking tot een bepaalde dienst waarvan hij wist dat dat voor hem de wil van God was. Daarna kwam een "moment" van de diepste persoonlijke gehoorzaamheid aan God waarin een pijnlijke slag aan de trots en egoïstische onafhankelijkheid werd toegebracht en een nieuwe en onuitputtelijk diepe zelfovergave aan God ontstond.

Soms is deze ervaring verbonden met de roeping tot een speciale bediening, soms met een verheldering van de dagelijkse verantwoordelijkheden van het gewone leven dat op zichzelf al gezien wordt als een bediening; soms is het een bewuste keuze voor een minder gewenste alternatieve levensstijl. Maar altijd sterkt en bevestigt deze ontmoeting het geloof in God - "het rusten in geloof." Abstracte idealen worden vertaald in specifieke daden onder de inspiratie en onweerstaanbare leiding van de Heilige Geest. Het is altijd een crisis in gehoorzaamheid, niet ten opzichte van een of andere uitwendige wet, maar ten opzichte van iemands diepste toewijding. Hele kleine dingen raken de centrale zenuw van het hart, dingen die op zichzelf onbeduidend lijken.

Het resultaat is niet altijd een groot succes naar buiten toe, maar het is gewoonlijk het einde van een enerverend innerlijk conflict, resulterend in de kracht van een eenheid in bedoeling. Het is een "rein hart" zonder de tegengestelde storingen die de dienstverlening bederven. Het is het begin van een onuitsprekelijke liefde voor God en mensen die het leven op een nieuw niveau brengt. Het brengt stabiliteit, visie, doel, aandrang, nederigheid, en een toewijding aan Christus die ongekend was, zelfs temidden van ongewoon moeilijke omstandigheden.

Al deze lijnen komen samen in één punt en vormen een probleem. Hoe kan dit alles verstandelijk verklaard worden zonder de levenskracht ervan te vervormen tot een star formalisme of zonder de waarheid ervan te verliezen door een

Mildred Bangs Wynkoop

ontoereikende bewaking van haar fundamentele waarheden? Ten minste vijf elementen moeten bewaard blijven: (1) De persoonlijke en morele relatie; (2) de crisis die is inbegrepen in het morele; (3) het onderscheid tussen de pre en post soorten van geestelijke ervaring die de bevestiging van het getuigenis zijn; (4) het oneindige vermogen tot verandering in de menselijke psyche - zijn feilbaarheid, onvolmaaktheid, en zwakheid die altijd beneden een niveau van filosofische volmaaktheid moeten blijven; en (5) hetgeen de Heilige Geest doet op elk moment van contact tussen de ziel en de genade.

## 17.2 Tegengestelde zienswijzen op heiliging

Het protestantisme heeft twee belangrijke theorieën over heiliging geopperd, extreem en volkomen tegenstrijdig. De ene heeft het essentieel morele karakter van de verlossing veronachtzaamd. Deze oplossing zegt dat ofwel een werkelijke verlossing van zonden moet wachten totdat de ziel door de dood uit het lichaam bevrijd wordt (wat de dood de werkelijke redder van de zonde maakt), ofwel dat het "lichaam der zonde" geleidelijk aan in dit leven vervangen wordt door de heilige "nieuwe mens". Het kwade wordt afgestoten en vervangen door het goede. De persoon groeit in de heiliging. Het protestantisme is in verlegenheid gebracht door het logische probleem van het bepalen van het tijdstip waarop de aldus voorgestelde heiliging als voltooid kan worden beschouwd, aangezien de dood elke verandering beëindigt en geen kracht heeft tot verlossing.

Het andere extreme standpunt neigt er eveneens toe de belangrijkheid van de morele dimensie van de verlossing over het hoofd te zien en benadrukt het crisiselement in de ervaring zo sterk dat de erkenning van enige feilbaarheid van de menselijke psyche bijna buitengesloten wordt. Er wordt gezegd dat in de crisiservaring de mens wordt bevrijd van alle aanleg tot verzoeking door het kwade en dat volmaakte heiligheid en een voltooid karakter in een enkel moment worden ontvangen. De eerste benadrukt het proces zonder morele crisis. De tweede legt de volmaaktheid in de mens, in de zin dat het vermogen tot zondigen feitelijk beëindigd wordt. Deze zienswijze legt een te sterke nadruk op de crisis zonder een bevredigende basis voor het proces in het geestelijk leven. Geen van beide is volkomen realistisch, maar neigen ertoe een zeer complex en diepgeworteld probleem te versimpelen. Beiden zijn vormen van perfectionisme.

Het Wesleyanisme probeert recht te doen aan wat er ook voor waarheid is in bovengenoemde theologische gedachtensystemen, door zowel crisis als proces te noemen, zonder teveel nadruk op een van beide te leggen, en ze toch op zinnige wijze met elkaar te verbinden. In dit tussenliggende standpunt zijn de termen "tweede" en "crisis" niet altijd op bevredigende wijze uitgelegd en gerelateerd aan het procesmatige element. Zo'n poging zal nu worden ondernomen.

De belangrijkste oorsprong van de problemen op dit gebied is het niet onderscheiden van de theologische en psychologische aspecten van heiligheid, en daardoor zijn groepen woorden die enkel bij de een of bij de ander passen op kritiekloze en verwarrende wijze gebruikt.

## 17.3 Kwaliteits- versus kwantiteitswaarden

Er moet een fundamenteel onderscheid tussen de morele en alle andere elementen worden gemaakt. *Moreel* is niet een tijd-ruimtebegrip maar een kwalitatief begrip. Termen die geschikt zijn om kwantitatieve waarden te meten zijn ongeschikt voor morele waarden. Morele en geestelijke kwaliteiten hebben geen lineaire dimensies en evenmin een soort werkelijkheid die kan worden gemeten volgens de regels van lichamelijke dingen. Er is geen verleden of heden of rekenkundige volgorde in het *morele* voor wat betreft de essentie ervan. Het overstijgt ruimte en tijd evenals een *persoon* die overstijgt.

*Moreel, geestelijk* en *persoonlijk* liggen in een andere dimensie dan materiële dingen. Ze hebben te maken met kwaliteit en niet met kwantiteit. Als personen absoluut gebonden waren aan de tijd-ruimtematrix, konden ze niet eens spreken van *moreel*, laat staan begrijpen. Alleen dat wat vrij is van absolute determinatie kan kwalitatieve waarden aan iets bijdragen. Het gedrag van planeten en sterren kan niet als goed of slecht beoordeeld worden. De auto en de televisie zijn goed noch slecht. Alleen intelligente schepselen zijn onderworpen aan kwalitatieve waardeoordelen - en ze kunnen er niet aan ontsnappen.

Nu betekent dit niet dat het *morele* geen verband heeft met het tijd-ruimtestelsel of dat haar aard niet gekend kan worden door personen die zich bewust zijn van tijd en rationeel denken in opeenvolgende patronen. De waarheid is dat ze dat moeten doen. De relevantie van *moreel* bestaat precies in haar affiniteit met personen en al de relaties van personen. Ze geeft betekenis aan het leven door personen. Dit betekent echter dat maten die bij "dingen" passen niet geschikt zijn voor morele waarden. Heiligheid kan niet gewogen of geteld worden. In deze zin veroorzaakt het rekenkundige aspect van de heiligingsleer, namelijk, eerste en tweede, verwarring wanneer die betekenis niet duidelijk afgebakend wordt. Aangezien we (meer of minder) logisch denken, is het noodzakelijk gebeurtenissen te structureren door tevoren, nu, en erna. We treden *nu* de morele ervaring binnen. Ten opzichte daarvan was er een *tevoren*, en er ligt een toekomst in het verschiet. Maar dat tellen staat in

Mildred Bangs Wynkoop

verband met ons. Het geeft geen beschrijving van het karakter van de morele waarheid, waarvan geen enkel gedeelte veranderd of weggelaten mag worden.

Gehoorzaamheid aan de wet is als zodanig lineair, tijdsgebonden, chronologisch, zelfs rekenkundig. "Ik Heb dit en dat gedaan. Nu doe ik dit, en zodra er tijd voor is doe ik het andere." De rijke jongeling zei zoiets als: "Al deze dingen [de Tien Geboden] Heb ik onderhouden van mijn jeugd af, waarin schiet ik tekort?" Het godsdienstig leven lag voor hem nog steeds in het gebied waar tijd-ruimtematen waarden konden berekenen. Het was nooit in het morele gebied gekomen, waar de kwaliteit de kwantiteit tot geestelijke waarden omvormt. De fundamentele vragen die door de begrippen eerste en tweede in de heiligingsleer gesteld worden liggen in een verkeerd begrijpen van het gebruik van deze termen. Wanneer *tweede* enkel in een tijdsrelatie met *eerste* staat en de geregelde volgorde wordt benadrukt, is de morele waarheid "onschadelijk gemaakt" en krachteloos.

Morele waarheid is altijd relevant omdat ze gestructureerd wordt door waarheid. Geen enkele morele waarheid kan nu geaccepteerd worden en later door een hogere waarheid opzij gezet worden of vervangen zodat iemand via de minder permanente de meer permanente elementen bereikt en dus na enige tijd een uiteindelijke volmaaktheid bereikt die kwalitatief anders is. Deze gedachte is verwant aan de vroegere gnostische onderverdeling van de gelovigen in lagen van vleselijke, psychische, en geestelijke mensen. Uit deze denkwijze ontwikkelt zich heel gemakkelijk een geestelijke aristocratie, die, wanneer het deze filosofie wordt toegestaan wortel te schieten in het christelijk leven, uit kan monden in een graduele onafhankelijkheid van de gewone genademiddelen en zelfs van de Schrift. Sommigen zoeken verder dan de bijbel naar zogenaamde "hogere waarheden", en vinden bevrijding uit de gewone "kudde" in emotionele staten - de mystiek, of "ervaringen" die over de grenzen van het fysieke heengaan, en leiden tot de pseudo-geesteswetenschappen die zich voordoen als een godsdienst.

Wat we proberen te zeggen is dat al de eisen van het morele leven altijd en overal *waar* zijn omdat ze met waarheid te maken hebben. Zelfs de eerste wankele stappen op moreel gebied zijn permanente zaken en moeten goed genomen worden omdat ze heel het gewicht dragen van wat er zich ook aan geestelijke groei uit ontwikkelt. Geen enkele waarheid die past bij een crisis in het verleden kan opzij gezet worden voor een volgende waarheid. Geen enkele eerste morele stap raakt ooit uit de tijd. Dit betekent dat de hele bijbel altijd relevant is voor alle mensen in elke situatie. We leven niet in een bepaalde morele fase, waarna we promoveren naar een andere fase, waarbij de fasen in het verleden voor ons niet meer van toepassing zouden zijn, ten gunste van andere en hogere (of diepere) waarheden. De principes van de morele integriteit structureren *alle* "fasen" in de menselijke ontwikkeling in de genade.

Het is veelbetekenend dat de bijbel de waarheid nooit "mechaniseert". We zijn niet in staat om religieuze ervaringen in tabellen te zetten middels rekenkundige omschrijvingen, in elk geval niet op basis van een bijbelse exegese. Geen enkel eerste genadewerk wordt ooit teruggetrokken ten gunste van een tweede. Dat betekent niet dat de toe-eigening van de "baten" van de verzoening geen psychologische structuur heeft of dat de bijbelse schrijvers zich daarvan niet bewust waren; maar het betekent dat de bijbel ons niet toestaat het centrale, morele punt te missen, dat verloren zou kunnen raken bij een ongepaste nadruk op een methodologie. Dit is nu precies het verschil tussen letter en geest, een onderscheid dat ons de "eerste" niet laat afdanken ten gunste van de "tweede", maar dat hen in een permanente morele relatie plaatst.

Met andere woorden, Romeinen 7 wordt niet *vervangen* door Romeinen 8, en evenmin is heiliging superieur aan rechtvaardiging, of wordt berouw gedegradeerd door geloof, of geloof als verouderd beschouwd door het getuigenis van de Geest. Johannes 3:16 is niet enkel en alleen voor zondaren, om terzijde gesteld te worden als irrelevant door de rijpe, geheiligde christen. Het "geloven" dat het begin van het eeuwige leven (een *kwaliteit* van leven, niet een lengte) in Christus inleidt, moet voortduren als een vaststaande levenshouding. De waarheid dat "wat een mens zaait, hij ook zal oogsten" is niet beperkt tot zondaren maar blijft een waarheid voor de heiligste mens op aarde.

Evenmin betekent dit dat de "samenlopende theorie" van Romeinen 7 en 8, zoals door sommigen geïnterpreteerd, waar is. Dit is de theorie dat het conflict in 7 en de vrede in 8 altijd waar zijn voor alle christenen op hetzelfde moment en op dezelfde manier, en dat de oorlog tussen het menselijk vlees en Gods Geest normatief is voor alle christenen. Zonde, volgens deze zienswijze, is inherent aan het vlees en moet dus altijd protesteren tegen de bediening van de Geest, en het feit van het conflict is het bewijs van het christenzijn. Maar wat wel waar lijkt te zijn is dat de zelfrechtvaardiging zoals beschreven in Romeinen 7 altijd te veroordelen is, waar dan ook aangetroffen, hoeveel "ervaringen" men ook gehad moge hebben, en dat rechtvaardigheid altijd komt vanuit een levend geloof in Christus en een wandelen in de Geest als in Romeinen 8. Het zevende hoofdstuk staat er als waarschuwing en wachter voor hen die delen in de overwinning van hoofdstuk 8.

Met andere woorden, een passieve en zelfvoldane houding lijkt niet te rijmen met het bijbels onderwijs. Men komt niet uit Romeinen 7 en gaat 8 binnen zodat de deur gesloten en de zaak vergeten kan worden, *behalve wanneer men in de Geest blijft wandelen*, in de "nieuwheid" van de Geest des levens in Christus Jezus. De waarheid van

Mildred Bangs Wynkoop

Romeinen 7 reikt tot in Romeinen 8, en dient om te waarschuwen voor lethargie en zorgeloosheid en deze waarschuwing structureert op negatieve wijze de morele ervaring. *Geheiligde mensen zijn de doordringende geestelijke waarheid van Rom. 7 niet ontgroeid.* Het is noodzakelijke "stichtelijke" literatuur voor alle christenen overal.

Wat heeft dit allemaal te maken met de heiligingstheologie en haar twee genadewerken? Ten diepste betekent het dat de werkelijke morele ervaring niet uitgeput of gecompleteerd wordt door de ervaring van de rechtvaardigende genade. Heiliging is niet gewoon een rekenkundige toevoeging die noodzakelijk is maar de invulling van datgene waaruit het werkelijke geestelijke leven bestaat. Er zijn drie voortgaande elementen in de morele ervaring:

### 17.3.1 Berouw

Berouw moet een vaststaande levenshouding tegenover de zonde zijn, niet een tijdelijke emotionele omwenteling. In het berouw nemen we Gods standpunt ten opzichte van de zonde over - onze zonde. Dat is niet enkel de zonde uit het verleden, maar die van altijd en overal. Het haten van de zonde moet een permanent element van ons christelijke leven zijn. Ten opzichte hiervan kunnen wij niet promoveren. *Het hele gewicht van het morele leven rust hierop.* Wanneer en indien dit verslapt wordt, valt de hele persoonlijke morele structuur van binnenuit in elkaar. Geen enkel genadewerk dat in tijd volgt kan betekenis hebben los van de integriteit van een berouwvolle houding die nimmer eindigt. Dit doet de morele gevoeligheid en nederigheid en het bewustzijn dat men van moment tot moment afhankelijk is van Christus, onze Heiland, toenemen.

### 17.3.2 Geloof

Ook geloof is een permanente levenshouding. Berouw is negatief; geloof is positief. Geloof is een nieuwe gerichtheid van de liefde en is even stabiel als het berouw dat het beschermt voor een verkeerd centrum van genegenheid. Deze twee elementen van het morele leven zijn niet enkel de eerste stappen in een serie. Het zijn de hoekstenen die alles ondersteunen wat men in zijn leven bouwt. In feite is dit berouwgeloof complex de sfeer waarin al de andere elementen van de genade ontvouwd worden. Dit zijn de elementen die altijd, overal, en wellicht tot in eeuwigheid noodzakelijk zijn voor morele integriteit. Om het begin ervan een eerste genadewerk te noemen is een concessie aan de logica en aan de menselijke ervaring, en moet niet doorgevoerd worden tot voorbij de directe semantische noodzaak.

### 17.3.3 Verantwoordelijkheid

Maar berouw en geloof zijn niet de hele morele ervaring. Onmiddellijk is er een *verantwoordelijkheid als personen* bij betrokken. Het Nieuwe Testament leert nergens dat er een tijdsverloop is tussen geloven en gehoorzamen. Dat betekent niet dat bij de afwezigheid van een erkenning van deze chronologische volgorde de twee bewegingen van de morele ervaring verward worden of verondersteld worden elkaar automatisch in te sluiten. Dat is nu precies *niet* het geval. Rechtvaardiging houdt een verantwoordelijk persoon in. Geloof is niet echt geloof totdat het ook gehoorzaamheid is. Het gerechtelijke heeft een existentiële dimensie, namelijk het persoonlijk maken van ieder abstract begrip in de verlossing. Heiliging is deze persoonlijke dimensie en begint logischerwijs in de rechtvaardiging. Hierin ligt de morele kracht die impliciet in het nieuwe leven in Christus aanwezig is. Jezus stierf niet om ons te rechtvaardigen, en daarna opnieuw om ons te heiligen. Toen Hij kwam om ons "van onze zonden te verlossen" en "zijn volk te heiligen" waren dat niet twee verschillende dingen waarvoor Hij stierf maar twee aspecten van hetzelfde. Rechtvaardiging opende de deur voor de morele oprechtheid die de betekenis van heiliging is. Vergeving is feitelijk bijkomstig tegenover het werkelijke doel van de verlossing, namelijk, de heiliging van de Kerk, en haar zending in de wereld.

Heiliging begint dus met berouw en geloven, maar krijgt morele betekenis en wordt tot morele ervaring gebracht door de diepe persoonlijke toewijding aan God van de gerechtvaardigde persoon. Al het potentieel van de heiliging ligt in deze relatie.

## 17.4 Waarom twee momenten?

Er ligt een diepe betekenis in het structureren van het christelijk leven rond meer dan één "moment". Het *bepaalde* aantal, in tegenstelling tot het onbepaalde "vele zegeningen", is eveneens zeer betekenisvol in de wesleyaanse denkwijze. We moeten toegeven dat het aantal - twee - niet rechtstreeks uit de Schrift is afgeleid. Maar dat is het punt: de betekenis van "tweede" ligt niet in een rekenkundige volgorde van zegeningen. Dat wat "tweede" genoemd wordt verwijst naar een ander *soort* stap in het proces van de verlossing, een "diepterelatie" bij gebrek aan een betere term. Misschien had God een andere weg uit kunnen denken om de mensen te verlossen uit de slavernij van de zonde. Maar dat Hij dat niet deed getuigt van het feit dat God geïnteresseerd is in het betrekken van de gehele mens in een verantwoordelijke wisselwerking met Hemzelf. Dat wat de mens moet doen in zijn respons op de genade, en om binnen te treden in de diepe persoonlijke relatie waartoe God hem uitnodigt, zal God *niet* doen - ja, *kan Hij niet doen* als hij de mens in zijn

Mildred Bangs Wynkoop

verantwoordelijke morele integriteit wil handhaven. Dat wat God *vereist* is een verrassend commentaar op wat de mens is door Gods genade.

"Twee" geeft gewoonweg de morele/geestelijke dimensie van de genade aan. Redding is niet enkel een daad van God "vóór ons", die ons van iedere verdere verplichting ontheft. Evenmin is het aan de andere kant een opbouwen van verdienste aan onze kant door deugdzame daden toe te voegen aan ons fonds. Redding vindt plaats in het rendez-vous tussen God en mens waarin heel de verantwoordelijke natuur van de mens te maken krijgt met de taak zich totaal te richten op Gods persoon en Zijn wil. Vergeving is de lancering in een nieuwe baan. De tweede "beweging" is een cruciale correctie die het kompas vast op de Morgenster richt. Deze vergelijking kan niet veel verder doorgevoerd worden, maar kan een aanduiding zijn van de fundamentele verbondenheid van de "fasen op de weg".

"Een" en "twee", enkel als een rekenkundige volgorde, mist de bijbelse nadruk op redding. Wanneer ze gezien worden als twee met elkaar verbonden soorten van menselijke respons in morele ervaringen - privilege en verantwoordelijkheid - worden de vergissingen vermeden die de genade als buitenhistorisch, dat wil zeggen, niet gerelateerd aan de feitelijke menselijke ervaring, beschouwen. Een/twee is een gids voor de soorten persoonlijke aanpassing aan God die de Schrift leert en de menselijke psyche ervaart en begrijpt. In deze twee soorten respons op God liggen alle crisismomenten, belangrijke en minder belangrijke, en de processen in de genade die de verantwoordelijke christelijke ervaring karakteriseren.

## 17.5 Volkomen heiligmaking en "de omstandigheid"

De term "volkomen heiligmaking" kan een juiste morele betekenis hebben in deze context, als hij tenminste begrepen wordt. De vraag: "Wat is het dan dat volkomen is?" moet zorgvuldig beantwoord worden. Het is niet de heiliging die volkomen is als daarmee wordt bedoeld dat alle gevolgen van de heiligmaking volledig gerealiseerd en gecompleteerd zijn. Als men er op deze manier over spreekt mist men het punt wat heiliging is (zie hoofdstuk XV).

Als heiliging fundamenteel zuiverheid van hart is, en zuiverheid van hart een enkelvoudige liefde tot God, of een onverdeeld hart, spreken we over een dynamische relatie - geen statische, onpersoonlijke staat. De substantie van de ziel is noch in staat tot heiligheid, noch tot onheiligheid, maar de persoon is heilig of niet in het kader van zijn morele relatie met God. Als hij God liefheeft met heel zijn wezen, is hij heilig; als hij dat niet doet, is hij onheilig. Dit liefhebben met geheel het hart is geen hoeveelheidsmaat of een volmaakte uitdrukking van de liefde, maar de kwaliteit of heelheid van de liefde.

"Volkomen", in relatie tot heiliging, wordt slechts eenmaal in de bijbel genoemd (I Thess 5:23). Maar hier is het niet de heiliging die wordt gekwalificeerd, maar dat waaraan de heiliging refereert, namelijk, de kerk van Thessaloniki. De gehele persoon moet in de baan van dit soort morele respons aan God gebracht worden. Paulus zegt duidelijk in I Thess 4 dat geen enkele fysieke onsterfelijkheid verenigbaar is met heiligheid, dat men niet heilig of toegewijd aan God kan zijn in een enkelvoudige liefde zolang men niet zijn hele persoon - geest, ziel, en lichaam - in de morele vereniging van zichzelf met God heeft ingebracht. Dit is gewoon een andere manier van zeggen dat heiligheid voor *dit* leven bestemd is met al haar relaties en dat hij die weigert zichzelf volkomen in de kring van de genade te brengen de Heilige Geest, die geen dubbelhartigheid kan tolereren, veracht en verwerpt.

In een zeer werkelijke zin is het leiden van de gehele mens in het gebied van de genade een door en door morele daad. Het is weloverwogen, vrijwillig, beslissend, vaak moeilijk. Geen verantwoordelijke christen kan tevreden zijn totdat dit gedaan is. Hij zal zeker goddelijke leiding nodig hebben om aan te geven hoe dat moet gebeuren. Maar er kan niet gezegd worden dat dit waarlijk een hogere waarheid is dan de ervaring van de bekering, enkel een meer omvattende - een allesomvattende, waarop in de bekering is vooruitgelopen.

In verband met de omschrijvingen "eerste en tweede" schijnt de waarheid te zijn dat het belang van twee ervaringen niet een kwantitatieve waarde of toevoeging is. Het is geen hoger niveau dat aan het lagere niveau een ondergeschikte status geeft.

Het kan niet gewoonweg een emotionele of psychische staat zijn waar men doorheen gaat. Het tweede is geen correctie van het eerste noch een voltooiing van een gedeeltelijk gerealiseerd genadewerk. En het is zeker geen tot een aparte laag vormen van een geestelijke elite, die hen verheft boven het gewone volk - een soort "hemelse heerschaar". De vraag: "Hoe weet je nu welke van de vele religieuze ervaringen die tweede ervaring is?" is niet nutteloos of schertsend. Het is een moreel relevante vraag. Ze vereist een norm om mee te oordelen die rationeel en "toetsbaar" is. Het is daadwerkelijk te beoordelen. *Een* en *twee* zijn parallelle en elkaar doordringende morele ervaringen in relatie met de menselijke respons aan God. Ze zijn meestal gescheiden in tijd maar gezien hun aard niet noodzakelijkerwijs. Het zijn in feite twee helften van een bol of twee elementen in een substantie (zoals H2O). Samen vormen ze de werkelijke morele ervaring die niet kan bestaan zonder één van beide. Het *tweede* is impliciet aanwezig in het *eerste* en wordt erdoor gecompleteerd. De bijbel weet niets van een plaats tussen *eerste* en *tweede* die als "normaal"

Mildred Bangs Wynkoop

beschouwd kan worden. Hij spreekt enkel over het gevaar voor de persoon om niet de verbintenis die het reddend geloof met de genade gemaakt heeft tot leven te brengen. Privilege en verantwoordelijkheid zijn twee kanten van dezelfde munt. Rechtvaardiging en heiliging zijn parallelle waarheden, beide zeer persoonlijk, beide één aspect beschrijvend van de relatie tussen God en mens maar enkel scheidbaar in de theologie, niet in het leven.

Dat er een tijdsverloop tussen die twee elementen is getuigt van de morele zwakheid en psychische samenstelling van de mensheid. Dat de morele ervaring een mogelijkheid in deze wereld is wordt overal in de Schrift verondersteld. Het menselijk hart kan en moet in dit leven tot één geheel gemaakt worden. Geestelijke schizofrenie wordt genezen door de dienst van de Heilige Geest die vervulling en heling brengt aan gebroken personen. Het is deze morele integratie waaruit de heiligheid of volmaaktheid in liefde bestaat. Het is een kwaliteit, niet een kwantiteit, en het geheel van het zich ontvouwende leven moet in gebed geduldig en pijnlijk en nederig en bewust en vreugdevol uitgewerkt worden in deze morele sfeer.

We moeten in onze gedachten terugroepen dat morele integriteit niet louter zelfverwezenlijking als zodanig is maar een "zelfintegratie" met God, en op die manier een verwezenlijking van iemands ware zelf. Dit is een herstellen van de heiligende gemeenschap met de Heilige Geest. Niemand heiligt zichzelf maar *men wordt geheiligd door de Heilige Geest,* die in deze morele sfeer in staat gesteld wordt mensen te leiden tot de hoogten en diepten en lengten en breedten van de liefde Gods, wat door de groei in genade geïmpliceerd wordt.

De nadruk op de tweede crisiservaring is dus niet op de chronologische opeenvolging die wordt geïmpliceerd door *een* en *twee.* Het is niet het tot twee beperken van de religieuze ervaringen van het leven. Het is niet een crisis als eindpunt. Het is niet een ervaring als een emotionele of psychische staat. Het levert het antwoord op de vraag of iemand nu een of twee crisiservaringen gehad heeft niet uit aan irrationele of amorele testen. Er moet altijd een objectieve en praktische test voor de waarde van de ervaring zijn. Deze test is inherent aan de morele ervaring zelf.

De wesleyaanse nadruk op ervaring is één van haar kenmerken en moet goed begrepen worden in deze discussie met betrekking tot de crisispunten in de religieuze ervaring. In de meest algemene zin betekent het dat Gods genade werkt in het levende samenstel van de levens van mensen. Wij worden niet enkel "in de boeken" gered, maar ook "in onze harten", en niet enkel in het "hart", maar in het geheel van het leven waaraan "hart" refereert.

## 17.6 Ervaring

Op het gevaar af in herhalingen te vervallen, moeten de termen *ervaring* en *crisis* in het onderwerp dat we bespreken ingepast worden.

Wanneer de Wesleyaan spreekt over *ervaring*, zijn er die veronderstellen dat hij religieuze autoriteit fundeert op persoonlijke ervaring of dat hij zijn religieus geloof wil beperken tot een aantal psychische staten, gevoelens, of een bepaald aantal specifieke momenten in de tijd. Dit is niet te tolereren voor de criticus omdat dat volkomen subjectief en onbetrouwbaar en een ontkenning van de objectieve aspecten van Gods genade lijkt. Deze kritiek mist het werkelijke punt van de bedoeling van de wesleyaanse theologie. Het Wesleyanisme vooronderstelt altijd de prioriteit en objectiviteit van Christus' verzoening. Het is een theologie van de genade, maar genade als een persoonlijke, morele kwaliteit in God, niet louter oorzakelijk en amoreel. Gods genade dwingt niet; ze schept mogelijkheden. Dit in staat stellen plaats het brandpunt van de verlossing midden in het centrum van alles wat de mens is.

Met *ervaring* bedoelt de Wesleyaan dat het geheel van de mens wordt opgenomen in de verwikkelingen van het reddende geloof. De verzoening doet niet alleen iets voor de mens, maar stelt ook eisen aan zijn volledige verantwoordelijke natuur. Het is een innerlijke transformatie door de "vernieuwing van ons denken". De Schrift dringt dit beeld van een levensbetrokkenheid aan ons op. Het eeuwig leven is afhankelijk van het voortdurend geloven. Geloof is nooit enkel een verstandelijke daad maar een revolutie van de innerlijke toewijding die het hele levenspatroon verandert. De christelijke staat is afhankelijk van de gehoorzaamheid vanuit het hart. In één woord, de oproep van de bijbel is er geen die daden van geloof, liefde en gehoorzaamheid ten opzichte van God *opstart*, - of deze zaken buiten de menselijke wil om aan de persoonlijkheid toevoegt - maar een die oproept tot een omkeren van de gerichtheid van de gehele liefde en motivatie van het leven, die reeds actief zijn in de verkeerde richting, van een dienen en liefhebben van het zelf naar het dienen en liefhebben van God. Enkel al in de daad van het christen worden, wordt de mens tot in de kern van zijn wezen betrokken. Dezelfde vermogens en capaciteiten die eens betrokken waren in het dienen van de zonde, worden nu ingeschakeld in het dienen van God. Dit is *ervaring* in de wesleyaanse zin, en naar we geloven ook in de bijbelse zin.

## 17.7 Crisis en tweede crisis

*Ervaring* roept het probleem op van twee andere theologische termen: *crisis*ervaring en *tweede crisis*, die beide belangrijk zijn voor de wesleyaanse theologie. *Ervaring*, zoals

Mildred Bangs Wynkoop

hierboven gedefinieerd, lijkt het christelijke leven te beperken tot groei of proces. Om nu precies deze beperking te vermijden, benadrukt de Wesleyaan de *crisis*, die het beslissende aspect in het leven brengt dat noodzakelijk is voor morele kwaliteit. Mensen *groeien* de christelijke staat niet *in*, en evenmin wordt vooruitgang in de christelijke genade gerealiseerd los van morele beslissingspunten.

De reeds besproken tweede crisis wordt hier al duidelijker. Hoewel het geen bijbelse term is, wordt *tweede* gebruikt om een punt in het christelijk leven te benadrukken dat in het bijzonder in de Schrift benadrukt wordt, namelijk daar waar de gehele persoonlijkheid in een totale liefde tot God wordt verenigd, het verdeelde hart één wordt gemaakt onder de heerschappij van Christus, en dubbele motieven worden gereinigd. *Reiniging* (het middel) en *zuiverheid* (het doel) worden hier gedefinieerd. Dit punt van morele integratie wordt bereikt onder de aansporing en leiding van de Heilige Geest. Niemand kan zichzelf kennen als hij los staat van de bediening van de Heilige Geest. De Geest legt de verborgen gebieden van eigenzinnigheid en trots en dubbelhartigheid bloot. Hij drijft de christen voort naar de plaats van morele beslissing betreffende hemzelf en Christus. Hoewel alle christenen de Heilige Geest "hebben", is er een unieke en juiste zin waarin gezegd kan worden dat iemand "vervuld" is met de Geest, enkel wanneer de totale toewijding is bereikt. In een uiteenzetting als deze moet ieder stoffelijk begrip van het zelf of de Geest resoluut worden vermeden. Het zijn enkel relaties - geen "invasies" in de persoonlijkheid.

*Eerste* en *tweede* crisis zijn veel meer dan numerieke onderscheidingen. In geen enkele zin is de *eerste* beperkt om plaats te maken voor de *tweede*. In feite is de *eerste* het binnenkomen van de persoon in de gehele voorziening van de genade Gods. Qua voorziening is alles wat God *voor ons* kan doen gedaan. Niets wordt willekeurig achtergehouden. Maar er wordt een respons geëist van de mens en in dit menselijk respons wordt *tweede* gedefinieerd. Het begin ervan moet plaatshebben in relatie met de vergeving omdat iedere wisselwerking tussen God en mens een *moreel* gebeuren is. Het minste dat God van de mens eist op ieder punt van de verlossing is de grootst mogelijke mate van gehoorzaamheid waartoe hij in staat is. Maar *tweede* heeft een unieke betekenis op het punt waar de menselijke toewijding verstandelijk zo volledig is dat de Heilige Geest op geen enkel niveau wordt tegengewerkt. De inwonende Heilige Geest handhaaft het reinigen (of het verenigde hart) zolang als men wandelt in het licht van Zijn morele eisen.

Om de discussie te verduidelijken moet nog een enkel woord gezegd worden over *crisis*. Zoals reeds eerder opgemerkt, is *crisis* een moreel woord, niet een "tijdsbepaling". Dit betekent niet dat het tijdsaspect van het woord in de ervaring het hoogste belang is, maar de veranderde gerichtheid van het leven die wordt benadrukt. Zowel John Wesley als John Fletcher, evenals latere schrijvers in deze traditie, erkenden dat "geestelijke verjaardagen" of duidelijk bepaalde psychische tijdstippen in de ervaring vaak niet benadrukt werden of zelfs volledig afwezig of in elk geval moeilijk te bepalen waren bij sommige personen. Er kan zeker in deze geen ervaringspatroon aan iedereen worden opgelegd. Hoewel het wenselijk is zo'n "verjaardag" te hebben, is het meer belangrijke punt en dat wat de enige werkelijke verzekering geeft de veranderde gerichtheid van het leven, wat in zichzelf al een crisis en de consequentie van de crisis is.

## 17.8 Samenvatting

*Wat is dan "volkomen"?* Het is de gehele mens in zijn morele beslissing en geestelijk één zijn met God. Heiliging is niet onderworpen aan de beschrijvende termen *inleidend* of *volkomen*. Deze kwalificaties zijn menselijke manieren om iemands geestelijke vooruitgang te onderscheiden en het zijn enkel legitieme uitdrukkingen wanneer ze als zodanig begrepen worden.

*Wat is de "tweede ervaring"?* Het is de voltooiing of bekrachtiging van de morele ervaring - een voorrecht dat verwezenlijkt wordt door een verantwoordelijke toewijding aan Christus. Het is niet iets dat een eind maakt aan wat dan ook, maar iets dat voortgang mogelijk maakt. Het is niet het doel, het plafond, maar het begin van het leven. De nadruk op *tweede* is niet op een willekeurig getal, maar betekent dat niets minder dan dat wat het voorstelt acceptabel is in een morele context.

*Wat is vrijheid van zonde?* Het is een moreel één zijn met God. Het is de gemeenschap die de kern van de zonde, vervreemding van God, uitschakelt. Het is niet "een *ding*" maar een moment tot moment vertrouwen op de verdiensten van Christus, beantwoord door een voortdurende *wandel* in geloof.

*Wat is volmaaktheid?* Het is God liefhebben met het *gehele hart* afgezien van het relatieve niveau van de vermogens of capaciteit van de persoon op ieder moment. Volmaaktheid heeft een dynamisch element als ze op deze manier aan de liefde gerelateerd wordt. Ze moet voortgaan en groeien of ze houdt op te bestaan. Haar aard is groei en rijping.

*Is de christelijke volmaaktheid een staat?* Niet in een onpersoonlijke of louter juridische zin. Het is een persoonlijke relatie die gekoesterd en verdiept moet worden. Dit leidt ons naar de laatste vraag.

*Wat is proces?* Het is een *leven* van liefde tot God. Het vooronderstelt alles wat hierover tot op dit punt gezegd is. Heiliging is het leven van heiligheid dat begint in de wedergeboorte en nooit eindigt. Daarin liggen de cruciale crisismomenten die de morele ervaring vereist. Heiligheid is niet statisch. Het is niet een doel maar een weg. Het is niet het einde van de problemen maar het begin ervan. Het is niet de afronding van het proeftijdelijke maar de sfeer waarin het proeftijdelijke betekenis heeft.

Dr. Ralph Earle zegt in een gastcolumn in de *Herald of Holiness* van 6 augustus 1958:

Teveel mensen die "de Jordaan zijn overgestoken" en zich mochten verheugen in een snelle verovering van Jericho - de "gewoontezonden" die ze tevoren hadden - zijn tekort geschoten in het doorgaan en het bezetten van Kanaän. De eerste roes van de overwinning heeft ruimte geschapen voor de nederlaag.

De fout ligt gedeeltelijk in de manier waarop heiligheid maar al te vaak wordt beschreven. De indruk wordt gegeven dat als iemand zichzelf volledig toewijdt aan Christus al zijn problemen voor altijd uit de wereld geholpen zijn. Mensen zijn ertoe geneigd volkomen heiligmaking als een doel te zien in plaats van een *zeer belangrijke mijlpaal op iemands weg naar de hemel* [cursivering van mij].

De waarheid is dat heiliging zowel een levenslange speurtocht moet zijn als een huidig bezit. (...) Als we even hardnekkig en volhardend achter heiligheid van hart en leven aanjoegen als een jachthond achter een vos, zouden we nooit achterop raken [refererend aan Hebr. 12:14]. (...) Het gebruik van de tegenwoordige tijd in Hebr. 6:1 suggereert dat er een constante en toenemende heiliging in ons leven moet zijn die voort moet gaan tot de dood.

Dit heiligingsproces werd door Wesley onderwezen. "Onze volmaaktheid", zei hij, "is niet als die van een boom, die bloeit door het sap dat hij van zijn eigen wortels krijgt, maar (...) als die van een tak, die, verenigd met de wijnstok, vrucht draagt; maar ervan gescheiden, opdroogt en verwelkt" (*Works*, XI, 380).

Wesley zei opnieuw dat het enkel door de kracht van Christus is die elk moment op ons rust dat we "in staat gesteld worden voort te gaan in het geestelijk leven, en dat we zonder die, ondanks al onze heiligheid van dit moment, het volgende moment duivels zouden zijn" (*Sermons*, II, 393).

Aan mevrouw Pawson schreef Wesley op 16 november 1789 vanuit Londen betreffende christelijke volmaaktheid:

U doet er goed aan er sterk op aan te dringen dat zij die zich er reeds in mogen verheugen onmogelijk stil kunnen blijven staan. Tenzij ze voortgaan te waken en te bidden en *te streven naar hogere graden van heiligheid* [cursivering van mij], kan ik me niet voorstellen hoe ze voort zouden kunnen gaan of zelfs zouden kunnen behouden wat ze ontvangen hebben (*Letters*, VIII, 184).

Een theologie van de liefde

We hebben in deze zin reeds Thomas Cook geciteerd. We onderwijzen geen *zuivere staat*, zei hij, maar een *gehandhaafde zuivere situatie* - een moment tot moment redding. "Het bloed van Christus reinigt ons van alle zonde, *voortdurend*, door ons elk *nu* te reinigen".

Als heiligheid onverdeelde liefde tot God is, *moet* zij moreel gestructureerd zijn en even dynamisch zijn als het leven en even relevant voor onze veranderende persoonlijkheden zijn als het zich voortdurend vernieuwende bloed in onze fysieke bloedsomloop. Heiligheid is een heilzaam leven in God.

## 17.9 Wat zegt een naam?

De noodzaak om dingen en gevoelens en overtuigingen en alles waaromtrent een accurate communicatie belangrijk is een naam te geven is niet minder belangrijk in de religieuze ervaring en in de theologie. Het probleem ten opzichte van de morele realiteiten die niet gedeeld worden door de lichamelijke realiteiten is de neiging het werkelijke van de ervaring over te brengen naar het woordsymbool dat ernaar verwijst. Dit proces is "heiligingsscholastiek" genoemd.

Dit soort starheid van uitdrukking moet in het bijzonder betreurd worden in een geestelijke en dynamische interpretatie van een bijbels geloof. Het gebruiken van levende termen om theologische begrippen te bepalen, en daardoor te beperken, en vervolgens te proberen leven terug te persen in deze nauwe categorieën is niet minder dan tragisch.

Wesley had blijkbaar met dezelfde problematiek te maken en heeft ons wat instructie op dit punt achtergelaten. Toen hem gevraagd werd over het gebruik van het woord *heiliging*, zei hij dat "de term *geheiligden* voortdurend gebruikt wordt door Paulus voor allen die gerechtvaardigd waren. Met deze term bedoelt hij zelden of nooit 'gered van alle zonden'[141].

Wesley volgend, is de te prefereren term onder heiligingstheologen voor de kritieke ervaring die voor hen van het meeste belang is volmaakte liefde of christelijke volmaaktheid. Wesley was zich bewust van het gevaar zelfs in deze termen *volmaakt* op filosofische wijze te beschouwen, dus benadrukte hij de oprechtheid van iemands liefde voor God - het onverdeelde hart - als de omschrijving van wat hij bedoelde. De andere termen die door heiligingstheologen gebruikt worden moeten in het licht van deze voorkeur gezien verstaan worden. J.A. Wood, in zijn boek *Perfect Love; or Plain Things for Those Who Need Them Concerning the*

---

141 Wesley, *Plain Account*, blz. 11.

*Doctrine, Experience, Profession and Practice of Christian Perfection*[142], zei: "Geheiligde zielen zijn geneigd hun zegen te noemen naar hun elementaire [sic] *gevoelens* [cursivering van hem], in overeenstemming met hun emotionele ervaring"[143]. Bij een aantal van deze termen geeft hij de reden ervoor aan: De rust van het geloof, het rusten in God, de volheid van God, heiligheid, volmaakte liefde, de doop van de Heilige Geest, volkomen heiligmaking, en de christelijke volmaaktheid.

Daniel Steele, die spreekbuis was van de Amerikaanse heiligingsbeweging, zei in verband met deze terminologie:

Wesley streefde naar een grote variëteit aan termen en omschrijvingen die deze ervaring uitdrukken, een goed voorbeeld voor al haar leraren. Ik Heb er zesentwintig geteld, maar "de doop van (of met) de Geest", en "de volheid van de Geest" zijn uitdrukkingen die door hem niet gebruikt werden, waarschijnlijk omdat er een emotionele volheid van tijdelijke aard is, die niet reikt tot aan de wortels van de morele natuur. Evenmin gebruikte hij het "ontvangen van de Heilige Geest", omdat in de zin van volkomen heiligmaking deze uitdrukking niet schriftuurlijk is en niet echt correct; want allen ontvingen de Heilige Geest toen zij werden gerechtvaardigd[144].

De reden waarom het zo moeilijk is Wesleys "tweede ervaring" nauwkeurig aan te wijzen in zijn geschriften is waarschijnlijk het feit dat hij allerlei stereotype uitdrukkingen zo angstvallig vermeed.

In feite zijn de liefde tot God vanuit geheel ons hart, verstand, ziel en kracht en het liefhebben van de naaste als zichzelf de sleutel tot het verstaan van het wesleyaanse of heiligingsstandpunt. Deze definitie moet altijd voorafgaan aan iedere discussie. Op de tegenwerping dat zo'n liefde onmogelijk is, antwoordde Wesley in *Plain Account* en het antwoord helpt ons zijn terminologie te begrijpen.

V. Wat is christelijke volmaaktheid?

A. Het liefhebben van God met geheel ons hart, verstand, ziel en kracht. Dit impliceert dat geen verkeerde geaardheid, geen enkele die tegengesteld is aan de liefde, in de ziel achterblijft; en dat alle gedachten, woorden en daden geregeerd worden door zuivere liefde. (...)

V. Kan er een vergissing voortvloeien uit zuivere liefde?

---

142 Volmaakte liefde; of heldere dingen voor hen die ze nodig hebben betreffende de leer, de ervaring, het getuigen en de praktijk van de christelijke volmaaktheid (vert).
143 J.A. Wood, *Perfect Love*, (Chicago: The Christian Witness Co., 1904), blz. 125.
144 Daniel Steele, *Steel's Answers* (Chicago: The Christian Witness Co., 1912).

A. Ik antwoord: 1. Vele vergissingen kunnen samengaan met zuivere liefde. 2. Sommigen kunnen er toevallig uit voortvloeien. Ik bedoel dat liefde zelf ons kan neigen tot vergissingen (...)

V. Hoe zullen wij voorkomen, dat wij de volmaaktheid te hoog of te laag plaatsen?

A. Door ons aan de Bijbel te houden, en het juist zo hoog te stellen als de Schrift dat doet. Het is niet hoger en niet lager dan dit (...) liefde die hart en leven beheerst, die door al onze gemoedsgesteldheden, door al onze woorden en daden stroomt. (...)

Christelijke volmaaktheid is zuiverheid van intentie, het hele leven aan God toewijdend. Het is God heel ons hart geven, het is één enkel verlangen en bedoelen dat onze gemoedstoestand bepaalt. Het is het toewijden van niet slechts een gedeelte maar heel onze ziel, lichaam en wezen aan God[145].

Hannah Whitall Smith vermeed de formele theologische termen met een weldoordachte vastberadenheid. Zij prefereerde "het met Christus in God verborgen leven". Upham noemde het "het innerlijk leven"; en A.B. Earle, de baptisten evangelist, "de rust van het geloof". "Het diepere leven" is een term die heden ten dage gebruikelijk is, en velen vinden "volle verlossing" beter uitdrukken wat ze bedoelen.

George Allen Turner zegt het goed:

Veel verzet komt voort vanuit het gebrek aan een bevredigende nomenclatuur. Er is geen term of uitdrukking, bijbels of niet, die de hele leer verwoordt zonder eenzijdigheid of dubbelzinnigheid. Wesleys eigen centrale nadruk op de liefde tot God en mens is nooit verbeterd. Zelfs Volmaakte Liefde is slechts een eenzijdige uitdrukking van haar inhoud, aangezien het heiligheidsaspect veronachtzaamd wordt. (...)

Het grootste gevaar in het wesleyaanse patroon is niet een fundamentele fout in zichzelf, maar het gevaar dat inherent is aan ieder patroon - het vervangen van de geest door de letter. (...) Onvermijdelijk werden de vormen die de nieuwe geest aannam stereotiep en dogmatisch[146].

Daniel Steele, in zijn boek *Half Hours with St. Paul*[147], verdedigt de stelling dat we horen te getuigen van deze genade, maar dan wel op de zorgvuldige, bescheiden,

---

145 Wesley, *Plain Account*, blz. 15 en 18.
146 Turner, blz. 261.
147 Halfuurtjes met Paulus (vert).

Mildred Bangs Wynkoop

gevarieerde, en verstandige manier zoals Jezus en Paulus die toonden. Het boek is opgezet aan de hand van een brede en rijke variëteit van paulinische uitdrukkingen.

Een besluit aangaande het gebruik van bepaalde termen moet worden genomen in het licht van hetgeen hiervoor gezegd is en, meer in het bijzonder, in het licht van de bijbelse betekenis van het woord zoals die duidelijk wordt in iedere context. Men zal zien dat heiliging begint met en parallel loopt aan rechtvaardiging. Er liggen crisispunten in, maar het eindigt niet op enig moment in dit leven of waarschijnlijk zelfs in het komende leven. Wat ook het belang van crisismomenten moge zijn (en ze *zijn* belangrijk), het procesmatige aspect moet ook in de overweging opgenomen worden. Zeer weinig leraren in de heiligingsbeweging zouden dit betwisten.

Als men akkoord kon gaan met een nogal algemene uitdrukking om daarmee een wegwijzer op te zetten, zou "een ervaring voorbij de bekering" een nuttige omschrijving zijn. In feite leent de schrijfster deze term van een hedendaagse heiligingsprediker. De term geeft aan dat er gelovigen in betrokken zijn. Er volgt logischerwijze uit dat een bepaald crisispunt werd bereikt. Het is bedoeld om de gedachte over te brengen dat er in de voortgang van het christelijk leven een opmerkelijk punt is gepasseerd dat het waard is om genoemd te worden en dat de realiteit van het christelijk geloof geïntensiveerd heeft. Het was zowel een deel van het christelijk leven, als een vooruitkomen daarin. Als we dit punt konden identificeren zoals het Nieuwe Testament dat doet, in termen van een werkelijk moreel gehalte, hoeveel meer betekenis zou er dan overgedragen worden in de prediking!

Jezus sprak over het liefhebben van God met geheel ons hart, verstand, ziel, en kracht. Hij riep Zijn discipelen, en ons, op tot een verantwoordelijk rentmeesterschap. Hij zette mensen ertoe aan zichzelf te verloochenen, hun kruis op zich te nemen, en Hem te volgen. Niemand kon ontkennen dat dit te proberen niet makkelijk was. Er is een diepgaande revolutie in de menselijke persoonlijkheid nodig. Evenmin moet dit worden verwezen naar een ander leven. Als het niet past in dit leven met haar eisen en mogelijkheden en verantwoordelijkheden, in welk leven past het dan wel? En ook kan iemand die de bijbel serieus neemt niet ontsnappen aan de persoonlijke eisen die dit aan de christelijke gelovige stelt. Nog specifieker, dit soort christelijk leven kan niet worden binnengegaan zonder een radicale toewijding eraan. Bovendien, zich hieronder voegen, hoe onvolmaakt ook, is onmogelijk zonder Gods genade. Maar iedere christen weet dat er genade verkrijgbaar is voor een ieder die door de zeer enge poort ingaat in een diep toegewijd leven. En toch zijn al deze dingen de inhoud van wat de heiligingsmensen heiliging hebben genoemd.

Paulus' terminologie is eveneens flexibel. Gerechtigheid "door geloof" is de korte weergave van hetgeen God van de mens vraagt, en geloof is hier het sleutelwoord, in tegenstelling tot iedere andere poging tot persoonlijke rechtvaardigheid voor God. Liefde was voor Paulus de vervulling van de gehele wet en de uitdrukking van de diepe innerlijkheid van het christelijk leven (Rom. 13:8-10). "Zo moet het ook voor u vaststaan, dat gij wèl dood zijt voor de zonde, maar levend voor God in Christus"[148], werd gesproken tot de Romeinse gelovigen; en het "van harte gehoorzaam" worden waarover wordt gesproken in Romeinen 6 is het pad naar gerechtigheid, heiligheid, en eeuwig leven. "Want de wet van de Geest des levens heeft u in Christus Jezus vrijgemaakt van de wet der zonde en des doods" (Rom. 8:1), is nauwelijks minder dan dat wat heiliging theologisch is gaan betekenen.

Paulus' getuigenis "Ik leef, (dat is), niet meer mijn ik, maar Christus leeft in mij. En voor zover ik nu nog in het vlees leef, leef ik door het geloof in de Zoon van God"[149], is een existentiële en effectieve manier om te zeggen wat zo prozaïsch en ineffectief wordt gezegd door "Ik ben geheiligd". Het is interessant op te merken dat geen enkele nieuwtestamentische schrijver een persoonlijk getuigenis van zijn relatie met God gaf door aan dit woord te refereren. Paulus, die vaak getuigt, en wiens werken in het bijzonder de heiligingsleer structureren, heeft nooit aanspraak gemaakt op heiliging *door het woord zelf*. Hij kwam er het dichtst bij in de buurt door een herinnering voor de gemeente van Thessaloniki hoe hij bij hen wandelde ("hoe vroom, rechtvaardig en onberispelijk[150] wij ons (...) gedragen hebben" I Thess 2:10), maar zelfs hier is het originele Griekse woord niet datgene waar *heiliging* van afgeleid is.

We moeten nogmaals herhalen dat er geen aansporing in het Nieuwe Testament staat om heiliging als zodanig te zoeken. Veeleer zijn er oproepen "de oude mens af te leggen" en "de nieuwe mens aan te doen"[151], "ons te reinigen van alle bezoedeling des vlezes en des geestes"[152], en "laat die gezindheid bij u zijn, welke ook in Christus Jezus was"[153]. Paulus vermaant de Corinthiërs dat "elk bedenksel als krijgsgevangene" onder de "gehoorzaamheid aan Christus"[154] gebracht moest worden. En de schrijver aan de Hebreeën spoorde hen aan: "Daarom dan, laten ook

---

148 Romeinen 6:11 (vert).
149 Galaten 2:20 (vert).
150 "Heilig" in de KJV (vert).
151 Efeze 4:22-24 en Colossenzen 3:9-10 (vert).
152 II Corinthe 7:1 (vert).
153 Filipenzen 2:5 (vert).
154 II Corinthe 10:5 (vert).

Mildred Bangs Wynkoop

wij (...) afleggen alle last en de zonde, die ons zo licht in de weg staat"[155]. Paulus'
meest ernstige oproep is dat gelovigen hun lichamen moesten stellen "tot een levend,
heilig, en Gode welgevallig offer" (Rom. 12:1). Er is voldoende positieve vermaning.

Dit zijn slechts een paar van de vele synoniemen voor de crisis en het
voortdurende leven van heilig zijn, en ze werpen een noodzakelijk licht op de zaak.
Geen van hen kan veronachtzaamd worden of van de anderen geïsoleerd zodat één
ervan de hele waarheid zou moeten dragen. Iedere stereotiepe of monotone
benadering wordt vermeden door de frisheid en relevantie van de strekking van de
bijbelse presentatie.

De tegenwerping is gemaakt dat heiliging het sleutelwoord is en daarom
noodzakelijk. Hier zijn we het mee eens, mits de volledige betekenis van heiliging
wordt bewaard. Dit te beperken tot een enkele crisiservaring is een verraad aan de
geest van het nieuwtestamentisch onderwijs. Haar betekenis dekt ieder aspect van de
verlossende ervaring.

We stemmen ook in met de bewering dat, volgens het woordenboek, er twee
betekenissen van heiliging zijn - niet meer, en niet minder - en dat beide
gerespecteerd en ervaren moeten worden. Men stelt dat het zowel een toewijden of
afscheiden is, als een zuiveren. Maar, zoals we gezien hebben, zijn dit niet twee
dingen maar twee aspecten van één ding. Afscheiden is in het Nieuwe Testament
zuiverheid of morele rechtvaardigheid. Liefde wordt gedefinieerd door zuiverheid, en
liefde zuivert. Maar geen van beide is statisch en zelfonderhoudend. *Liefde stroomt
eindeloos van zichzelf weg.*

Heiligheid in God is niet één eigenschap temidden van anderen. Hij *heeft* geen
heiligheid. Heiligheid is geen kwaliteit die tegenover rechtvaardigheid of liefde staat.
God is heilig. Heiligheid is de aard van God waarin al de elementen van Zijn wezen
bestaan in een volmaakte balans en relatie. Het is als het witte licht dat de som is van
al de kleuren van het spectrum. Het is zichzelf onderhoudend omdat het geen
ondergeschikte of onpersoonlijke zaak is. Heiligheid is daarin persoonlijk dat enkel
dat wat persoonlijk is als zodanig benoemd kan worden. Aangezien het persoonlijk
is, is het niet echt een staat maar veeleer een levenskracht - een leven. Gezondheid is
de staat van een persoon wiens lichaam functioneert zoals het hoort, maar in dit
geval is de staat enkel een oordeel over een relatie. Het heeft anderszins geen
bestaan. Zo ook met Gods karakter. Heiligheid, in God, is veel meer dan vrijheid van
zonde. Er is iets fundamenteel onjuist in zo'n voorstelling. Het impliceert een norm
waaraan God moet voldoen om als heilig bestempeld te kunnen worden. Heiligheid

---

155 Hebreeën 12:1 (vert).

is veeleer een positieve kwaliteit. Het is een blakende morele gezondheid - *volmaakte integriteit*. Het is het ware leven van God dat zichzelf uitdrukt in al zijn relaties.

Heiligheid in mensen is analoog hieraan. Het is niet *iets* dat van buitenaf verleend wordt, zoals de extra toegevoegde genade van de katholieke theologie. Het is niet simpelweg de toegevoegde aanwezigheid van de Heilige Geest die een moreel dualisme in de menselijke persoonlijkheid schept. Het is niet een verandering in de substantie van de ziel - een irrationeel, amoreel beeld. Het is véél meer dan een toegeschreven juridische staat. Het is morele gezondheid op dezelfde manier als een fysiek lichaam gezond is, in de zin dat gezondheid niet een kwantiteit is die gemeten of geteld kan worden, of toegevoegd, maar een juiste relatie tussen al haar delen. Maar heiligheid in een mens kan niet op zichzelf bestaan, zoals Gods heiligheid, omdat de morele ervaring niet wordt voltooid binnen de aanwezige hulpbronnen van de menselijke persoonlijkheid.

Eén van de brandpunten van morele integratie is God zelf, zodat geestelijke gezondheid absoluut afhankelijk is van een goede relatie met God. En aangezien die persoonlijk is, moet die wederzijds zijn. Als God ons niet wil accepteren, zijn onze vorderingen vruchteloos; maar even waar, als we God geen respons geven of eigenzinnig zijn, kan geen situatie ontstaan waarin "heiligheid" een toepasselijk woord zou kunnen zijn. Maar een wederzijdse welgevalligheid vormt heiligheid. In essentie is het een kwaliteit van de relatie. Hoeveelheid is altijd een bijproduct hiervan en is volkomen afhankelijk van ondergeschikte zaken die uitgewerkt worden vanuit het centrum.

Heiligheid is *morele integratie*, wat in de mens een God vereist die het ware Centrum van het morele leven is. Zonde is ten diepste de decentralisatie van deze integratie. Dood is simpelweg de afwezigheid van de samenbindende levenskracht. De elementen vallen uiteen. Geestelijke dood is morele decentralisatie. Vijandschap en vervreemding zijn de juiste woorden. Moreel leven kan niet werkelijk bestaan terwijl God van ons gescheiden is. Verlossing herstelt de mogelijkheid van het wederoprichten van de morele verbintenis. Maar dat kan geen eenzijdige zaak zijn. God kan van buiten af geen morele integriteit toeschrijven aan hen met wie hij niet geestelijk verbonden is. Toegeschreven rechtvaardigheid is een beperkt begrip en kan niet het gewicht dragen dat er zo vaak aan gegeven wordt.

Verzoening is de heling van morele vervreemding en vereist een wederzijdse morele verbintenis. Heiligheid moet worden ingeleid door God, maar dat kan geen volledige ervaring zijn totdat er een passend respons van de mens komt. Heiligheid is geen geschonken maar een wederzijds morele relatie en een levende betrokkenheid in deze relatie. Daarom is iedere voorwaarde van de genade in het belang van morele

Mildred Bangs Wynkoop

integriteit. Niets wordt voor ons gedaan waarvan de morele integriteit eist dat wij dat moeten doen. Heiligheid is morele gezondheid, de exacte antithese van perfectionisme. Het is vanuit de diepste noodzaak Christusgericht en de ontkenning van zelfgerichtheid. Het spreekt van de gehele mens in relatie tot God en mens, niet enkel van een juridische of verstandelijke of emotionele of moralistische relatie. Het is dynamisch - een "weg", niet een staat; een leven, niet een statische goedheid.

In deze zin is heiliging dus voornamelijk het proces van de verlossing. Het is een proces precies omdat het moreel en persoonlijk is en niet simpelweg juridisch. Maar in het proces liggen crisispunten zonder welke het *morele* degenereert tot een amoreel naturalisme.

## 17.10 Mijn controverse met Christus

Het "laatste woord" is een sterk persoonlijk woord. Het is in feite steeds en steeds weer in dit boek gezegd, op vele manieren. Maar de schrijfster moet het opnieuw scherp naar voren brengen.

Ik ben in opstand tegen de critici van de christelijke godsdienst. Er wordt gezegd dat het christen zijn een belemmering is van het leven en de levenskracht en de creativiteit. Maar het christelijk geloof is geen ontkenning van het leven. Veeleer suggereert alles wat we in de bijbel vinden dat God probeert ons te bevrijden van zonden en falen en valse idealen en lage plafonds en kleinheid en individualisme. God wil dat we *in dit leven* volkomen en creatief leven. Goed zijn is niet simpelweg *dingen niet doen*, maar leven uit de dynamiek van Gods bedoeling met de mens.

*Daarom is een zuiver hart zo essentieel.* Zonder dat is het christelijk leven een verstikking van de levensimpulsen, en zou de genade een vijand van de normale persoonlijkheid zijn. Er is een fundamentele drang tot zelfexpressie zonder welke een gezonde persoonlijkheid onmogelijk is. Een onzuivere drang betekent dood. God onderdrukt de drang niet maar reinigt het hart van dubbele motieven.

Er *is* een kruis in het christelijk leven, maar dat kruis is niet het einde van het zelf maar het einde van de zonde die het zelf belemmert en de weg tot goedheid blokkeert. Het kruis staat altijd aan het *begin van het leven*. Het geheel van het werkelijke leven ligt erachter.

In plaats dat Christus onze persoonlijke ontwikkeling in toom houdt, eist Hij dat we onze hele persoonlijkheid aan het werk zetten. Dit werpt een nieuw licht op ons christelijk geloof. Het is niet een terugtrekken maar een morele verplichting om vooruit te komen.

*Ik heb een controverse met Christus.* Hij laat me niet rusten. In Zijn aanwezigheid kan ik niet verslappen en in mijn "geloof" in Hem rusten op een luie manier die de morele gevoeligheid dooft. Hij staat me niet toe tevreden te zijn met minder dan het beste dat ik kan bereiken - niet het beste van gisteren, maar het beste van *vandaag.* Als ik een taak volbracht Heb, confronteert Hij mij met een grotere taak - een die altijd te groot voor me is. Wanneer ik egoïstisch ben, berispt hij me totdat het pijn doet. Wanneer ik ongevoelig ben, weet Hij op een bepaalde manier mijn geweten tot activiteit te prikkelen. Wanneer ik huil en bid om een beetje "hemel waarin ik naar de hemel" kan gaan, toont Hij mij de hel waarin andere mensen leven. Het is nog geen tijd voor de hemel.

*Zuiverheid is geen doel op zich.* Zuiverheid staat de persoonlijkheid toe te leven in een volledige expressie van liefde tot God en mens. Het is de kracht van de enkelvoudige toewijding en moet intact worden gehouden door een dagelijkse gemeenschap met God.

Mildred Bangs Wynkoop

# Bibliografie

## 18.1 De werken van John en Charles Wesley

*A Collection of Hymns for the Use of People called Methodists*, London: Thomas Cordeux, 1821.

*An Earnest Appeal to Men of Reason and Religion, and, A Farther Appeal*. 14e druk. London: Wesleyan Conference Office, ongedateerd.

*Explanatory Notes upon the New Testament*. New York, Eaton and Mains, ongedateerd.

*The Letters of the Rev. John Wesley*. Edited by John Telford. London: The Epworth Press, 1931. 8 delen.

*A Plain Account of Christian Perfection*. Kansas City: Beacon Hill Press, 1950.

*The Poetical Works of John and Charles Wesley*. Edited by G. Osborn. London: Wesleyan Conference Office, 1868. 14 delen.

*Wesley's Standard Sermons*. Edited by Edward H. Sugden. London: The Epworth Press, 1921. 2 delen.

*The Works of the Rev. John Wesley*. Kansas City, Mo.: Nazarene Publishing House, ongedateerd; en Grand Rapids, Mich.: Zondervan Publishing House, 1958, overeenstemmende uitgaven. 14 delen.

Mildred Bangs Wynkoop

## 18.2 Algemene werken

Barclay, William, *Letters to the Corinthians*. Philadelphia: Westminster Press, 1956.

---. *More New Testament Words*. Philadelphia: Westminster Press, 1958.

Barnes, *Albert. Notes, Explanatory and Practical, on the Acts of the Apostles and the Epistle to the Romans*. London: George Routledge and Sons, 1866.

Bonhoeffer, Dietrich. *The Cost of Discipleship*. New York: The Macmillan Co., 1963

---. *Letters and Papers from Prison*. London: SCM Press, 1967

Braaten, Carl. *History and Hermeneutics, New Directions in Theology Today*. Philadelphia: Westminster Press, 1966.

Buber, Martin. *I and Thou*. Edinburgh: T. and T. Clark, 1937.

Calvijn, Johannes. *Institutes of the Christian Religion*. Philadelphia: Presbyterian Board of Christian Education, 1936, 2 delen.

Carter, Charles W. en Earle, Ralph. *The Acts of the Apostles, Evangelical Commentary on the Bilble*. Grand Rapids, Mich.: Zondervan Publishing House, 1959.

Cave, Sydney. *The Christian Estimate of Man*. London: Gerald Duckworth and Co., Ltd., 1949.

Cook, Thomas. *New Testament Holiness*. 14e druk. London: The Epworth Press, 1950.

Deschner, John. *Wesley's Christology*. Dallas, Tex.: Southern Methodist University Press, 1969.

Dolby, James R. *I, Too, Am Man*. Waco, Tex.: Word Books, 1969.

Ebeling, Gerhard. *The Problem of Historicity*. Philadelphia: Fortress Press, 1967.

Ferré, Nels F.S.. *Evil and the Christian Faith*. New York: Harper and Brothers, Publishers, 1947.

Filson, Floyd. *One Lord, One Faith*. Philadelphia: Westminster Press, 1943.

Fletcher, John. *Checks to Antinomianism*. Kansas City, Beacon Hill Press, ingekort, 1948.

---. *The Works of the Reverend John Fletcher*. New York: Methodist Episcopal Conference Office, 1836. 4 delen.

---. *The Works of John Fletcher*. London: New Chapel, City Road, 1802.

Hill, Wesley. *John Wesley Among the Physicians*. London: Epworth Press, ongedateerd.

Jacob, Edmond. *Theology of the Old Testament*. New York: Harper and Row, 1958.

Kierkegaard, Søren. *Purity of Heart Is to Will One Thing*. New York en London: Harper and Brothers, 1938.

Knight, George A.F. *A Christian Theology of the Old Testament*. London: SCM Press, 1959.

Kuhn, William. *Environmental Man*. New York: Harper and Row, 1969.

Morgan, G. Campbell. *The Epistle of Paul the Apostle to the Romans*. London: Hodder and Stoughton, 1909.

---. *The Teaching of Christ*. New York: Fleming H. Revell Co., 1913.

Murray, Andrew. *Holiest of All*. New York: Fleming H. Revell Co., 1894.

Nygren, Anders. *Agape and Eros*. Philadelphia: Westminster Press, 1953.

Ramsey, Paul. *Fabricated Man*. New Haven, Conn.: Yale University Press, 1970.

Rees, Paul. *Don't Sleep Through the Revolution*. Waco, Tex.: Word Books, 1969.

Roberts, B.T.. *Holiness Teachings*. North Chili, N.Y.: "Earnest Christian" Publishing House, 1893.

Sangster, W.E.. *Why Jesus Never Wrote a Book*. London: Epworth Press, 1952.

Sareno, Jacques. *The Meaning of the Body*. Philadelphia: Westminster Press, 1966.

Smith, Hannah Whitall. *The Christian's Secret of a Happy Life*. Herdruk. Westwood, N.J.: Fleming H. Revell Co., 1968.

Steele, Daniel. *Steele's Answers*. Chicago: Christian Witness Co., 1912.

Stewart, James. *A Man in Christ*. London: Hodder and Stoughton, 1954.

Taylor, Jeremy. *The Rule and Exercises of Holy Living*, en *The Rule and Exercises of Holy Dying*. Cleveland: World Publishing Co., 1956 en 1952.

Tresmontant, Claude. *A Study of Hebrew Thought*. New York: Desclee Co., 1960.

Turner, George Allen. *The More Excellent Way*. Winona Lake, Ind.: Light and Life Press, 1952.

Westcott, B.F.. *The Epistle to the Hebrews*. Grand Rapids, Mich.: Wm.B. Eerdmans Publishing Co., ongedateerd.

White, William Luther. *The Image of Man in C.S. Lewis*. Nashville: Abingdon Press, 1969.

Whitehead, Alfred North. *Adventures of Ideas*. New York: The Macmillan Co., 1933.

Wiley, H. Orton. *The Epistle to the Hebrews*. Kansas City: Beacon Hill Press, 1959.

---. *Christian Theology*. Kansas City: Beacon Hill Press, 1952. 3 delen.

Williams, Daniel Day. *The Spirit and the Forms of Love*. New York: Harper and Row, 1968.

Williams, Roger J.. *You Are Extraordinary*. New York: Random House Inc., 1967.

Wood, J.A.. *Perfect Love*. Chicago: The Christian Witness Co., 1904.

# 18.3 Artikelen

Culbertson, Paul. "The Dynamics of Sanctification". Een ongepubliceerde lezing, gehouden tijdens de Nazarener Theologische Conferentie, december 1969.

Earle, Ralph. Een "gastschrijven" in de *Herald of Holiness* van 6 augustus 1958.

Graham, Billy. "My Answer", in de *Nashville Banner* van 24 juli 1968.

Harris, Sydney. "Strictly Personal-Psychiatric Flaw", in de *Nashville Banner* van 30 juli 1968. Copyright, 1968, by Prentice Hall Syndicate.

Hyatt, J. Phillip. "The Old Testament View of Man", in *Religion in Life* van het najaar 1945.

Ingles, Wesley J. "Hollow Words", in *Christianity Today* van 27 oktober 1958.

Pattillo, Manning. "Good News to a Harassed World", in *Christianity Today* van 10 november 1958.

Rose, Delbert E. "The Theology of Experience." Ongepubliceerd manuscript.

Squire, James. "Lythograph of Wesley." Bristol, England. New Room, New Chapel.

Stewart, James. "A First Century Heresy", in het *Scottisch Journal of Theology* van november 1971.

Wiley, H. Orton. "Psychology." Ongepubliceerde college-aantekeningen, ongedateerd.

# 17.4 Lexicons

Davidson, B.. *The Analytical Hebrew and Chaldee Lexicon*. London: Samuel Bagster and Sons, ongedateerd.

Gesenius. *A Hebrew and English Lexicon of the Old Testament*. Boston: Houghton Mifflin and Co., 1893.

Moulton, James Hope, en Milligan, George. *The Vocabulary of the Greek New Testament*. Grand Rapids, Mich.: Wm.B. Eerdmans Publishing Co., 1949.

Nicoll, W. Robertson. *The Expositor's Greek Testament*. Grand Rapids, Mich.: Wm.B. Eerdmans Publishing Co., ongedateerd.

Richardson, Alan. *A Theological Word Book of the Bible*. New York: The Macmillan Co., 1951.

Thayer, Joseph Henry. *A Greek-English Lexicon of the New Testament*. New York: American Book Co., 1886.